徽学与地域
文化丛书

桐城派文论的现代回响

任雪山 著

北京师范大学出版集团
BEIJING NORMAL UNIVERSITY PUBLISHING GROUP
安徽大学出版社

图书在版编目(CIP)数据

桐城派文论的现代回响/任雪山著.—合肥:安徽大学出版社,2015.10

(徽学与地域文化丛书)

ISBN 978-7-5664-0967-6

Ⅰ.①桐… Ⅱ.①任… Ⅲ.①桐城派－文学理论－研究 Ⅳ.①I206.2

中国版本图书馆CIP数据核字(2015)第136467号

桐城派文论的现代回响

Tongchengpai Wenlun De Xiandai Huixiang

任雪山 著

出版发行:北京师范大学出版集团
安徽大学出版社
(安徽省合肥市肥西路3号 邮编230039)
www.bnupg.com.cn
www.ahupress.com.cn

经　　销:全国新华书店
印　　刷:合肥远东印务有限责任公司
开　　本:152mm×228mm
印　　张:23.25
字　　数:335千字
版　　次:2015年10月第1版
印　　次:2015年10月第1次印刷
定　　价:46.00元
ISBN 978-7-5664-0967-6

策划编辑:朱丽琴 姜 萍　　装帧设计:知耕书房
责任编辑:姜 萍 胡 颖　　美术编辑:李 军
责任校对:程中业　　责任印制:陈 如

徽学与地域文化丛书

编委会名单

序

◆吴家荣

桐城派是中国文学史上一个重要的文学流派。其时间跨度上，堪与有清一代相始终；涉及人员多，据刘声木《桐城文学渊源考》所载，列入该派的文学家有上千人之众；地域上，虽其发端于桐城，但不限于桐城一域，安徽、江西、江苏、广西、湖南、山东、河北等地皆有桐城派人员分布。桐城派不仅以留有大量的优秀文章而著称，同时又有大体相似的文学理论与创作主张，而在中国古代文论史上产生了广泛影响。郭绍虞先生说："清代文论以古文家为中坚，古文家之文论又以桐城派为中坚。"桐城派的文艺理论涉及古文理论、诗学、批评、应用文体理论诸多方面。从中国文艺理论发展史来看，桐城文派作为封建社会后期最大的一个文学流派，上述文学理论多具有对中国传统文学理论进行反思与总结的意义。

学界对桐城文派的研究已走过百年历程，就文论方面来说，成果也相当可观。除了众多的单篇论文之外，其代表性专著就有姜书阁的《桐城文派评述》、王镇远的《桐城派》、何天杰的《桐城文派——文章法的总结与超越》、吴孟复的《桐城文派述论》、关爱和的《古典主义的终结——桐城派与"五四"新文学》、周中明的《桐城派研究》，海外有叶龙的《桐城派文学史》、姚翠慧的《方望溪文学研究》、尤信雄的《桐城文派学述》等。此外，在古代近代的文学史、文学批评史中，也有涉及对桐城文学思想的梳理与评价。以上论文论著主要阐述:桐城派在中国文学史上的地位、桐城派的学术思想及其与程朱理学的关系、桐城派三祖的古文理论、桐城派与八股文的关系、曾国藩湘乡派与桐城派的关系、林纾与桐城派的关系、桐城派与五四新文化运动的关系等,所论大多集中在少数有影响的文论家身上。相对于桐城派丰富的文学思想来说还显得远远不够。

如上所说,桐城派延续时间长,人员众多。他们的文艺思想既有一致之处,又有细微差别,不同时期的差异更大。桐城派的文学思想也是随着历史的推移而不断变化,尤其是在中西文化碰撞的近代,他们的文艺思想更是发生了与时俱进的嬗变,因而给我们的系统研究提供了广阔的空间。

当前地域文化研究方兴未艾。安徽大学是地方性"211"工程大学,中文系文艺学又是省属重点学科。从事桐城派文艺理论研究当是责无旁贷。我们撰写的这套"桐城派文学理论研究系列"丛书,分别从桐城派文论、诗论、应用文论等方面观照桐城派文艺理论的体系建构,同是对有关重要的文艺理论命题、范畴作详尽的梳理与分析。书中,既有对桐城派文艺理论观点产生的政治学术文化背景的考察,也有对桐城派文艺理论思想作出在中国文学批评上的合理定位;既有对围绕桐城派发生的一系列文艺理论公案的考察分析,也致力于对桐城派文艺理论在二百余年的历史中,以自身的发展与嬗变而表现出强大生命力的认识。

总之,本套丛书,对于揭示桐城派的文学理论内涵,梳理他们的主要观点,让我们更好地了解桐城派的创作精髓,正确评价他们的历史功绩,继承他们的宝贵遗产,致力于古代文论的现代运用,无疑有着重要的理论价值和现实意义。

目　录
CONTENTS

绪 论

陈寅恪在《冯友兰〈中国哲学史〉下册审查报告》中说:“其能于思想上自成系统、有所创获者,必须一方面吸收输入外来之学说,一方面不忘本来民族之地位。”[①]陈氏古今中西之说,堪称不易之论,为中国现代学术的建立开启牖辄。中国现代学术的建立,从时间延续性看,不能脱离本土思想;从空间扩展性看,不能排斥域外理念。时间延续也是思想延续,空间扩展也是理念扩展,现代学术的建立既应是思想贯通,又应是理念开放。但百年中国的现代学术总体偏重于接受域外理念,疏离传统思想,其弊端日益突显,以至于20世纪90年代有学者提出“失语症”之说,[②]得到众多学人的响应和认同。虽然相关争论从未停止,反思却愈益深入。随之而来的是对传统文化的整理与研究,“国学热”是大众的外围表现,现代转化则是学人的内在思考。本论题即在这一背景下应运而生。

纵观对整个传统文论现代化讨论和继起的研究,除学理层面的解析以外,主要在两个方面着力:一是传统概念术语的具体转化尝试,比如意境、妙悟、神韵、滋味等;二是对前人经验的梳理总结,比如王国维、朱光潜、宗白华、钱锺书等。前者是理论探索,后者是学人研究。相对于之前诸家的努力,笔者选择的是文人群体理论研究,亦即对桐城派文论在现代学术视域中

① 陈寅恪:《陈寅恪集·金明馆丛稿二编》,陈美延编,北京:三联书店,2001年,第284~285页。

② 曹顺庆:《21世纪中国文化发展战略与重建中国文论话语》,《东方丛刊》,1995年第3期,第216页。

生存样态的考察。这与传统文论的现代转化当然有所不同,它是对一个传统文学流派理论的现代整体观照。由于桐城派在新文化运动中的特殊际遇以及现代学术本身的复杂性,使得本论题不仅有理论的承接和转化,还有激烈的革命批判与相对平和的文史研究。但其揭示的问题和运行理路,在传统文论的现代转化中都会存在,承接、转化总是与批判、清理并行,最终又都归于理性层面的文史研究。之所以选择桐城派,有三种考虑:其一,桐城派处于古文学到新文学的过渡时期,位置重要。其二,桐城派是中国古代最大的散文流派,具有代表性。其三,桐城派文论与现代学术相距最近,冲突最激烈,关系最复杂。基于此,它们之间碰撞所产生的问题也应该更尖锐,更具有学术延伸性。

桐城派源远流长,前后绵延 200 多年,师事、私淑或服膺桐城派的作家计 1200 多人,核心作家几十人,传世作品 2000 余种。[①] 胡适说:“学桐城古文的人,大多数还可以做到一个‘通’字;再进一步的,还可以做到应用的文字。”[②]陈平原说:“如果不是 1905 年后废除了实行千年之久的科举制度,我们今天还得学桐城文章。”[③]桐城派之所以影响深远,固然由于有丰富多彩的创作,更因为他们有一套行之有效的文学理论。恰如陈衍所言:“方、姚之后,文法大明,作文甚易。”[④]桐城派与普通流派的不同之处就在于,有一以贯之且简单实用的文学理论。这套理论,既是他们文学创作的心得体会,也是对前人文章学理论的继承与创新,同时经过几代人的教学实践检验,[⑤]证明是行之有效的文学方法论,这也是本论题选择以桐城派文论为视角的

---

① 吴孟复:《桐城文学渊源撰述考·序》,合肥:黄山书社,1989 年,第 3 页。

② 胡适:《五十年来中国之文学》,《胡适文集》(3),北京:北京大学出版社,1998 年,第 205 页。

③ 陈平原:《从文人之文到学者之文》,北京:三联书店,2004 年,第 227 页。

④ 吴孟复:《萧敬孚年谱后记》,《桐城文派述论》,合肥:安徽教育出版社,2001 年,第 233 页。

⑤ 桐城派与教育渊源深厚,从创始人方、刘、姚,到后期的“一马二姚”等,除极少数从政从军外,大部分都从事教育事业。像姚鼐从教 40 年,代表他文论主张的《古文辞类纂》一直到他去世前还在修订完善。所以桐城派的文学理论都是经过教学反复检验,而非书斋推演或凭空想象。

主要原因。

桐城派的传统论域研究已很丰富，而现代论域研究明显不足。何谓现代？诸家众说纷纭。哈贝马斯把自由作为现代的首要特征，[1]马克斯·韦伯认为，现代是一个祛魅化的过程，人依据自己的理智构建世界，所以祛魅化和理性化是现代的主要特征。福柯把现代性理解为一种思想和感觉的方式，一种行为举止，一种精神气质。[2]中国和西方对现代的理解虽有不同，但基本理念还是一致的。现代，可以理解为一种时间观念，与古代相对；可以理解为一种思想观念，与传统相对；可以理解为一种言说方式，现代白话与古代文言相对；可以理解为一种学术范式，以独立性和专业化为本质，以科学性和系统性为表征。我们选择现代学术论域，首先在时间上，以清末民国为主体，也可以说是文学史上通常的现代时间，当然个别问题会有一定延伸。其次欲以现代学术理念来观照桐城派理论，以期发现桐城派文论在现代学术中的生存状态，同时为传统文论的现代转化寻求可能。

所谓"回响"，原意是指声音发出后触碰外物而引起声响。桐城派文论的现代回响，是桐城派文论与现代学术接触碰撞后的声响，是现代学术对桐城派文论的回应与反响。它是桐城派文论的现代批评转化研究，不同于桐城派文论的传承研究，传承更主要是流派内部的更替传衍，本论题不包括派内承续；它不同于桐城派文论接受研究，接受既有流派之外的接受，也有流派之内后学的接受，而且后者还是主体，本论题不包括后者；它也不同于桐城派文论影响研究，影响既有派外也有派内影响，既有理论也有作品影响，本论题仅取派外的理论影响。之所以如此选择是因为晚清已降，桐城派日益衰落，受到学术界的批判，桐城派后学已经离开现代学术中心，旁落一隅，因此派内传衍暂时不予考虑。此外，相对于理论影响来说，桐城派文

---

① [德]哈贝马斯：《现代性的哲学话语》，曹卫东等译，南京：译林出版社，2004年，第96页。

② [法]福柯：《何为启蒙》，引自《文化与公共性》，北京：三联书店，1988年，第430页。

论对现代文学创作的影响相对单一，虽然当时人们大多是看桐城派文章长大的，但现代报章新文体和大量翻译文章影响更大。特别是废除科举以后，桐城派文章的应用范围日益缩小，所以我们也把这一部分予以搁置，而把研究重点放在桐城派文论的现代批评与转化研究上。

从研究类型看，本论题是专题研究，难免被放置在学术史或一定的场域进行讨论。从选题到行文，从立意到论证，都会时刻面对前人的成果和时贤的灼见，并在相互的对话与碰撞中，寻找自己的切入视角和话语方式。所以，对前人研究状况的梳理是必要的，但又无须事无巨细，而是择其相关切近者，从中发现其运行脉络，顺势而为，祛偏扬波。前人的桐城派研究，[①]总体而言，呈现出三大特征：作品研究相对较多，理论研究相对较少；个案研究相对较多，整体研究相对较少；古代研究相对较多，现代研究相对较少，这也是本论题选择桐城派文论现代整体观照的另一原因。针对桐城派研究的这些状况，我们主要选择现代学术对桐城派文论的批评与转化进行梳理。

一、现代学人笔下的桐城派

20 世纪 20～40 年代为第一阶段，是现代桐城派研究的生发期，以刘声木的《桐城文学渊源撰述考》、姜书阁的《桐城文派评述》和梁堃的《桐城文派论》三部专著以及郭绍虞的《中国文学批评史》和钱基博的《中国文学史》、《现代中国文学史》、《〈古文辞类纂〉解题及其读法》等为代表。刘著为桐城派人物志，收录作家 1200 余人、书目 2300 余种，考师承，辨著述，“兼具学案、目录、索引之功效”，堪称桐城派研究的最佳工具书。[②] 姜著

① 比较有代表性的桐城派研究梳理有：张晨怡、曾光光的《桐城派研究学术史回顾》，《船山学刊》，2006 年第 1 期；江小角、方宁胜的《桐城派研究百年回顾》，《安徽史学》，2004 年第 6 期；高黛英的《20 世纪桐城派研究述评》，《郑州大学学报》，2003 年第 3 期；周中明的《关于桐城派及近百年来对它的评论》，《文学评论》，1997 年第 4 期等。

② 吴孟复：《桐城文学渊源撰述考・序》，合肥：黄山书社，1989 年，第 3 页。

是第一部完整的桐城派评述著作，但叙述史实较多，分析评论较少，桐城派文论仅有一章，谈及古文义法。梁著虽有分析，然过于精练。总体而言，郭著对桐城派文论的研究最系统、最全面、最深刻，至今无出其右者。钱氏利用他集部之长，考镜源流，辨章学术，在文学史中给桐城派以较合理的定位。

20 世纪 50～70 年代为第二阶段，内地学界的桐城派研究长期处于消沉状态，而港台地区却出现了三部桐城派研究专著，它们分别是台湾尤信雄的《桐城文派学述》（台北文津出版社，1975 年）、唐传基的《桐城文派新论》（台北现代书局，1976 年）、香港叶龙的《桐城派文学史》（香港龙门书店，1975 年）。尤著突出“学”，一是全面分析桐城派选本学与评点学，二是从文原论、文体论、文术论和批评论四个方面阐释桐城派文学观念。唐著之“新”在于以桐城派文论为研究主体，重点辨析方苞的义法说、刘大櫆的神气说、姚鼐的义理考据辞章说，在“三祖”之后重点介绍梅曾亮和曾国藩的理论主张。叶著是第一部简明桐城派文学史，以人为叙述单位，知人论世，史论结合，阐释每个人的理论主张，从“桐城三祖”到“姚门四杰”，从曾国藩到张裕钊、吴汝纶，再到贺涛、马其昶，附录为林纾的古文论。

20 世纪 80 年代之后为第三阶段，内地学界的桐城派研究进入一个相对繁荣期，学者们撰写了大量的学术论文，出版了一些研究专著，整理了一批作家的全集和文集，召开了几次全国桐城派学术研讨会。在文论研究方面，以吴孟复的《桐城文派述论》（安徽教育出版社，1992 年）、关爱和的《古典主义的终结——桐城派与“五四”新文学》（上海文艺出版社，1998 年）和周中明的《桐城派研究》（辽宁大学出版社，1999 年）为代表。吴氏为桐城派后学，该著史论结合，博采前贤，重在梳理桐城文派渊源流变及诸家文章风格、美学特色。关著虽重在桐城派与五四新文学关系，但用了四分之一篇幅探讨桐城派核心古文理论。周著亦是桐城派史论结合之作，以人物为中心，具体分析桐城派各个发展阶段代表人物的古文特点、文论主张及学术思想，并探讨其背后的历史文化之根源。台湾出现一部方苞研究专著：姚翠慧的《方望溪文学研究》（台北文史哲出版社 1988 年），作者结合新批评和社会学批评方法，不仅对方苞的家世、生平、性情、思想、交友等进行梳理，而且细致分析了方苞的文学理论与创作，并对后世的影响进行评价。

以上所论，皆为明确标示桐城派研究的学人著述。此外，尚有一些并没有明确标示，却也在做实际的桐城派及相关研究。个中原因，初始或许与晚清到五四时期对桐城派的激烈批判有关。当时桐城派被作为腐朽落后的代表，让一些研究者不愿违逆时代潮流和学术趋向，而把桐城派研究化入自己的学术之中。新中国成立后，学术研究主体以西学为宗，整个古典文学研究都偏安一隅，桐城派更是处于边缘化状态。基于此，这方面的资料寻找尤其困难，各类文献浩如烟海，纷繁复杂，需要深入文本，细心翻检，辨析面目，考证源流。就笔者目力所及，以徐复观和朱光潜为代表。两人皆自小受古文教育，并被认为可以接古文一脉之传，后来又都从事文艺研究，而他们早年的学术启蒙和知识教育必然会影响到后来的学术研究。具体来看，两个人又不太一样。徐复观主要是返古开新，疏通桐城派文论与传统文论、思想的联系，为构建中国现代文论寻找出路。这方面的研究以王守雪为代表，他根据博士论文改定的专著《人心与文学：徐复观文学思想研究》（郑州大学出版社，2005年），细致分析了徐复观《文心雕龙》和《史记》研究与古文理论的对接与会通，当然他的研究是以徐复观文学思想为本位，而非以桐城派文论为中心。

比较早注意到朱光潜与桐城派关系的是美国学者邦尼·麦克杜哥，他在《从倾斜的塔上瞭望》（1974 年）一文中提到，朱光潜在《从生理学观点谈诗的“气势”和“神韵”》文中讨论生理学对古典诗歌的影响时，把理论源头之一归结为姚鼐的阳刚阴柔理论，但他认为朱光潜某种程度上是攻击桐城派的，与陈独秀、胡适相仿。[①] 这一方面显示麦克先生敏锐的学术洞察力，另

---

① 《从倾斜的塔上瞭望：朱光潜论十九世纪二十至三十年代的美学和社会背景》，这篇文章作者为美国人邦尼·麦克杜哥。该文 1974 年曾在澳大利亚东方学会宣读，1975 年又在瑞典汉学院讨论，1976 年收在瑞典斯德哥尔摩大学由诺贝尔基金委员会资助的汉学院研究所编著的《中国近代文学及其社会背景》一书，后来申奥翻译该文，刊发在 1998 年第 3 期的《新文学史料》上。

一方面也看出他对朱光潜文本并没有那么熟悉。朱光潜固然知道桐城派之短，但并没有攻击其短，而且对胡、陈攻击桐城派几乎是完全否定。[①] 钱念孙的《朱光潜与中西文化》(安徽教育出版社，1995 年)，提到朱光潜早年接受过桐城派教育，但只是把它作为朱光潜学术成长的中国文化背景而已。陈琰的硕士论文《朱光潜与中国传统美学》(四川师范大学，2001 年)，提出朱光潜的一些理论和桐城派的关联，可惜没有充分去论证他的观点。真正细致梳理并论证朱光潜与桐城派联系的是任雪山的硕士论文《朱光潜和桐城派》(安徽大学，2010 年)，该文从家族、教育和学理等几个层面论证两者的关系，尤其对朱光潜与桐城派文论之间的学理承续作了较全面分析。

二、桐城派与五四新文化运动

桐城派命运与五四新文化运动生死攸关，因此历来受到现代研究者的重视。概而言之，研究可分三类：第一类是新文化运动参与者本人事后所作的历史反思，以胡适和周作人为代表。胡适在《五十年来中国之文学》(1923 年)、《中国新文学大系・导言》(1935 年)，以及后来的《口述自传》中对桐城派与五四新文化运动的关系皆有论述。他认为之所以要反对桐城派，是因为他们不能满足社会发展，甘心作复古的文章，新文化运动以历史进化之眼光用白话正统代替古文正统。[②] 同时，他亦不否认桐城派及其文论的文学史价值，承认它曾经使古文做得更加通顺，对中国文化由古文学到新文学的过渡起了重要作用。周作人在《中国新文学源流》(1932 年)中提出，由于曾国藩的中兴，扩大了古文的应用，而与新文学越来越接近，连梁启超、陈独秀和胡适等人都受他们影响，“今次文学运动的开端，

---

① 详见朱光潜在《文学杂志》1948 年第 2 卷第 8 期上发表的《现代中国文学》一文，现收在《朱光潜全集》第九卷，合肥：安徽教育出版社，1993 年。在其他文章中，朱光潜也没有攻击过桐城派。

② 胡适：《中国新文学运动小史》，欧阳哲生编：《胡适文集》(1)，北京：北京大学出版社，1998 年，第 128 页。

实际还是被桐城派中的人物引起来的”。[1] 他当然也反对桐城派古文,但原因与胡适、陈独秀不同,他认为古文未必是死的或贵族的,而是“古文的模拟的毛病”,[2]因为模拟就不能更好地表达人的思想感情,很显然他是以“人的文学”为出发点。同时他认为中国文学史是“载道”与“言志”两种文学观的循环,“载道”的桐城文章自然受到“言志”的白话文学之反对。

第二类是时人的研究,以陈子展的《中国近代文学变迁》(1929年)和《最近三十年中国文学史》(1930年)、钱基博的《现代中国文学史》(1933年)、吴文祺的《近百年来的中国文艺思潮》(1940年)为代表。陈、吴二人对桐城派与五四新文化运动之看法与胡适相近,唯所论愈详。钱氏是古文家,对新文学多有不满,对桐城古文派颇为偏护,强调新文学与古文学前后相承的关系,认为近代文学为古文学所“积渐”,现代文学为近代文学所“发酵”也。[3]

第三类是后人的研究,以关爱和的《古典主义的终结——桐城派与“五四”新文学》(1998年)、曾光光的《桐城派与晚清文化》(2011年)与张器友的《桐城派与五四新文学》(2015年)等为代表,全面反思当年对桐城派的批判,既见其必然性,也看到其矫枉过正,同时肯定桐城派在社会文化转型中的作用。杨联芬和马勇则从林纾的角度重新审视新文化运动,指出林纾及桐城派对新文化运动和中国文学现代性所产生的积极意义。

综上所述,现代学人的桐城派研究虽然视野日趋开阔,资料愈加丰富,方法也愈来愈多样,但文论研究依然不足,现代视野的文论研究更加匮乏。五四新文化与桐城派关系,一直是研究热点,研究范围从文学史向学术史、思想史扩展,研究视角倾向多元,对桐城派及其文论的认识更趋于合理,但整体研究依

---

① 周作人:《中国新文学源流》,上海:华东师范大学出版社,1995年,第48页。

② 周作人:《国语文学谈》,钟叔河编订:《周作人散文全集》(4),桂林:广西师范大学出版社,2009年,第485页。

③ 钱基博:《现代中国文学史》,北京:中国人民大学出版社,2007年,第24页。

然不足。有鉴于此，本论题将对桐城派文论在现代学术中的批评与转化进行整体研究，以揭示桐城派文论在现代学术中的生存样貌。但是由于现代学术自身的嬗变特征，使得本论题研究虽然以桐城派文论为主体，有时也会延伸到桐城派自身。当然，在论及桐城派自身的时候，还是尽量突出其理论特征。

由于现代学术环境本身的丰富性和复杂性，使得本论题置身于一个松散开放的学术场域，缺少明确的主线与内核，再加之适逢古今交汇、中西碰撞三千年之历史大变局，问题变得愈加纷繁，其中关涉批评史、文学史、思想史以及现代学术的发生及其演变。如何在复杂的学术场域寻找一条逻辑主线就显得尤其重要。全景展示与细致临摹没有必要也不太可能，我们抽取其中几个节点以窥其貌。这几个节点可以是问题，可以是人物，人物会连接问题，问题亦牵扯人物，我们最终确定以学人为主线，突出问题意识，避免纯粹形而上的抽象演绎，提倡一种有人文况味的理论研究。当然每个点的选择都不是任意的，而是有其内在逻辑思考。在选择这些学人作为研究节点时，秉持三个原则：第一，他们都熟悉桐城派，又都不是严格意义上的桐城派。因为熟悉所以能入乎其内，因为不是桐城派又能够出乎其外，入乎其内故有生气，出乎其外故有高致。第二，他们都是各自领域的一流学者，具有足够的代表性和影响力，使我们可以经由他们以窥其身后更广阔的领域。第三，他们都是现代学者，或以现代理念、或以现代方法、或以现代语言，洞察桐城派文论之得失，并在一定范围内向前推进并发展了桐城派文论。正是依据上述标准，我们选择了六位现代学术大家作为代表。

第一组学人，以梁启超和胡适为代表，他们虽读过桐城派文章，但由于时代或社会原因，对桐城派举起了批判大旗。两人的不同在于，前者的批判是清学系统内部的批判运动，后者的批判是你死我活的文学革命。第二组学人，以徐复观和朱光潜为代表，他们与桐城派关系较为密切，早年都被认为可以接续古文一脉，后来走上了不同的学术之路。他们对桐城派文论主要是传承和转化，两人的不同在于，徐复观是返古开新，疏通桐城派文论与古代文论之联系；朱光潜是移花接木，运用西方学术理念论证桐城派文论的合理性并尝试进行现代转化。第三组学人，以钱基博和郭绍虞为代表，他们都是文史专家，都把桐城派放在中国文学史的框架内考量。两人的不同在于，钱基博偏重于文学，以辨章源流为主；郭绍虞集中于文论，以系统评判为主。三组人物，虽有时间上的早晚之分，但主要是逻辑上的先后之别，他们基本上构成了对桐城派文论反、正、合的接受历程。虽然还有很多人对桐城派文论进行过批判，但都可以归入其中某一组。

从研究方法来说，本论题采用个案研究与系统研究相结合的方式，以文本细读为基础，同时参照接受美学和阐释学理论，尤其以伽达默尔的阐释学为指导。伽达默尔的阐释学理论大致包括三部分：理解的历史性、效果历史和视域融合。"理解的历史性"是说理解都存在"前见"，前见在历史和传统中形成，每个理解者必须接受传统。没有超出传统之外的理解者，也没有与传统无涉的文本，人与文本都处在传统之中，也处在世界之中。所以"理解甚至根本不能被认为是一种主体性的行为，而要被认为是一种置自身于传统过程中的行动，在这过程中过去和现在经常地得以中介"。[①] "效果历史"是说文本和理解者一直处于不断变化和形成过程中，理解不是客体或主体的单一行为，而是一种关系，"真正的历史对象根本就不是对象，而是自己和他者的统一体，或一种关系，在这种关系中同时存在着历史的实在和历史理解的实在。一种名副其实的诠释学必须在理解本身中显示历史的实在性。因此我就把所需要的这样一种东西称之为效果历史"。[②] 所以在理解传统或事物的时候，实际上是在与事物进行对话，这就好像在理解者与对象之间建立一种问答逻辑形式，在问答过程中，理解者和文本反复交流，深化理解本身。"视域融合"是说理解发生时，会存在两个视域：一个是"历史的视域"，即作者本来的视域；另一个是"现在的视域"，即理解者所处的具体时代氛围形成的视域，"所以，如果没

① [德]伽达默尔：《真理与方法》，洪汉鼎译，上海：上海译文出版社，1999年，第372页。

② [德]伽达默尔：《真理与方法》，洪汉鼎译，上海：上海译文出版社，1999年，第384～385页。

有过去，现在视域就根本不能形成。正如没有一种我们误认为有的历史视域一样，也根本没有一种自为的现在视域。理解其实总是这样一些被误认为独自存在的视域的融合过程……在传统的支配下，这样一种融合过程是经常出现的，因为旧的东西和新的东西在这里总是不断地结合成某种更富有生气的有效的东西。”[①]通过视域融合，消除视域之间的差距，达到一个全新的视域，从而使理解者和被理解者彼此都超越原有的视域。“视域融合”理论在古代文论的现代诠释中被广泛运用，以至于被视为传统文论现代化研究的重要途径。[②]

桐城派是个老旧的流派，本论题是个较新的课题，其所蕴含的学术延伸意义自不待言，所面对的现实和理论挑战亦不容小觑。就文献来说，涉及桐城派的作品众多，后续的批评和研究亦丰富，有的结集成册，更多的则是零星散见于各类信札、日记和文章中，有的甚至资料都不易寻找，而系统专业的理论化梳理更是缺乏，所以搜集整理异常繁琐，删芜举要也颇费工夫。就理论来说，解读各家理论本意并找出相互之间的内在逻辑勾连，了解其发展变化，不只是对各家理论的简单陈列，也需要作严密的思考和敏锐的裁断。这都是无法回避的问题，也是面临的挑战，更是持续研究的动力。桐城派过去的辉煌让人赞叹，后来的没落让人唏嘘，而探讨其在现代学术中的生存状态和精神风貌令人期待。

---

① ［德］伽达默尔：《真理与方法》，洪汉鼎译，上海：上海译文出版社，1999 年，第 393 页。

② 党圣元：《传统文论诠释中的视界融合问题》，《中国社会科学院研究生院学报》，2006 年第 6 期，第 93 页。

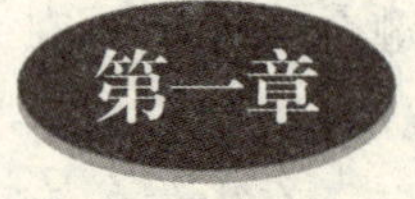

第一章 桐城派文论概述

桐城派文论，是桐城派对文学的基本主张，也是清代文论的核心，郭绍虞在《中国文学批评史》中说："清代文论以古文家为中坚，而古文家之文论又以'桐城派'为中坚。有清一代的古文，前前后后殆无不与桐城生关系。在桐城派未立以前的古文家，大都可视为'桐城派'的前驱；在'桐城派'方立或既立的时候，一般不入宗派或别立宗派的古文家，又都是桐城派之羽翼与支流。由清代的文学史言，由清代的文学批评言，都不能不以桐城派为中心。"他更言桐城派古文理论能够"集古今文论之大成"。[①] 这是迄今为止对桐城派文论最高的评价，也是桐城派影响深远的原因之一。然而桐城派文论内容丰富，涉及面广，何者是经，何者是纬？何者为主，何者为辅？通过对桐城派文论的梳理比较，并参照后世影响，我们认为桐城派核心文论有三：第一，方苞的"义法"理论；第二，刘大櫆的"因声求气"理论；第三，姚鼐的"义理考证文章"理论。

第一节 "义法"理论

"义法"理论是桐城派最基本的古文范畴，也是桐城派文论体系的起点和基石，方苞首倡古文"义法说"。在《史记评语·十二诸侯年表》一文中，他说：

---

① 郭绍虞：《中国文学批评史》，天津：百花文艺出版社，2008 年，第488 页。

> 《春秋》之制义法，自太史公发之，而后之深于文者亦具焉。义即《易》之所谓“言有物”也，法即《易》之所谓“言有序”也。义以为经而法纬之，然后为成体之文。[①]

在方氏的另一篇文章《又书〈货殖传〉后》，也有与此完全一致的表述。虽然义法之说最早是由墨子提出，[②]但后世所言义法主要还是春秋义法，方苞这段话也是针对《史记·十二诸侯年表》中“约其文辞，去其烦重，以制义法”一句而发的评论。方苞将史家义法拆开使用，分别指“言有物”和“言有序”，可以说是对《春秋》“义法”的创造性解读。至于是否尽得司马氏原意，并不重要，方氏不过借此表达自己的文学观念和艺术理想。此后，古文义法与春秋义法融通为一，成为古文创作大法。那么义法理论的真正内涵是什么？义与法之间有着怎样的联系？它们是在什么样的背景下提出？这些都是不容忽视的问题。

一、义法内涵

方苞说，义就是“言有物”，法就是“言有序”，理解义法也就是理解“言有物”和“言有序”，以及它们之间的关系。

(一)言有物

方苞在评价归有光时，称其古文“言有序”尚好，“而有物者，则寡焉”，而“寡”的原因就是缺少学问的根基，因“袭常缀琐，虽欲大远于俗言，其道无由”。[③] 也就是说，方苞的“言有物”并非指日常生活琐事。在《杨千木文稿序》一文中，他说：“古之圣贤，德修于身，功被于万物，故史臣记其事，学者传其言，而奉

---

① 方苞：《方望溪全集》，北京：中国书店出版社，1991 年，第 426 页。

② 《墨子·非命(中)》曰：“凡出言谈、由文学之为道也，则不可不先立义法。若言而无义，譬犹立朝夕于员钧之上也，则虽有巧工，必不能得正焉。”(孙诒让：《墨子闲诂》，北京：中华书局，2001 年，第 273 页。)

③ 方苞：《书归震川文集后》，《方望溪全集》，北京：中国书店出版社，1991 年，第 58、57 页。

以为经，与天地同流。其下如左丘明、司马迁、班固，志欲通古今之变，存一王之法，故纪事之文传。荀卿、董傅守孤学以待来者，故道古之文传。管夷吾、贾谊达于世务，故论事之文传。凡此皆言有物者也。”[1]也就是说，“言有物”主要是关于圣贤事功。在《答申谦居书》中，他进一步指出：“若古文，则本经术而依事物之理，非中有所得，不可以为伪……以是观之，苟志乎古文，必先定其祈向，然后所学有以为基，匪是则勤而无所。若夫左、史以来相承之义法，各出之径途，则期月之间，可讲而明也。”[2]在《古文约选序例》中，他明确提出：“盖古文所从来远矣，六经、《语》、《孟》，其根源也。”[3]不难看出，方苞的“言有物”强调的实际是古文的学识修养，只有学养深厚，才能言之有物。方苞本人精通三礼，专研《春秋》、《周官》，著有《周官辨》1 卷、《周官集注》12 卷、《周官析疑》36 卷、《考工记析疑》4 卷、《仪礼析疑》17 卷、《礼记析疑》46 卷、《春秋通论》4 卷、《春秋直解》12 卷、《春秋比事目录》4 卷等。与归氏相比，方苞学养确乎丰厚殷实。

方苞的“言有物”是从学中来，所学对象当然是古人，而且越古越醇，他提倡的古文典范就是先秦两汉文，而左丘明、司马迁、班固、贾谊等人的文章更是“言有物”的最高典范。比较而言，后世之文学养则越来越浅，一代不如一代：

> 抑吾观周末诸子，虽学有醇驳，而言皆有物。汉唐以降，无若其义蕴之充实者。宋儒之书，义理则备矣，抑不若四子之旨远而辞文，岂气数使然邪？抑浸润于先王之教泽者，源远而流长，有不可强也。[4]

方苞不仅用学养来解释“言有物”，品评古今文章优劣，而

---

① 方苞：《杨千木文稿序》，《方望溪全集》，北京：中国书店出版社，1991 年，第 300～301 页。

② 方苞：《答申谦居书》，《方望溪全集》，北京：中国书店出版社，1991 年，第81 页。

③ 方苞：《古文约选序例》，《方望溪全集》，北京：中国书店出版社，1991 年，第 303 页。

④ 方苞：《书删定荀子后》，《方望溪全集》，北京：中国书店出版社，1991 年，第 18 页。

且把学养提高到古文本体的角度，以之为古文存在的质的规定性，以区别于诗赋：

> 盖古文之传，与诗赋异道。魏、晋以后，奸佥污邪之人，而诗赋为众所称者有矣，以彼瞑瞒于声色之中，而曲得其情状，亦所谓诚而形者也，故言之工而为流俗所不弃。若古文，则本经术而依事物之理，非中有所得，不可以为伪……以是观之，苟志乎古文，必先定其祈向，然后所学有以为基，匪是则勤而无所。若夫左、史以来相承之义法，各出之径途，则期月之间，可讲而明也。[①]

欲为古文，必先定其祈向、学养，祈向、学养是通向左史以来古文义法之正途大道。具体来说，祈向、学养就是“本经术而依事物之理”。本经术，就是以儒家典籍为思想之根；依事理，就是以万物之理为行为之据。以经术为本，寻求的是圣人所见的放之四海皆准的思想规范；依事物之理，则是把万事万物的存在之理作为行为准则。人情与物理融通，天道与人道一体，不违于天，不悖于人，则所言有物，所达有义也。

方苞后来提出从属于义法理论的“雅洁说”，也与古有关。如果说洁是一种简，那么雅则是一种古，所谓“清真古雅”。方苞的“雅”主要是就文辞的雅驯妥帖、不俚不俗而言。如果行文引喻凡猥、辞繁而芜、句佻且稚者，都属不雅的范围，应当予以避免。方苞删定《荀子》，意在去其悖者、蔓者、复者、俚且佻者；他不满于柳宗元文，也因其文肤末支离、引喻凡猥、句佻且稚者矣。在文学批评实践中，方苞坚持去俚远俗的雅驯标准。他对门人沈廷芳云：

> 南宋、元、明以来，古文义法不讲久矣。吴、越间遗老尤放恣，或杂小说，或沿翰林旧体，无一雅洁者。古文中不可入语录中语、魏、晋、六朝人藻俪俳语、汉

---

① 方苞：《答申谦居书》，《方望溪全集》，北京：中国书店出版社，1991年，第81页。

赋中板重字法、诗歌中隽语、南北史佻巧语。[1]

方苞如此强调古文之学，不仅是对晚明以来士林空疏不学之风的反叛，同时也是他长期古文创作的切身体会。康熙三十年（1691年），方苞与万斯同交，始"辍古文之学而求经义"。[2]写作古文的同时，又跳到古文之外，出入经史，以经史之实补古文之虚，这是他自信超越专注于时文的归有光之处，也是他自认高于唐宋诸家之处。当然，因为过于强调古文中的经史之学，使得方苞文章稍显古板，文采不足，而他所津津乐道的经义在汉学家和史学家眼里却也并没有那么醇厚。

（二）言有序

如果说"言有物"是就文章内容而言，"言有序"则是对这些内容的组织安排。方苞很少直接讨论"言有序"，主要是通过对史传作品的评点来表达自己的观点，其中又以《史记》、《左传》的评点最具有代表性。在评点中，方苞的"言有序"主要体现在文章的详略、虚实、繁简、对称等问题上。

详略、虚实问题是文章学的重点，历来颇受文章家重视，方苞对《左传》之详略多有妙论。《左传》善于写战争，方苞也以此为突破，展开分析。比如秦晋韩之战，僖公十五年秦筮伐晋后，文章突接"三败及韩"，而对于秦晋之间何时何地三次交兵则省略。方苞认为这虽不合叙事常理，但正反映左氏对义法的精通："盖此篇大指在著惠公为人之所弃，以见文公为天之所启，故叙惠公愎谏失德甚详，而战事甚略；正战且不宜详，若更叙三败之地与人，则臃肿而不中绳墨。宋以后诸史冗杂庸俗，由不识详略之义耳。"[3]而发生在襄公二十七年的宋之盟，《左传》称赞子木、叔向善言，却于二人言辞只字不提，仅以"子木与之言，弗能对使叔向侍言焉，子木亦不能对"一句概括，而赵武言辞载

---

① 沈廷芳：《书方望溪先生传后》，《方苞集》，上海：上海古籍出版社，1983年，第890页。

② 方苞：《万季野墓表》，《方望溪全集》，北京：中国书店出版社，1991年，第163页。

③ 方苞：《左传义法举要》，竹添先生校阅，明治十七年日本刻本。

录颇多，为何会作如此安排，方苞说："武之善言若此，则子木、叔向可知矣。盖备举前二享之文词，则拳曲臃肿而不中绳墨，而文体为之冗杂，故独详于终事。且自伯有而外，皆郑卿自托于晋之词，与楚无信而晋有信相应，又以见赵武能用叔向之言，务德以怀诸侯也。观此可知旧所载子木、叔向之言甚多，《传》尽剃删，而约言以包举之。"正所谓"纪事之文，去取详略，措置各有宜也"。[①]《史记》是方苞分析"言有序"的另一个经典个案，比如《孙子吴起列传》，方氏评点："孙武、吴起论兵，具有书，则武与起之战功不必言矣，故以虚语总括，而所载皆别事，孙膑在齐，田忌之客耳，其再破魏，主兵者皆田忌，故详著其兵谋。"此亦"虚实之义法也"。[②] 由此可见，详略、虚实不只是材料多少的问题，还是繁简的问题。

方氏论文尚简，认为"文未有繁而能工者"，[③]义法的要求就是文字尽量简约。在《书〈史记·十表〉后》中，方苞云："十篇之序，义并严密而辞微约，览者或不能遽得其条贯，而义法之精变，必于是乎求之，始的然其有准焉。"[④]而十篇之中，方苞又最看重《十二诸侯年表序》中司马迁"孔子次《春秋》，上记隐，下至哀公之获麟，约其辞文，去其烦重，以制义法，王道备，人事浃"之语，并将序中的"约其辞文，去其烦重"一语，引为尚简的根据。以此为准，方苞说："《易》、《诗》、《书》、《春秋》及四书，一字不可增减，文之极则也。降而《左传》、《史记》、韩文虽长篇，句字可薙芟者甚少。其余诸家，虽举世传诵之文，义枝辞冗者者，或不免矣。"[⑤]在方苞看来，为文删繁就简与体清气洁是一致的。方氏又言："柳子厚称太史公书曰'洁'，非谓词无芜累也；盖明

---

① 方苞：《左传义法举要》，竹添先生校阅，明治十七年日本刻本。

② 方苞：《史记评语》，《方望溪全集》，北京：中国书店出版社，1991年，第428页。

③ 方苞：《与程若韩书》，《方望溪全集》，北京：中国书店出版社，1991年，第90页。

④ 方苞：《书〈史记·十表〉后》，《方望溪全集》，北京：中国书店出版社，1991年，第24页。

⑤ 方苞：《古文约选序例》，《方望溪全集》，北京：中国书店出版社，1991年，第304页。

于体要，而所载之事不杂，其气体为最洁耳。”①所以“简”与“洁”为方苞推崇的风格。如果“简”是不繁不杂，“洁”则体现出“简”的宗旨和原则。要达到文章之“洁”，必经过去杂取精的过程。《史记评语》与《左传义法举要》着重分析了史料如何去除枝蔓，以达到“简洁”的效果。望溪论文尚简的原因，恐与他讲究经史有关，因为经文最简，他说：“圣人之文，尽万物之情而无遗者，不以其详而以其略。”②可知他崇尚简洁实出于规摹经史。在他主管纂修清代《一统志》时，有人提议增加材料于某志，方苞不许，认为其“未达于文之义法”。③ 在他为孙奇逢、钱澄之等人作传时，简化学术成就，增加轶闻琐事，更好地传达了墓主人的精神风貌，其后人对此曾多有抱怨，方氏答曰：“往者群贤所述，惟务征实，故事愈详，而义愈狭。”④

对称、呼应问题，是理解方苞“言有序”的又一重点。他极为称赞《左传》的对称之法，尤其体现在对战争的评点上。比如《城濮之战》，方氏以“德”字贯穿全篇，围绕“德”义，双方的人物分配两两相对，相互呼应。不仅如此，《左传》的对称还是多重的，在《城濮之战》中，除“德”义之外，尚有“礼”义与“勤民”义，三者都有各自的对称格局，这是《左传》胜于其他古文的重要因素：“唐宋诸家终篇一义相贯，太史公《礼书序》首尾以二义分承，此篇以德、礼、勤民三义相贯，间见层出，融洽无间，又汉以后所未有也。”⑤不仅《城濮之战》全篇以三义相贯，而且晋楚两国在语言和用人上也构成对称，甚至连主将做梦都构成对称：“侯能用人言，不独博谋于卿大夫，下及舆人。得臣刚愎自用，不独荣黄之谏不听，楚众欲还不从，即楚子之命亦不受，又反对

---

① 方苞：《书萧相国世家后》，《方望溪全集》，北京：中国书店出版社，1991年，第28页。

② 方苞：《书周官大司马四时田法后》，《方望溪全集》，北京：中国书店出版社，1991年，第11页。

③ 方苞：《与程若韩书》，《方望溪全集》，北京：中国书店出版社，1991年，第90页。

④ 方苞：《与孙以宁书》，《方望溪全集》，北京：中国书店出版社，1991年，第67页。

⑤ 方苞：《左传义法举要》，竹添先生校阅，明治十七年日本刻本。

也。楚子不欲战，而得臣强之。晋侯疑于战，而诸臣决之，又一反对也。晋侯之梦似凶而终吉，得臣之梦似吉而终凶，又一反对也。”[①]在评点《邲之战》时，连谈话、逃跑、渡河工具、尸体、囚犯等细枝末节都能找出对称，方氏的古文义法真可谓“具体而微”了。评点文章的方式，一定程度上和八股应试有关。研究《左传》评点史的李卫军说，“以时文手法评点《左传》，为初学揭示文法，以因应科举之需”是当时评点的主流。[②] 方苞曾说以古文提升时文水平，而《左传义法举要》在雍正六年（1728）刊行时，正值八股时文对偶之风正炽，无怪乎方氏的《左传》评点受到当时读书人追捧。

二、义与法的关系

义与法可以合在一起，也可以分开，义是义，法是法。合在一起，义法指的是学习古文的途径，或者说是古文行文的标准。我们说义与法的关系主要是在分开的意义上来看的。关于义与法的关系，方苞明确说的有三句话：“法以义起”，“夫法之变，盖其义有不得不然者”，“义以为经而法纬之”。

第一，法以义起。方苞在《史记评语·秦始皇本纪》中明确提出“法以义起”，说明义法关系中，义对法的统摄作用。他说：“后世碑铭有序本此。此载群臣之语，故系后。后世序列时君事迹，故以冠于前，而私家之碑铭亦式焉，皆法以义起而不可易者。”[③]法以义起，义先法后，义为体，法为用，义决定法，这是方苞从碑铭写作中总结出来的义法关系和行文规律。在《书韩退之平淮西碑后》和《答乔介夫书》等篇章中，方苞进一步阐明了这一观点。如在《书韩退之平淮西碑后》一文中，方苞指出碑记墓志中有铭文如同史书中有论赞，而铭文创作之法不应仅仅是对事件的铺叙，因为所记之事只是“必以补本文之间缺”，而其

① 方苞：《左传义法举要》，竹添先生校阅，明治十七年日本刻本。

② 李卫军：《〈左传〉评点史述略》，《兰州学刊》，2009年第12期，第205页。

③ 方苞：《方望溪全集》，北京：中国书店出版社，1991年，第425页。

所存之义要在文辞之外,“其指意辞事必取之本文之外”。义与法的这种关系自太史公发明以来,班史之下除韩愈外都不够格,欧阳修和王安石不是不足就是有过之,而艾南英对古文之法的总结也只能算是“强不知以为知”。而在《答乔介夫书》中,方苞不仅自己在创作中遵循“法以义起”的原则,而且教授他人亦以此为行文之不可易的标准。在方苞看来,乔介夫为人所作的表志或家传只可记开海口事迹的始末,却不能将其所奏“车逻河事及四不可之议”之事迹全部收录进去。因为“诸体之文,各有义法”。不同问题,作法不同。毕竟表志尺幅有限,如果两者都予以记录,则不但“臃肿而不中绳墨”,还会使“后之人无所取鉴,而当日忘身家以排廷议之义亦不可得而见”。因此对车逻河奏议之类的事情,志传不载,可以放在私人记录里面,唯有这样,太史公以来所传之义法乃存。

第二,夫法之变,盖其义有不得不然者。此话来自《书〈五代史·安重诲传〉后》。如果说“法以义起”是从生成角度来看义对法的决定作用,那么这一点是从变化的角度强调法不悖义。作文有法,但法是变法是活法,而不是死法。而法变化的根据还是义。在《书〈五代史·安重诲传〉后》中,方苞借批评欧阳修《五代史·安重诲传》不得义法要领,来阐发义与法之关系:“记事之文,惟《左传》、《史记》各有义法。一篇之中,脉相灌输而不可增损,然其前后相应,或隐或显,或偏或全,变化随宜,不主一道。《五代史·安重诲传》,总揭数义于前,而次第分疏于后,中间又凡举四事,后乃详书之。此书疏论策体记事之文,古无是也。”[①]《左传》、《史记》和欧阳修的《五代史》同为记事之文,而记事文之义法,当于一篇之中,脉相灌输,前后相应,或隐或显,或偏或全,随意变化,不局限于任何一种方法。但不能叙事和议论相杂,因为这属于书疏论策体之法,与史传记事义法不同。《五代史·安重诲传》不足在于,“总揭数义于前,而次第分疏于后,中间又凡举四事,后乃详书之。”[②]好的写法应该知道什么该写,什么该隐,何事为主,何事为次,而《史记》的伯夷、

① 方苞:《方望溪全集》,北京:中国书店出版社,1991年,第32页。

② 方苞:《方望溪全集》,北京:中国书店出版社,1991年,第32页。

孟、荀、屈原传则是这方面的典范。连最得《史记》之义法的欧阳修“犹未详其义而漫效焉，后之人又可不察而仍其误邪?”

第三，义以为经而法纬之。这句话出自《又书〈货殖传〉后》：“《春秋》之制义法，自太史公发之，而后之深于文者亦具焉。义即《易》之所谓‘言有物’也，法即《易》之所谓‘言有序’也。义以为经而法纬之，然后为成体之文。”[①]方苞首先指出义法的来源和含义，然后说明两者之间的相互关系：义经法纬，为成体之文。义法就像两条线，共同编制成文。文中以《史记·货殖列传》为例，说明“是篇两举天下地域之凡，而详略异焉”，“两举庶民经业之凡，而中别之”，看似重复繁杂，实则井然有序，既两两相对，又主次分明，在主次之间，不仅看到文章之有序，而且能够看到义理其间，从而点明法义互为经纬之密切关系，这只是第一个层面的经纬。第二个层面是，《货殖列传》与《平准书》也互为经纬，相予表里，前后措注。这样通过文章内部之间和两篇文章之间的参较，更能充分体会作者的匠心独具与义法之精妙，义法不仅在一篇之内，而且在篇与篇之间互文互见，这是文本之间的关联性，也是义法的丰富性。所以《史记》虽然义法不像左丘明和韩愈那样显然可寻，但自有其微言大义，堪称义经法纬的典范。

三、义法说的背景及渊源

(一)近世背景

第一，万斯同的引导。万斯同(1638～1702)，清初著名史学家，师事黄宗羲，以布衣身份参修《明史》，有《明史稿》500卷。康熙三十年(1691)，方苞初到京城逢万斯同在京修《明史》，万氏闻方苞古文名及励志经学的志向，遂降齿与之交。康熙三十五年(1695)秋，方苞将南归，万氏将修《明史》志愿托付给方苞，并嘱咐以义法为文：“子诚欲以古文为事，则愿一意于斯。就吾所述，约以义法而经纬其文，他日书成，记其后曰：‘此

① 方苞：《方望溪全集》，北京：中国书店出版社，1991年，第29页。

四明万氏所草创也，则吾死不恨矣。’”[1]时年方苞二十八岁，万斯同五十八岁。而在此之前，康熙三十年，方苞廿四岁始识在京师讲学“仪法”的万氏。[2] 仔细考察《方望溪全集》中凡论到义法的各篇都作于康熙三十五年之后，而此前并没有提及，可以说方苞标举“义法”应该直接受万氏的影响。且当时因修《明史》而讲论史例、史法的风气对他以义法论文应该起过直接或间接的影响。方苞曾说：“康熙辛未，余始至京师，华亭王司农承修《明史》，四明万季野馆焉，每质余以所疑。”[3]可见他直接与万斯同讨论过修史的种种问题，而为文和义法问题也都与之有过交流。虽然真正举起春秋义法向古文义法转变大旗的人应该是万斯同，但可能由于他忙于经史，无暇建构文章之学，遂将大任托付于方苞。而方苞不负所望，将春秋义法真正移植于古文，使之成为桐城派乃至古文创作的经典大法。

第二，清代评点学的兴盛。方苞认为古文义法最精者，莫如《左传》和《史记》，而他的古文义法理论也主要是通过对《左传》和《史记》的评点来阐发的。为何方苞会选择《左传》和《史记》为其理论基点和评点对象，这既与两部作品在中国传统文化和文学中的重要地位有关，也与当时盛行的史传评点风气有关。

文学评点是中国文论的独特形式。中国的文学评点具体从何时开始，已很难说清楚，一般认为，到了宋代才真正形成。《左传》的评点亦始于宋代，南宋吕祖谦的《东莱博议》、《左氏传说》已颇含评点因素。李卫军认为左传评点绵延七百多年，可以分为四个阶段：明代万历以前是形成期；万历至明末为发展期；明末至乾隆年间为全盛期；嘉庆至民国初年为延续和余晖期。[4] 而《史记》评点的兴盛出现在明代，其中归有光评点的《史

---

① 方苞：《方望溪全集》，北京：中国书店出版社，1991 年，第 164 页。

② 苏惇元：《清方望溪先生苞年谱》，台北：台湾商务印书馆，1981 年，第 47 页。

③ 方苞：《明史无任邱李少师传》，《方望溪全集》，北京：中国书店出版社，1991 年，第 253 页。

④ 李卫军：《〈左传〉评点史述略》，《兰州学刊》，2009 年第 12 期，第 203 页。

记》就影响深远。所以明清两朝,可以说是中国评点学的鼎盛时期。清代康熙前后《左传》评点最盛。康熙皇帝本人酷爱《左传》,曾亲自编选评点包括《左传》在内的上古三代的历史散文,成为《古文渊鉴》64卷。后根据《古文渊鉴》编辑的科举普及读物《古文观止》,用帝王首肯的古文篇章作时文评点,推向全国。朝野上下蔚然成风,一时形成古文评点之盛。《左传》更是前所未有地受到士人热捧,涌现出大批高质量的评点作品,如盛大漠的《于野左氏录》、冯李骅的《左绣》、王源的《文章练要左传评》、刘献庭的《左传快评》、魏禧的《左传经世钞》等。最能够体现方苞义法理论的《左传义法举要》和《方望溪评点史记》、《史记评语》等著作即产生于这股史传评点热潮之中。

第三,清代经史之学的潮流。明末清初,剧烈的社会动荡,使得社会危机日益严峻,理学日渐受到批评,社会上逐渐掀起一股朴实的经世致用之风。在这种风潮影响下,学门也相应地开始尊重经史之学,涌现出大批有影响的经史大家,像黄宗羲、顾炎武、王夫之等。他们认为经学可以经世,史学可以应时,并希望通过对经史的重视,以挽救社会危机。方苞的古文义法理论形成的康熙朝,非常重视经史之学,推行"稽古右文"的文化政策。康熙六年(1666),玄烨亲政不久就广开言论,征求良策。大学士熊赐履就当时"师道不立,经训不明,士子惟揣摩举业以为弋科名之具,绝不知读书讲学以求圣贤理道之归"的情况,提出"敷崇实行,扶持正教"的建议,[①]这个建议遂成为"稽古右文"政策的肇始。康熙本人政事之余,亦留心经史,他对封建士子的要求也不过是读书穷理,学为世用。康熙经常斥责那些学问浅陋的虚伪之士,而主张敦笃实学。对于文理荒疏不称职的官员则予以革职,而科举考试中经史之才也屡屡得到拔擢任用。正是在官方和民间同时重视经史之学的社会风潮下,方苞的古文义法理论才得以产生,并在朝廷和民间获得普遍认同,这也成为桐城派古文在清代长盛的重要原因之一。

---

① 《圣祖实录》(卷二十二),北京:中华书局,1985年,第308~309页。

(二)远世渊源

首先,古文义法的源头是春秋义法。张高评说:"方苞追溯'义法'之根源,但标榜《左传》、《史记》,却绝口不提《春秋》书法。"[1]应该说,张先生的话是不准确的。方苞在《史记评语》中说:"《春秋》之制义法,自太史公发之,而后之深于文者亦具焉。义即《易》之所谓'言有物'也,法即《易》之所谓'言有序'也。"[2]这里,方苞说的春秋义法就是春秋书法。李建军主张:"《春秋》义法又称《春秋》书法、《春秋》笔法、《春秋》义例、《春秋》书例,它是孔子在整理鲁史而成《春秋》时,继承发展先前史家笔法而形成的编撰方法、思想原则和笔削法度的总称。"[3]李洲良也持同样观点,他把"春秋笔法"分为三个层面,分别是:经法、史法与文法。三者既相互融通,又各自相对独立。"从史的发展角度看,'春秋笔法'实经历了由经法到史法再到文法的发展过程,而文法又贯穿于经法、史法之中。从三者的内质特色上看,经法旨在惩恶而劝善,故求其善;史法旨在通古今之变,故求其真;文法旨在属辞比事,故求其美"。[4] 所以从源头来说,方苞的古文义法根源于春秋义法。

方苞本人也十分注重对春秋义法的探讨,他在《与吕宗华书》中说:"仆幸童稚时,先君子口授经文少长,先兄为讲注疏大全,择其是而辨其疑。凡《易》之体象,《春秋》之义例,《诗》之讽喻,《尚书》、《周官》、《礼记》之训诂,先儒所已云者,皆粗能记忆。"在《沈编修墓志铭》云:"吾少好柳文,自先生别其瑕瑜,然后粗见古人之义法。及闻《周官》之说,而又知此其可后者也。故奉吾母以归,将毕其余力于斯。"由此可见,方苞对于春秋义例和古人义法深有研究,而其后标举义法论文,也正是长期精

---

① 张高评:《春秋书法与左传学史》,上海:上海古籍出版社,2005年,第300页。

② 方苞:《方望溪全集》,北京:中国书店出版社,1991年,第426页。

③ 李建军:《〈春秋〉义法内涵新探》,《孔子研究》,2009年第5期,第28页。

④ 李洲良:《春秋笔法的内涵外延与本质特征》,《文学评论》,2006年第1期,第93页。

研春秋之学的必然结果。另外，对于方苞古文义法批评与春秋义法之相融通处，张金梅曾作过细致的梳理比较：其一，春秋义法和古文义法都重视“义”。其二，春秋义法与古文义法都强调“法”随“义”变。其三，春秋义法与古文义法都包含褒贬美刺功能。其四，古文义法与春秋义法相融通最突出的表现是，直接运用春秋义法的术语对具体作品进行评论。[①]

其次，桐城派古文是唐宋古文的延续。“古文”的名称并非一开始就有，它是由散体文发展而来的一种文体类型。散体文在中国有悠久的历史，先秦时代就产生过许多优秀的作品，以后一脉相承，从未间断。这种散体文发展到六朝时期，出现了一种骈俪倾向，形式铺张，辞藻浮华，在语言上使文言变成与口语几乎绝缘的书面语。针对绮靡无实的骄丽文风，韩、柳等人发起了一场声势浩大的文学复古运动，即古文运动，这个时候作为文体的古文才真正出现。古文运动取法先秦两汉的文章传统，提出文从字顺、陈言务去的系列古文主张，建立尧舜商汤、文王武王、周公孔孟的古道传统。苏轼称赞韩愈“文起八代之衰，道济天下之溺”，韩愈建立的古文新风和道统，在宋代被继承发扬，以欧阳修为代表的一批文人，极力推崇韩柳，又掀起一场新的古文运动。一面反对晚唐以来讲究雕章琢句的不良文风，一面继承韩柳文道合一的文道观，创作了大量平易自然的散文，共同扫清了绮靡晦涩的文风，使散文走上平易畅达之路。将“古道”与“古文”绑在一起，而且强调先“道”后“文”，这是古文家的共同策略。[②] 不管是否出于真心，中国古代的读书人，都希望通过著述来实现兼济天下的宏愿。

如同唐宋古文运动一样，桐城派的古文运动也是在前代散文发展运势衰微中产生的。明初文坛粉饰现实，先是台阁体产生，虽雍容典雅，但空泛冗沓、千篇一律。后来前后七子派掀起了声势浩大的反对台阁体运动。但是，他们并未能做到以复古

---

① 张金梅：《从“〈春秋〉义法”到“义法批评”》，《内蒙古社会科学》，2012年第1期，第163～164页。

② 陈平原：《唐宋古文运动策略》，《浙江社会科学》，1996年第1期，第83页。

为革新。相反，他们唯求模拟秦汉，堆砌文辞，故作艰深，使散文的发展又入歧途，这样引起了以王慎中、唐顺之、茅坤等人为首的唐宋派的反对。而唐宋派中，除归有光在自觉地提倡唐宋古文时创作成果显著，产生了一批别有风味的散文作品外，其他人所作多是脱离时代内容、抱守清规戒律的文章。晚明散文虽主张性灵抒发，但其末流也染上轻佻之风。清初，散文创作风气转醇，提倡经世致用之文，唐宋传统为文家所推崇，汪琬、魏禧和侯方域号称"清初三家"，虽说接迹唐宋古文载道之传统，但仍有明人使才好奇之余习，文风不够纯粹雅正。直到桐城派出现，才真正在文统和道统上接续唐宋八家，又形成延续有清一代的古文创作潮流，方苞所谓"学行继程朱之后，文章介韩欧之间"既表明与唐宋古文前后承接的关系，同时确立桐城派的立身祈向，并世代恪守。他们突出的创作和理论成就，让古文走向封建时代的最高峰，赢得"天下文章，其在桐城乎"的美誉。

综上所述，方苞在清代评点之风和经史之学盛行的大的时代背景下，接受万斯同的引导，借鉴春秋义法和《易经》思想，承接唐宋古文运动统绪，提倡古文义法理论，主张"言有物"和"言有序"，强调学养与文法的统一，推动了有清一代的古文发展和繁荣，为桐城派和后世古文家所推重。

第二节 "因声求气"理论

"因声求气"说是桐城派最基本的理论，也是中国传统文论的精粹。贾文昭称之为"桐城派文人的祖传秘方"，[①]关爱和称之为桐城派文人"学习古文的不二法门"，[②]而在桐城派内部，对之更是推崇备至。从刘大櫆、姚鼐到方东树、曾国藩，再到吴汝纶、张裕钊、贺涛等，无不将之奉为法宝，世代承袭。

---

① 贾文昭：《桐城派文论选》，北京：中华书局，2008 年，第 75 页。

② 关爱和：《古典主义的终结——桐城派与"五四"新文学》，上海：上海文艺出版社，1998 年，第37 页。

一、"因声求气"内涵

"因声求气"理论的真正创立者是刘大櫆，观点主要见诸他的《论文偶记》。他认为，神气是文章的最高美学标准。"行文之道，神为主，气辅之。曹子桓、苏子由论文，以气为主，是矣。"而神与气之间的关系，又是以神为主，气随神转，刘大櫆说："神者，文家之宝。文章最要气盛；然无神以主之，则气无所附，荡乎不知其所归也。神者气之主，气者神之用。神只是气的精处。"[①]这里"神"是文家精妙之灵府，难以捕捉，而"气"是神之运用，可以把握。也就是说，刘大櫆"把'神'这种莫测的东西变换为可以把握的概念的关键，就是'气'"。[②]"神"与"气"哪一个更重要呢？刘氏认为，神虽主气，但是气最重要。既然神气如此重要，如何方可求得？通过音节和字句，因此，刘大櫆理论的第二点就是论述神气、音节和字句三者之间的关系：

> 神气者，文之最精处也；音节者，文之稍粗处也；字句者，文之最粗处也。然论文而至于字句，则文之能事尽矣。盖音节者，神气之迹也；字句者，音节之矩也。神气不可见，于音节见之；音节无可准，以字句准之。
>
> 音节高则神气必高，音节下则神气必下，故音节为神气之迹。一句之中，或多一字，或少一字；一字之中，或用平声，或用仄声；同一平字仄字，或用阴平阳平上声去声入声，则音节迥异，故字句为音节之矩。积字成句，积句成章，积章成篇，合而读之，音节见矣；歌而咏之，神气出矣。[③]

刘大櫆借用庄子的"精处"与"粗处"概念来比较神气、音

---

① 刘大櫆：《论文偶记》，北京：人民文学出版社，1959年，第3、4页。

② [日]小野泽精一等：《气的思想》，李庆译，上海：上海人民出版社，1992年，第476页。

③ 刘大櫆：《论文偶记》，北京：人民文学出版社，1959年，第6页。

节、字句之间的关系，并完整描述了“由字句到音节，由音节到神气”由表及里的因声求气过程。而实现这一过程的有效方法就是诵读，通过诵读，领悟文章高深莫测之神气。对具体的诵读之法和诵读效果，刘氏也有精彩论述：“学者求神气而得之于音节，求音节而得之于字句，则思过半矣。其要只在读古人文字时，便设以此身代古人说话，一吞一吐，皆由彼而不由我。烂熟后，我之神气即古人之神气，古人之音节都在我喉吻间；合我喉吻者，便是与古人神气、音节相似处。久之，自然铿锵发金石声。”[①]读书不只是读书，还是今人与古人的沟通，神与气的交流，以今人神气接通古人，以古人神气灌注今人，如此一来，古今贯通，神气融汇。这是诵读的佳处，也是读书与看书的不同之处，看书只解其意，读书还通其神。

刘大櫆“因声求气”理论的主要贡献是丰富和完善了中国传统的文气理论，把抽象的神气理论具体化。古人对于神气虽然颇多讨论，也提到通过诵读可以获得神气，但更多时候神气还是靠个人体悟，玄妙莫测，而刘大櫆厘清了其中的理论机制。刘氏的第二个贡献是，系统化理论化了中国传统的诵读理论。汉字是音意的结合体，中国人自古喜欢诵读。诵读不只是知识学习，还是一种有节奏的声律活动、一种有情感的审美活动、一种有神韵的体悟活动。通过用心诵读，通过喉舌运动、字句平仄、音节高低、气息短长，最终实现生命之间神韵和气息的通连，境界和人格的提升。刘大櫆的第三个贡献是以诗论文。在他以前，声调韵律基本是诗论的专利，文论少有涉及。刘大櫆是诗人又是古文家，凭借自己对诗文的精深造诣，把诗学的音韵理论借用到古文中，解析古文声调、音节和神气之间的关系，创造了因声求气之法。通过对声调韵律在文法理论中功能的揭示，刘大櫆把文论提高到和诗论同等的高度和水平，极大地推进了中国传统诗文理论的发展。

刘大櫆“因声求气”理论探讨文章声音与神气之间的关系，并非个人的突发奇想，而是清代整个学风的反映。众所周知，训诂学自先秦产生以来，在清朝达到鼎盛，出现了段玉裁和王

---

① 刘大櫆：《论文偶记》，北京：人民文学出版社，1959年，第12页。

念孙、王引之父子等考据大家，他们特别重视对语词声音与意义关系的探求，陆宗达认为直到他们，“因声求气”作为训诂的重要方法“才臻于系统化、理论化”。[①] 戴震在《六书音韵表序》中说：“训诂音声，相为表里。”[②]段玉裁给王念孙《广雅疏证》作序说：“治经莫重于得义，得义莫切于得音。”王念孙自己在序中说：“窃以训诂之旨，本于声音。”[③]王引之在《经义述闻》中说：“古者声随义转。声相近者，义亦相借。”[④]阮元在《揅经室集》中说：“义以声生，字从音造。”[⑤]黄承吉在《字诂义府合按后序》中说：“文字主乎声音，声明然后字明。”[⑥]桐城派与乾嘉学派虽有理论纷争，亦有相互参照。

二、“因声求气”理论溯源

气，是中国传统哲学和文论的基本理论范畴。李存山认为，“气概念有物理、生理、心理、伦理、哲理等几个层次的含义”。[⑦] 总结来说不外乎两种：一是物质层面的气，一是精神或心理层面的气。两者都是客观存在，又相互关联。其一，从字源学来说，气最基本的意思是云气。许慎《说文》云：“气，云气也。”段玉裁注：“气本云气，引申为凡气之称。”云气是山林水泽间一种流动的气体物质。因自然界阴晴冷暖，气又引申出阴阳二气的概念。其二，气是指呼吸。《玉篇·气部》云：“气，息也。”古代“鼻”写作“自”，《说文·自部》云：“自，鼻也。”气息的“息”从自从心，《说文·心部》云：“息，喘也。”说明它和人的心

---

① 陆宗达、王宁：《训诂与训诂学》，太原：山西教育出版社，1994年，第62页。

② 戴震：《戴震集》，上海：上海古籍出版社，1980年，第200页。

③ 王念孙：《广雅疏证》，南京：江苏古籍出版社，1984年，第2、1页。

④ 王引之：《经义述闻》，南京：江苏古籍出版社，1985年，第637页。

⑤ 陆宗达、王宁：《训诂与训诂学》，太原：山西教育出版社，1994年，第62页。

⑥ 黄生、黄承吉：《字诂义府合按》，北京：中华书局，1984年，第272页。

⑦ 李存山：《气概念几个层次意义的分殊》，《哲学研究》，2006年第9期，第34页。

脏、呼吸器官鼻子相关，气与人的呼吸相连，是生命的象征。所以《管子·枢言》中说："有气则生、无气则死，生者以其气。"[①]《庄子·逍遥游》中说："野马也，尘埃也，生物之以息相吹也。"[②]总之，气从自然云气和呼吸生命之气两条线索同时交叉向前发展，形成中国特有的气化哲学。

把文学和气最早联系起来的应该是孟子。"我知言，我善养吾浩然之气"。[③]"知言"与"养气"既是两个独立的范畴，又密切相关，构成一个有机整体。"知言"是外在的本领，"养气"是内在的功夫，"养气"促进"知言"，"知言"有助于"养气"，两者内外一体，相辅相成。孟子的"知言"虽是特指，但亦可泛指一切言论，当然也包括文学。"知言"可以说是对文学形象进行艺术把握，也就是文学接受的能力。把"养气"与"知言"并提，体现了孟子重视接受主体道德修养的一贯主张，他特别强调"内充"，曾提出"充实之谓美"，他的"至大至刚，以直养而无害，则塞于天地之间"的"浩然之气"就是这种"充实之美"的最高体现，就是要求通过"气"的存养，达到"充实之美"的境界，"知言"就应建立在"养气"基础之上。至于如何养气，朱熹认为要通过"知言"，通过读圣贤书来效法圣贤，也就是孟子的"取诸人以为善"、孔子的"见贤思齐"。因此，朱熹认为"知言"是"养气"的前提和基础，"孟子说养气，先说知言。先知得许多说话，是非邪正都无疑后，方能养此气也"。[④]如此看来，"知言"与"养气"相互促进，主体的道德修养和语言能力成正比。

张少康认为："'知言养气'说是孟子哲学思想重要组成部分，虽然它原初并不属于文学理论批评，但对后来的'文气说'具有奠基作用。"[⑤]事实确是如此。孟子以后，把"气"从哲学术语转化成文学概念的是曹丕。他的《典论·论文》首次以"气"

---

① 赵守正：《管子注译》，南宁：广西人民出版社，1982年，第105页。

② 庄子：《庄子》，孙通海译注，北京：中华书局，2007年，第4页。

③ 朱熹：《孟子集注》，《四书章句集注》，北京：中华书局，1983年，第231页。

④ 朱熹：《朱子语类》，黎靖德编，北京：中华书局，1986年，第1241页。

⑤ 张少康、刘三富：《中国文学理论批评发展史》（上），北京：北京大学出版社，1995年，第47页。

论文："文以气为主，气之清浊有体，不可力强而致。譬诸音乐，曲度虽均，节奏同检；至于引气不齐，巧拙有素，虽在父兄，不能以移子弟。"[①]曹丕的观点大概有三层含义：第一，强调文学的价值在于它的气。这个气从外在来看，是文章的风格特色；从内在来看，是作家与生俱有的气质禀赋。气质决定风格，风格是内在气质的体现。第二，作家的气各有不同，作品的气也各有不同，所谓"清浊有体"。第三，由于气更多源于先天的禀赋，所以不可勉强一致，如果有意强行改变，既违背人的本性，也不符合艺术自身规律。曹丕"文气说"的重要性在于，把气作为衡量作品的标准，把作家的个性才情与文学风格联系起来，提出了"文气"的重要理论，对后世影响深远。

古人谈声律最早的应该是《尚书·舜典》，其中所引"诗言志，歌永言，声依永，律和声"之说，将诗与声律初步联系起来，但讲的是歌曲的声律，而非诗文的声律。《礼记·乐记》中言："凡音者，生人心者也。情动于中，故形于声，声成文，谓之音。"[②]虽谈的是音乐，但涉及声音与人心性的关系。汉人立乐府，诗乐分离，诵诗流行。五七言诗体逐渐形成，语言声律正式建立，但它的完善化却是魏晋以来文士对声律自觉意识产生的结果，其中形成较系统理论并对后世影响深远的是沈约。沈约的声律说主要集中于《谢灵运传论》里面，"欲使宫羽相变，低昂舛节，若前有浮声，则后须切响。一简之内，音韵尽殊；两句之中，轻重悉异。妙达此旨，始可言文"。[③] 沈约强调在诗歌创作中，前后两句之间要交替使用发音高低和轻重不同的文字，单句之内声韵不重复，上下联之间音调互衬，以保障"音声迭代"在诗歌中的持续效果，而语言韵律也会像乐曲那样形成美妙的旋律，具有音韵和谐、错综变化之美。后来著名的"四声（平上去入）八病（平头、上尾、蜂腰、鹤膝、大韵、小韵、旁纽、正纽）"

---

① 郭绍虞、王文生：《中国历代文论选》（一），上海：上海古籍出版社，1980年，第158～159页。

② 郭绍虞、王文生：《中国历代文论选》（一），上海：上海古籍出版社，1980年，第61页。

③ 沈约：《宋书》（卷六十七），北京：中华书局，1974年，第1779页。

说，就是为实践这一效果而制定的。沈约把“声律”当作诗歌形式美的重要因素，并研究和探讨了其使用过程中的具体规则，对汉语声律音韵具有重要意义，为诗人自觉掌握、运用声律以及唐代格律诗的形成奠定了基础，为中国声律音韵理论的形成奠定了基础。

刘勰既继承了孟子和曹丕的文气思想，也发展了沈约的声律论。在《体性》篇中，刘勰专论文章风格和作家才性的关系。“然才有庸俊，气有刚柔，学有深浅，习有雅郑，并情性所铄，陶染所凝，是以笔区云谲，文苑波诡者矣”。[①] 他提出决定作品风格的四个要素：才、气、学、习。其中，才和气是作家先天的情性，学和习是作家后天的修养。这比曹丕主要把风格归于先天之气，更加完善。在《养气》篇中，刘勰又从创作论角度讨论了文气的具体关系，其要点有二：第一，保养体气，顺应人的自然本性，不宜过度劳神苦思。在他看来，血气刚健，就志气清明，文气流畅。如果创作“钻砺过分”，就会“神疲而气衰”。第二，不同作家体性才气不同，不能强求一律，否则精气损耗，神志外伤。最好的办法是清和其心，资养其气。刘勰紧扣文学创作的内部规律，深度剖析作家的创作心理和生理状态，使得“文气说”上升到一个新高度。

刘勰的声律思想主要体现在《声律》篇中，可以说是对沈约声律论的继承和发展，既有与沈约一致的地方，也有不同。首先，他联系乐曲的制作来谈语言声律，将声律的本源归结为人的“血气”。《声律》开篇即讲道：“夫音律所始，本于人声者也。声含宫商，肇自血气，先王因之，以制乐歌。”[②]其次，有关声律的原则，刘勰未采取沈约的“四声八病”说，而是提出了自己的“飞沉双叠”原则。“凡声有飞沉，响有双叠，双声隔字而每舛，叠韵杂句而必睽；沉则一致响发而断，飞则声飏不还，并辘轳交往，

---

① 刘勰：《文心雕龙注》，范文澜注，北京：人民文学出版社，1958 年，第 505 页。

② 刘勰：《文心雕龙注》，范文澜注，北京：人民文学出版社，1958 年，第 552 页。

逆鳞相比；迂其际会，则往蹇来连，其为疾病，亦文家之吃也”。[①]另外，刘勰还论述了“和”与“韵”的关系，认为“异音相从谓之和，同声相应谓之韵”。异中求和，同中求韵，以和为依归，构成和谐美妙的声律。刘勰也指出避免声律不和谐的方法，即不可全句皆平声，也不可全句都是仄声，双声叠韵词必须连用。再次，声韵律的好坏在吟诵。“是以声画妍蚩，寄在吟咏。滋味流于字句，气力穷于和韵”。[②]

韩愈的“文气”理论更多受到孟子影响。关于韩愈与孟子的继承关系，刘熙载在《艺概》中这样谈到“昌黎接孟子知言养气之传，观《答李诩书》，学养并言可见”。[③] 韩愈是这样论述文气关系的：“养其根而俟其实，加其膏而希其光，根之茂者其实遂，膏之沃者其光晔，仁义之人，其言蔼如也。”“气，水也；言，浮物也；水大而物之浮者大小毕浮。气之与言犹是也，气盛则言之短长与声之高下者皆宜。”[④]韩愈强调文学上的成就，要从道德修养入手，“养其根”、“加其膏”，它们的关系就像根与果实，根越茂果实越大，而加强修养的途径就是学习古圣先贤。具体地讲，一曰“征圣”，“非圣人之志不敢存”，“行之乎仁义之途”。二曰“宗经”，“始者非三代两汉之书不敢观”，“游之乎诗书之源”。此二者是“终吾身”的修养。所以他的“不可以不养”之“气”，不是曹丕的个性之气，也不是刘勰的“临文状态”，而是儒家道德修养的“仁义之气”。韩愈的贡献是把文章的气与言直接联系起来，强调作者“气盛”对文章句式、声调的决定作用。这是前人没有的论断，对后来的桐城派影响巨大。

桐城文派标榜的是“学行继程朱之后，文章介韩欧之间”，道统上遵从程朱，文统上追摹韩欧。韩氏的文气说是桐城派“因声求气”理论的滥觞，朱熹是桐城派思想的另一个重要源

---

① 刘勰著：《文心雕龙注》，范文澜注，北京：人民文学出版社，1958年，第552～553页。

② 刘勰著：《文心雕龙注》，范文澜注，北京：人民文学出版社，1958年，第553页。

③ 刘熙载：《艺概注稿》，袁津琥校注，北京：中华书局，2009年，第100页。

④ 韩愈：《韩愈全集》，上海：上海古籍出版社，1997年，第177页。

头。朱熹哲学上的“理气论”虽然影响巨大，但我们主要探讨他的“求气”理论，也就是吟诵之法。朱熹的吟诵理论主要包括三点：其一，熟读精思。朱熹说：“大抵观书先须熟读，使其言皆若出于吾口；继以精思，使其意皆出于吾之心，然后可以有得尔。”[①]毕竟，一本书读十遍与读一遍不同，读百遍与读十遍不同。很多书都是读着读着，意思就出来了，所谓“书读百遍其意自见”。其二，从容吟咏，体会神韵。他常说，读书有三到：心到、眼到和口到，“口到”就是吟咏。在《诗集传》中，他指出诗乃“言之所不能尽而发于咨嗟咏叹之余者，必有自然之音响节奏”，“古之学诗者，固有待于声音之助，然今已亡之，无可奈何，只得熟读而从容讽味之耳”。[②] 故须从容吟咏，在音节铿锵、抑扬顿挫中体会古诗之音韵。除知文义外，体味诗的神韵亦须吟哦讽咏而后得之。其三，体悟玩味，推类义理。虚心熟读文本后，择各家注解，晓名物训诂，吸收各家成果，对诗意大致有所把握，再反复玩味，体悟文章妙处。

三、“因声求气”理论发展

在桐城派内部，“因声求气”理论被世代承袭。如果说刘大櫆的理论重点在于沟通“声”和“气”，那么他之前的理论主要是对“声”和“气”的分别论述，而他之后的理论主要是对“求”的探索，也就是对诵读的重视。而在神气问题上，桐城派前后没有多大差别。姚鼐继承刘大櫆的基本思想，又有所发展，他把“神、理、气、味、格、律、声、色”作为为文的八要素，同时提出自己的诵读之法。他认为：“文章之精妙，不出字句声色之间。”[③]所以“诗古文各要从声音征入，不知声音，总为门外汉耳”。而在具体诵读方法上，他主张既要放声急读，也要缓读，“急读以

① 黎靖德编：《朱子语类》，北京：中华书局，1986年，第168页。

② 朱熹：《晦庵先生朱文公文集》，上海：上海古籍出版社，2002年，第2674页。

③ 姚鼐：《与石甫侄孙莹》，《惜抱先生尺牍》(卷八)，宣统元年小万柳堂本。

求其体势，缓读以求其神味，得彼之长悟吾之短，自有进也”。[①]急读是整体把握，缓读是细心体味，这样就能兼收古人之大美，融会于胸中，无所凝滞，而自己下笔时也就从容裕如。那种不知声音，而仅能默观者，终身只能是外行也。这是姚氏的“声音证入说”。他从音节的疾徐角度谈论“因声求气”。

梅曾亮进一步解释了因声求气的审美心理，并对作品的审美感受方式进行视觉和听觉探讨，这显然更符合现代审美心理学，较之姚氏的“声音证入说”也更清晰。在《与孙芝房书》中他说：“古文与他体异者，以首尾气不可断耳……其能成章者，一气者也，欲得其气，必求之于古人周秦汉及唐宋人文，其佳者皆成诵，乃可。夫观书者，用目之一官而已；诵之而入于耳，益一官矣。且出于口，成于声，而畅于气。夫气者，吾身之至精者也。以吾身之至精，御古人之至精，是故浑合而无有间也。”[②]他更由苏洵、罗台山的诵读之法，引出了“坐诵说”。方东树也很推崇诵读：“夫学者欲学古之文，必先在精诵。”但他更重视“心读”：“沉潜反覆，讽玩之深且久，暗通其气于运思置词迎拒措注之会，然后其自为之以成其辞也。”[③]这是方氏的“沉潜说”。他突出强调“精诵”之后要用心揣摩古人之声气，较之姚、梅的口诵之论又有所推进。

曾国藩集姚氏暨诸家声气说之大成，提出了“朗诵恬吟说”。曾氏自幼爱好音乐，曾观看过浏阳古乐，认为“古文之道通于音律”，[④]常思考两者贯通之处。他认为，作诗最宜讲究声调，而欲作诗必先读诗，“先之以高声朗诵，以昌其气；继之以密咏恬吟，以玩其味”，“探其深远之韵”。只有二者并进，“古人之声”才能“拂拂然若与我之喉舌相习”，写作时便有“句调凑赴腕下。诗成自读之，亦自觉琅琅可诵，引出一种兴会来”。[⑤] 曾国藩

① 姚鼐：《与陈硕士》，《惜抱先生尺牍》（卷六），宣统元年小万柳堂本。

② 梅曾亮：《柏枧山诗文集》，上海：上海古籍出版社，2005年，第43页。

③ 方东树：《书惜抱先生墓志后》，《考槃集文录》（卷五），光绪二十年刊本。

④ 曾国藩：《曾国藩全集·日记》，唐浩明等校，长沙：岳麓书社，1994年，第548页。

⑤ 曾国藩：《曾国藩全集·家书》，唐浩明等校，长沙：岳麓书社，1994年，第418页。

从阅读谈到创作，从高声到低吟，从口诵到心读，层次展开，步步深入，既讲诵读时“古人之声”与“我之喉舌相习，又言创制时‘句调凑赴腕下’”。他的因声求气之说“擘肌分理，唯务折衷”，比桐城派其他文家的观点更为圆通。他甚至将他的古文音声理论延伸到汉赋和骈文领域，认为汉魏人作赋“一贵训诂精确，二贵声调铿锵”。[①] 这是他独到的创见。

在桐城派后学中，最着意发挥因声求气之法的是曾国藩弟子张裕钊，在《答吴至甫书》中，他说：“欲学古人之文，其始在因声以求气。得其气，则意与辞往往因之而并显。而法不外是矣。是故契其一，而其余可以绪引也。盖曰意、曰辞、曰气、曰法之数者，非判然自为一事，常乘乎其机，而混同以凝于一，惟其妙之一出于自然而已。”“夫作者之亡也久矣，而吾欲求至乎其域，则务通乎其微，以其无意为之，而莫不至也。故必讽诵之深且久，使吾之于古人诉合于无间，然后能深契自然之妙，而究极其能事。若夫专以沉思力索为事者，固时亦可以得其意，然与夫心凝形释，冥合于言议之表者，则或有间矣。故姚氏暨诸家因声求气之说，为不可易也。”[②]张裕钊首先明确提出“因声求气”之名，其次提出文章有四大要素，即意、辞、气、法，其中最主要的是意，而它们的最佳组合呈现于自然界，自然是四者的统一。表面上看这与前人不同，实际上是把姚鼐“文之至者，通乎造化之自然”的思想，和刘大櫆理论有机结合起来。好文章就应该自然而然。欲求古人之高妙，也应用自然之法，那就是诵读。最后，阐述沉思与诵读之差别。沉思虽有益于理解，仅一知半解，只有诵读才能通其神。

五四以后，桐城派受到极大攻击，一般人以为桐城派衰亡了，他们的理论也消失了，事实并非如此，五四之后仍有大批理论家延续了“因声求气”之法，比如郭绍虞 1927 年和 1928 年分别在《小说月报》上发表的《中国文学批评史上之“神”、“气”说》

---

① 曾国藩：《曾国藩全集·日记》，唐浩明等校，长沙：岳麓书社，1994 年，第 481 页。

② 张裕钊：《答吴至甫书》，《张裕钊诗文集》，上海：上海古籍出版社，2007 年，第 84 页。

和《文气的辨析》、夏丏尊与叶圣陶 1938 年合著的《文章讲话》、唐弢 1939 年出版的《文章修养》等，都有大量的相关论述。这批学者中，真正继承发展“因声求气”理论的是朱光潜。他和桐城派关系最密切，自幼接受过完整的桐城派教育，又接受过严格的西方学术教育，他以西方当时的心理学、美学理论，尤其是谷鲁斯的内模仿理论来论证“因声求气”之法的合理性，并把他与现代诵读理论结合起来，赋予传统理论以新的生命。（详见本书第六章）

通过对“因声求气”理论的向上溯源和向下梳理，可以得出几个结论：第一，“因声求气”理论，因为把握了汉语文学音义关系的奥秘，使得传统抽象的文气论变得具体，为文士广泛接受。第二，“因声求气”理论的发展，从另一个角度印证了桐城派一以贯之的文统：从孟子到韩愈、朱熹到桐城派，一脉相承。第三，从桐城派到朱光潜，中国人的诗文诵读理论，由微知著，从简到丰，从感性描述到理性分析，从古典到现代，从中国到中西融通，最终完成了现代化的学术转型。可以说，为中国传统理论的现代化提供了一个极佳的范例，也为现代学术的构建指出了一条有效的途径。

第三节　“义理考证文章”理论

一般提到“义理考证文章”理论，总会想到姚鼐。他是清代一流文学家，也是一流文论家，两者相辅相成，共同助推姚鼐创立桐城派的伟业。就文论来看，为大家所熟悉的有义理考证文章理论、阳刚阴柔理论、神理气味格律声色理论等，而以义理考证文章为其核心理论。实际上不只姚鼐，当时的文学家、经学家和史学家都有相近的观点，郭绍虞说：“这正是清代学者共同的主张。”[1]那么“义理考证文章”理论（后文简称姚说）真正的内涵是什么，三者之间又有什么关系，为何当时如此被人推崇，人

---

① 郭绍虞：《中国文学批评史》，天津：百花文艺出版社，2008 年，第 556 页。

们的理解又有何异同，这都是我们要探讨的。

一、前人研究

前人对“义理考证文章”理论讨论颇多，各种观点异彩纷呈，给后来研究颇多启发，也颇多镜鉴。但归纳起来，不外乎两个方面：姚说的内容解释、姚说的背景梳理，有的论者偏向前者，有的倾向后者，有的两者兼通。

姚说的内容解释。姜书阁认为姚说与方苞“义法”理论相应，虽言三者并重，其实前两者所得甚微，惟辞章可传后世。[①] 郭绍虞把姚说放在桐城派义法理论体系里来阐发，认为姚鼐不废考据，重在义理，“欲合真善美而唯一，欲合儒林道学文苑而为一”，此三者之合，又与姚氏的“道与艺合”、“天与人一”的理论相贯通。[②] 而讨论经学家（戴震）和史学家（章学诚）文论时，多与姚说相参，彰显姚说重文之特征。尤信雄主张姚说是义法的扩大，“义理考据其实也，文章其声也，为文岂可但求其实而遗其声，亦不得徒尚其声而弃其实，故必合二者乃能臻实大声宏之境”。[③] 叶龙以为姚说与义法相接，目的是“使义理与考据融化贯通于文章之中，期使文臻于‘道与艺合’‘天与人一’之境地”。[④] 至于三者关系，他以辞章为中心，并对姚说与戴震之说的异同进行了细致比较。何天杰认为姚说实际上“是以文学为主体，而调和道德、学问”，是“道与艺合”理论的衍生物。[⑤] 王镇远把义理、考证和辞章理解为文章三事，义理是文章的思想观点，考证是材料的真实确凿，辞章就是字句章法。[⑥] 张少康观点

---

① 姜书阁：《桐城文派评述》，上海：商务印书馆，1933 年，第 37 页。

② 郭绍虞：《中国文学批评史》，天津：百花文艺出版社，1999 年，第 498 页。（首版 1947 年）

③ 尤信雄：《桐城文派学述》，台北：文津出版社，1989 年，第 160 页。（首版 1975 年）

④ 叶龙：《桐城派文学史》，香港：龙门书店，1975 年，第 128 页。

⑤ 何天杰：《桐城文派——文章法的总结与超越》，广州：广州文化出版社，1989 年，第 80 页。

⑥ 王镇远：《桐城派》，上海：上海古籍出版社，1990 年，第 67～68 页。

与此相近，并称赞这是一种严谨踏实的学风。[①] 程千帆引其叔祖程颂万之言称姚说为清学之精要，“夫逊清学术隆于前代，而其要略则义理、考据、辞章三者足以尽之。义理所以尽性，考据所以穷理，然非辞章无以发其奥蕴，故三者相须而成”。而他本人则认为三者与今人所言的真善美相对应：“义理之极致为善，考据之极致为真，而辞章之极致则美也。然则文章之道与学术一以贯之，不徒摇荡性情，形诸咏叹即为能事。”[②]邬国平主张姚说是义法说的补充，具体到三者兼善，他有两个解释：一是三者作为学问的一部分，各有价值，不可偏废；二是三者互相补充，使得各自更加完善。同时他认为姚说坚持古文家立场，从如何写好文章的角度阐明三者关系。[③] 赵建章也是从两个层面理解姚说：一是指三类文章，二是指三种创作方法，并认为文学不应该是学问，不能与考证和义理并列，姚说与方苞、刘大櫆相比是一种倒退。[④] 贾文昭主张三者应以义理为核心，考证和文章都服从义理，而义理相当于方苞义法的“义”和儒家的“道”，也就是程朱理学。[⑤]

姚说的背景梳理。姜书阁把姚说的源头追溯到唐代古文家李翱，提出姚说与李氏“文、理、义三者兼并”之说大同小异，唯增加考证一项。[⑥] 唐传基提出姚说是一种文章“复古运动”，复唐宋、先秦“道艺合一”之古，并参以姚鼐与戴震恩怨以证姚氏持论之高。[⑦] 万奇把姚说归入作者的修养论，并强调其产生

---

① 张少康：《中国文学理论发展史》(下)，北京：北京大学出版社，1995年，第455页。

② 程千帆：《阳湖文派研究·序》，曹虹：《阳湖文派研究》，北京：中华书局，1996年，第1页。

③ 邬国平、王镇远：《中国文学批评通史(清代卷)》，上海：上海古籍出版社，1996年，第566～572页。

④ 赵建章：《桐城派文学思想研究》，北京：北京图书馆出版社，2003年，第93～95页。

⑤ 贾文昭：《桐城派文论选·前言》，北京：中华书局，2008年，第4页。

⑥ 姜书阁：《桐城文派评述》，上海：商务印书馆，1933年，第35页。

⑦ 唐传基：《桐城文派新论》，台北：现代书局，1976年，第81～82页。

的背景和后续影响。[①] 关爱和从文道关系角度梳理了姚说的理论发生和发展流变，同时结合汉宋之争、中西之争的学术背景，主张姚说是为文章之学张目，“突出文章之学至高至贵、不可动摇的地位”，[②]显示出姚鼐力延古文一线的胆略和识见。周中明把姚说的着眼点放在“文章怎么写到最佳的境界”上，[③]并论证了其与当时学术思潮的关联性及其积极意义。陈平原在细致梳理戴震与姚鼐关系的基础上，主张姚说的特殊在于“强调三者不只不可偏废，而且可以互相扶持”，而其立足点是文章，并非义理和考证。[④] 不过他认为姚说并不讨巧，因为兼采众长最后可能变成大杂烩。王达敏明显受到陈平原影响，[⑤]也认为姚说不合时宜，但其最大贡献在于对乾嘉时期考据与辞章论战的背景作了细致入微的考证辨析，并论证了姚说与其他诸家的不同在于“把躬行为己视为第一义谛”，是学者立世和为文的大本。[⑥]

钱穆对义理考证文章之说颇多阐发，他说：“(我之聪明)虽不敢自谓于义理、考据、辞章三者皆能，但我至少于此三者皆已能有所涉猎。”[⑦]概而言之，他从两个层面理解义理、考证和文章：一是从学问门类来看，把学问分为义理、考证、文章三类，与文史哲相对；二是从学问成分来看，任何学问都包含义理、考

---

① 万奇：《桐城派与中国文章理论》，呼和浩特：内蒙古教育出版社，1999年，第36～40页。

② 关爱和：《古典主义的终结——桐城派与“五四”新文学》，上海：上海文艺出版社，1998年，第149页。

③ 周中明：《桐城派研究》，沈阳：辽宁大学出版社，1999年，第238页。

④ 陈平原：《从文人之文到学者之文》，北京：三联书店，2004年，第212～213页。

⑤ 王达敏在《姚鼐与乾嘉学派》一书后记中提到他的同题博士论文(2002年)受到陈平原的指导，陈平原在《从文人之文到学者之文》(2004)一书221页提到几年前有位北大博士论文开题曾给予指导。

⑥ 王达敏：《姚鼐与乾嘉学派》，北京：学苑出版社，2007年，第172～173页。

⑦ 钱穆：《中国学术通义》，《钱宾四先生全集》(25)，台北：联经出版事业公司，1998年，第326页。

证、文章要素，三者合则美，偏则成病。[①] 至于三者的关系，总体来看，他认为既各有其用，又相辅相成，他说："义理教我们德行，辞章培养我们情感，考据增进我们之知识。须德行、情感、知识三方皆备，才得称为一成人。"[②]又说："学文学，不能不通史学。学文史之学，又不能不通义理哲学，要把学问上这几个成分都包括在内，而完成一大体。有此一大体，自可用来经国济世，对大群人生有实用。"[③]分开来看，钱穆以义理为核心，考证和文章都应该围绕义理，"考据应是考其义理，辞章则是义理之发挥，经济乃义理之实际措施，则不啻谓一切学问，皆以义理作中心，而义理则属做人之道，仍是重人过于重学之见解也"。[④]当然钱穆是一位史学家，他的义理也是从属于史学的。与哲学家只关心思想不同，钱穆认为："固然义理必出于思想，但思想亦必归宿到义理。义理有一目标，必归宿到实际人生上。"[⑤]这与姚鼐"躬行为己"之言相一致。

综合诸家观点，各有所取，各有所长。关于姚说的内容，大多以义法为轴线，以辞章为中心，认为姚说主旨是探寻写好文章之奥秘。至于姚说的背景，既有文论史的纵向摸爬梳理，也有当时乾嘉学风和学术论争的横向比较。概而言之，学者重学，文家重文；职业理论家的理解更加深透，普通论者多为学舌之语；外围背景梳理相对较多，文本细读普遍较少，以至于出现一些明显的误读。背景有助于理解，却不是观点本身。我们主张一切理解从文本出发，同时参考相关背景。

---

① 钱穆：《中国史学发微》，《钱宾四先生全集》(32)，台北：联经出版事业公司，1998年，第43页。

② 钱穆：《中国史学发微》，《钱宾四先生全集》(32)，台北：联经出版事业公司，1998年，第57页。

③ 钱穆：《中国史学发微》，《钱宾四先生全集》(32)，台北：联经出版事业公司，1998年，第52页。

④ 钱穆：《历史与文化论丛》，《钱宾四先生全集》(42)，台北：联经出版事业公司，1998年，第152页。

⑤ 钱穆：《中国史学发微》，《钱宾四先生全集》(32)，台北：联经出版事业公司，1998年，第51页。

二、理论分析

义理考据文章理论，主要见于姚鼐的三篇文章：《述庵文钞序》、《复秦小岘书》和《复林仲骞书》。《述庵文钞序》的相关内容如下：

> 鼐尝论学问之事，有三端焉。曰义理也，考证也，文章也。是三者苟善用之，则皆足以相济；苟不善用之，则或至于相害。今夫博学强识而善言德行者，固文之贵也；寡闻而浅识者，固文之陋也。然而世有言义理之过者，其辞芜杂俚近如语录而不文。为考证之过者，至繁碎缴绕而语不可了当。以为文之至美而反以为病者，何哉？其故由于自喜之太过，而智昧于所当择也。夫天之生才虽美，不能无偏，故以能兼长者为贵，而兼之中又有害焉。岂非能尽其天之所与之量，而不以才自蔽者之难得与。[①]

姚鼐的主张可以概括为几个要点：其一，学问有三种，义理、考证和文章，善用者相济，不善者相害。其二，言义理之过者在于辞之病，考据之过者在于语之失。当然，姚鼐回避了文章(辞采)之过。[②] 其三，义理考证过者的原因是，喜欢太甚而冲昏头脑，这是心性的问题。其四，三者兼通者为贵，但人之才天生不能无偏。其五，对于天生偏才者最重要的是，天赋与才能相配而不相害。由姚鼐的主张可以得出以下结论：其一，把义理、考证和文章并列为学问三事，没有高低之分。其二，虽三者皆为学问，但人不可能样样精通，才一定有所偏好。其三，姚氏是文学家，所以他的理论核心是如何写好文章。这也是他回避文章者之过的原因之一。其四，写出好文章的条件是，天、才、

---

① 姚鼐：《述庵文钞序》，《惜抱轩全集》，北京：中国书店出版社，1991年，第46页。

② 在《谢蕴山诗集序》中，姚鼐说："且夫文章、学问一道也，而人才不能无所偏擅，矜考据者每窒于文词，美才藻者或疏于稽古，士之病是久矣。"(《惜抱轩全集》，北京：中国书店出版社，1991年，第40页。)

性三者相合而不相害。

《复秦小岘书》的相关内容如下：

> 鼐尝谓天下学问之事，有义理、文章、考证三者之分，异趋而同为不可废。一途之中，歧分而为众家，遂至于百十家。同一家矣，而人之才性偏胜，所取之径域，又有能有不能焉。凡执其所能为，而呲其所不为者，皆陋也，必兼收之乃足为善。若如鼐之才，虽一家之长，犹未有足称，亦何以言其兼者？天下之大，要必有豪杰兴焉，尽收具美，能祛末士一偏之蔽，为群材大成之宗者。鼐夙以是望世之君子，今亦以是上陈之于阁下而已。①

姚鼐的主张可以概括为几个要点：其一，学问有三种，义理、文章和考证三者道路不同，都不可偏废。其二，由于道路不同、才性不同、领域不同、能力不同，造成学者的不同。其三，兼取者为善，以己之长攻人之短者为陋。其四，姚鼐自称有一家之长，未能兼善三家。但不排除天下有尽收具美的群材大成之宗者。由姚氏主张可以得出以下结论：其一，把义理、文章和考证并列为学问三事，三家只是道路不同，同等重要，都不可偏废。其二，造成学者差别的原因有四，即：道路、才性、领域和能力。其三，兼取者善，以己之长攻人之短者为陋。其四，姚鼐自言有一家之长，但不排除天下有兼善者。

《复林仲骞书》的相关内容如下：

> 夫鼐所云学有三途，以义理为其一途者，谓讲明而辩说之，犹是文字中之事，未及于躬行为己也。躬行为己，乃士所以自立于世根本所在，无与之并者，安得同列而为三乎？虽然，言义理虽未逮于躬行，而终于躬行为尽。若文章、考证之事，举其极未必无益于躬行也，然而以视义理之学，则又远矣。子曰："学之不讲，吾忧也。"非义理之谓乎？若古文之学，须兼三

---

① 姚鼐：《复秦小岘书》，《惜抱轩全集》，北京：中国书店出版社，1991年，第80页。

者之用,然后为之至。夫论学之旨,或分或合,所从言之者殊,会其趣则一也。

姚鼐的主张可以概括为几个要点:其一,学问有三途,义理、文章和考证。其二,义理之学有言行两个层面,躬行为根本。在这一点上,文章与考证都不能和它比。其三,论学之言各不一样,但其追求的旨趣相同。其四,古文之学,兼三者之用然后为文之至。由姚鼐的主张可以得出以下结论:其一,学问虽有三途,但义理更重要。其二,义理之学有言行两个层面,躬行更重要。其三,强调致用为学问之大。其四,论学之言有不同,其追求的旨趣相同。

这三篇文字中前两篇研究者援引颇多,第三篇是王达敏根据姚永朴和吴孟复的线索,增补进来,[①]前两篇文字出处没有什么异议,第三篇是否为姚鼐所作,未得而知。但姚吴二位都是桐城派里的人,所引应该不会有错。只是为何该文没有收入姚鼐的诗文集却是值得思考的。后人研究当然希望文集越全越好,而作者本人却未必作如是想。姚鼐对文集编选就很慎重,他在给陈用光的信中说:"吾近钞取所作古文未入集者,寄松江姚春木。春木欲为吾刻为续集,其得成与否不可知。大抵人入集之文,亦欲其少,不欲其多矣。"[②]在与张阮林的信中,姚鼐再次申明此意:"所言近人文集务多,此最为可笑事!其间不足录而录入者几半。然久之世自有定论,一时之好尚何足凭!且文集多,亦自难于传播。"[③]由此看来,第三篇是否代表姚鼐义理、考证和文章理论的主导思想,值得商榷。即便就文论文,姚鼐也没有如有的论者所言,把"躬行"视作为文的大本,只说"躬行"大于为文,亦即行大于言,这已经不仅仅是做文章的问题,而是知与行的问题了。

---

① 王达敏:《姚鼐与乾嘉学派》,北京:学苑出版社,2007年,第188页。本书所选《复林仲骞书》出于此。

② 姚鼐:《与陈硕士》,《惜抱轩尺牍》(卷七),卢坡点校,合肥:安徽大学出版社,2014年,第121页。

③ 姚鼐:《与张阮林》,《惜抱轩尺牍》(卷三),卢坡点校,合肥:安徽大学出版社,2014年,第51页。

姚鼐的“义理考证文章”理论,不只见于以上三篇文字,其他文章尺牍也有提及,只是比较零散,而所言也未能超出这三篇文章的思想,因此我们以此三篇为基础,并结合相关论述与研究成果,对姚说作以下归纳总结:第一,姚氏理论是在传统文道关系和当时汉宋之争的学术背景下产生的,他既有对传统文道关系的继承,也有为文章之学张目的意旨,同时还是对当时学术流弊的反拨。第二,姚氏理论包含三个大的层面:一是学与行的关系,二是学问的三个层面及其关系,三是如何写好文章。第三,如何写出好文章,是姚说的出发点和归宿,其所言的义理和考证都是为作文服务。这是他作为一个文学家的独特体认,也是当时学术环境下文学家应有的使命与责任,同时亦是对当时考证之学兴盛的一个反映。第四,虽然学有三途,但每个人才不能无偏,基于此,姚鼐提出写出好文章的条件是:天、才、性三者相结合。第五,提出学问三分不是自姚鼐始,中国古来有文苑、史林和经术之分,唐代李翱有“文、理、义三者兼并”之说,宋代程颐提出“文章之学、训诂之学、儒者之学”,即便清儒也有相关表述,但是对于三者关系,多不能持平等之见,多以一方为学问根本,其他为辅助。姚鼐的贡献在于,明确主张三者平等,都是学问的一个门类,这显示出姚鼐作为文学家的开阔胸襟和学术涵养。第六,学问之大在于用,文章与致用(躬行)相比,还是小事,能够做到经世之言与旷世之用合一、文道合一者,世之罕矣。后来方东树说:“文之所以不朽天壤万世者,非言之难而有本之难。”[①]这里所说的“本”即“躬行”或“致用”,方植之所谓“体之为道德,发之为文章,施之为政事。故通于世务,以文章润饰治道,然后谓之儒”[②]之语可以说是对姚鼐关于文章与躬行关系最好的解释。

---

① 方东树:《答叶溥求论古文书》,《考槃集文录》(卷六),光绪二十年刻本,第359页。

② 方东树:《与罗月川太守书》,《考槃集文录》(卷六),光绪二十年刻本,第346页。

三、理论影响

陈平原和王达敏两位先生，包括曾国藩，[1]都认为姚说孤立无助，郭绍虞却认为姚说是清代一般文人学者共同的主张，[2]我们赞同郭氏观点，认为姚说是当时学术界的一个普遍看法，不管在桐城派内部，还是有清一代皆如此。

首先，纵向来看，在桐城派内部，姚说并非孤立无助。桐城先驱戴名世在《己卯行书小题序》中曰："道也，法也，辞也，三者有一之不备焉，而不可谓之文也。"[3]他说的道与义理相对；法包括御题和行文，与考据相对；辞与文章相对，可以说是后来方姚之说的先河。方苞"义法说"强调言有物、言有序，义理是有物，考据和辞章是有序。刘大櫆在《论文偶记》中说："行文之道，神为主，气辅之……故义理、书卷、经济者，行文之实，若行文自另是一事。"[4]虽然刘氏强调为文之能事，但不否认义理、书卷、经济者为行文之实。姚鼐之后，方东树在《汉学商兑》中说："夫义理考证文章，本是一事，合之则一贯，离之则偏蔽。"[5]这是姚鼐理论的翻版。姚莹因为经国济民的需要，扩大了曾祖的理论，他提出作文的四大要端："曰义理也，经济也，文章也，多闻也。"[6]曾国藩融合汉宋两家，也可以说结合姚鼐与姚莹，提出学问有四端："曰义理，曰考据，曰辞章，曰经济。义理者，在孔门为德行之科，今世目为宋学者也；考据者，在孔门为文学之科，今世目为汉学者也；辞章者，在孔门为言语之科，从古艺文及今世制义诗赋皆是也；经济者，在孔门为政事之科，前代典礼、政

---

① 曾国藩《欧阳生文集序》称姚说："当时孤立无助，传之五六十年，近世学子，稍稍诵其文，承用其说。"

② 郭绍虞：《中国文学批评史》，天津：百花文艺出版社，2008 年，第 470 页。

③ 王树民编：《戴名世集》，北京：中华书局，1986 年，第 109 页。

④ 刘大櫆：《论文偶记》，北京：人民文学出版社，1959 年，第 3 页。

⑤ 方东树：《汉学商兑》（卷中之下），清道光丙戌年（1826）刻本。

⑥ 姚莹：《与吴岳卿书》，《东溟文外集》（卷二），清同治六年（1866）刻本。

书，及当世掌故皆是也。”[1]

到晚清民国，姚永朴、薛福成等仍把姚说奉为百世不易之论。综上来看，姚鼐“义理考证文章”之说在桐城派内部可谓一以贯之，前有埋伏，后有接应，又与时俱进，发展创新。桐城派溯源而上，在西汉经学研究中，开始出现章句、义理和训诂三个分支科目。唐代古文家李翱在《答朱载言书》中曰：“文、理、义三者兼并，乃能独立于一时，而不泯灭于后代，能比传也。”[2]宋代大儒程颐云：“古之学者一，今之学者三，异端不与焉。一曰文章之学；二曰训诂之学；三曰儒者之学。欲趋道，舍儒者之学不可。”[3]这也说明姚说是有渊源的，并非异峰突起。

其次，横向来看，清代学者既有专精之学，亦有兼善之识。黄宗羲曰：“文之美恶，视道合离，文以载道，犹为二之。”[4]这实际上是主张文道兼善，他又云：“余尝谓文非学者所务，学者固未有不能文者。”[5]这是言文与学的结合，前后两点合一，即道、学、文三合一，所以郭绍虞说清代义理考证文章三合一的文学观“其意实发自顾、黄”。[6] 黄宗羲的私淑弟子全祖望曾经评价方苞兼通经术和文章，[7]而他本人也是经学、史学和文学皆有所成就。阮元称赞他：“经学、史才、词科三者，得一足以传，而鄞县全谢山先生兼之。”[8]戴震在《与方希原书》中说：“古今学问

---

① 曾国藩：《劝学篇示直隶士子》，《曾国藩全集·诗文》，长沙：岳麓书社，1986年，第442页。

② 李翱：《答朱载言书》，《李文公集》(卷六)，四部丛刊本。

③ 程颢、程颐：《河南程氏遗书》(卷十八)，王孝鱼点校，北京：中华书局，1981年，第187页。

④ 黄宗羲：《李杲堂先生墓志铭》，《黄宗羲全集》(10)，杭州：浙江古籍出版社，1993年，第401页。

⑤ 黄宗羲：《李杲堂文钞序》，《黄宗羲全集》(10)，杭州：浙江古籍出版社，1993年，第26页。

⑥ 郭绍虞：《中国文学批评史》，天津：百花文艺出版社，2008年，第470页。

⑦ 全祖望：《前侍郎桐城方公(苞)神道碑铭》，《鲒埼亭文集选注》，济南：齐鲁书社，1982年，第156页。

⑧ 阮元：《全谢山先生经史问答序》，《研经室二集》(卷七)，北京：中华书局，1993年，第544页。

之途，其大致有三：或事于理义，或事于制数，或事于文章。事于文章者，等而末者也。”[①]虽然他视文章为等而末者，但亦承认学问之途有三。钱大昕在《味经窝类稿序》中说：“尝慨秦汉以下经与道分，文又与经分，史家至区道学、儒林、文苑而三之。夫道之显者谓之文，六经子史皆至文也。后世传文苑，徒取工于词翰者列之；而或不加察，辄嗤文章为小技，以为壮夫不为，是耻鞶帨之绣而忘布帛之利天下，执粮秕之细而訾菽粟之活万世也。”[②]这里道、经、文三合一，与戴震主张相近，都主张学问之三合一。章学诚在《与陈鉴亭论学》中说：“其稍通方者，则分考订、义理、文辞为三家，而谓各有其所长，不知此皆道中之一事耳。著述纷纷，出奴入主，正坐此也。”[③]在《文史通义·原道》中，他又说：“义理不可空言也，博学以实之，文章以达之，三者合于一，庶几哉！周孔之道虽远，不啻累译而通矣。”[④]这是史学家三合一的主张。由上观之，义理、考证和文章三合一的观点，在清代并非孤立无助，而是处处有回响。经学家、史学家、文学家虽然对三合一的主张解释不同，但对学问三合一本身并没有异议。郭绍虞称赞章学诚在清代学界卓然而立，之所以能够成就一代大家，“即在于有所见，即在于有所通”。[⑤] 其实何止章学诚，真正的大家都应该是有所见，有所通的。有所见，才能够得学问之精；有所通，才能够得学问之大。得于前者是专家，得于后者是通人。专而能通，博而守约，既精雕细刻，又四通八达，进而达学问之胜境。

综上所述，“义理考证文章”理论虽然不是姚鼐最早提出，

---

① 戴震：《与方希原书》，张岱年主编：《戴震全书》(6)，合肥：黄山书社，1995 年，第 375 页。

② 钱大昕：《味经窝类稿序》，《嘉定钱大昕全集》(9)，南京：江苏古籍出版社，1997 年，第 414 页。

③ 章学诚：《与陈鉴亭论学》，《章学诚遗书》，北京：文物出版社，1985 年，第 86 页。

④ 章学诚：《文史通义》，《章学诚遗书》，北京：文物出版社，1985 年，第 12 页。

⑤ 郭绍虞：《中国文学批评史》，天津：百花文艺出版社，2008 年，第 554 页。

但却以姚鼐而闻名天下。它是桐城派一以贯之的核心古文理论,也是有清一代文人学者的普遍主张。它一方面体现了姚鼐个人的学术胸襟与气度,另一方面也彰显了整个清学既求专精又求融通的趋向。对姚鼐或桐城派古文家来说,它是一个文章学理论,最终目的是为了写好文章,而写好文章不只是辞采,还要义理考证兼收,只有各种力量聚合,最终才能抵达艺术的胜境。对于其他学问,“义理考证文章”理论则是一个为学的方法论。古今中西,学问虽各有专精,但贵在有一个兼容并包的开放心态和通江达海的远大境界。

第二章

革故鼎新——梁启超对桐城派文论之批判(上)

> 凡一学派当全盛之后,社会中希附末光者日众,陈陈相因,固已可厌。其时此派中精要之义,则先辈已浚发无余,承其流者,不过捃摭末节以弄诡辩。且支派分裂,排轧随之,益自暴露其缺点。环境既已变易,社会需要,别转一方向,而犹欲以全盛期之权威临之,则稍有志者必不乐受,而豪杰之士,欲创新必先推旧,遂以彼为破坏之目标。[①]

梁启超在《清代学术概论》中把"时代思潮"分为启蒙、全盛、蜕分和衰落四个时期,实际上文学流派之发展演变亦然。上述文字是梁启超对衰落期的描述,而梁启超的时代,桐城派恰恰处于衰落期,这是梁氏对桐城派评价的主体背景。在《清代学术概论》中,他几乎用一节篇幅来批评桐城派,在《中国近三百年学术史》中,亦对桐城派有大量讨论。虽然其他各类著述文章也有涉及,但都没有此二著集中,故此二著可为梁氏论桐城派之代表。因此,我们可以说清代学术史是梁启超评价桐城派的总背景。比较而言,梁氏清学研究的一个突出特点是,以乾嘉考证学为正统。他常言,"夫无考证学则是无清学也,故

---

① 梁启超:《清代学术概论》,《梁启超全集》,北京:北京出版社,1999年,第3069页。

言清学必以此时期为中坚”,[①]“乾、嘉间考证学,可以说是,清代三百年文化的结晶体”。[②] 而桐城之学,在梁启超的清学史中,是作为乾嘉考证学的反动而出现的:

以上诸节所论,皆为全盛期之正统派。此派远发源于顺、康之交,直至光、宣,而流风余韵,虽替未沫,直可谓与前清朝运相终始。而中间乾、嘉、道百余年间,其气象更掩袭一世,实更无他派足与抗颜行。若强求其一焉,则固有在此统一的权威之下而常怀反侧者,即所谓“古文家”者是已。[③]

此“全盛期之正统派”即乾嘉考证学,“古文家”即桐城派。与正统考证学相抗衡,是梁启超论桐城派的总原则。这也决定了他对桐城派的基本态度。

第一节 乾嘉反动与桐城文学

梁启超评价桐城派,是以理学为入口,以考证学为正统,以桐城派古文为反对,以汉宋关系为线索,具体包括四个层面:

一、程朱末流与宋学残垒

方苞自谓“学行继程朱之后”,整个桐城派也确实以程朱后学自居。梁启超论桐城派,亦把它放在程朱理学框架内讨论:

宋明理学极敝,然后清学兴。清学既兴,治理学者渐不复能成军。其在启蒙期,犹为程、朱、陆、王守

---

① 梁启超:《清代学术概论》,《梁启超全集》,北京:北京出版社,1999年,第3079页。

② 梁启超:《中国近三百年学术史》,《梁启超全集》,北京:北京出版社,1999年,第4439页。

③ 梁启超:《清代学术概论》,《梁启超全集》,北京:北京出版社,1999年,第3093页。

残垒者，有孙奇逢、李中孚、刁包、张履祥、张尔岐、陆陇其、陆世仪诸人，皆尚名节厉实行，粹然纯儒，然皆硁硁自守，所学遂不克光大。同时有汤斌、李光地、魏象枢、魏裔介辈，亦治宋学，颇婞婜投时主好以跻通显。时清学壁垒未立，诸大师著述谈说，往往出入汉宋，则亦相忘于道术而已。乾隆之初，惠、戴崛起，汉帜大张，畴昔以宋学鸣者，颇无颜色。时则有方苞者，名位略似斌、光地等，尊宋学，笃谨能躬行，而又好为文。苞，桐城人也，与同里姚范、刘大櫆共学文，诵法曾巩、归有光，造立所谓古文义法，号曰“桐城派”。[1]

从学术史的发展看，梁启超的清学是作为阳明心学的反对而呈现的。梁氏认为：“王学反动，其第一步则返于程朱，自然之数也。”因为之前几百年空谈性理之风并非朝夕可祛，其末流放纵、空疏之弊又让人生厌，而程朱理学与之路数相对，毛病较轻，故由阳明返程朱成为潮流，清初诸家即有调和朱王的意味，程朱学派也就应运而生。程朱学派初期以张履祥、陆陇其等为代表，继起的是陆稼书和王白田，他们都是德行笃实，品格方严，克己自守。梁启超认为在“盛清考证学未盛以前，朱学不能不说是中间极有力的枢纽”，[2]所以吸引不少学人加入程朱派，但其中不乏“戴假道学面具的八股先生”，既空疏不学，又品节不高，以汤斌、李光地、魏象枢、熊赐履、张玉书等为代表，迎合朝廷所好，博取功名，而方苞亦属此流。梁氏把方苞与汤斌、李光地等并称，谓其于宋学“笃谨躬行”，此其相同也。不同在于，方苞以文显名。但是对于方苞之文，梁启超亦看不上，认为其“才力薄，罕能张其军者”，这显然受到袁枚的影响。袁氏所谓：“一代正宗才力薄，望溪文集阮亭诗。”[3]梁氏取其“才力薄”，而

---

① 梁启超：《清代学术概论》，《梁启超全集》，北京：北京出版社，1999年，第3093页。

② 梁启超：《中国近三百年学术史》，《梁启超全集》，北京：北京出版社，1999年，第4481页。

③ 袁枚：《仿元遗山论诗》，王英志主编：《袁枚全集》(1)，南京：江苏古籍出版社，1993年，第594页。

不顾其“一代正宗”之地位。

梁氏之言大处开阔，小处粗疏。本段所论方苞多有不确。首先说方苞“与同里姚范、刘大櫆共学文”不属实。他们虽然都是桐城派，皆称桐城人，但出生地不同。方苞生长于南京，姚范与刘大櫆都生长于桐城，且晚了三十年，所以“同里”、“共学”之言不够确切，如果这样论说姚范与刘大櫆两人却是可以的。[①] 刘大櫆与方苞虽有师徒之名，亦得方氏提携，然从其受学实少。刘大櫆 29 岁学成入京后才真正结识方苞，[②]后来又长期奔波迁徙，而在此之前一直受教于同乡吴直。刘大櫆文章风格也主要与吴直较为接近，其弟子吴定称刘氏与方苞：“两人之文各殊所造……先生行修于躬，其文章不由师传。”[③]《国史文苑传》亦称刘氏“虽游方苞之门，所为文造诣各殊”。[④] 其次说方苞“造立所谓古文义法”自然不错，而方苞并没有提什么“桐城派”，一般认为“桐城派”的创立主要是姚鼐之功，方苞、刘大櫆到姚鼐的传法谱系也是由姚氏追认，《刘海峰先生八十寿序》通常被认为是创派的标志性文献，其中姚鼐曰：“维盛清治迈逾前古千百，独士能为古文者未广。昔有方侍郎，今有刘先生，天下文章，其出于桐城乎？”[⑤]

二、桐城派与汉宋交恶

乾嘉考证学推崇汉儒，总体属于汉学派；桐城派尊崇程朱，总体属于宋学派，而汉宋之争乃清代学术史一大主线，桐城派

---

① 姚鼐于《刘海峰先生传》中曰：“先生少时与鼐伯父薑坞先生叶庶子酉最厚。”(《惜抱轩全集》，第 237 页。)

② 吴孟复：《刘海峰简谱》，《刘大櫆集》，上海：上海古籍出版社，1990 年，第 616 页。

③ 吴定：《海峰先生古文序》，《刘大櫆集》，上海：上海古籍出版社，1990 年，第 629 页。

④ 刘大櫆：《刘大櫆集·附录》，吴孟复标点，上海：上海古籍出版社，1990 年，第 626 页。

⑤ 姚鼐：《刘海峰先生八十寿序》，《惜抱轩全集》，北京：中国书店出版社，1991 年，第 87 页。

与考证学家之论争为汉宋之争的重要内容。梁启超处处站在汉学家的立场，认为方苞、姚鼐、方东树诸人诋毁汉学，造成汉宋交恶：

> 苞，……又好述欧阳修“因文见道”之言，以孔、孟、韩、欧、程、朱以来之道统自任，而与当时所谓汉学者互相轻。范从子鼐，欲从学戴震。震固不好为人师，谢之。震之规古文家也曰：“诸君子之为之也，曰：是道也，非艺也。夫道固有存焉者矣，如诸君子之文，亦恶睹其非艺欤？”（《东原集·与方希原书》）钱大昕亦曰：“方氏所谓古文义法者，特世俗选本之古文……法且不知，义更何有？……若方氏乃真不读书之甚者，吾兄特以其波澜意度近于古而喜之……”（《潜研堂集》三十三《与友人书》）由是诸方诸姚颇不平。鼐屡为文诋汉学破碎，而方东树著《汉学商兑》，遍诋阎、胡、惠、戴所学，不遗余力。自是两派始交恶。[①]

此段文字所论重点在于“汉宋交恶”，具体涉及四件事：一是方苞与汉学家互轻；二是姚鼐与戴震结怨；三是钱大昕批评方苞；四是方东树批评汉学。方苞与汉学家互轻之事实际上指的是“方苞与江永交恶”，此事记载见江藩的《汉学师承记》：“是时，三礼馆总裁桐城方侍郎苞素负其学，见永，即以所疑《士冠礼》、《士昏礼》数事为问，从容答之。苞负气不服，永哂之而已。”[②]此事见于江永年谱，而方苞年谱未载。刘大櫆在《江先生传》中记录此事：“尝一至京师。朝廷方开《三礼》之馆，卿士预修《三礼》者，就质所疑。先生为置辨，皆畅然意满称善。”[③]刘大櫆此处未明言质疑者，当然他应该知道是其师方苞，如果明言有看低师门之嫌，若不记又有悖于实，因此采取只记其事的策

---

① 梁启超：《清代学术概论》，《梁启超全集》，北京：北京出版社，1999年，第3093页。

② 江藩：《汉学师承记》，徐洪兴编校，上海：中西书局，2012年，第86页。

③ 刘大櫆：《江先生传》，《刘大櫆集》，吴孟复标点，上海：上海古籍出版社，1990年，第166页。

略。而江永的弟子门人当然就没有这种顾虑了，戴震在《江慎修先生事略状》中曰："先生从容置答，乃大折服。"[①]王昶与钱大昕亦有记载，观点与戴震相近。[②] 钱穆在《中国近三百年学术史》中论及此事，看法稍有不同："慎修曾至京晤方氏，未合而归。"[③]同一件事，各家态度不同。综而言之，首先，方苞问礼江永之事确实存在。其次，江氏门人弟子站在师门一边，认为方苞为其师折服；方氏门人视江永为程朱后学，则化解矛盾，留一团和气。[④] 钱穆相对客观，说明双方观点不合。其实看法是否一样并不影响双方成为朋友，方苞与李塨也是一生争论，互相不服，依然是朋友。但是后来接续者，大多门派观念重，或为师门讳避而不谈，或诋毁他人，江藩的《汉学师承记》显然比较情绪化，完全站在汉学一方，有辱方苞。而同出学海堂的梁启超对此不加考辨，直接引用，显示其对桐城派之偏见。

姚鼐与戴震结怨之事源于姚鼐欲拜戴震为师，戴震不受。此事见戴震的《与姚孝廉姬传书》，戴氏曰："至欲以仆为师，则别有说：非徒自顾不足为师；亦非谓所学如足下，断然以不敏谢也。古之所谓友，固分师之半。仆与足无妨交相师，而参互以求十分之见，苟有过则相规，使道在人不在言，斯不失友之谓，固大善。昨辱简，自谦太过，称夫子，非所敢当之，谨奉缴。承示文论延陵季子处识数语，并《考工记图》呈上，乞教正也！"[⑤]此即拜师经过，而姚鼐致戴震的信不见于《惜抱轩全集》，亦未载于郑福照的《姚惜抱先生年谱》，当然这不代表此事不存在。因为姚鼐当年曾有诗《赠戴东原》："新闻高论诎田巴，槐市秋来步

---

① 戴震：《江慎修先生事略状》，张岱年主编：《戴震全书》(6)，合肥：黄山书社，1995 年，第 413 页。

② 详见王昶的《江慎修先生墓志铭》与钱大昕的《江先生永传》。

③ 钱穆：《中国近三百年学术史》，《钱宾四先生全集》(16)，台北：联经出版社，1988 年，第 388 页。

④ 姚鼐对江永亦颇多赞扬，整体而言，桐城派主要把江永划为程朱传人，见姚鼐：《吴石湖家传》，《惜抱轩全集》，北京：中国书店出版社，1991 年，第 240 页。

⑤ 戴震：《与姚孝廉姬传书》，张岱年主编：《戴震全书》(6)，合肥：黄山书社，1995 年，第 373 页。

落花。群士盛衰占硕果，六经明晦望萌芽。汉儒止数扬雄氏，鲁使犹迷颜阖家。未必蒲轮徵晚至，即今名已动京华。”[①]表达敬仰之意。之后姚鼐亦提及此事，他在《书考工记图后》中曰："休宁戴东原作《考工记图》，余读之，推考古制，信多当，然意谓有未尽者……余往时与东原同居四五月，东原时始属稿此书，余不及与尽论也，今疑义蓄余中，不及见东原而正之矣，是可惜也。”[②]后人多把桐城派与汉学家的冲突追究至此，[③]梁启超这里也把此事作为桐城派与汉学家交恶的原因。实际上从两人的表述来看，当时两人的关系还是不错的，否则不会“同居四五月”。至于戴震不受姚鼐拜师的原因，王达敏总结为两方面：一是两人为学不同，分别重考据和辞章，而戴震又以辞章为末；二是姚鼐对戴震之具体学术见解有所保留，也就是之前对戴氏《考工记图》持不同看法，戴氏当然不是怀恨在心，而是这样一来与拜师气氛不合。[④] 漆永祥又补充一个理由，认为戴震受顾炎武影响，不喜欢广收门徒，就是段玉裁当初拜师也和姚鼐遭遇差不多，最后再三参拜，戴氏才勉为收下。[⑤] 实际上梁启超在论述戴震时也提到这一点，他说：“其实清儒最恶立门户，不喜以师弟相标榜。凡诸大师皆交相师友，更无派别可言也。”[⑥]但是对于戴震不受姚鼐之拜，他就不这样解释，而是称戴震看不起姚鼐，前后不一致也。

钱大昕少论人过，而对方苞批评却多。其在《跋方望溪文》中曾援引李巨来之言讥讽方苞在《曾祖墓铭》一文中“桐”字用

---

① 姚鼐：《赠戴东原》，《惜抱轩全集》，北京：中国书店出版社，1991年，第400页。

② 姚鼐：《书考工记图后》，《惜抱轩全集》，北京：中国书店出版社，1991年，第57～58页。

③ 比如章太炎《清儒》、朱维铮《汉学与反汉学》等基本都持此类见解，梁启超亦从此说。

④ 王达敏：《姚鼐与乾嘉学派》，北京：学苑出版社，2007年，第27页。

⑤ 漆永祥：《乾嘉考据学家与桐城派关系考论》，《文学遗产》，2014年第1期，第97～98页。

⑥ 梁启超：《清代学术概论》，《梁启超全集》，北京：北京出版社，1999年，第3070页。

法不妥，因为桐乡、桐庐、桐柏、桐梓皆可称“桐”，而方苞以“桐”指称桐城，后人不知也。方苞得知此事后，却不肯改正。他又引金坛王若霖语“灵皋以古文为时文，以时文为古文”讽刺方苞，认为“论者以为深中望溪之病”。[①] 梁启超所引的是钱氏对方苞的另一个批评：“前晤吾兄，极称近日古文家以桐城方氏为最。予常日课诵经史，于近时作者之文，无暇涉猎，因吾兄言，取方氏文读之，其波澜意度，颇有韩、欧阳、王之规模，视世俗冗蔓猥杂之作，固不可同日语。惜乎其未喻乎古文之义法尔……盖方所谓古文义法者，特世俗选本之古文，未尝博观而求其法。法且不知，而义于何有！昔刘原父讥欧阳公不读书，原父博闻，诚胜于欧阳，然其言未免太过。若方氏乃真不读书之甚者。吾兄特以其文之波澜意度近于古而喜之，予以为方所得者，古文之糟粕，非古文之神理也。”[②]钱氏虽然认为方苞文章不错，但彻底否定其义法主张，认为其不读书，根本不懂义法。钱氏所论过于放大方苞义法的不足，而不顾其对古文的贡献。方苞把春秋义法引入文学，强调学养对文学的重要性，以及对文章结构、言辞的要求，对古代散文发展有重要贡献。梁启超却一味采纳钱氏主张，以考证学之反对为反对，真可谓情绪化。

方东树批评汉学，是桐城派对汉学家最有力的反击。方东树撰《汉学商兑》的起因实际上与江藩的《汉学师承记》、《宋学渊源记》有关。[③]《汉学师承记》歪曲事实，对方苞点名道姓的批评；《宋学渊源记》对桐城派诸家甚至只字不提，江氏宗汉贬宋的门户之见可谓深矣。连龚自珍都看不下去，曾经劝江氏更改书名及修正门户偏见。[④] 方东树《汉学商兑》也针锋相对，其行文方式是先列举汉学家观点，再逐条批驳。全书总共列举六十

---

① 钱大昕：《跋方望溪文》，《嘉定钱大昕全集》(9)，南京：江苏古籍出版社，1997 年，第 537 页。

② 钱大昕：《与友人书》，《嘉定钱大昕全集》(9)，南京：江苏古籍出版社，1997 年，第 575～576 页。

③ 有学者提出《汉学商兑》的写作与阮元的《儒林传稿》关系密切，详见戚学民的《〈汉学商兑〉与〈儒林传稿〉》，《学术研究》，2010 年第 7 期。

④ 龚自珍：《与江子屏笺》，《龚自珍全集》，上海：上海人民出版社，1975 年，第 346～347 页。

六条，以江藩、阮元、戴震、钱大昕、汪中、段玉裁、惠栋、阎若璩等人为主，内容涉及汉学家主要领域。概而言之，他认为汉学家“所以标宗旨、峻门户，上援通贤，下流耆俗，众口一舌，不出于训诂、小学、名物、制度。弃本贵末，违戾诋诬，于圣人躬行求仁，修齐治平之教一切抹杀。名为治经，实足乱经；名为卫道，实则畔道。”[①]《汉学商兑》自道光丙戌年（1826）初刊，后屡次再版重印，有道光辛卯本、同治十年望三益斋刻本、同治十三年重刊本、光绪八年华雨楼重校本、《西京清麓丛书续编》本、《槐庐丛书》本、《方植之全集》、庚子浙江书局校刊本等。而《汉学师承记》自出版至今，也有六十余种版本（据漆永祥考证），[②]而两著有明显的门户之见，所以梁启超说“自是两派始交恶”亦不虚也。

三、曾国藩为桐城增重

在桐城派诸家中，梁启超对曾国藩的评价一直很高，几乎超过他对康有为、谭嗣同和黄遵宪等师友的评价，甚至可以和古今中外最伟大的人比肩。以至在《三十自述》里他都比附曾国藩，说自己生于“清大学士曾国藩卒后一年”。[③] 曾国藩在他心目中的地位，可谓无以匹敌：“曾文正者，岂惟近代，盖有史以来不一二睹之大人也已；岂惟我国，抑全世界不一二睹之大人也已。然而文正固非有超群绝伦之天才，在并时诸贤杰中称最钝拙，其所遭值事会，亦终身在拂逆之中。然乃立德立功立言，三并不朽，所成就震古铄今，而莫与京者。”[④]梁启超看重桐城派，某种程度上与他推崇曾国藩有关，他说：

---

① 方东树：《汉学商兑·序例》，道光辛卯刊本。

② 漆永祥：《乾嘉考据学家与桐城派关系考论》，《文学遗产》，2014 年第 1 期，第 107 页。

③ 丁文江、赵丰田：《梁启超年谱长编》，上海：上海人民出版社，1983 年，第 12 页。

④ 梁启超：《〈曾文正公嘉言钞〉序》，《梁启超全集》，北京：北京出版社，1999 年，第 2933 页。

> 咸、同间，曾国藩善为文而极尊“桐城”，尝为《圣哲画像赞》，至跻姚鼐与周公、孔子并列。国藩功业既焜燿一世，“桐城”亦缘以增重，至今犹有挟之以媚权贵欺流俗者。[①]

《圣哲画像赞》即《圣哲画像记》，是曾国藩的一篇重要文章。曾氏自叙其为文目的只因书籍浩繁，选择不易，愿为天下读书人指示门径：“后嗣有志读书取足于此，不必广心博骛，而斯文之传，莫大乎是矣。”其所列三十二位圣哲，自古及今，又分为政事、义理、辞章、文学四科，曾氏认为“此三十二子者，师其一人，读其一书，终身用之，有不能尽”。在这三十二人中，清代有四位：顾炎武、秦蕙田、姚鼐、王念孙，曾氏尤重姚鼐，因为“然姚先生持论闳通，国藩之粗解文章，由姚先生启之也”。[②] 如此一来，曾国藩通过《圣哲画像记》把姚鼐提高到古圣先哲同等的地位，对于扩大桐城派的影响确实功不可没。

关于曾国藩的功业，梁启超在《近代学风之地理的分布》之“湖南”部分中有个概括：

> 涤生早达，官京师，遍交当时贤士大夫，治义理、训诂、词章皆粗有得，思为合汉宋之学。乱起，涤生治军，建大功，为元臣，虽后半生尽瘁政治，不尽所学，然学风固影响一世矣。[③]

曾国藩的功德自不待言，曾氏之学，梁启超只提及两点：合汉宋之学和学风影响一世。“合汉宋之学”可以从三个方面理解：其一，指曾国藩在姚鼐义理考证文章的基础上，提出“义理、考据、辞章、经济”的主张，所谓“经济”即经国济世，或经世致

---

① 梁启超：《清代学术概论》，《梁启超全集》，北京：北京出版社，1999年，第3093页。

② 曾国藩：《圣哲画像记》，《曾国藩全集》(3)，长春：吉林人民出版社，1995年，第1592～1595页。

③ 梁启超：《近代学风之地理的分布》，《梁启超全集》，北京：北京出版社，1999年，第4273页。

用,[1]通过增加“经济”,使桐城派屡受汉学家批评的空疏义理变得贴近现实。其二,指曾氏的《经史百家杂钞》,在姚鼐《古文辞类篹》的基础上,扩大了选文范围,增加了经、子和六朝文章,尤其增加了经世致用之文,无疑丰富了古文内容,同时体现曾氏文道合一的实用文学观。其三,指曾国藩调和骈散,提出“以精确之训诂,作古茂之文章”,[2]也就是以汉赋的训诂与声调之长来补古文之所短,打破了方苞所谓古文“不可入语录中语,魏、晋、六朝人藻俪俳语、汉赋中板重字法、诗歌隽语、南北史佻巧语”的禁锢,[3]将汉魏辞赋注入古文,为古文发展开辟新境。正如吴汝纶所言:“曾文正公出而矫之,以汉赋之气运之,而文体一变,故卓然为一大家。”[4]所有这些变化,形成曾国藩注重经世致用的学风,而在道咸年间国运衰微的背景下,为学之用更为士人关心,方东树亦曰:“要之,文不能经世者皆无用之言,大雅君子所弗为也。”[5]

四、方东树促汉宋合流

梁启超、方东树与阮元的学海堂都颇有渊源,梁氏对方氏一直评价不低,远远超过方苞、刘大櫆和姚鼐,梁氏所谓的“桐城学派”甚至也主要以方东树为核心,[6]特别对他单枪匹马以宋抗汉褒扬有加:

> 方东树之《汉学商兑》,却为清代一极有价值之书。其书成于嘉庆间,正值正统派炙手可热之时,奋

---

① 郭延礼:《中国近代文学发展史》(1),北京:高等教育出版社,2001年,第290页。

② 曾国藩:《曾国藩全集·家书》,长沙:岳麓书社,1994年,第947页。

③ 沈廷芳:《书方望溪先生传后》,《方苞集》,上海:上海古籍出版社,1983年,第890页。

④ 吴汝纶:《与姚仲实》,《吴汝纶全集》(3),合肥:黄山书社,2002年,第52页。

⑤ 方东树:《复罗月川太守书》,《考槃集文录》(卷六),光绪二十年刻本。

⑥ 具体论证详见本章下一节。

> 然与抗,亦一种革命事业也。其书为宋学辩护处,固多迂旧,其针砭汉学家处,却多切中其病,就中指斥言"汉易"者之矫诬,及言典章制度之莫衷一是,尤为知言。后此治汉学者颇欲调和汉宋,如阮元著《性命古训》,陈澧著《汉儒通义》,谓汉儒亦言理学,其《东塾读书记》中有《朱子》一卷,谓朱子亦言考证,盖颇受此书之反响云。[①]

此处言及方东树与《汉学商兑》的内容、评价、影响。梁氏称《汉学商兑》为极有价值之书,主要在于该书的革命性,而其革命性体现在对汉学的批判上,方东树对清代学术史的主要影响也集中于此。梁氏称《汉学商兑》主要内容在两个方面:一是为宋学辩护;二是对汉学批判。方氏自己在《汉学商兑》中也有总结,他指出汉学家攻击宋学的三宗罪:标榜门户,为害家国;堕于禅宗,歧于圣道;高谈性理,空疏不学。而汉学家的弊端,方氏概括为"六蔽":以穷理为厉禁;考证不实;忌讳程朱理学之名;畏惧程朱以理检行;考证驳杂细碎;贪图功名。梁启超称其为宋学辩护多迂旧,不完全属实,比如方氏辩护时所提出的"通经以致用"的思想,把治经与儒家积极用世的思想相结合,对于汉学家为治经而治经以及当时道咸之际清廷衰微的国运来说都有积极意义。[②] 梁氏所言方东树针砭汉学家多"切中其病",可谓知言,得到清学研究者的基本认同。[③] 通过方东树的激烈批判,汉学的弊端愈加突显,汉宋融合更成为学人的思考趋向,而阮元、陈澧、曾国藩等的汉宋融合思想亦颇受方氏影响,这也是梁启超看重方东树以及桐城之学在清代学术史上意义的重要原因。

综上所述,梁启超围绕汉宋关系对桐城派展开批评,有褒有贬,总体而言,是贬斥多于褒扬,他说:

---

① 梁启超:《清代学术概论》,《梁启超全集》,北京:北京出版社,1999年,第3093页。

② 方东树《汉学商兑》的通经致用思想,详见许结的《方东树〈汉学商兑〉的通经致用思想》,《安徽师范大学学报》,1986年第2期,第19～26页。

③ 章太炎、钱穆、张舜徽、陈祖武等皆持此观点。

> 平心论之，“桐城”开派诸人，本狷洁自好，当“汉学”全盛时而奋然与抗，亦可谓有勇。不能以其末流之堕落归罪于作始。然此派者，以文而论，因袭矫揉，无所取材；以学而论，则奖空疏，于创获，无益于社会。且其在清代学界，始终未尝占重要位置，今后亦断不复能自存，置之不论焉可耳。[①]

虽言“平心”而论，心实不平也。虽然他承认桐城派开派诸人能够洁身自好，虽然对桐城派与汉学的对抗持肯定意见，虽然认为桐城派的很多弊端皆为末流所造，但总体而言，他对桐城派是否定的，认为桐城派的文章与学术矫揉空疏，无益于社会，在清代学术史上亦没有地位。梁启超对桐城派的总体评判是偏颇的，从学来看，他自己的清代学术史曾专门讨论桐城派，其他如章太炎、刘师培、钱穆等人的清学著述也绕不开桐城派，这都是桐城之学存在的证明，而桐城派文学在整个清代文学史上的地位更是无以替代。梁氏之所以看低桐城派，一方面是因为他把乾嘉考证学作为清学正宗，而桐城派只是“与惠、戴学树敌者”；[②]另一方面与梁启超一直轻视辞章之学有关。

中国自古就有文苑、史林和经术之分，唐代李翱有“文、理、义三者兼并”之说，宋代程颐提出“文章之学、训诂之学、儒者之学”，戴震、章学诚和姚鼐也把学问分为义理、考据和辞章。桐城之学虽言程朱，而程朱所得实不足，其所得者唯在辞章之学。梁启超虽然接受了部分西学，但对辞章之学的评价极低：

> 辞章不能谓之学也。虽然言之无文，行之而不远。说理论事，务求透达，亦当厝意，若夫骈俪之章，歌曲之作，以娱魂性，偶一为之，毋令溺志。[③]

---

① 梁启超：《清代学术概论》，《梁启超全集》，北京：北京出版社，1999年，第3093页。

② 梁启超：《论中国学术思想变迁之大势》，《梁启超全集》，北京：北京出版社，1999年，第614页。

③ 梁启超：《万木草堂小学学记》，《梁启超全集》，北京：北京出版社，1999年，第115页。

显然梁氏只把辞章作为娱乐性情之工具,无所谓学也。而且娱乐过度,亦会“玩物丧志”。显然其受到传统“文以害道”思想的影响,这也决定梁启超本质上不是一个文学家。夏晓虹称“他后来的许多文学活动以及文学思想的许多特点,都可以在这里找到答案”,[①]他从心里看不起桐城派文学家也可以追溯至此。他认为在中国学术史上,清代学术价值极大,文学价值极微。[②]

第二节　桐城学派与革命事业

一般提到桐城派,主要是指桐城文派,把桐城派当作一个古文或散文流派来看。桐城学派是否存在,诸家意见并不一致。汉学家江藩的《汉学师承记》和《宋学渊源记》都没有收入桐城派人物,显然与汉宋门户之争有很大关联。理学家唐鉴的《国朝学案小识》,则把方苞和姚鼐包括在内。徐世昌和杨向奎的《清儒学案》都收入了方苞的“望溪学案”,不同在于前者还收录了姚鼐的“惜抱学案”,这亦显示他和桐城派的渊源关系。作为桐城派后学的吴孟复提出,桐城有文派、诗派和学派,桐城学派主要人物是方以智,颜李学派是桐城学派另一个源头,桐城文派学术思想受到桐城学派之影响。[③]

虽然方苞自谓“学行继程朱之后”,不少人认为桐城派有文无学,章太炎对此就颇多微词,他说:“桐城诸家,本未得程、朱要领,徒援引肤末,大言自壮,故犹被轻蔑。从子姚鼐,欲从震学,震谢之,犹亟以微言匡饬,鼐不平,数持论诋朴学残碎。”[④]刘师培《论近世文学之变迁》一文以“空议”、“空文”、“空疏”论桐

---

① 夏晓虹:《觉世与传世——梁启超的文学道路》,北京:中华书局,2006年,第148页。

② 梁启超:《清代学术概论》,《梁启超全集》,北京:北京出版社,1999年,第3106页。

③ 吴孟复:《桐城文派述论》,合肥:安徽教育出版社,2001年,第1页。

④ 章太炎:《清儒》,《章太炎全集》(3),上海:上海人民出版社,1984年,第475页。

城诸家，[1]成为后来批评桐城派空疏无学的代表。梁启超一直不喜欢桐城派，[2]但提出桐城学派的也正是他。他在《儒家哲学》中指出，清中叶以后有四大学术潮流，其一即以方东树为代表的桐城学派。这是现代学术史上第一次明确提出“桐城学派”的概念，且由一个自称不喜欢桐城派的人提出，更显得意义非凡。

梁启超并非一开始就承认桐城学派，其承认经历了一个从不喜欢到适度认可，再到正式承认的思想过程。梁氏从学术角度论桐城派最早可以追溯到1902年的《论中国学术思想变迁之大势》，其观点完全站在汉学立场，认为桐城派之学浅薄，与惠、戴之学为敌，实在不自量力，惟方东树言辞敏锐：

> 其时与惠、戴学树敌者曰桐城派。方东树著《汉学商兑》，抨击不遗余力，其文辞斐然，论锋锐敏，所攻者间亦中症结。虽然，汉学固可议，顾桐城一派，非能议汉学之人，其学亦非惠、戴敌，故往而辄败也。桐城派巨子，曰方望溪苞、姚姬传鼐。方、姚固文人，而自谓尸程、朱之传，其实所自得至浅薄。[3]

1920年的《清代学术概论》，梁启超依然以汉学为主，对桐城之学基本是全面否定，认为其在清代学界没有重要地位，甚至认为其文学也没有什么价值。但对桐城开派诸人评价尚可，认为他们皆狷洁自好。对方东树的评价开始上升，因其以宋抗汉，并能够切中要害，实为革命事业，对调和汉宋居功至伟：

> 平心论之，“桐城”开派诸人，本狷洁自好，当“汉学”全盛时而奋然与抗，亦可谓有勇。不能以其末流之堕落归罪于作始。然此派者，以文而论，因袭矫揉，

---

① 汪宇：《刘师培学术文化随笔》，北京：中国青年出版社，1999年，第19页。

② 梁启超在《清代学术概论》中说：“启超夙不喜桐城派古文。”（见《梁启超全集》，第3100页。）

③ 梁启超：《论中国学术思想变迁之大势》，《梁启超全集》，北京：北京出版社，1999年，第614页。

无所取材；以学而论，则奖空疏，于创获，无益于社会。且其在清代学界，始终未尝占重要位置……方东树之《汉学商兑》，却为清代一极有价值之书。其书成于嘉庆间，正值正统派炙手可热之时，奋然与抗，亦一种革命事业也。其书为宋学辩护处，固多迂旧，其针砭汉学家处，却多切中其病，就中指斥言“汉易”者之矫诬，及言典章制度之莫衷一是，尤为知言。后此治汉学者颇欲调和汉宋……盖颇受此书之反响云。[①]

在1924年《近代学风之地理的分布》之“安徽”部分中，梁启超对桐城派观点发生很大变化，不仅正式提出了“桐城之学”，溯其源流，并历数桐城学派自方以智、钱澄之到方、刘、姚，再到曾国藩和吴汝纶、“一马二姚”三百年辉煌家史。总体来说，梳理完整全面，评价相对客观公允：

桐城之学，自晚明方密之、钱饮光开发之后，三百年间，未尝中断……望溪显宦高寿，又治程朱学，合于一时风尚，故其学独显，桐城派“因文见道”之徽帜，自望溪始也。然望溪才力实弱，不足振其文。继起者，则乾嘉间有刘海峰姚姬传，学益俭觳矣，而桐城文之军乃愈张。同时有方植之，著《汉学商兑》，力诋阎、胡、惠、戴无恕辞，著《南雷文定书后》，掊击梨洲，盖以“程朱派之卫道人”自命，桐城学风然也。咸同间有马元伯，治汉学家言，著《毛诗传笺通释》，盖矫然自异于其先辈者。自曾文正笃嗜桐城文，列姚姬传于圣哲画像中与孔子齿，后此承风者益众。最近犹有吴挚甫、姚叔节、马通伯，咸有撰述，为桐城守残垒焉。[②]

在1927年的《儒家哲学》中，梁启超提到清中叶以后出现

---

① 梁启超：《清代学术概论》，《梁启超全集》，北京：北京出版社，1999年，第3093页。

② 梁启超：《近代学风之地理的分布》，《梁启超全集》，北京：北京出版社，1999年，第4268页。

四大潮流，他们分别是：以戴震为代表的皖南学派；以章学诚为代表的浙东学派；以方东树为代表的桐城学派；以庄存与、刘逢禄为代表的常州学派。他具体论述了桐城学派的源流及其演变，尤称方东树和曾国藩于桐城学派意义重大：

> 所谓桐城文学，不过纸上谈兵而已……望溪属于程朱派，其地位远在稼书之下，稼书尚不过尔尔，他的学问更不必说。桐城学派，以前实无可讲。嘉庆末年，出了一个伟大人物，即方植之。他生当惠戴学派最盛行的时候，而能自出主张，不随流俗所尚，可谓特出之士了。汉学全盛之后，渐渐支离破碎，轻薄地攻击程朱，自己毫无卓见。方承这种流弊，起一极大反动，作《汉学商兑》、《书林扬觯》，对汉学为猛烈的攻击，主张恢复程朱。他对于程朱究竟有多少心得，我不敢说，但在汉学全盛时代，作反抗运动，流弊深了，与他们一付清凉散吃，在思想界应有重要的地位……广东学风，采调和态度，不攻宋学，是受他的影响，此犹其小焉者。还有更多的影响，就是曾文正一派。曾文正很尊敬他，为他刻文集……而他们与桐城关系极深，渊源有自，所以我们不能不认桐城为很大的学派。[①]

综上所引，可以看到从 1902 年到 1927 年（梁启超去世前两年），前后二十多年时间里，中国社会和思想文化界发生了巨大的变化，梁启超对桐城派的态度和评价也发生了明显的改变，具体表现在五个方面：其一，对桐城派的态度，由主观激烈到客观平和。其二，对桐城派的评价，由严厉批评到相对公允。其三，对桐城之学，由完全否定到不得不正式承认。其四，以方东树为桐城学派的核心，认为其单枪匹马以宋抗汉是一件伟大的革命事业。其五，曾国藩及其一派，对桐城学派能否成立居功至伟。在上述五点中，又以对方东树的评价变化明显，可以说对方东树的评价直接关乎桐城学派是否成立。概而言之，他对方东树的评价是愈来愈高。具体而言，从最初的“间或中症

---

① 梁启超：《梁启超全集》，北京：北京出版社，1999 年，第 4988 页。

结”、“无法与汉学匹敌”，到“多切中其病”、影响汉学家一致走向汉宋调和，到最后称许方东树为伟大人物，在思想界应该有重要地位，成为桐城学派的中坚。这种变化背后的原因，既有梁启超本人对方东树认识的变化，也有汉宋交替的时代影响。

纵观梁启超对方东树的评价，可以归纳为三点：一是对抗汉学，恢复程朱；二是影响广东学风，不攻宋学，采取调和态度；三是影响曾国藩，扩延桐城学派。每一点都抓住要害，意义重大。第一，对抗汉学、守卫程朱可以说是桐城派的家法，从方苞、姚鼐到曾国藩，再到马其昶、姚永朴兄弟等都严格守护，特别是经历钱大昕对方苞的攻击、姚鼐与戴震交恶之后，他们和汉学家的矛盾愈演愈烈。作为姚鼐得意门生的方东树表现尤甚，他曾经自言：“故见后人著书，凡与朱子为难者，辄恚恨，以为人性何以若是其蔽也。”[①]而汉学家批判程朱和桐城派最力，方东树对抗汉学也就在情理之中了。在《汉学商兑》一书中，与汉学有关的人物几乎都被批判，以戴震、钱大昕、段玉裁、阮元、汪中、焦循、江藩为代表。第二，方东树与广东颇有渊源，据江小角考证，“他曾四次远赴广东，客居广东达十年之久。在这十年间，他执教廉州海门书院、韶州韶阳书院，兼阅广东学海堂课文，佐幕两广总督阮元、邓廷桢，编修《广东通志》、《粤海关志》，完成《汉学商兑》、《昭昧詹言》等重要学术著作”。[②] 尤其在任学海堂首任学长期间，借助学海堂及阮元的力量，影响波及全国。而此间受江藩的《汉学师承记》和《宋学渊源记》刺激，愤然写作《汉学商兑》，攻击处于知识界主流的汉学，言辞锋利，切中肯綮，使人们充分认识到汉学的弊端。此后学人，比如陈澧、曾国藩、朱一新等，大都采取汉宋调和的态度，就连阮元撰《性命古训》，亦有调和汉宋之倾向，这些不能不说与方东树有关。第三，曾国藩私淑桐城派，广为人知。而他真正接触桐城派主要是通过与桐城派弟子梅曾亮、戴钧衡、方宗诚等人来实现的。梁启超说曾国藩为方东树刻文集之事，并不属实。据陈晓红考

① 方东树：《书林扬觯》(卷下)，光绪十七年刻本，上海图书馆藏。

② 江小角、徐勇：《方东树在广东施教与交游述考》，《合肥学院学报》，2014 年第 3 期，第 18 页。

证，方东树的著述，没有一部是曾国藩刊刻。[1] 如果说有点关系的是李鸿章刊印的《仪卫轩文集》，卷首方宗诚提及曾氏曾嘱托他刊刻方东树文集。[2] 当然曾氏为方东树、戴钧衡和苏惇元等人修墓，当时流传久远。[3] 曾国藩利用其社会影响，除与唐鉴、倭仁、吴廷栋、何桂珍、邵懿辰等师友往复研习理学外，还将一大批文士笼络麾下，形成一个庞大的幕僚集团，像俞樾、王闿运、吴敏树、罗泽南、方宗诚、李鸿章、左宗棠、郭嵩焘、张裕钊、黎庶昌、薛福成、吴汝纶等都出自其门下。桐城派的声名也因曾国藩而远播。综合以上三点，最核心的还是方东树单枪匹马以宋抗汉的革命精神，以及对此后汉宋调和学风的影响。

从学术谱系看，在桐城派内部，梁启超与方东树颇有渊源。梁启超十五六岁成为广东学海堂的专科生，而方东树恰恰是学海堂的首任学长。一般来说，学长或山长都是本门本派学高望重之人，而如果刚开始本门没有这样的人，也可以聘请社会上有影响的学者担任，方东树到学海堂就属于这种情况。当梁启超到学海堂时，方东树虽然早已作古，但其影响仍在，梁启超还曾经专门写过万余言的《汉学商兑跋》，以此作为对首任学长的回应。[4] 由此可知，梁启超对方东树是有一定了解和研究的，方东树对他也产生过一定影响，特别是方东树身上所显示出来的革命意义，因其时代价值，更被梁启超所推重，专门提出予以盛赞。

方东树在学术史上的地位，确实与他以宋抗汉有关，但其意义是否有梁启超说得那么重要，时人与后人看法不一。姚莹

---

① 陈晓红：《方东树著述考略》，《古籍整理研究学刊》，2010 年第 3 期，第 21～24 页。

② 方东树：《仪卫轩文集》，同治七年（1868）李鸿章刻本，国家图书馆藏。

③ 黎庶昌《曾国藩年谱》记载，同治元年（1862）闰八月十一日，葬桐城儒士方东树、戴钧衡、苏厚子等六人，皆因乱未葬者。并为立石，以表其墓。（黎庶昌：《曾文正公年谱》，《北京图书馆珍藏版年谱丛刊》157 册，北京：北京图书馆出版社，1999 年，第 448 页。）

④ 丁文江、赵丰田：《梁启超年谱长编》，上海：上海人民出版社，1983 年，第 20 页。

称其为“斯文之木铎，正学之明灯”，[①]方宗诚认为自《汉学商兑》出，“汉学之气焰始衰”，[②]一度崇汉的李兆洛曰：“读先生书，敬当力改其失。”[③]章太炎称《汉学商兑》“斥汉学之弊，颇有中肯语”，[④]钱穆赞其持论纵横“亦颇为并时学者推重”，[⑤]张舜徽更赞其“言行骏快，文笔犀利，箴盲起废，足矫乾嘉诸儒之枉”。[⑥]陈祖武称方著“确能击中其病痛之所在，故而该书一经问世，便迅速激起共鸣”。[⑦] 反对者也大有人在，皮锡瑞认为方东树“纯以私意肆其漫骂，诋及黄震与顾炎武，名为扬宋抑汉，实则归心禅学”。[⑧] 侯外庐认为方东树是个“历史的负号”，因为他批判的目的不是变革，而是固守理学。[⑨] 朱维铮认为方东树智商平平，“《汉学商兑》显示作者跳踉叫嚣，不知区分论敌主次，一味谩骂，可谓罕有学术价值”。[⑩] 漆永祥主张，因为在方东树之前袁枚、翁方纲诸人已经有批判，汉学家戴震、钱大昕等人也已经认识到问题所在，所以方东树批汉的革命性有夸大之嫌。[⑪] 对同一个问题竟然会有如此截然不同的观点，不能不让人感叹唏嘘。

不管赞扬还是反对，清代学术史都会提及方东树和他的

---

① 姚莹：《汉学商兑题辞》，清光绪辛卯刻本。

② 方宗诚：《柏堂师友言行记》，上海：上海古籍出版社，2002 年，第 552 页。

③ 李兆洛：《汉学商兑题辞》，清光绪辛卯刻本。

④ 章太炎：《清儒》，《章太炎全集》(3)，上海：上海人民出版社，1984 年，第475 页。

⑤ 钱穆：《中国近三百年学术史》，《钱宾四先生全集》(17)，台北：联经出版社，1988 年，第 673 页。

⑥ 张舜徽：《清人文集别录》，北京：中华书局，1963 年，第 358～359 页。

⑦ 陈祖武：《清代学术源流》，北京：北京师范大学出版社，2012 年，第 348 页。

⑧ 皮锡瑞：《经学历史》，北京：中华书局，1981 年，第 313 页。

⑨ 侯外庐：《中国思想通史》，北京：人民出版社，1963 年，第 689 页。

⑩ 朱维铮：《中国经学史十讲》，上海：复旦大学出版社，2002 年，第 143 页。

⑪ 漆永祥：《方东树〈汉学商兑〉新论》，《文史哲》，2013 年第 2 期，第 37 页。

《汉学商兑》，其原因显然不能以谩骂来解释。方氏及《汉学商兑》的学术史意义至少有两个方面：一是对汉学的批判，二是对汉宋融合学风的影响。正如有学者所言，之前也有人批评汉学，但都没有方氏那样集中、全面且深刻。汉学虽然考证确凿，处处给人以实在之感，但方氏以为一旦落到现实层面则显得很虚：

> 汉学诸人，言言有据，字字有考，只向纸上与古人争训诂形声，传注驳杂，援据群籍，佐证数百千条，反之身己心行、推之民人家国，了无益处，徒使人狂惑失守，不得所用，然则虽实事求是，而乃虚之至者也。①

方东树批判汉学家把过多的精力放在名物制度器数等的考证上面，而对于其实际用途却着力甚少。鸦片战争前夕清代社会已出现诸多乱象，从风俗道德的败落到官僚的贪腐等，这种状况不能不引起有识之士的思考：知识学问与现实治乱到底有多大关系，若无直接关联，那它存在的意义又是什么。儒家传统强调修齐治平，学以致用，方东树把钻进故纸堆而不管现实人生的学问称为“嗜好”，而真正的学问应该“明体达用，以求至善之止而已”。② 正是与现实相互观照，让更多的人开始反思汉学，并尝试与宋学融合，以此迎来汉宋合流的局面。所以说方东树批判汉学，不仅抓住了汉学之弊，打破了汉学的长期禁锢，为后来学术界汉宋合流奠定了理论基础，而且顺应了时代潮流。

综上所述，梁启超提出桐城学派，并把它与皖南学派、浙东学派、常州学派相论并举，足见他对桐城之学的肯定。桐城学派的存在，以方东树为首，而梁启超所推崇的，正是他对抗汉学所体现的革命精神，以及由此引发的清学汉宋合流之风。汉宋之争乃清代学术史的一条主线，概而言之，清学由初始的尊崇宋学，到乾嘉汉学的崛起，再到末期的汉宋合流，方东树可谓功不可没。与此同时，我们也应看到，梁启超并没有认真去研究

---

① 方东树：《汉学商兑》，清光绪二十六年浙江书局刊本。

② 方东树：《书林扬觯》，清同治十年望三益斋刻本。

桐城学派之学术，而以学派来研究学术史却是梁氏一贯的风格。桑兵评价梁启超一生，“无论在政治还是学术上，都是流质嬗变，而好讲学派却始终一贯，从未动摇”。[①] 这是确论，纵观梁启超的《清代学术概论》、《中国近三百年学术史》和《近代学风之地理的分布》等著作，均强调派分之于学术史研究的重要性。在《儒家哲学》一文中，梁启超于问题和时代研究法以外，还专门提出宗派研究法。以宗派研究学术史，不自梁启超始，但梁氏之说对后世影响深远，桐城学派正是在这一理念下提出的。

第三节　委身清廷与假道学先生

梁启超虽然承认桐城学派，但认为其代表人物是方东树，再往后是曾国藩，而之前桐城诸家，“实无可讲”，方苞（包括姚鼐）在他眼里：

> 他们仅能做点文章，没有真实学问，所谓桐城文学，不过纸上谈兵而已……望溪属于程朱派，其地位远在稼书之下，稼书尚不过尔尔，他的学问更不必说。[②]

在梁启超的清代学术史中，清初程朱学派为阳明心学（王学）与乾嘉考证学之过渡环节，[③]其代表人物为张杨园、陆桴亭、陆稼书、王白田等。他们力矫心学末流放纵之弊、空疏之习，以至于许多学者走向程朱学派。但其中也不乏“依草附木”之人，尤以熊赐履、张玉书、李光地、方苞等颇负盛名。梁氏认为，真正有气节的学人“或举义反抗，或抗节高蹈”，他们却“挂着这个招牌，可以不消读书，只要口头上讲几句‘格物致知’，便够了。那种谬为恭敬的样子，又可不得罪人。恰当社会人心厌恶王学

① 桑兵:《晚清民国的学人与学术》，北京:中华书局，2008 年，第83 页。

② 梁启超:《儒家哲学》，《梁启超全集》，北京:北京出版社，1999 年，第4988 页。

③ 梁启超:《中国近三百年学术史》，《梁启超全集》，北京:北京出版社，1999 年，第 4436 页。

的时候，趁势打死老虎，还可以博卫道的美名”。梁启超称他们只是一群没有风骨的“非之无举，刺之无刺”的“乡愿”。[1] 具体到方苞本人，梁氏有一段话：

> 他是一位“大理学家”，又是一位“大文豪”。他曾替戴南山做了一篇文集的序，南山着了文字狱，他硬赖说那篇序是南山冒他名的。他和李恕谷号生死之交，恕谷死了，也作一篇墓志铭说恕谷因他的忠告背叛颜习斋了。（看刘辰纂的《恕谷年谱》）他口口声声说安贫乐道，晚年却专以殖财为事，和乡人争乌龙潭鱼利打官司。（看萧奭龄著《永宪录》）[2]

在有清一代，赞扬、批评方苞的不乏其人，但像梁启超如此不满方苞的并不多见，梁氏自己是这样解释的：“我是最尊崇先辈，万分不愿意说人坏话的人。但对于这群假道学先生实在痛恨不过，破口说那么几句。”[3]相比于对清初诸贤黄宗羲、顾炎武、王夫之等人的大加赞扬，对惠栋、戴震等乾嘉诸老的颇为嘉许，他确实看不起方苞，批评主要涉及两个方面：一是方苞之为学，二是方苞之为人。

一、方苞之为学

梁启超说方苞没有真实学问，主要是以乾嘉考证学为衡量标准，这方面当然非方苞所长。然清代学术不仅仅只有考证学，还有经学、理学、史学等，梁启超在论述这些学问时，也对方苞避而不谈，就不属实了。

---

① 梁启超：《中国近三百年学术史》，《梁启超全集》，北京：北京出版社，1999 年，第 4481 页。

② 梁启超：《中国近三百年学术史》，《梁启超全集》，北京：北京出版社，1999 年，第 4482 页。

③ 梁启超：《中国近三百年学术史》，《梁启超全集》，北京：北京出版社，1999 年，第 4482 页。

(一)在经学方面,方苞成果丰富

梁启超以乾嘉考证学为清学中坚,又以经学为考证学中坚,经学之附庸为小学,其次为史学、音韵学、目录学等,[①]那我们看看方苞之学是否真如梁氏所言。

《四库全书总目》经部著录方苞的《周官集注》12卷、《仪礼析疑》17卷、《礼记析疑》46卷和《春秋通论》4卷。《四库全书总目提要》评《周官集注》曰:"训诂简明,持论醇正,于初学颇为有裨。"称《仪礼析疑》:"用功既深,发明处亦复不少。"在集部著录《望溪集》8卷,亦评曰"苞于经学研究较深"。[②]《清史稿·方苞传》曰:"苞为学宗程、朱,尤究心春秋、三礼,笃于伦纪。既家居,建宗祠,定祭礼,设义田。"[③]一个是《四库全书总目提要》,一个是《清史稿》,由这两部公认的官修大书来看,方苞在经学上有自己的努力和学术成就。尤其是"三礼学",成就突出,黄以周的《礼书通故》引方苞观点达40处之多,把方苞与郑元、贾公彦、敖继公等人同列;孙诒让的《周礼正义》引方苞观点达68处之多,把方苞与孔广森、姜兆锡、江永、李光坡等同陈。现代学者林存阳评价方苞:"其对礼学的倡导与探究,于有清一代《三礼》学之深入发展,甚有功焉。"[④]

《四库全书总目提要》评《周官集注》还有一段话,引起后来学人注意:

> 后苞别著《周官辨》十篇,指《周官》之文为刘歆窜改,以媚王莽。证以《汉书·莽传》事迹,历指某节、某句为歆所增,言之凿凿,如目睹其笔削者。自以为学力既深,鉴别真伪,发千古之所未言。然明代金瑶先

---

① 梁启超:《清代学术概论》,《梁启超全集》,北京:北京出版社,1999年,第3086页。

② 永瑢等:《四库全书总目》,北京:中华书局,1965年,第156、164、1528页。

③ 赵尔巽:《清史稿》,北京:中华书局,1977年,第10272页。

④ 林存阳:《三礼馆:清代学术与政治互动的链环》,北京:社会科学文献出版社,2008年,第269页。

有是论，特苞更援引史事耳。持论太高，颇难依据，转不及此书之谨严矣。

钱基博在《中国文学史》中提及此事，并推论方苞此说："疑为后来南海康有为《新学伪经考》之蓝本。"[①]杨向奎在《清儒学案新编》中高度评价方苞"刘歆伪窜古经说"，认为："此说开一代学风，今文学派兴起后，自刘逢禄以至康有为，莫不以此为法宝而抨击古文经，凡古文经说及先秦诸子书以及《史记》记载不合己意或有助于王莽政权者莫不视为歆窜。滥用此说而无法取证，遂有康有为之《新学伪经考》。"[②]杨氏认为后来其师顾颉刚之《古史辨》和其友童书业之怀疑夏史为刘歆伪造，其源头都自方苞始。衡诸史实，虽然方苞关于"刘歆伪窜古经说"难以成立，[③]但由此引发学界对古文经说的怀疑、考辨之风，其功不可没。可以说，方苞经学不仅有所得，而且影响一代学术风气，梁启超的老师康有为也受其影响。梁氏后来在《清代学术概论》中对其师康有为的《新学伪经考》给予高度评价："第一，清学正统派之立脚点，根本摇动；第二，一切古书，皆须从新检查估价，此实思想界之一大飓风也。"[④]如此重要的影响，而对于方苞先行的研究却不置一词，成见可谓深矣。

（二）在理学方面，方苞并无多少建树

桐城派老对手汉学家江藩在作《汉学师承记》、《宋学渊源记》时，都没有把方苞收录进去，可见他们并不把方苞当作一位理学家。晚清理学振兴的标志性人物唐鉴，在其名著《国朝学案小识》中，全面梳理总结了清代前中期约 200 年理学发展状

---

① 钱基博：《中国文学史》（下），上海：上海古籍出版社，2011 年，第 868 页。

② 杨向奎：《清儒学案新编》（第 3 册），济南：齐鲁书社，1985 年，第 33～36页。

③ 钱穆、顾颉刚、周中孚等都认为方苞此说不能成立，具体考辨详见刘康威的《方苞的〈周礼〉学研究》，2005 年台湾东吴大学硕士论文，第 178～189 页。

④ 梁启超：《清代学术概论》，《梁启超全集》，北京：北京出版社，1999 年，第 3097 页。

况和成就。该书共15卷，以程朱理学为中心，按照成就高低分为三大类:《传道学案》、《翼道学案》和《守道学案》。第一类最重要，列4人;第二类次之，列19人;第三类再次之，列44人。方苞属于第三类《守道学案》，位置低于排在第二类他的后学姚鼐。《守道学案》顾名思义，只是严守程朱之道，护卫理学之尊。具体到方苞学案，包括三个部分:其一是综论总评，其二是观点介绍，其三是学术影响。学案评价方苞曰:“其为文也，简而中乎理，精而尽乎事，隐约而曲，当乎人情，大抵根柢于史氏而游泳乎韩欧者也。”[①]这是一个准确又委婉的评价。准确在于，抓住了方苞古文的特点和渊源。委婉在于，评价一个理学家不谈其理，而谈其文，可见方苞理学建树上确实乏善可陈。他毕竟只是一个文学家，最多只是一个有理学素养的文学家，正如全祖望所言:“称公之文章，万口无异辞，而于经术已不过皮相之。”[②]但方苞和一般古文家毕竟不同，其不同恰恰在于理学。萧一山在《清代通史》中说:“自朴学盛行以后，理学衰微不张……理学之薪传，反为文学家所夺。”[③]其所言“文学家”指的正是以方苞为首的桐城派。

晚明学风空疏，文风疲敝。方苞把理学引进古文，指导古文创作，丰富了古文内容和思想蕴涵，既是对空疏学风的救治，也顺应了整个时代严谨求实之潮流。方苞和大批古文家以简约的古文阐释深邃的学理，又以流畅的文笔向世人传播理学，这不仅是对唐宋以来古文家“文以载道”思想的继承，也是对程朱理学的丰富和延展。由于在雍正、乾隆两朝长期担任清政府高层教育——“庶吉士”的教习任务，也由于替皇家编订时文制艺教科书《古文约选》、《钦定四书文》等并颁布天下，所以方苞对理学的推崇对清代学人和士子影响颇大。方苞虽算不上什么理学家，但对理学的扩展之功也不容抹杀，被列入《守道学案》还是比较公允。

---

① 唐鉴:《国朝学案小识》，四部备要本，第104页。

② 全祖望:《前侍郎桐城方公(苞)神道碑铭》，《鲒埼亭文集选注》，济南:齐鲁书社，1982年，第156页。

③ 萧一山:《清代通史》(第4册)，北京:中华书局，1985年，第1951页。

方苞理学的另一个影响，是通过与李塨、王源的交往来体现。李王二人皆为颜李学派的代表人物，与方苞交情深厚，且易子相教。他们都曾经劝说方苞放弃程朱之道，改习颜李之学，而方苞信仰坚定，始终不为所动。方苞与两个人的分歧主要体现在对“格物致知”的理解上。程朱的观点，致知即格物，格物即穷理，强调的是内省体验和切己工夫，颇具先验色彩。颜李学派理解的格物就是践行，亲身体验，颇具经验色彩。李王与方苞的分歧可谓程朱理学与颜李学派的分歧。方苞认为，在性命伦常这些本源问题上，双方没有差别，所谓差别只是解释与侧重点不同而已：“窃疑吾兄承习斋颜氏之学，著述多訾謷朱子。习斋之自异于朱子者，不过诸经义疏，与设教之条目耳，性命伦常之大原，岂有二哉？比如张、夏论交，曾、言议礼，各持所见，而不害其并为孔子之徒也，安用相诋訾哉？”[①]不管方苞的理解是否正确，但他调和两者的意愿还是很清晰的。在他看来，两者一个重体验，一个重践行，双方并不否定彼此，只是路径、方法不同。方苞称两人听了他的规劝后都改弦易张，实不足信。他们可以说是各自保留意见，谁也没有说服谁。吴孟复说“望溪之学，同于颜李”、“望溪之与颜李，始终无间”，[②]这是看到他们兼容并包的一面；梁启超称之为“假道学先生”，这是看到诋毁卫道的一面。

方苞与理学的关系，他本人在《再与刘拙修书》中有一段话：

> 仆少所交，多楚、越遗民，重文藻，喜事功，视宋儒为腐烂，用此年二十目，未尝涉宋儒书。及至京师交言洁，与吾兄劝以讲索，始寓目焉。其浅者，皆吾心所欲言；而深者，则吾智力所不能逮也，乃深嗜而力探焉。然尚谓自汉、唐以来，以明道著书为己任者众矣，岂遂无出宋五子之右者乎？二十年来，于先儒解经之

---

① 方苞：《与李刚主书》，《方望溪全集》，北京：中国书店出版社，1991年，第68～69页。

② 吴孟复：《桐城文派述论·附录》，合肥：安徽教育出版社，2001年，第212页。

书，自元以前，所见者十七八，然后知生乎五子之前者其穷理之学，未有如五子也；生乎五子之后者，推其绪而广之，乃稍有得焉；其背而驰者，皆妄凿墙垣而殖蓬蒿，乃学之蠢也。①

由上可知，方苞接触理学比较晚，二十岁之前没有读过宋儒的书，但一经过目就很喜欢，潜心二十年研习理学。他对"宋五子"评价很高，虽然显得武断，"但不无是处"。② 与宋儒比，方苞的理学显得更加平实。他认为："凡人心之所同者，即天理也。然此理之在身心者，反之而皆同。至其伏藏于事物，则有圣人之所知，而贤者弗能见者矣。"③人心即人类的思想，天理不外乎人心，但人心未必都是天理，只有人心所同者，才是天理，也就是说天理是普遍的思想。天理存在于事物之中，一般人难以发现，只有圣人才可以发现。所以人和人之间的认识是有差别的，学者的任务就是排除人们的疑惑，相信天理的存在。杨向奎说，如果方苞沿着这一思路发展下去，或可成为一个思想家，但方苞却走上了另一条路。④ 他处处表现出一个理学卫道者的形象，对有悖于程朱者大加鞭挞。

综上所述，方苞委实很难称得上理学家，即使是推崇理学的唐鉴也只把他列为守道者，梁启超看不上他实属正常。虽然方苞提倡义法说，强调以理学来丰富文章的思想内容，对理学传播有一己之功，但是他的理学成就乏善可陈，他更多时候只是守理卫道，甚至以礼教来摧残人性、诅咒友朋，令人齿冷。

(三)在文学方面，方苞成就有目共睹

方苞自谓"文章介韩欧之间"，安溪李光地见其文，以为"韩

---

① 方苞：《方望溪全集》，北京：中国书店出版社，1991年，第86～87页。

② 杨向奎：《清儒学案新编》(第3册)，济南：齐鲁书社，1985年，第30页。

③ 方苞：《周官辨序》，《方望溪全集》，北京：中国书店出版社，1991年，第296页。

④ 杨向奎：《清儒学案新编》(第3册)，济南：齐鲁书社，1985年，第31页。

欧复出,北宋后无此作也”。长洲韩菼闻名海内,见方苞文,自毁其稿,称其“岂非昌黎后一人乎”。万斯同降齿与之交曰:“子于古文信有得焉。”[①]李塨称赞方苞:“文笔衣被海内,而于经史多心得。”[②]姚鼐曰:“望溪先生之古文,为我朝百余年文章之冠,天下论文者无异说也。”[③]曾国藩说:“望溪先生古文辞为国家二百余年之冠,学者久无异辞。”[④]袁枚虽称方苞“才力薄”,但亦承认其“一代正宗”之地位。据武海军考证,方苞在清代各类文学选本中占据重要地位,桐城派选本中的至尊地位自不待言,“几乎所有的非桐城派选本都选录了方苞的作品,而且入选篇数排名也普遍靠前”。[⑤] 雍正十一年(1733)方苞应当时国子监祭酒果亲王允礼之请编选《古文约选》,给在国子监就读的八旗子弟提供学习古文的范本,也是对方苞文章成就的一种官方认可。方苞编选的《钦定四书文》被乾隆誉为“后学之津梁、制科之标准”。再从《方望溪全集》来看,写作墓志铭和各类书序相关文章百篇以上,且多为朝廷各部官员及士大夫阶层所托,足见当时方苞文章的影响力和公认度,用全祖望的话说:“称公之文章,万口无异辞。”[⑥]

《清史稿·方苞传》曰:“其为文,自唐、宋诸大家上通太史公书,务以扶道教、裨风化为任。尤严于义法,为古文正宗。”[⑦]《四库全书总目提要》集部著录方苞的《望溪集》和他奉敕编选的《钦定四书文》等。《四库全书总目提要》对方苞散文评价不高,认为他古文“变化太少,终不能绝去町畦”,但极其肯定他古

---

① 杨向奎:《清儒学案新编》(第3卷),济南:齐鲁书社,1985年,第29页。

② 李塨:《恕谷后集》(卷四),冯辰校,《续修四库全书·集部》,第34页。

③ 方苞:《方望溪全集》,北京:中国书店出版社,1991年,第470页。

④ 曾国藩:《曾国藩全集·读书录》,长沙:岳麓书社,1989年,第368页。

⑤ 武海军:《清代散文选本视野下的桐城三祖》,《江西社会科学》,2009年第10期,第111页。

⑥ 全祖望:《前侍郎桐城方公(苞)神道碑铭》,《鲒埼亭文集选注》,济南:齐鲁书社,1982年,第156页。

⑦ 赵尔巽:《清史稿》,北京:中华书局,1977年,第10272页。

文讲究的“上规史汉，下仿韩欧”的法度，并赞同他“所论古人榘度与为文之道，颇能沈潜反复，而得其用意之所以然”。如此方能“源流极正”。[①] 显而易见，《四库全书总目提要》以唐宋八大家的古文为标尺，上溯至先秦两汉史传文学，下接归有光和唐顺之。潘务正说：“《提要》对清代散文的认识是：风格上追求‘雅’；内容上以阐发六经及程朱义理为主；艺术上取法唐宋八大家并扩而广之，并以正格和别派的区分来严格对古文的要求。”[②]潘先生的说法很有道理，两相比较可以看到，《四库全书总目提要》评价清前期散文的观点和方苞的古文理论极其相似。这好像有点矛盾，一方面说方苞散文成就不高，另一方面又认可其散文理论。其实也不矛盾，因为《四库全书》的编纂者主要是汉学家，他们从内心看不起古文家，尤其是强调经义的方苞。此外，这也涉及创作与理论的矛盾。

一般而言，善创作者不善理论，善理论者不善创作，两者兼善不是通人就是大家。在古代，韩愈、苏轼都堪称兼善的大家。在清代，方苞算是创作与理论都颇有建树的一代名家，但是否做到两者兼善，就见仁见智了。从正面看，方苞古文对雅洁的追求，一方面扭转了晚明以来士林空疏不学之风，恢复古文温文尔雅、远离鄙俗的语言传统，以致张维屏称赞他最能够体现“文体之正”；[③]另一方面通过雅洁明确古文文体特征，使古文区别于诗赋等其他文体。从反面看，同代学人中不乏批评者，李绂称方苞文中“吾桐”用法标新立异，与理不通。[④] 程晋芳亦曰：“大抵望溪读书本不多，其与史学涉猎尤浅。”[⑤]但是不管怎么说，方苞散文的巨大影响是毋庸置疑的，若言不足，主要存在两个方面：其一，由于过于求简，其古文艺术性偏弱。其二，由于

---

① 永瑢等：《四库全书总目》，北京：中华书局，1965 年，第 1528 页。

② 潘务正：《〈四库全书总目提要〉论清代散文》，《古典文学知识》，2003 年第 4 期，第 121 页。

③ 李桓：《国朝耆献征初编》(卷二四二)，台北：明文书局，1985 年。

④ 李绂：《书方灵皋曾祖母铭后》，《穆堂别稿》(卷三九)，道光十一年奉国堂刻本。

⑤ 程晋芳：《书方望溪集后》，《勉行堂文集》(卷四)，嘉庆二十五年刻本。

过于局限于法，其古文境界不高。正如姚鼐所言："望溪所得，在本朝诸贤为最深，而较之古人则浅。其阅太史公书，似精神不能包括其大处、远处、疏淡处及华丽非常处。"[1]方东树评价方苞："先生则袭于程朱道学已明之后，力求充其知而务周防焉，不敢肆，故议论愈密，而措语矜慎，文气转拘束，不能宏放也。"[2]相对而言，他的散文理论价值更大，以至于后来郭绍虞以方苞开创的义法为桐城派理论之圭臬，评价其"集古今文论之大成"。[3] 方苞的古文理论不仅是他个人的独创，而且是对前代散文理论的全面梳理和归纳，尤其是对唐宋派和复古派散文理论的调适与总结。《四库全书总目提要》对方苞散文理论的肯定即是证明。当散文发展到清代，大家已经达成一些基本共识，方苞顺应这一需要且形成一整套理论。

综上所述，梁启超对方苞的学术几无肯定之语，这与他对整个清代学术判断有关，他以考据学为清学正宗，理学也只是心学与考据学的过渡，方苞只能算是理学依附者。梁氏认为，清代"文学不发达也"，桐城派散文在他心里只是充满道德说教的"司空城旦"矣，[4]所以方苞的文学成就也就难入他的法眼。而对方苞在经学方面的成就只字不提，显示梁启超对方氏成见之深，而这成见的形成又与梁氏心中方苞的为人有关。

二、方苞之为人

方苞的为人，梁启超主要论及两个方面：一是诬友，二是争利。前者主要是指"赖说那篇序是南山冒他名的"和"墓志铭说恕谷因他的忠告背叛颜习斋"，后者是指"和乡人争乌龙潭鱼利打官司"。我们逐一辨析梁氏说法之真伪。

---

① 姚鼐：《与陈硕士》，《惜抱轩尺牍》(卷五)，宣统元年小万柳堂刻本。

② 方东树：《书望溪先生集后》，《考槃集文录》(卷五)，光绪二十年刻本。

③ 郭绍虞：《中国文学批评史》，天津：百花文艺出版社，2008年，第488页。

④ 梁启超：《清代学术概论》，《梁启超全集》，北京：北京出版社，1999年，第3106页。

(一)方苞是否诬陷戴名世冒名作《南山集》序

方苞诬陷戴名世作序之说,无可考,梁氏自己也没有给予说明。但方苞否认作序的说法是有的,见于李塨的《恕谷后集》,其中有一篇《甲午如京记事》,详细描述了康熙五十三年(1714)方苞出狱归来,李塨前往探视,方苞当面对他说:"田有文不谨,余责之,后背余梓《南山集》,予序亦渠作,不知也。"[①]这是迄今为止,能够看见的最早的方苞明确否认作《南山集》序的唯一文字记载。后来苏惇元作方望溪先生年谱时亦采此说,[②]梁氏袭用前人之说不加考证,违背了他自己所谓作学术史要考证的理念。[③] 那么该文说法是否属实,需要详加考察。

首先,李塨是否会在文中作假。李塨是颜李学派的代表人物,比方苞早生九年,一生注重德行,以躬行经世为要务。由二人年谱来看,两人来往密切,曾经互换田宅居住,互送子拜对方为师,方苞还将李塨、刘捷、张自超、王源并称为"敦崇堂四友"。[④] 可见李塨与方苞交情深厚,李塨不太可能在文中给方苞作假。其次,该文是否为李塨所作。方苞当李塨面否认《南山集》序之事,两人年谱并没有记载,这已经很值得怀疑,因为之前之后两人见面都有记载。当然不能以此就认定该文造假,因为当时避讳《南山集》案。虽然此事已经过去二十多年,但官方一直没有停止收缴《南山集》及关联作品,[⑤]所以不记录此事也可以理解。该文见于李塨的《恕谷后集》卷三,该文集雍正四年

---

① 李塨:《恕谷后集》(卷三),雍正四年刻本。

② 苏惇元:《清方望溪先生苞年谱》,台北:台湾商务印书馆,1978 年,第 55 页。

③ 梁启超:《中国历史研究法》,《梁启超全集》,北京:北京出版社,1999 年,第 4138 页。

④ 方苞:《与黄培山书》,《方望溪遗集》,徐天祥、陈蕾点校,合肥:黄山书社,1990 年,第 65 页。

⑤ 关于这一点,法国学者戴廷杰在《戴名世年谱》中详细收集了各地收缴《南山集》的情况,从他的记录来看,从《南山集》案发的 1711 年到乾隆五十五年(1790),时隔 80 年,清政府还在追缴戴名世各种文集。钟扬的《桐城〈戴氏宗谱〉之戴名世史料》则通过新发现的《戴氏宗谱》记载了《南山集》案后戴名世家族的悲惨境遇,见《安徽史学》,2002 年第 4 期。

(1726)由其门人阎镐编选，当时李塨健在，且李塨生前写的《李子恕谷墓志》还提到这部文集，[①]说明《恕谷后集》是他认可的，后来《四库全书存目》和《续修四库全书》均收该书该文，且内容一致。由此可以确定，该文是李塨所作。再次，这篇文章是否可能被篡改。因为此事为康熙皇帝钦定大案，如果公开否认，无异于翻案，想必方苞不会这么做，李塨也不会诬陷老友。唯一可能就是文集编辑者，李氏门人。篡改原因是方苞阻挡他们师门发展的良好机遇。当时朝廷欲聘请李塨教授皇子和修《明史》，但均被方苞以李塨老病为由阻止了。这件事引起李塨门人的强烈不满，当事人刘调赞在李塨年谱里激烈批评方苞："夫以抱经世之志如先生，负经世之学如先生，凡我同人孰不望其一出者。张徐二相国谋征先生，此千载一时也。乃灵皋一言止之，先生亦遂终老林下矣。"[②]李氏虽然当时没有明确批评，但第二年写作《与方灵皋书》时，批评方苞气盛情浮。其后两人学术分歧越来越大，以至于李塨去世，方苞在其墓志里也没说几句好话，让李氏门人非常气愤，刘调赞在年谱里亦有直接批评。综合来看，李塨弟子非常痛恨方苞，在编辑《恕谷后集》时报复方苞是可能的，而《南山集》案就是最好的栽赃之所。虽然编辑文集时，李塨还健在，但老年多病亦属实，[③]所以不太可能一字一句来检查，几年后他过世，修改文集之事可能一概不知。因此李塨门人借机栽赃方苞没有作《南山集序》之事，是可能的。但是由于当事人都没有留下相关资料，也没有确凿证据，此事的物证可能就永远湮没在历史废墟中了。而梁启超说方苞诬陷戴名世冒名作序之事，更是无案可稽。

(二)方苞在墓志铭中是否诬陷老友李塨

李塨(1659～1733)，清初哲学家，颜李学派代表人物，字刚

---

① 李塨：《恕谷后集》(卷十三)，雍正四年刻本。

② 冯辰：《清李恕谷先生(塨)年谱》，台北：台湾商务印书馆，1978年，第402～403页。(此年谱1711年之后内容为刘调赞续写)另外，苏惇元的《清方望溪先生苞年谱》没有记载此事。

③ 李塨在《李子恕谷墓志》中说，他六十岁选通州学正时染病中瘫，不能理事。《恕谷后集》(卷十三)，雍正四年刻本。

主,号恕谷。雍正十一年(1734)卒。方苞为之作《李刚主墓志铭》。一般作墓志铭都会叙述墓主生平事迹和功业勋德,而方苞这篇墓志颇为特殊,主要介绍他与李塨、王源三人关于程朱的辩论,结果是两人都听了他的规劝,幡然改过。原文相关内容如下:

> 子毋视程、朱为气息奄奄人,观朱子上孝宗书,虽晚明杨、左之直节,无以过也。其备荒浙东、安抚荆湖,西汉赵、张之吏治,无以过也。而世不以此称者,以道德崇闳,称此转渺乎其小耳。吾姑以浅事喻子,非其义也。虽三公之贵,避之若浼,子之所能信于程、朱也,今中朝如某某,子夙所贱恶,倘一旦扬子于朝,以学士或御史中丞征,子将亡命山海而义不反顾乎?抑犹踌躕不能自决也。吾愿子归视妻孥,流行坎止,归洁其身而已矣。昆绳自是终其身,口未尝非程、朱。其后余出刑部狱,刚主来唁,以语昆绳者语之,刚主立起自责,取不满程、朱语,载经说中已镌版者,削之过半。因举习斋存治存学二编,未惬余心者告之,随更定曰:吾师始教,即以改过为大……以刚主之笃信师学,以余一言而幡然改。其志之不欺,与勇于从善,皆可以为学者法,故备详之,而余行则不具焉。[①]

此文在清代学术史上引起颇多关注,《清儒学案》和不少清学专家皆论及此事,各方论题的焦点在于方苞言论的真实性以及由此引发的学术道德品质问题。梁启超说:"他和李恕谷号生死之交,恕谷死了,也作一篇墓志铭说恕谷因他的忠告背叛颜习斋了。"方苞和李塨是生死之交毋庸置疑,两人自己都承认。显然梁启超不满的是,方苞在老友卒后的做法,盖棺定论背叛师门,这可是极其严重的评判;另外,他也不相信李塨会因为方苞的话就改弦更张,方苞这样说,实在是对老友的不尊敬。不只是梁启超,李塨的门人对此也颇为不满。

---

① 方苞:《李刚主墓志铭》,《方望溪全集》,北京:中国书店出版社,1991年,第121页。

李塨的门人刘调赞在李恕谷先生年谱里面是这样评价此事的："暨先生殁，为先生作墓志，于先生道德学业一无序及，仅屡陈其与先生及昆绳先生相交始末，巧论谝谝曰以刚主之笃信师传，闻余一言而幡然改。其意故欲没先生之学而自见者，此岂能有朋友相关之意乎！"[①]刘调赞是李塨晚年收的得意门生，常陪侍左右，也曾经随师拜见过方苞，刘的话应该在师门有普遍的代表性，也符合人之常情。也就是说，方苞的墓志铭让李氏门人极为不悦。

李塨卒前一年他自己写了个《李子恕谷墓志》（见《恕谷后集》卷十三）。从他的描述来看，他自始至终谨遵师傅教诲，并且提及几位对他有大影响之人，并没有方苞，更不用说改过之事。可见在李塨那里，根本不承认此事。当然从两人年谱来看，他们确实就此事有过多次辩论，但最终都是各持己见。刘师培论李塨时也提及此事，他说："其谓先生因方言改师法，何其诬先生之甚耶。"[②]徐世昌的《清儒学案》论及这庄公案时说："及先生卒，望溪为志墓，言与论朱子节概政略诸端，先生亦是之，后于所著书不满程朱者有所删削。然遗书具在，固未屈于其说也。"[③]杨向奎的《清儒学案新编》亦持此说。可见后来学界对方苞为李塨作墓志一事大都持批判态度，且各方观点基本一致。

从现存的文献资料来看，方苞在李塨墓志里的话确实不符合实际。尤其是说李塨"以余一言而幡然改"实在是方苞的一厢情愿，李塨本人不承认，其弟子门人不承认，学界也不承认。其所言"取不满程朱语载经说中已镌版者，削之过半"，也不符合事实，因为恕谷遗著俱在。既然如此明白之事，方苞又为何要冒天下之大不韪。余秉颐认为方苞对颜李学派的态度，反映

---

① 冯辰：《清李恕谷先生（塨）年谱》，台北：台湾商务印书馆，1978 年，第 402 页。

② 章太炎、刘师培：《中国近三百年学术史论》，上海：上海古籍出版社，2006 年，第 284 页。

③ 徐世昌：《清儒学案》（第 1 册），北京：中华书局，2008 年，第 596 页。

了其思想上的保守落后，只知竭力维护程朱。[1] 卢佑诚认为方苞是在《南山集》案后报清廷不杀之恩，而程朱理学是当时官方哲学，所以方苞不遗余力攻击反对程朱者。[2] 笔者以为，不排除以上因素，但更主要还是学术之争。方苞笃信程朱，李塨为颜李学派代表，李氏特别希望方苞信仰颜李之学，两人素常为此不少争论。学术深度上，方苞固然无法与李塨相提并论，而文学上，方苞自然更胜一筹。所以方苞最有可能为自己的信仰挽回颜面的就是文字，而为李塨作墓志是最佳良机，只是方苞做得有点过，不该在人家的墓志铭上信口雌黄。不但于友不敬，于学不公，而且亦陷自己于不义，成为众矢之的，所以梁启超这里并没有冤枉他。

(三)方苞晚年是否与乡民争利

乾隆七年，方苞七十五岁，以疾病告老还乡。但树欲静而风不止，一些事端纷争并没有停歇。梁启超说："他口口声声说安贫乐道，晚年却专以殖财为事，和乡人争乌龙潭鱼利打官司。"梁的说法直接源于《永宪录》，其相关内容如下："苞后告归，惟以殖财为事。菲薄科目，讥刺时政。至与民争乌龙潭鱼利。举其生平而尽弃之。"[3]《永宪录》成书于乾隆十七年，主要记录康熙六十一年到雍正六年间发生的历史事件，"大事取材，多根据邸钞、朝报、诏谕、奏折……一些非编年性质的遗闻琐事，也参有不少以讹传讹的显著错误"。[4] 所以其记录未必可信，梁启超没有加以考证，显然带有偏见，有失公允。

方苞归乡后，居于金陵，尤喜城西清凉山乌龙潭风光，遂于潭畔筑居，后在雅舍旁建起方氏忠祠，祭祀祖先，同时供贫寒族人居住。《方望溪全集》收录相关文献五篇：《教忠祠规》、《教忠

---

① 余秉颐：《方苞与颜李学派》，《江淮论坛》，1987 年第 3 期，第 99～100 页。

② 卢佑诚：《方苞与颜李学派》，《铜陵学院学报》，2007 年第 2 期，第 74 页。

③ 萧奭：《永宪录》，北京：中华书局，1997 年，第 224 页。

④ 萧奭：《永宪录·前言》，北京：中华书局，1997 年。

祠祭田条目》、《教忠祠禁》、《教忠祠规序》、《教忠祠祭田条目序》，大致记载相关事宜。然而此事却引起不小风波，时人多有议论。《清史稿 · 方苞传》曰："既家居，建宗祠，定祭礼，设义田。"[①]桐城文献学家萧穆在《敬孚类稿》中说："以穆所闻，莲花池一事颇累盛德。今据末札'以建先断事公祠堂，少置祭田，不得已，卖三百年祖业'云云，是侍郎晚节颇窘，故卖池以建祠堂置祭田，当时谤焰可以熄矣。"[②]其中所言"末札"即方苞给其门人宁化雷副宪手札，萧穆先生亲睹，未见方苞文集。后来桐城刘声木亦论及此事，他援引天津王介山《诗礼堂古文》中《教忠祠祭田记》一篇曰："侍郎自谓：'始鬻吾桐城田以给，继则弃吾莲池及田之在庐江者以益之，以并置江宁、高淳两邑祭田，共三百余亩。'云云。观于此记，侍郎当时实因管业不便，鬻远处田，购近处田，未尝讳言，不致如萧氏所云也。"[③]方苞在《与陈占咸》中自称，祭田乃予为贡士和秀才时陆续购置，"琐琐叙入者，以服官后未增一亩也"。[④] 在《乙亥四月示道希兄弟》家书中，方苞又言及此事，自己仿效范仲淹设置义田恩泽后人之善举，整饬祖上遗田。[⑤] 综合以上各方所记可见，当年方苞设置义田之事确实存在，并在社会上产生一定反响，虽然其本意是为子孙族人造福，但此事在流传中难免发生讹变，不排除有人利用此事进行人身攻击诽谤，毕竟方苞当年在朝廷因为性格耿直得罪不少人。全祖望记载方苞当时在朝与同僚关系并不融洽，"是后凡公有疏下部，九列皆合口梗之。虽以睢州汤文正公，天下之人皆以为当从祀者，以其意出于公，必阻之"。[⑥] 之所以会出现

---

① 赵尔巽：《清史稿》，北京：中华书局，1977 年，第 10272 页。

② 萧穆：《跋望溪先生与雷副宪手札》，《敬孚类稿》，项纯文点校，合肥：黄山书社，1992 年，第 194 页。

③ 刘声木：《方苞售莲花池田》，《苌楚斋随笔续笔三笔四笔五笔》，北京：中华书局，1998 年，第 429 页。

④ 方苞：《与陈占咸》，《方苞集》，上海：上海古籍出版社，1983 年，第 797 页。

⑤ 方苞：《乙亥四月示道希兄弟》，《方苞集》，上海：上海古籍出版社，1983 年，第 481 页。

⑥ 全祖望：《鲒埼亭文集选注》，济南：齐鲁书社，1982 年，第 158 页。

这种局面，皆因方苞"性刚直，好面折人过。由是诸公颇厌苦之"。[1] 不仅如此，虽然方氏不掌握大权，但每当皇帝问及政事，亦常有秘奏，遭致朝廷诸臣嫌忌，以致不少人对方苞不满，方苞解职归里与此亦不无关系。《清史稿·方苞传》载："苞与尚书魏廷珍善，廷珍守护泰陵，苞居其第。上召苞入对，苞请起廷珍。居无何，上召廷珍为左都御史，命未下，苞移居城外。或以讦苞，谓苞漏奏对语，以是示意。庶吉士散馆，已奏闻定试期，吴乔龄后至，复补请与试。或又以讦苞，谓苞移居乔龄宅，受请托。上乃降旨诘责，削侍郎衔，仍命修三礼义疏。苞年已将八十，病日深，大学士等代奏，赐侍讲衔，许还里。"[2]

综上所述，方苞晚年殖财之事无法证实，而梁启超也根本没有去证实就采信。这并非梁氏不知考辨，实在是对方苞有偏见，所以他更倾向于接受那些方苞的负面信息，为己所用。这是人性之私，也是为学之大忌，以一己之意来定夺取舍，而不是为事实本身所折腰。

梁启超称方苞为"假道学先生"，"假"是为人，"学"是为学，一个词就把方苞否定，而其中所涉及之事本多有不实之处。他在《中国近三百年学术史》中提出作学术史有四个必要条件：其一，材料完整，不以个人爱憎为取舍。其二，处理材料提纲挈领，观念明晰。其三，严格忠于事实，勿以主观上下其手。其四，知人论世，展现全人全貌，不以偏概全。[3] 显然，他对待方苞没有秉持上述原则，梁启超为何对方苞如此不满，充满嘲讽与鄙夷？个中原因，概括起来不外乎三点：第一，学术偏见。在《清代学术概论》、《中国近三百年学术史》和相关清代学术研究中，梁启超以汉学为清学正宗，而视桐城派为"与惠、戴学树敌者"，如此梁氏批判桐城派就变得顺理成章。第二，道德品格的鄙薄。方苞在《南山集》案后，不管是感激清廷不杀之恩，还是委身自保，处处维护清廷的官方意识形态程朱理学，不敢有异词，在生活中亦守理卫道，这都让梁启超看不起。在梁氏眼里，

---

① 《方苞集》，上海：上海古籍出版社，1983 年，第 889 页。

② 赵尔巽：《清史稿》，北京：中华书局，1977 年，第 10273 页。

③ 梁启超：《梁启超全集》，北京：北京出版社，1999 年，第 4453 页。

他和熊赐履、张玉书、张伯行一样，都是空疏无学“依草附木”之人，是一群没有风骨的“非之无举，刺之无刺”的“乡愿”。[①] 第三，革命的需要。谈及晚清民国，李泽厚说，“革命、反满是当时时代的最强音”，[②]梁启超作为革新派代表人物，自然会把方苞作为维护清政府的御用文人加入痛斥之列，只是有时不太尊重事实，携带个人情绪。

① 梁启超：《梁启超全集》，北京：北京出版社，1999年，第4481页。

② 李泽厚：《中国近代思想史论》，北京：三联书店，2008年，第443页。

革故鼎新——梁启超对桐城派文论之批判(下)

第一节　前朝遗民与考证先河

方以智(1611～1671),字密之,安徽桐城人,明末清初杰出的思想家,和钱澄之一起被称为桐城派的源头。方以智著书颇丰,但以《通雅》名于世。《四库全书总目提要》评价方以智:“惟以智崛起崇祯中,考据精核,迥出其上。风气既开,国初顾炎武、阎若璩、朱彝尊等沿波而起,始一扫悬揣之空谈。虽其中千虑一失,或所不免,而穷源溯委,词必有征,在明代考证家中,可谓卓然独立矣。”[1]这个官方权威评价不可谓不高,按理方以智应该受到学界的重视,但事实恰恰相反,方以智的地位好像并不高。从《明儒学案》到《汉学师承记》、《宋学渊源记》、《国朝学案小识》到徐世昌的《清儒学案》,都没有方以智的名字。《清史稿》把他列入《隐逸传》,也不谈他的学术。直到1985年杨向奎的《清儒学案新编》才将方以智列入《密之学案》,个中缘由耐人寻味。

1923年,梁启超在《中国近三百年学术史》中高度评价方以智,并分析了其不受重视的原因。梁启超很看重方以智的

---

① 永瑢等:《四库全书总目提要》(卷199),北京:中华书局,1965年影印本。

《通雅》,他说:

> 《通雅》这一部书,总算近代声音训诂学第一流作品。清代学者除了高邮王氏父子以外,像没有哪位赶得上他。但乾嘉诸老,对于这部书很少征引,很少称道,不知是未见其书,抑或有什么门户之见?(清儒是看不起明儒的。密之纯属明人,这部书又成于崇祯年间,也许清儒很少人读过。)[①]

梁启超的说法影响深远,直到60年后冒怀辛先生在为《方以智全书·通雅》作点校时,仍沿用此说,并在此基础上探索其深层原因。他认为:“那时的考据学派汉学家,对明代后期的著作,大都采轻视的态度,以为杨慎、焦竑一些人饾饤疏舛,穿凿附会,不足为纯正的考据学,而只算是杂学,方以智的《通雅》似乎也有意无意地被列入这一范畴中。当时正统的考据者如惠栋、钱大昕、王念孙等对《通雅》几乎全然不提。著名的《尔雅正义》作者邵晋涵、《尔雅义疏》作者郝懿行在他们的著作中,除个别例外,基本上不引宋以后的文献资料。这就极大地增加了他们的局限性。他们的口号是‘凌唐砾宋,追秦汉而明周孔’(见宋翔凤《尔雅义疏》序)。所以《通雅》以及其中所博引的西学与西土的知识,当然更在他们书中找不出痕迹来了。”接着他又根据全祖望在《经史答问》中的一段话,认为汉学家“以门户之见显然地分出轩较上下。这就是《通雅》在当时学术界没有得到应有地位的实质原因。”[②]罗炽认为其原因有三:一是其代表作《通雅》受到汉学家的抵制与压抑。二是他的明末遗民立场,导致他的书被禁。三是他的著作禅语过重,脱离实际,不易理解。[③] 庞朴认为其原因有两个:“主要原因当是政治的;由之带

---

① 梁启超:《中国近三百年学术史》,《梁启超全集》,北京:北京出版社,1999年,第4505页。

② 方以智:《方以智全书》,上海:上海古籍出版社,1988年,第13~14页。

③ 罗炽:《方以智评传》,南京:南京大学出版社,2006年,第320~322页。

来的另一个原因，则是他的著作大多未能刊刻，只凭抄本流传。"[①]袁津琥考证清人很少征引《通雅》的原因是该书在清朝一度被列为禁书。[②] 雷梦辰《清代各省禁书汇考》记录，乾隆四十七年奏准，安巡抚富躬奏缴二十四种，其中即有《通雅》，原因是"悖谬诞妄，语多狂吠"。[③] 此后安徽巡抚又将《通雅》列入"应销毁尚未具奏书目"。[④] 方以智的其他著作也多被列为禁书。在文字狱严厉的清朝，被列为禁书的方以智著作命运就可想而知了。袁文还列举了《通雅》很少被清人称引的其他一些原因：其一，成书时考证学气候还未形成；其二，该书内容太杂，让清儒觉得不够专，参考价值不大，《四库全书》也是把它列入子部杂家类；其三，方以智没有高足为其发扬光大，他的后人与弟子主要成就在算学方面。综合以上原因可知，方以智长期被湮没的原因，既与他的作品内容有关，也与他和清王朝的关系有关。所以梁启超说清人因为门户之见或者瞧不起明人而不征引方以智的话，明显证据不足。

其实，清人征引方以智还是不少的，除冒怀辛先生考证的黄虞稷、全祖望、陈大章、颜元、李塨、毛奇龄、王源、陆耀、袁枚、谭献等人以外，袁津琥考证，其征引者几乎涵盖了当时最著名的训诂学家，像高邮王念孙父子，历史学家有嘉定钱大昕，音韵学家有江永、陈澧，校雠学家有顾广沂等。[⑤] 且时人提到方以智，不管是征引还是驳斥，态度都比较平和，不像对其他明人那样激烈鄙夷。由此可见，其实《通雅》书在当时学界已得到公认，后来张之洞甚至欲以《通雅》易《埤雅》，与《方言》、《释名》、《小尔雅》、《广雅》合称"五雅"，可见清人对《通雅》一书还是非

---

① 方以智：《东西均注释·序言》，庞朴注，北京：中华书局，2001 年，第 2 页。

② 袁津琥：《〈通雅〉研究二题》，《文献季刊》，2000 年第 4 期，第 167 页。

③ 雷梦辰：《清代各省禁书汇考》，北京：书目文献出版社，1989 年，第 136 页。

④ 雷梦辰：《清代各省禁书汇考》，北京：书目文献出版社，1989 年，第 141 页。

⑤ 袁津琥：《〈通雅〉研究二题》，《文献季刊》，2000 年第 4 期，第 168～172 页。

常看重。[①] 所以方以智当时地位不高，主要还应该是其书被列为禁书，他与清廷意识形态不符，又加之强大的文字狱，使得人们不敢公开给他以更高的地位，而后来人往往因袭前说，缺乏细致考辨。

明代学风空疏，晚明实学之风兴起。实学风潮肇始于万历年间的东林学派，其后复社继其光。他一方面批判晚明学风的空疏不实，另一方面开创自己的实学，他的《通雅》、《物理小识》都是这方面的代表作。方以智的实学思想对清代学风产生了重要影响，首先他的三个儿子中通、中履、中德受他影响，在数学、天文学和西学方面都有不凡的成绩。清初三大思想家顾炎武、黄宗羲、王夫之和被梁启超成为"科学之曙光"的历算学家梅定九等人，与方以智都有交情。王夫之评价方以智的实学："密翁与其公子为质测之学，诚学思兼致之实功。盖格物者，即物以穷理，惟质测为德之。"[②]黄宗羲曰："余束发交游，所见天下士，才分与余不甚悬绝而为余所畏者，桐城方密之，秋浦沈昆铜，余弟(黄)泽望及魏子一四人。"[③]他们之间产生相互影响与推助是必然的，所以梁启超评价方以智："要之密之学风，确与明季之空疏武断相反，而为清代考证学开其先河，则无可疑。"[④]梁启超把方以智的治学方法归纳为三种：尊疑、尊证、尊今，可以说是对方以智实学风格的最好概括。

梁启超称自己对拼音文字不太懂，但认为方以智在300年前创造字母很有气魄。他认为方以智最大的发明是以音求义。[⑤] 这是确论。以音求义，即因声求义，是方以智语言学的一个重要贡献，长期被学界忽视。

因声求义，通过声音来推断字词的意义，训诂学家把它叫作声训或音训，这是中国传统小学一项重要的训诂方法。它的

---

① 张之洞：《书目答问二种》，北京：三联书店，1998年，第291页。

② 王夫之：《搔首问》，《船山全书》(第12册)，长沙：岳麓书社，1996年，第637页。

③ 黄宗羲：《黄宗羲全集》(10)，杭州：浙江古籍出版社，1993年，第401页。

④ 梁启超：《梁启超全集》，北京：北京出版社，1999年，第4504页。

⑤ 梁启超：《梁启超全集》，北京：北京出版社，1999年，第4505页。

发展大概经历三个阶段:第一阶段是秦汉萌芽期,当时的代表是东汉的刘熙,他注意到文字的音与义之间的关联,并通过音来求其义是有重要意义的,但他夸大了声训的范围,而陷入主观臆测的泥潭。第二阶段是宋元发展期,当时的代表是宋代的王圣美和元初的戴侗。王圣美倡导"右文说",戴侗明确提出因声求义的训诂方法。"右文说",就是指从形声字的声符中求义的学说,它避免了之前声训理论的主观与宽泛,注意到同声符的字之间的内在联系,但是其缺陷是以偏概全,以为所有形声字的声符都具有表义功能,未免绝对化。第三阶段是明清成熟期,以段玉裁和王氏父子为代表。他们发现了汉语里"声与义同原"、"声近义同"、"义存乎声"等现象,并明确提出"就古音以求古义"的理论,并在训诂实践中广泛运用因声求义的方法。方以智正好处于第二阶段和第三阶段之间,可谓承上启下。他早于王氏父子130余年,提出"欲通古义,先通古音"的主张,全面论述了音与义的关系。由前文论述可知,清代训诂诸家几乎都征引过方以智,所以梁启超称赞说方以智最大的发明是以音求义,颇具历史眼光。方以智的《通雅》,不仅是"近代声音训诂学第一流作品",而且可以说是开启了清代考据学的先河。

关于方以智与桐城派之间的关系,梁启超也有一段话:

> 桐城方氏,在全清代三百年间,代有传人,最初贻谋之功,自然要推密之。但后来桐城学风并不循着密之的路走,而循着灵皋(方苞)的路走,我说这也是很可惜的事。[1]

不难发现,梁启超对方苞不太满意,对方苞的道路不太满意,实际上他对整个清代文学都不太满意,认为清代文学"衰落已极",[2]他看重清代的,还是乾嘉考证学,所以他希望方苞延续方以智的考证之路。如果抛开梁启超的偏见来看,桐城派与方

---

① 梁启超:《中国近三百年学术史》,《梁启超全集》,北京:北京出版社,1999年,第4506页。

② 梁启超:《清代学术概论》,《梁启超全集》,北京:北京出版社,1999年,第3106页。

以智关系密切。从考证学来说，桐城派虽不重考据，也不废考证，姚鼐的义理考证文章之说就是明证。从声音训诂来看，刘大櫆的因声求气理论和方以智的因声求义也不能说没有渊源关系，可以说桐城派把方以智的训诂学理论推广到文章学，把原来对字词解释的理论推广到由字词到文章神气。从文学来看，方以智的《文章薪火》推崇左（丘明）马（司马迁），代表桐城派对文学的祈向，所以后世桐城学者李则刚称其为桐城派的滥觞。[①]

综而言之，方以智的著作因具有政治反叛性被列为禁书，以至于后世考证学家征引相对较少，梁启超虽缺乏考据，但并不否认方氏的开创之功，同时对方氏音韵训诂方面的成就予以肯定。由于以乾嘉考证学为清学正宗，梁氏惋惜桐城派没有延续方氏之路，与后来桐城派把方氏尊为始祖的看法不同。

第二节　政治批判与开山之祖

梁启超看不起方苞，也很少谈姚鼐，但对戴名世非常推崇。在《中国近三百年学术史》中，他多次论及戴名世，内容涉及两个方面：一是文学，二是史学。文学堪称桐城派之祖，史学可谓当世无两。

一、戴名世为桐城派开山之祖

戴名世是否为桐城派开山之祖，学界有截然不同的看法，而其原因与《南山集》案有关，梁启超在论述戴名世时，也是把两个问题结合起来，他说：

> 他本是一位古文家，桐城派古文实应推他为开山之祖……康熙五十年为都御史赵申乔所劾，大狱遂

---

① 李则刚：《安徽历史述要》，合肥：安徽省地方志编纂委员会，1982年，第467页。

> 起，其狱牵连至数百人。因康熙帝从宽处理，论死者仅南山一人。《南山集》在当时为禁书，然民间传本不绝。集中并无何等奇异激烈语，看起来南山不过一位普通文士，本绝无反抗清廷之意。但他对官修《明史》，确有所不满。[①]

戴名世是古文家，在当时和后世应该都没有什么异议。是否为桐城派开山之祖，历来看法不一。

(一)戴名世是否为开山之祖

柳亚子认为："戴名世与方苞齐名，同为清代桐城派古文家开山鼻祖，论者谓其才学实出方苞之右。"[②]吴孟复以桐城民间至今亦以方、戴并称为由，将戴名世列为桐城派之祖。[③]《戴名世集》的编校者王树民认为："以戴氏为桐城派之先驱，绝非过分之言。"[④]陈平原认为谈论桐城派"本该戴、方并称才是"。[⑤]关爱和主张"戴名世与方苞是清代桐城古文初创时期的双子星座"。[⑥]周中明认为，要了解桐城派形成和发展的全貌，就不应该抹杀戴名世为桐城派鼻祖的地位。[⑦]王镇远认为戴名世对桐城派实有筚路蓝缕之功，可谓桐城派的先驱者。[⑧]徐文博、石钟扬认为戴名世作为桐城派的一代宗师当之无愧。[⑨]王凯符、漆绪邦认为戴名世的散文，无论是思想还是艺术成就，都在三

---

① 梁启超:《中国近三百年学术史》,《梁启超全集》,北京:北京出版社,1999年,第4517页。

② 柳亚子:《南明史料书目提要》,台北:华正书局,1977年,第91页。

③ 吴孟复:《试论桐城派的艺术特点》,《江淮论坛》,1980年第5期,第74页。

④ 王树民编:《戴名世集·前言》,北京:中华书局,1986年,第5页。

⑤ 陈平原:《文派、文选与讲学——姚鼐的为人与为学》,《学术界》,2003年第5期,第234页。

⑥ 关爱和:《〈南山集〉案与清代士人的心路历程》,《史学月刊》,2003年第12期,第22页。

⑦ 周中明:《应恢复戴名世桐城派鼻祖的地位》,《安徽大学学报》,1994年第3期,第59页。

⑧ 王镇远:《桐城派》,上海:上海古籍出版社,1990年,第164页。

⑨ 徐文博、石钟扬:《戴名世论稿》,合肥:黄山书社,1985年,第110页。

祖之上,“甚至以他为桐城一祖,都是可以的”。[1]

综合各家观点,笔者认为,戴名世应该列为桐城派开山,其理由不外乎以下四个方面:其一,戴名世举起“振兴古文”的大旗,并提出以古文济时文的文学主张;其二,桐城派文论与戴名世的文学主张一脉相承,方苞的义法理论、刘大櫆的因声求气理论、姚鼐的阳刚阴柔理论等都能够在戴名世那里找到源头;其三,戴名世奠定了桐城派古文的文统:宗法六经汉唐,直接归有光;其四,方、戴并称文坛,互有往来,而且方苞的古文成就与戴名世的栽培分不开。以上四点,每一点都有充分的证据,前人多有论述,本书略谈最后一点。方苞比戴名世小15岁,古文创作得到戴名世的悉心指点,戴氏在《方灵皋稿序》中曰:“盖灵皋(方苞)与余往复讨论,面相质正者且十年。每一篇成,辄举以示余,余为之点定评论,其稍有不惬于余心,灵皋即自毁其稿。而灵皋尤爱慕余文,时时循环讽诵,尝举余之所谓妙远不测者,仿佛想象其意境。”[2]可见,被奉为桐城派始祖的方苞,与戴名世交往深厚,其古文确实经戴名世传授指点。

而另一部分研究者以为戴名世与方苞有交往,但不能因为有交往就是桐城派人,更不是什么桐城派鼻祖。比如贺珏主张:“戴名世虽是桐城人,又与方苞同以古文著名,但他与后来的桐城文派的理论和风格是不同的……尽管他们曾经是朋友,但所走的则是完全两样的道路。”[3]王献永认为:“戴名世只能是桐城人的戴名世,而非桐城派的戴名世。”[4]法国学者戴廷杰也不认同戴名世是桐城派先祖,他认为:“如果只是从各学者所依据的文学理论而论,戴名世是否属于桐城派是很难证明的。其实是无法证明的:怎可能证明一个作家属于他所生活的年代还

---

① 王凯符、漆绪邦:《戴名世论》,《北京师院学报》,1980年第3期,第13页。

② 王树民编:《戴名世集》,北京:中华书局,1986年,第54页。

③ 贺珏:《戴名世及其思想的初步考察》,《安徽史学通讯》,1959年Z1版,第27~28页。

④ 王献永:《桐城文派》,北京:中华书局,1992年,第26~33页。

不存在的一个流派呢?”[1]曾光光也持否定观点,他提出衡量学派开创者的三个条件:有一套系统的理论;有一定规模的知识群体;得到群体的认同。[2] 曾先生认为方苞作为桐城派的创始人,具备这三个条件,而戴名世不具备。应该说,戴名世并非如曾先生所言三个条件都不符合,最起码前两个条件是符合的,戴名世有自己的学说理论,有一定规模的知识群体,这个周中明在《桐城派研究》、石钟扬在《戴名世论稿》等书中都有具体论证。

综合反对者理由,不外乎四点:一是桐城派的形成是在戴名世死后;二是桐城派背离了戴名世强烈的叛逆意识;三是戴名世的文风与后来的桐城派不同;四是没有得到派内人士的认可。我们逐条分析。先看第一点,桐城派的形成没有一个具体时间,通常认为,真正提出“桐城派”之名的是曾国藩的《欧阳生文集序》。而一般以姚鼐在《刘海峰先生八十寿序》中所言“天下文章,其出于桐城乎”为桐城派确立的标志,那么在此之前的学人是否不算桐城派呢?当然不行。因为姚鼐提及方苞和刘大櫆,而没有提戴名世,所以有人就以为戴名世不算。可他不提戴名世,只是因为《南山集》案的影响,所以不能以此来衡量戴名世是否属于桐城派。关于第二点,戴名世的叛逆意识,主要是王献永的观点,他认为桐城派之所以会成为桐城派,“就其本质言,恰恰是由于它的创始人方苞背弃了戴名世与清王朝矛盾对立的这最根本的一面”。[3] 王先生这个观点不大讲得通,桐城派的存在与否并不能以是否与清政府对立为标准,而应该以他们的文学创作与理论主张为尺度。至于他大篇幅论证戴名世反叛清朝,也难以成立。他犯了一个基本的逻辑错误,把戴名世的叛逆性格与反叛朝廷画等号。戴名世生于顺治十

---

① 高黛英、[法]戴廷杰:《法国汉学家戴廷杰访谈录》,《文学遗产》,2005年第4期,第149～150页。

② 曾光光:《戴名世与桐城派关系辨析》,《安徽史学》,2008年第5期,第95页。

③ 王献永:《戴名世与桐城派》,《安徽师范大学学报》,1990年第3期,第302页。

年(1653),明朝早亡,反清复明思想与戴名世无关,他的作品中有大量“我朝”、“本朝”字样。但他对清政府的很多做法不满意,愤世嫉俗,言辞激烈,树敌不少。这是戴名世个人性格问题,与是否属于桐城派没有必然联系。第三点,就更难以成立了,戴名世的文风与桐城派不同,不能够成为评判其是否为桐城派的条件。虽然一个流派应该有大体一致的创作理念和文体特征,但也不否认每个作家可以有自己不同的风格,即便同一个作家,前后风格也可以有不同。试问,桐城派不同作家之间风格又是否一致呢?当然不一致。方苞、姚鼐和刘大櫆之间都不同,后来曾国藩、吴汝纶又不同。所以不能以此确定戴名世是否为桐城派。第四点,是否得到派内人士的认可,当然很重要。戴名世只是派内人提的比较少,这与是否认可也没有必然关系。派内人提的少是因为《南山集》案,这非常明确。但也不是没有提,方苞在文集中就多次提及戴名世,大多是推崇与怀念,几乎没有批评。桐城派中期代表人物戴钧衡在编辑戴名世的文集时说:“国朝作家间出,海内窃然推为正宗,莫如吾乡望溪方氏,而方氏生平极所叹服者则惟先生(指戴名世)。先生与望溪同乡,又自少志意相投,迫老不衰,其学力之浅深,文章之得失,知之深而信之笃者,莫如望溪。望溪推之,学者复何说也。”①

综上所述,通过正反两方面论证,我们认为,戴名世不只是一位古文家,而且是桐城派古文之祖,无论是从文学理论的传承,还是从后来的持续影响看,戴名世都当之无愧。

(二)《南山集》案的原因

对于让戴名世遭难的《南山集》,梁启超为之鸣冤,认为戴氏只是普通文士,并无反抗清廷之意,但对官修明史确有不满。梁启超认为,戴名世遭遇大祸实际上由于自己私下欲撰写明史,以还原明亡真相,触怒清廷。② 这里梁启超提出《南山集》案

① 王树民编:《戴名世集》,北京:中华书局,1986年,第458页。

② 梁启超:《中国近三百年学术史》,《梁启超全集》,北京:北京出版社,1999年,第4517页。

幕后的真正动因问题,到底是反清,是修明史,抑或其他,学界对此看法不一。

徐文博、石钟扬认为,《南山集》案的根本原因是传统的封建思想与民主启蒙思想斗争的必然结果。赵申乔参劾戴名世,主要是防止戴名世民主思想的扩散。同时也通过加害戴名世,转移视听,摆脱自己陷入的科场政治困境。[①] 其中所说的"科场困境"是指当年戴名世殿试的情况,他会试时第一名,殿试时屈居赵熊诏之下获一甲第二名,是赵申乔为其子幕后活动的结果。赵申乔担心黑幕被揭穿,便寻找借口陷害戴名世。王树民则认为:"其本身自无民族思想斗争的性质可言,不过是统治阶级内部一次争执的扩大,并夹杂一些偶然的因素。当时为加重所要打击者的罪名,挥舞了民族思想斗争的旗号,因而在客观方面起到了镇压民族反抗的作用。"[②]王先生的"偶然的因素"是指满文中"方学士"与"方学诗"同音,康熙误以为"方学士"是在逃的"方学诗",遂从严查办。后来真相大白,但皇帝仍欲借此清除那些清议之士。刘孔伏、潘良炽则反对王文中所谓康熙偶然误会之说,康熙并没有混淆方学诗与方学士,其实质却是《南山集》中提到参与吴三桂叛乱的方孝标,并多愤世嫉俗之语,且以南明王朝为正统,大肆鼓吹民族思想,康熙为巩固自己的统治遂严加镇压。[③]

张健认为戴氏悲剧是清王朝的民族压迫政策和官场斗争的必然结果。[④] 张玉从当年刑部审判文书出发,指出该案主要还是把文字狱作为巩固封建统治的一种手段,打击那些不利于

---

① 徐文博、石钟扬:《戴名世论稿》,合肥:黄山书社,1985年,第45～46页。

② 王树民:《〈南山集〉案的透视》,《江淮论坛》,1986年第3期,第89页。

③ 刘孔伏、潘良炽:《〈南山集〉案成因辨析》,《运城高专学报》,1994年第1期,第8～10页。

④ 张健:《含冤千古的戴名世》,《文史知识》,1994年第7期,第75～77页。

清王朝统治的各种思想意识，所以《南山集》案的发生并非偶然。[①] 关爱和也基本赞同此说，他认为清王朝不惜罗织罪名，严惩那些有遗民心态和反清情绪者的决心和坚决态度。[②] 朱端强认为除戴名世自己承认的原因（恃才、愤世和犯忌）外，专制的淫威、世俗的无耻和自身的矛盾共同杀死了戴名世。[③] 刘世生主张戴氏悲剧的外因是政治斗争，内因是性格悲剧。[④] 何冠彪推测其可能与当年太子之争有关，[⑤]这使得案情更加复杂。张兵、张毓洲认为戴案发生有很复杂的原因："戴名世的'狂生'行径和孤傲自恃不知收敛的个性无疑是最根本的原因，而康熙帝的误会，废太子事件，朝臣的互相讦参，赵申乔掩饰其子夺魁之隐私，清廷对南明史事的敏感及对江南世家大族的忌恨等因素则无形中使本文字狱案越发显得扑朔迷离，并人为地扩大化了。"[⑥]

修明史，确实是清廷比较敏感的一个问题，涉及其初始政权的合法性。而私修明史，更加难以为朝廷掌控，再加之戴名世一贯性格桀骜，对朝廷不满，所以此事一经弹劾，立即引起康熙的震怒。综合以上原因，我们以为《南山集》案有戴名世个人狂放的性格原因，更主要还是他触怒清廷，危及清廷政权统治合法性，以致遭到迫害。梁启超看到了戴名世的冤屈，但对于背后的具体原因，并没有深入探讨，某种程度上他只是揭开了冰山一角，为后来的研究者开启了一道闸门。

---

① 张玉：《从新发现的档案谈戴名世〈南山集〉案》，《历史档案》，2001年第2期，第94页。

② 关爱和：《〈南山集〉案与清代士人的心路历程》，《史学月刊》，2003年第12期，第23页。

③ 朱端强：《戴名世新论》，《云南师范大学学报》，1991年第5期，第53～59页。

④ 刘世生：《坎坷中追求者质平自然》，《阜阳师范学院学报》，1993年第4期，第56页。

⑤ 何冠彪：《戴名世研究》，台北：稻香出版社，1988年，第255页。

⑥ 张兵、张毓洲：《〈南山集〉案与桐城戴氏家族的衰落》，《文史哲》，2009年第3期，第82页。

二、史识史才一时无两

梁启超谈论戴名世文学不少，评价其史学成就更多。在有清一代的史学界，梁启超所佩服的仅有两人，一是章学诚，一是戴名世。与清代另两位史学家潘力田、万季野相比，梁启超认为，虽然南山考证史迹之诚恳或许不如二人，"而史识、史才，实一时无两"。[①] 梁启超主要从两个方面评价戴名世之史学：

第一，褒扬修明史之愿。修明史虽然只是个人愿望，但为此付出亦多，所以得到梁氏的褒扬。他说："彼生当明史馆久开之后，而不慊于史馆诸公之所为，常欲以独立私撰《明史》，又常与季野及刘继庄、蔡瞻岷约偕隐旧京共泐一史。然而中年饥驱潦倒，晚获一第，卒以史事罹大僇，可哀也！其史虽一字未成，然集中有遗文数篇，足觇史才之特绝。"第二，分析史才之特绝。在《中国近三百年学术史》中，梁启超专门分析《孑遗录》、《杨刘二士合传》、《左忠毅公传》等篇，并予以高度评价："盖南山之于文章有天才，善于组织，最能驾驭资料而熔冶之，有浓挚之情感而寄之于所记之事，不著议论且蕴且泄，恰如其分，使读者移情而不自知。以吾所见，其组织力不让章实斋，而情感力或尚非实斋所逮。有清一代史家作者之林，吾所頫首，此两人而已。"[②] 从梁氏分析可知，戴氏史才主要体现在文章组织力、情感感染力、文字剪裁力等方面，而这些能力显然皆源于文学能力，也就是说，作为史学家的戴名世，其主要才华来自于文学，这是古文对史学的襄助之功，也是梁启超认为戴名世某种程度上甚至高于章学诚的地方。戴名世本人对史学满怀抱负，曾以司马迁自许，并积累大量史料。[③] 然而，正如王树人所言："戴名世在史学方面具有较高的兴趣和志愿，尤其对于明史的修撰，其实际成

---

① 梁启超:《梁启超全集》,北京:北京出版社,1999年,第4568页。

② 梁启超:《梁启超全集》,北京:北京出版社,1999年,第4569页。

③ 在《与刘大山书》中,戴名世说:"生平尤留意先朝文献,二十年来,搜求遗编,讨论掌故,胸中觉有百卷书,怪怪奇奇,滔滔汩汩,欲触喉而出。"可见,他的修史准备还是很充分的。

就远远落后于主观愿望。”[①]他的主要成就还是文学。而梁启超如此推崇戴名世，一方面是他卓越的文史才华，另一方面是他狂放不羁的批判性格，不与清政府合作，敢于以史还原明亡真相，触怒清廷，表现出一介学人不屈不挠的高贵品格。

第三节 一家之言与革命摇摆

梁启超和严复，都是清末民初文化舞台上深有影响的人物。章士钊晚年回忆道：“从晚清以至民初，二三十年间，以文字攄写政治，跳荡于文坛，力挈天下而趋者，唯严几道与梁任公二人。”[②]1896 年梁启超赴上海办《时务报》期间，经马建忠兄弟介绍，结识严复。梁氏小严复近 20 岁，严复对他的影响不言而喻，张灏说：“梁对西方进步思想的兴趣必须追溯到他流亡前的几年里。在那段时期，主要通过康有为和严复的影响。”[③]史华慈说：“严复对于梁启超后来发展的影响远比他的老师康有为对他的影响深刻。”[④]既然严复对梁启超影响如此重要，那么他是如何评价严复的呢？纵观梁氏一生，著述 1400 余万字，专门涉及严复的仅有一篇，即：光绪二十三年(1897)所写的《与严幼陵先生书》，清代学术史和其他报刊文章中虽有提及严复且评价不低，但着墨委实偏少，个中缘由令人深思。概而言之，梁启超对严复的批评可以分为四个阶段：

一、梁启超对严复态度流变

第一阶段，戊戌变法之前。1896 年，梁启超在上海开办

---

① 杨向奎：《清儒学案新编》(第 2 卷)，济南：齐鲁书社，1985 年，第 470 页。

② 章士钊：《柳文指要》，北京：中华书局，1971 年，第 2118 页。

③ 张灏：《梁启超与中国思想的过渡》，崔志海、葛夫平译，南京：江苏人民出版社，1995 年，第 121 页。

④ 史华慈：《严复与西方》，叶凤美译，南京：江苏人民出版社，1989 年，第 76～77 页。

《时务报》,严复极为赞叹,并捐助百元以示祝贺。[①] 但此后不久,严复觉得梁氏心浮气躁,便修书直言批评。这封信让梁启超颇伤脑筋,几个月后才予以回复,即1897年的《与严幼陵先生书》。该文主要涉及四个方面:一是办报之意;二是变法之难;三是古议院考;四是保教问题。总体来看,梁启超主要是正面回应严复的批驳,且力陈己见。既不卑不亢,亦不失礼貌,正如信函开头所言:"循环往复诵十数过,不忍释手,甚为感佩,乃至不可思议。今而知天下之爱我者,舍父师之外,无如严先生。天下之知我而能教我者,舍父师之外,无如严先生。"[②]虽是客套话,但听起来却是充满感情。稍后梁启超在给康有为的信中提及此事:"严幼陵有书来,相规甚至,其所规者,皆超所知也。然此人之学实精深,彼书中言,有感动超之脑气筋者。欲质之先生,其词太长,今夕不能罄之,下次续陈。"[③]结合两封信可知,梁启超当时对严复评价颇高,且尊敬有加,毕竟他只是20多岁刚出茅庐的小伙子,严复已声名远播。

第二阶段,流亡日本期间。梁启超创办《新民丛报》,鼓吹维新运动,影响力愈大。虽然严复时有批评,他却并不恼恨。1902年,梁启超在《新民丛报》第1号《绍介新著》栏目介绍严复翻译的《原富》、谭嗣同的《仁学》和他自己的《李鸿章》,并把《原富》放在第一个,足见彼时严复及其译书的地位。梁启超对《原富》的评价涉及正反两个方面,涵盖该书的内容与形式。在翻译形式方面,梁氏认为严复借鉴中国传统的注疏方式,"于翻译之外,常自加案语甚多。大率以最新之学理,补证斯密之所不逮也"。而其效果可以"启发学者之思想力别择力,所益实非浅鲜"。在具体名词术语的选择上,严复也能够"按诸古义,达诸今理,往往精当不易。后有续译斯学之书者,皆不可不遵而用之也",能够如此贯通古今中西,且为后人师,梁启超盛赞严氏"于西学中学,皆为我国第一流人物"。当然此书并非没有遗

① 王栻编:《严复集》(3),北京:中华书局,1896年,第505页。

② 梁启超:《梁启超全集》,北京:北京出版社,1999年,第71页。

③ 丁文江、赵丰田:《梁启超年谱长编》,上海:上海人民出版社,1983年,第77页。

憾:“其文笔太务渊雅,刻意摹仿先秦文体,非多读古书之人,一翻殆难索解……况此等学理邃赜之书,非以流畅锐达之笔行之,安能使学僮受其益乎?著译之业,将以播文明思想于国民也,非为藏山不朽之名誉也。”[①]此后不久,梁启超写作《论中国学术思想变迁之大势》,论中国最近世之学术,再评严复:“海禁既开,译事萌蘖,游学欧美者,亦以百数,然无分毫影响于学界。惟侯官严几道(复),译赫胥黎《天演论》、斯密亚丹《原富》等书,大苏润思想界。十年来思想之丕变,严氏大有力焉。顾日本庆应至明治初元,仅数年间,泰西新学,披靡全国。我国阅四五十年,而仅得独一无二之严氏。”[②]不难看出,此阶段梁启超对严复有批有评,肯定多于否定,总体评价较高。

第三阶段,放弃政治生涯之际。1920 年初,梁启超离开政治舞台,全力从事教育事业。虽然在《佛典之翻译》一文中,他肯定了严复的信达雅三义,但在其学术史名著《清代学术概论》里,对严复的翻译成就评价过低,而对严复的其他学问更是只字不提:“时独有严复,先后译赫胥黎《天演论》,斯密亚丹《原富》,穆勒约翰《名学》、《群己权界论》,孟德斯鸠《法意》,斯宾塞尔《群学肄言》等数种,皆名著也,虽半属旧籍,去时势颇远,然西洋留学生与本国思想界发生关系者,复其首也。”[③]由此可见,在梁启超眼里,严复的成就只是翻译几本过时的书。最多只能够在普遍令人不满的留学生中居首,根本与清代学术没有衔接,而对于严译诸书在社会上的巨大影响,不着一墨。这是公开评价严复最低的一次,把严复降到普通留学生的水平。且在论述篇幅的安排上,也明显偏少。在该书中,他论康有为和他自己都用了两节内容,论述谭嗣同和章太炎也都是完整的一节,到严复仅一句话。这种明显淡化严复的做法,可以说是梁

---

① 梁启超:《新民丛报》(第 1 号),光绪二十八年,第 113～115 页。

② 梁启超:《梁启超全集》,北京:北京出版社,1999 年,第 619 页。

③ 梁启超:《梁启超全集》,北京:北京出版社,1999 年,第 3105 页。

氏对严复长期批评他的一个正式而文雅的回应。[①] 严复确实有自己的问题,可梁启超的做法、评价与严复的地位实不匹配,与梁启超在其他时期的评价不合,也与事实不符。

第四阶段,严复去世之后。1922年梁启超的《五十年中国进化概论》一文,以进化论为原则把50年来中国社会变迁分为三个时期,"在第二期,康有为、梁启超、章炳麟、严复等辈,都是新思想界勇士,立在阵头最前的一排",并认为这一时期学问上最有价值的作品,"要推严复翻译的几部书"。[②] 随后在1923年的《中国近三百年学术史》中,梁启超谈到清末新思想运动时,再次将严复与其本人、章太炎、孙中山等同列并置,提出四大潮流,即:梁启超自己和他的朋友、章太炎、严幼陵、孙逸仙。在具体论述严复时,他说:"他是欧洲留学生出身,本国文学亦优长,专翻译英国功利主义派书籍,成一家之言。"[③]应该说,这一阶段,梁启超对严复的评价是相对客观的,把严复和他本人都放在思想第一方阵,引领时代潮流,兼通中西,能够"成一家之言"。但是也应该看到,梁启超在严复身上着墨依然不多。此后,梁启超再未公开评论过严复之学,其实,即便是1921年严复去世,梁亦只字未提。

从以上四个阶段可以看出,梁启超对严复的评价虽有反复,且带有鲜明的个人感情色彩,但总体评价不低,给予其应有

---

① 严复对梁启超的长期批评集中表现在致友人信札中,比如1899年严复致张元济信,对梁启超戊戌之变后流亡日本大加鞭挞:"轻举妄动,虑事不周,上负其君,下累其友,康梁辈虽喙三尺,未由解此十六字考注语。况杂以营私揽权之意,其罪愈上通于天矣。闻近在东洋又与王小航辈不睦,前者穗卿,后者小航,如此人尚可与共事耶?"(《严复集》,第533页)1914年9月严复致熊纯如信:"梁任公是绝妙议论家,及为币制局总裁,使碌碌无所短长。"(《严复集》,第615页)1916年9月,严复致熊纯如信:"大抵梁公操笔为文时,其实心救国之意浅,而俗谚所谓出风头之意多。"(《严复集》,第646页)12月致熊纯如信,对梁启超与蔡锷兴兵讨袁提出了尖锐的批评:"当日起事,固未尝原始要终,自诡作如何收束,而只以感情意气或有所不便于己而反抗之,名曰首义,实祸天下。"(《严复集》,第652页)

② 梁启超:《梁启超全集》,北京:北京出版社,1999年,第4030～4031页。

③ 梁启超:《梁启超全集》,北京:北京出版社,1999年,第4442页。

的历史地位。不过他几乎从来没有认真讨论过严复的学问，好像严氏徒有其名。某种程度上，梁启超评价严复，只是因为那一段历史实在无法绕开严复，不得不评，评又不太情愿，只好尽量节省笔墨。概而言之，梁氏对严复的评价，虽涉及很多方面，主要还是体现在翻译言辞上，这也是后来引起颇多论争的问题。从正面来说，认为其翻译“成一家之言”；从反面来说，认为其言辞“太务渊雅”，而严复“一家之言”的最大特点就是“渊雅”。梁启超对严复的批评是否公允，下文试论之。

二、“一家之言”还是“太务渊雅”

对于严复的翻译“成一家之言”，基本没有什么异议。康有为评价当年的翻译界说“译才并世数严林”。[①] 黄遵宪盛赞严复为学界第一流人物，“一言而为天下法则”。[②] 蔡元培认为彼时介绍西洋哲学“要推侯官严复为第一”，他的译词“物竞”、“争存”、“优胜劣汰”等都成了人们的口头禅。[③] 胡适评价严复是“介绍西洋近世思想的第一人”，[④]从他的《天演论》以后，中国学者才知道西洋除枪炮之外，还有如此精到的哲学思想。就连他的名字也是源于《天演论》之“适者生存”。[⑤] 胡汉民则称严复是“译界泰斗”，又说：“近时学界译述之政治学书，无有能与严译比其价值者。”[⑥]吴汝纶高度称赞严复：“自吾国之译西书，未有

---

① 康有为：《琴南先生写万木草堂图题诗见赠赋谢》，梁启超：《庸言》第1卷第7号，1913年3月1日。

② 王栻编：《严复集》(3)，北京：中华书局，1896年，第1572页。

③ 高平叔编：《蔡元培文集》(4)，北京：中华书局，1984年，第351～352页。

④ 欧阳哲生编：《胡适文集》(3)，北京：北京大学出版社，1998年，第211页。

⑤ 欧阳哲生编：《胡适文集》(1)，北京：北京大学出版社，1998年，第70页。

⑥ 胡汉民：《述侯官严氏最近之政见》，《民报》，1905年第2期，第1、7页。

能及严子者。”[①]柳诒徵说:“近世译才,以侯官严复为称首。”[②]能够得到各方人士的肯定,实属不易,严复在晚清民初翻译界的地位,可谓举世公认。而他翻译的明显特征就是,以渊雅古文译西书。与林纾不同的是,他翻译的主要是哲学社科类作品,林译的主要是文学类作品,他们可谓在各自领域成就一家之言。

当年翻译西书,可选择的文辞有四种:八股文、骈文、古文和白话文,严复最终使用了桐城派古文,并取得了成功,但梁启超批评其“太务渊雅”。“渊雅”到什么程度,不妨看看时人的评价。吴汝纶认为严译《天演论》“惠书词义深懿,有合于《小雅》怨诽之旨”,[③]又言其文“骎骎与晚周诸子相上下”。[④] 贺麟说读严复译书“俨有读先秦子书的风味”。[⑤] 柳诒徵说严复的译文:“悉本信雅达三例,以求与晋隋唐明诸译书者相颉颃。”[⑥]黄遵宪细致地描述了自己的读后感:“本年五月,获读《原富》,近日又得读《名学》,隽永渊雅,疑出北魏人手。于古人书求其可以比拟者,略如王仲任之《论衡》,而精深博则远胜之。”[⑦]可见,不管是晚周、先秦还是北魏、隋唐,与民国都相距遥远,“渊雅”实在是严复给时人的普遍印象,而非梁启超一人感觉。问题的关键是,严复译文是否“太务渊雅”。

贺麟认为严复的译文很有文学价值,符合“达”的标准,“严译虽非今日普通人所易解,但能使旧文人看明瞭,合于达的标准,这也是无人否认的”。[⑧] 王佐良细致分析了雅,认为严复的“雅”与“信”是紧密相连的,雅不是美化,而是一种努力,“要传达一种比词、句的简单的含义更高更精微的东西:原作者的心

---

① 吴汝纶:《天演论·序言》,北京:商务印书馆,1981年。

② 柳诒徵:《中国文化史》,上海:上海古籍出版社,2001年,第888页。

③ 王栻编:《严复集》(3),北京:中华书局,1896年,第1560页。

④ 吴汝纶:《天演论·序言》,北京:商务印书馆,1981年。

⑤ 贺麟:《严复的翻译》,《东方杂志》,1925年第22卷21号,第82页。

⑥ 柳诒徵:《中国文化史》,上海:上海古籍出版社,2001年,第888页。

⑦ 王栻编:《严复集》(3),北京:中华书局,1896年,第1571页。

⑧ 贺麟:《严复的翻译》,《东方杂志》,1925年第22卷21号,第81页。

智特点，原作的精神光泽”。[①] 而之所以选择汉以前的句法、字法，主要是吸引当时士大夫们的注意，因为只有这些人能够引领中国的变革。而士大夫们的改变，又要通过思想意识的改变来实现，所以严复有选择地翻译了西方的一批涉及经济、政治、哲学、社会科学名著。“他对于西方文化的了解比人们所承认的要深得多，他想通过翻译达到的目的也比人们所觉察的要大得多”。但是他也认识到，这些书对于那些睡在中古梦乡里的人是多么难以下咽的苦药，因此他在上面涂了糖衣，“这糖衣就是士大夫们所心折的汉以前的古雅文体。雅，乃是严复的招徕术”。[②] 只有古雅，才是当时知识阶层普遍接受的语体风格。

胡适对严复用古文翻译西书表示理解，当时如果使用白话文，没有几个人会去看，而八股式的文章也常被人唾弃，更不适用，所以“严复译书的文体，是当日不得已的办法”。他认为严复的翻译在古文学史上应该占有很高的地位，“这种文字，以文章论，自然是古文的好作品；以内容论，又远胜那无数‘言之无物’的古文：怪不得严译的书风行二十年了”。[③] 但是，以新文学的标准来衡量，情形就不一样了。胡适认为：“古文只配做一种奢侈品，只配做一种装饰品，却不配做应用的工具。”[④]在胡适看来，只有白话文是最适合应用的，而此前的古文字是僵死的文字，古文学也是“死文学”或“半死文学”。胡先骕与胡适观点不同，他认为文言与白话之别不在古今，而在雅俗，所以典雅的古文也可以与时俱进，推陈出新，绝非胡适所谓的“死文字”。他特别欣赏严复：“以不刊之文，译不刊之书，不但其一人独自擅

---

① 王佐良：《严复的用心》，《论严复与严译名著》，北京：商务印书馆，1982 年，第 26 页。

② 王佐良：《严复的用心》，《论严复与严译名著》，北京：商务印书馆，1982 年，第 27 页。

③ 欧阳哲生编：《胡适文集》(3)，北京：北京大学出版社，1998 年，第 212、213 页。

④ 欧阳哲生编：《胡适文集》(3)，北京：北京大学出版社，1998 年，第 201 页。

场,要为从事翻译事业者永久之模范也。”[①]

张君劢对严复大加赞赏,认为其“以我之古文家言,译西洋哲理之书,名词句调,皆出于独创。译名如‘物竞天择’、‘名学逻辑’,已为我国文字中不可离之部分。其于学术界有不刊之功,无俟深论”。但他也指出其中可能存在的问题:“特其立言之际,务求刻肖古人,往往以古今惯用之语,译西方科学中之义理,故文字虽美,而意转歧混。”[②]接着他还举《天演论》之例进行说明。张君劢看到了严复译文的价值与意义,但是没有把严复的译词放在当年的特定环境下来理解,严复所处时代的读者与张已经有了很大的不同,严复的译词恰恰是为了满足当时读者的口味。蔡元培看到了严复的良苦用心,并对严译表示钦佩,他说:“他的译文,又都是很雅驯,给那时候的学者,都很读得下去。所以他所译的书,在今日看来,或稍嫌旧;他的译笔,也或者不是普通人所易解。但他在那时候的选书的标准,同译书的方法,至今还觉得很可佩服的。”[③]

吴汝纶和黄遵宪都是严复与梁启超的朋友,他们都很欣赏严复渊雅的古文,但也有自己不同的意见。吴汝纶认为渊雅之时,应该尊重原著,不能随意更改:“若以赫氏之书为名,则篇中所引古书古事,皆宜以元书所称西方者为当,似不必改用中国人语。”[④]这实际上涉及雅与信、达之间的关系。黄遵宪持论颇为中立,首先,他认为不同文本应该采用不同的语言,像《名学》这样的著作不用艰深之文不足以发其蕴,而《原富》这样的书以流畅文笔未尝不可。其次,古文之勉强可以表达古代,表达今天则不足,表达西方更是不够,所以黄氏提议通过造新字和变文体来解决。最后,文界可谓无革命,但要有维新。[⑤] 某种程度

① 胡先骕:《评胡适五十年来中国之文学》,《学衡》,1923 年第 18 期,第 7 页。

② 张嘉森:《严氏复输入之四大哲学家学说及西洋哲学界最近之变迁》,《最近之五十年》,1923 年,第 1 页。

③ 高平叔编:《蔡元培文集》(4),北京:中华书局,1984 年,第 351～352 页。

④ 王栻编:《严复集》(3),北京:中华书局,1896 年,第 1560 页。

⑤ 王栻编:《严复集》(3),北京:中华书局,1896 年,第 1571～1573 页。

上，黄的理解要更客观科学，也更符合文字本身的发展逻辑和当时的社会实际。真正的批评来自王国维，他认为严译之《名学》，“古则古矣，其如意义之不能了然何？以吾辈稍知外国语者观之，毋宁手穆勒原书之为快也”。[①] 王国维认为严译缺少精确度，不能准确传达原文的意思，这样一来，失去了信，只剩下古雅了。

对于梁启超的批评，严复也有自己不同的看法。他认为文词是表达思想情感的工具，且两者关系成正比，“理之精者不能载以粗犷之词，而情之正者不可达以鄙倍之气”，中国历史上司马迁与韩愈的文字最为优美，所以他用古文翻译西书，并非一味渊雅，而是为了文章本身的需要，“仆之于文，非务渊雅也，务其是耳”。[②] 若要改变时代的社会风貌，就必须采用符合当时读书人习惯的语言，那些鄙俗之词对文界相当于凌迟，而不是什么文界革命。况且他的翻译本来就不是给学童看的，而是给读古书的知识阶层看的，“不佞之所从事者，学理邃赜之书也，非以饷学僮而望其受益也，吾译正以待多读中国古书之人。使其目未睹中国之古书，而欲稗贩吾译者，此其过在读者，而译者不任受责也”。[③] 严译的目的显然与梁启超面向大众的报章新民体不同，虽然严梁都有社会启蒙革新之宏愿，但一个是寄希望于知识阶层，一个是寄希望于广大民众。后来张法把他们的不同归结为“传世之文”和“觉世之文”，并引用梁启超在《湖南时务学堂学约》里的话来说明两者差别：“传世之文，或务渊懿古茂，或务沉博绝丽，或务瑰奇奥诡，无之不可；觉世之文，则辞达而已矣，当以条理细备，词笔锐达为上，不必求工也。”[④]他认为，严复的传世与梁启超的觉世包含三个方面考量：一是目标读者是精英士大夫还是广大读者；二是时间效果是长远流传还是当下功效；三是文章性质是把中国性（古雅）放在第一位，还是把

---

① 姚淦铭、王燕主编：《王国维文集》(3)，北京：中国文史出版社，1997年，第43页。

② 王栻编：《严复集》(3)，北京：中华书局，1896年，第516页。

③ 王栻编：《严复集》(3)，北京：中华书局，1896年，第516～517页。

④ 梁启超：《梁启超全集》，北京：北京出版社，1999年，第109页。

世界性(通俗)放在第一位。[①] 从当代眼光来看,严复传世之文在后世并没有收到预期效果,几乎没几个人再去阅读,而梁启超的觉世之文传至今日,依然吸引众多读者,且令人心潮澎湃。

除了上述原因,严复要求译词尔雅,而不鄙俗,还受桐城派古文的影响,尤其是桐城派后期大师吴汝纶对严复有着直接影响。严复翻译时,曾经多次向吴汝纶求教,并虚心接受吴的建议。[②] 两人专门谈论过尔雅的问题,吴汝纶说:"来示谓:行文欲求尔雅,有不可阑入之字,改窜则失真,因仍则伤洁,此诚难事。鄙意:欲其伤洁,毋宁失真。凡琐屑不足道之事不记何伤!若名之为文,而俚俗鄙浅,荐绅所不道,此则昔之知言者无不悬为戒律,曾氏所谓辞气远鄙也。"[③]雅洁是桐城派文论的基本主张,由方苞首倡。如果说雅是一种古,那么洁则是一种简,所谓"清真古雅"。方苞的"雅"主要是指文辞的妥帖雅驯、不俗不俚。如果行文引喻凡猥、辞繁而芜、句佻且稚者,都属不雅的范围,应当予以避免。方苞曾对门人沈廷芳云:"南宋、元、明以来,古文义法不讲久矣。吴、越间遗老尤放恣,或杂小说,或沿翰林旧体,无一雅洁者。"[④]方苞针对此提出雅驯的标准,认为古文不可采用语录语、佻巧语、佛氏语、隽语、藻俪俳语,因其皆有悖于质而不芜的单行古文特征。将此类语言摒弃于古文之外,恢复其温文尔雅、远离鄙俗的语言本色,既是方苞以古雅论文的意旨

---

① 张法:《严复哲学译词:特征与命运——"中国现代哲学语汇的缘起与定型"研究之二》,《中国政法大学学报》,2009 年第 2 期,第 116 页。

② 比如:"拙译《天演论》近已删改就绪,其参引己说多者,皆削归后案而张皇之,虽未能悉用晋唐名流翻译义例,而似较前为优,凡此皆受先生之赐矣。"(《严复集》,北京:中华书局,1986 年,第 520～521 页。)另外,严复在《天演论·译例言》中说,该书导言开始翻译为"卮言"、"悬疏",后采纳吴氏建议,使用诸子旧例,随篇标目。(赫胥黎:《天演论·译例言》,严复译,北京:商务印书馆,1981 年。)如果将《天演论》1898 年正式刊刻之前的几个版本相互对照,也可以发现许多地方都接受了吴汝纶建议进行了修改。(孙永祥:《关于天演论的版本问题》,《古典文献研究》,南京:南京大学出版社,1989 年。)

③ 吴汝纶:《答严几道》,《吴汝纶全集》(3),施培毅、徐寿凯校,合肥:黄山书社,2002 年,第 235 页。

④ 《方苞集》,上海:上海古籍出版社,1983 年,第 890 页。

所在，也可以说是他对古文文体的一种约定，为后来的桐城派诸家普遍恪守。严复翻译三原则之一的雅，可以说是在翻译领域对桐城派古文的承接和延展。当然，语言不仅仅是语言，它总是和思想相连，言辞的古雅也正是其思想传统的真实表现，虽然严复到西方留学，翻译了大量西方书籍，接受了西方的思想，但是骨子里还是一个传统学者，按照当时形象的说法，叫“老新党”，以新知识武装起来的老派人物，严复在戊戌政变之后政治上的渐趋保守就是最好的证明。

综上所述，各家意见纷呈，从不同角度表达了对严复以渊雅古文译西书的不同意见，他们基本上认可严复的翻译成就，同时看到其不足，而主要不足就是梁启超批评的渊雅。梁氏对严复的批评，甚至长期的有意淡化，有着复杂的社会政治背景和个人原因，郭双林总结为三个方面：一是梁启超和严复在某些学术和政治问题上的见解不同。二是严复多次对梁启超进行批判指责，虽然是私下，但在友人圈造成很不好的影响。三是在袁世凯复辟帝制的问题上，两人严重对立。[①] 当然严复与桐城派的关系密切，梁启超夙不喜欢桐城派，这也是原因之一。刘梦溪从学术统系的角度指出两者的不同，他把晚清新学划分为两个谱系：一是由传统今文学转化而来的趋于政治化的新学，以康梁为翘楚；一是以直接译介输入西方学术思想为职事的启蒙派新学，以严复为代表，“前者把目光放在朝廷上，热衷于现实政治秩序的变革，学术思想不过是达致政治目的之手段；后者着眼于知识阶层，希望通过传播新的学术思想来推动民众的精神觉醒”。[②] 两者流派不同，目标不同，看法自然也不同。佐藤一郎说：“梁启超不是把他当作桐城派系统的古文家，而是当作新时代的知识分子来看待的。”[③]严复开始确实是很

① 郭双林：《沉默也是一种言说——论梁启超笔下的严复》，《史学理论研究》，2011年第2期，第84～86页。

② 刘梦溪：《晚清新学叙论》，《江西社会科学》，2004年第1期，第96页。

③ [日]佐藤一郎：《中国文章论》，上海：上海古籍出版社，1996年，第236页。

新的,但后来逐渐变得不新了。他嫌康梁的变法太激进,支持复辟帝制,抨击辛亥革命,反对民主共和,甚至否定向西方学习,肯定尊孔读经,完全将之前推崇的自由、民主抛诸脑后,背离了他早年热情信仰、传播的西学和新学。用李泽厚的话说:"完全回到传统怀抱中去了。"[①]所以梁启超批评严复是有其充分理由的,除个人恩怨以外,还有深远的学术背景和政治动因。如果说严复当年凭借一家之言而名动天下,后来则因为革命摇摆而退回到故垒陈基。

小 结

梁启超的桐城派批判是在清代学术史的背景下进行,梁氏的清学史以《清代学术概论》(1920)和《中国近三百年学术史》(1923)为代表,它们都完成于20世纪20年代,当时梁启超从一战后的欧洲游历归来,五四新文化运动刚刚发生,整理国故运动正如火如荼地展开,这些都构成梁启超清学研究的文化背景。梁氏的清学研究也可以算是另一种整理国故运动,[②]整理国故的目的并非复古,而是"再造文明",[③]但梁氏的"再造文明"与胡适不同,比较而言,胡适主要是易旧为新,以西学重构旧学,而梁氏是欲从旧学中新辟现代学术精神,用梁启超自己的话叫作"以旧风格含新意境",[④]所以他的清学研究是面向现代的,他称清代学术发展是中国的文艺复兴运动,[⑤]而他的《清代

---

① 李泽厚:《中国近代思想史论》,北京:三联书店,2008年,第291页。

② 吴稚晖说:"他(梁启超)受了胡适之《中国哲学史大纲》的影响,忽发什么整理国故的兴会,先做什么《清代学术概论》,什么《中国历史研究法》,都还要得。"(吴稚晖:《箴洋八股化之理学》,《科学与人生观》,济南:山东人民出版社,1997年,第308页。)钱玄同致梁启超的挽词中称梁氏为:"革新思想的先觉,整理国故之大师。"[钱玄同:《钱玄同文集》(第2卷),北京:中国人民大学出版社,1999年,第328页。]

③ 胡适:《新思潮的意义》,《胡适文集》(2),北京:北京大学出版社,1998年,第558页。

④ 饮冰子:《饮冰室诗话》,《新民丛报》,1903年第29号,第101页。

⑤ 梁启超:《清代学术概论》,《梁启超全集》,北京:北京出版社,1999年,第3069页。

学术概论》本来就是给蒋方震《欧洲文艺复兴时代史》作的序。

在《清代文学概论》一书的结尾，梁启超把清代学术的现代意义归纳概括为三个方面，即："学术本位"、"人格独立"和"科学研究"。作为清学正统的乾嘉考证学可谓是这方面的代表，与乾嘉相对的桐城派古文家则表现为现代学术精神的缺失，所以受到批判亦理所当然。梁启超对桐城派学人论及最多的是方苞和方东树，他们也是桐城派中比较重视"学"的两位，但梁氏对两人的评价截然不同。方苞委身清廷，为朝廷歌功颂德，守理卫道，人格和学术都不独立，更谈不上什么科学研究，这是他受到梁启超鄙夷的主要原因。比较而言，梁氏对方东树评价很高，称他是伟大人物，是桐城之学的代表，只因他单枪匹马挑战汉学所体现的革命精神，既是学术人格的独立，又促进汉宋融合，推动清学发展。与此相对，不与清廷合作的考证先河方以智受到推崇，个性独立的戴名世则被推为桐城派之祖，严复虽成一家之言但因立场摇摆而受其冷遇。

汉宋之争是清学发展的一条主线，也是梁氏清学研究的重要参照。他的清学系统里，乾嘉考证学属于汉学派，是正统派；桐城派属于宋学派，乃敌对者。梁氏自述他与乾嘉"正统派因缘较深"，[①]除了"十三岁肄业于广州之学海堂"，十六七岁游京师"获交当时耆宿数人"，又"涉览诸大师著述"，他俨然为汉学营中人，批判桐城派亦在情理之中。此外，从对清代文学的态度看，梁氏认为清代"美术文学不发达也"。至于散文，他认为经学家们说理朴实，桐城派为文渗透着道学气息的说教。这显然是以义理而非以辞章为标准来衡量文学，显示梁启超对辞章之学一贯的轻视，因此批判桐城派也就不难理解了。

梁启超对桐城派的态度是复杂的，[②]他虽然夙不喜欢，但自幼熟读姚鼐的《古文辞类纂》，对方东树颇多肯定，对曾国藩亦极其推崇，他所开创的笔锋常带感情的"新文体"可以说是桐

---

① 梁启超：《清代学术概论》，《梁启超全集》，北京：北京出版社，1999年，第3070页。

② [日]佐藤一郎：《中国文章论》，上海：上海古籍出版社，1996年，第225页。

城派古文到现代白话文的过渡形态，以至于胡适在《五十年来中国之文学》中称梁启超的文章为“古文范围以内的革新运动”。所以梁启超虽然批判桐城派，亦在清学系统内部，并不完全否定其价值，也没有要彻底推倒桐城派，真正给桐城派以致命一击的是五四新文化运动。

第四章

你死我活——胡适等对桐城派文论之批判

如果说梁启超只是在清学系统内部批判桐城派，那么新文化运动则是新旧双方你死我活的争夺，而且后者是桐城派有史以来遭受的最严重、最集中、最彻底的批判，最终使之一蹶不振，走向衰微。反观这一段风云激荡的历史，虽然批判队伍庞大，涉及问题众多，但总体有两大特征：一是以胡适为中心，二是以语言批判为中心，前者是批判主体，后者是批判内容。所以我们可以通过以胡适为中心的语言批判，来透视桐城派陨落的历史命运。虽然胡适处于文化潮流的中心，但对桐城派文论的批判不止于胡适，它是一个时代的集体发声。桐城派的陨落，不止是它自身的原因，更有时代的要求。

第一节　“桐城谬种”与新旧之争

新文化运动时期，桐城派受到的最大重创当属“桐城谬种”之称号。要厘清这一称号之由来和事情本末，就必须对桐城派理论特征及其历史命运有深入的认识与了解。这一称号由钱玄同提出，但其源头及影响要追溯到胡适和文学革命。

一、“桐城谬种”之背景

1917 年，胡适在《新青年》第 2 卷第 5 号上发表《文学改良刍议》，揭开新文化运动对桐城派批判的序幕，其核心内容如下：

> 吾以为今日而言文学改良，须从八事入手。八事者何？一曰，须言之有物。二曰，不摹仿古人。三曰，须讲求文法。四曰，不作无病之呻吟。五曰，务去烂调套语。六曰，不用典。七曰，不讲对仗。八曰，不避俗字俗语。

在白话文通行的今天，这几条文学改良主张似乎没什么特别，但在当年却是振聋发聩，引起文学界乃至整个思想文化界的巨大反响。我们尽量回到当时的语境，考察胡适文学革新主张之要义，以及这些主张与桐城派之关联。

概而言之，第一、三、五条皆与桐城派主张相近，第二、八条与桐城派观点相反。在论述第二条"不摹仿古人"时，胡适从文学进化的观点提出，一代有一代之文学，摹古则有悖于时代和进化，他批评当时文坛摹古的流派道："观今之'文学大家'，文则下规姚、曾，上师韩、欧，更上则取法秦、汉、魏、晋，以为六朝以下无文学可言。"这里的师法姚曾、韩欧说的是桐城派，学习六朝的当然是文选派。与此同时，胡适还批评了当时被誉为"第一流诗人"的陈三立，作诗模拟古人，缺乏自我。陈三立是"同光体"代表诗人，"同光体"是晚清民国时期最有影响的学古诗派，以学江西诗派为特征，又称江西派，其源头之一就是桐城诗派。这样一来，胡适用"摹仿古人"一条，就批判了当时统治文坛的三大旧文学权威，其中又以桐城派为代表。

第八条的"不避俗字俗语"，可以说将矛头直指桐城派的"雅洁"，实际上有清一代甚至民国的古文家都追求语言的古雅。桐城派古文是最讲究雅的，还有专门的理论"雅洁说"。"雅洁说"的创立者是方苞，他曾对门人沈廷芳云："南宋、元、明以来，古文义法不讲久矣。吴、越间遗老尤放恣，或杂小说，或沿翰林旧体，无一雅洁者。古文中不可入语录中语、魏、晋、六朝人藻俪俳语、汉赋中板重字法、诗歌中隽语、南北史佻巧语。"[①]方苞

---

① 沈廷芳：《书方望溪先生传后》，《方苞集》，上海：上海古籍出版社，1983年，第890页。

提出雅驯的标准，列举古文中不可入语录中语、佛氏语、佻巧语、藻俪俳语、隽语，主要是纠正南宋之后，词、曲、小说等俗文学对古文的冲击，维护古文语言的纯洁性，恢复古文温文尔雅、远离鄙俗的语言本色。而胡适之所以提倡俗字俗语，因为在他那里俗字俗语才是活的语言，而文言是死的语言，活的语言才能写出活的作品，死的语言只能产生死的文学。桐城派文章是当时文言的代表，所以应坚决予以反对。

不难发现，胡适主要是从文学进化的角度批判桐城派，认为它复古不合时宜。总体来说，胡适批判的态度还是比较温和的，一方面，他只批评了模仿韩愈、欧阳修、姚鼐、曾国藩等古文家，而对于这些人本身并没有说什么，只说施耐庵、曹雪芹、吴敬梓等为文章之正宗。另一方面，此前他与朋友的讨论和在给陈独秀的信里，说的都是“文学革命”，[①]而正式以文章形式刊出却称“文学改良”，行文语气明显有所缓和，批判锋芒有所收敛，态度变得谦逊，如此避免引起文化界巨大的反感。即便如此，胡文一经刊出，还是引起巨大反响。

胡适的文章刊发在《新青年》第 2 卷第 5 号上，随后的《新青年》第 2 卷第 6 号上陈独秀旗帜鲜明地声援胡适，发表了言辞激烈的《文学革命论》，他对那几位桐城派同乡批判起来一点也不客气。他明确指出当时统治文坛的三大流派，并一一予以抨击：“今日吾国文学，悉承前代之蔽。所谓桐城派者，八家与八股之混合体也。所谓骈体文者，思绮堂与随园之四六也。所谓西江派者，山谷之偶像也。”[②]桐城派承认八家，不承认八股，但他们又一直与八股有一种难分难解的联系。虽然八股与古文是两码事，但陈独秀利用人们对八股的厌恶，把两者联系起来，予以讥讽。与此同时，他把方、刘、姚桐城三祖，和明代的前后七子，以及桐城派所推崇的归有光，并称为“十八妖魔”：

> 此十八妖魔辈，尊古蔑今，咬文嚼字，称霸文坛，反使盖代文豪若马东篱，若施耐庵，若曹雪芹诸人之

---

① 胡适：《逼上梁山》，欧阳哲生编：《胡适文集》(1)，北京：北京大学出版社，1998 年，第 162 页。

② 陈独秀：《文学革命论》，《新青年》，1917 年第 2 卷第 6 号。

姓名，几不为国人所识。若夫七子之诗，刻意模古，直谓之抄袭可也。归、方、刘、姚之文，或希荣誉墓，或无病而呻，满纸之乎者也矣焉哉。每有长篇大作，摇头摆尾，说来说去，不知道说些什么。此等文学，作者既非创造才，胸中又无物，其伎俩惟在仿古欺人，直无一字有存在之价值。虽著作等身，与其时之社会文明进化无丝毫关系。（《新青年》，1917年第2卷第6号。）

对早已作古的前后七子，陈独秀简单地一笔带过，对仍然称霸文坛的桐城派，陈氏言辞激烈。他认为桐城文无病呻吟，仿古欺人，无一字有存在价值，亦无助于社会进化，完全否定桐城派文章存在的意义。不仅是方、刘、姚桐城三祖，包括归有光，甚至是桐城派尊奉的韩愈，都是陈独秀的批判对象。他不满意韩愈有两件事：一是“文犹师古”，没有摆脱贵族之气；一是“文以载道”，失独立自尊之气象。[①] 在他眼里，桐城三祖与归有光、韩愈、曾国藩，都属于应该推翻的“雕琢的阿谀的贵族文学”，都与“代圣人立言”的八股文无异，都脱离时代发展。陈独秀如此痛恨旧文学，是因为它们造成人们精神的“垢污深积”，并直接导致屡次政治革命的不彻底，[②]这是他作为一个革命家不同于胡适的基本立场。

二、“桐城谬种”之提出

从胡适到陈独秀，批判的对象愈来愈集中于桐城派，批判愈演愈烈，而钱玄同则把这种批判推向最高潮。与《文学革命论》同一期的《新青年》上，刊发了钱玄同致陈独秀的函，热烈响应胡适的《文学改良刍议》，提出了那条标志性口号：

具此识力，而言改良文艺，其结果必佳良无疑。惟选学妖孽，桐城谬种，见此又不知若何咒骂。虽然，

---

① 陈独秀：《文学革命论》，《新青年》，1917年第2卷第6号。

② 陈独秀：《文学革命论》，《新青年》，1917年第2卷第6号。

得此辈多咒骂一声,便是价值增加一分也。[1]

钱玄同的批评比胡陈更为激烈,甚至变成一种谩骂。而“选学妖孽,桐城谬种”俨然成了他的一大发明,不仅他自己屡次使用,也成为此后新文学运动的通用话语,让桐城派和选学派痛心疾首。当然钱玄同使用“选学妖孽,桐城谬种”这八个字意思前后略有不同,刚开始明显指的是某个人或某些人,也就是指选学派的妖孽和桐城派的谬种,后来则把这些负面形象由个体直接扩延到全体,这与当时社会对待传统文化的态度是基本一致的。

选学妖孽所尊崇之六朝文,桐城谬种所尊崇之唐宋文,则实在不必选读(学周秦两汉者,其人尚少。间或有之,亦尚无选学妖孽,桐城谬种之臭架子,故尚不讨厌)。(《新青年》,第3卷第5号。)

选学妖孽与桐城谬种,方欲以不通之典故,与肉麻之句调,戕贼吾青年。(《新青年》,第3卷第6号。)

除了那选学妖孽,桐城谬种,要利用此等文字,显其能做“骈文”,“古文”之大本领者,殆无不感现行汉字之拙劣。(《新青年》,第4卷第4号。)

目桐城为谬种,选学为妖孽。(《新青年》,第4卷第3号。)[2]

钱玄同如此频繁使用“选学妖孽,桐城谬种”这八个字,并顺势扩大概念,一方面是当时文学革命形势的促发,另一方面也与门派之争有关。汉宋之争作为历史宿怨在民国依然没有平息,章太炎以朴学大师身份对桐城派和林纾多有讥讽,即使就古文来说,章氏为魏晋派古文家,与宗唐宋的桐城派互有抵

---

① 钱玄同:《新青年》,1917年第2卷第6号“通信”栏。

② 据沈永宝编《钱玄同五四时期言论集》,第三段话虽刊发于第4卷第4号,实际上写于1918年3月4日,第五段则发表于4月15日。(详见该书第63页。)

牾，章氏门人黄侃与桐城派姚永朴有文笔之争。[①]“谬种”之骂的源头，最早还要追溯到林纾。当年章氏弟子黄侃、钱玄同、沈兼士等人入驻北大后，桐城派阵营的严复、林纾、姚永概等相继离去，林纾当时给姚永概写了封信，不具名地提及章氏及其弟子“敝在庸妄巨子，剿袭汉人余唾，以挦扯为能，以饾饤为富，补缀以古子之断句，涂垩以《说文》之奇字，意境、义法概置弗讲，侈言于众：‘吾汉代之文也！’伧人入城，购搢绅残敝之冠服，袭之以耀其乡里，人即以搢绅目之——吾弗敢信也”！对章门弟子，他更没有丝毫客气，称作“庸妄之谬种”。[②]此文收入林纾1916年出版的《畏庐续集》，而林纾文集发行量大，传播久远，[③]章氏弟子一眼便能认出其中“庸妄巨子”和“庸妄之谬种”所指为谁，林纾与章门恩怨也就越积越深，钱玄同称其为“桐城谬种”也就不足为怪了，[④]正如他自己所说：“前辈者先以唐突加于后辈，则后辈以唐突回敬前辈，恰是极正当之对待。”[⑤]

钱玄同个人锋芒毕露的桀骜性格，也是其谩骂的内在原因。张中行为其文集作序时说：“他认为应该唾弃的，口说或笔写，理由和主张无保留，说清楚，是十分，他则必进一步，表现为鲜明加激烈，所以就成为十二分。”[⑥]这种激烈的个性，使他对不满意的人事动辄谩骂，好骂成了他个性的突出表征，[⑦]这充分

---

① 汪春泓：《论刘师培、黄侃与姚永朴之〈文选〉派与桐城派的纷争》，《文学遗产》，2002年第7期。

② 林纾：《畏庐续集》，《清代诗文集汇编》第775册，上海：上海古籍出版社，2010年，第615～616页。

③ 钱基博称林氏文集出，“一时购读者六千人，盖并世作者所罕购焉”。（钱基博：《现代中国文学史》，上海：上海古籍出版社，2011年，第126页。）高梦旦说：“畏庐之文每一集出，行销以万计。”（高梦旦：《畏庐三集·序》）

④ 钱玄同最初的“桐城谬种”针对林纾，在当年文坛广为人知，钱基博与李详通信，亦提及此事。（钱基博：《复兴化李审言书》，王玉德主编：《钱基博学术研究》，武汉：华中师范大学出版社，2008年，第45页。）

⑤ 钱玄同：《写在半农给启明的信底后面》，《语丝》，1925年第20期。

⑥ 张中行：《钱玄同文集序》，《钱玄同文集》(5)，北京：中国人民大学出版社，1999年，第4页。

⑦ 周作人：《钱玄同的复古与反复古》，沈永宝编：《钱玄同印象》，上海：学林出版社，1997年，第18页。

表现在对桐城派的持续批判上。以致后来有读者批评他不该辱骂,他仍坚持己见:

> 至于"桐城派"与"选学家",其为有害文学之毒菌,更烈于八股试帖,及淫书秽画……此等文章,除了骂,更有何术?鄙人虽不文,亦何至竟瞎了眼睛,认他为一种与我异派之文章,而用相对的论调,仅曰"不赞成"而已哉?①

桐城文章自有其意义,只是当年的批判多不是从学理的角度,而是把文学当作思想和社会批判的一个工具,缺少客观分析。五四运动以后,钱玄同虽逐渐回归书斋,但对桐城派的批判立场始终没有变。1934 年还作诗自嘲:"推翻桐选驱邪鬼,打倒纲伦斩毒蛇。"所谓"邪鬼"还是"妖孽谬种"之意。他把这首诗寄送给周作人看,并自评曰:"火气太大,不像诗而像标语,真要叫人齿冷。"②用这种自嘲的口吻说话,表面批评自己,实际上内心颇为傲骄,甚至明知可能被嘲笑,还坚持己见。

当然,钱玄同批评林纾为"桐城谬种"也并非完全没有道理,而是亦有所本。第一,林纾和桐城派素有往来,且受到桐城派后学称许。林氏当年在京师与吴汝纶相遇,吴氏称赞他的古文:"是抑遏掩蔽,能伏其光气者。"③其后,林氏与"一马二姚"往来频繁,既有同事之情,又存序跋之谊。④ 不仅如此,1915 年姚永概 50 岁生日,林纾与桐城诸人为其寿,并作《净业湖秋泛记》记其事。1921 年林纾 70 岁,马其昶、姚永朴、吴汝纶之子吴闿

---

① 《新青年》,1918 年第 4 卷第 6 号"通信"栏。

② 周作人:《饼斋尺牍》,《周作人散文全集》(9),桂林:广西师范大学出版社,2009 年,第 567 页。

③ 林纾:《畏庐续集》,上海:商务印书馆,1927 年,第 25 页。

④ 1913 年,与姚永概同时离开北京大学时,林纾作《送姚叔节归桐城序》曰:"叔节虽不与吾居,精神当日处吾左右。"1914 年,林纾撰《韩柳文研究法》,马其昶为其序曰:"今之治古文者稀矣,畏庐先生最推为老宿。"1915 年林纾与姚永概、马其昶、姚永朴同在徐树铮创办的正志学校任教。1916 年林纾《畏庐续集》出版,姚永概为之序:"畏庐长余十四年,弟视余,余亦兄事之。"1916 年姚永概《慎宜轩文集》印行,林纾亦为之序曰:"古文一道,既得通伯,复得叔节,吾道庶几不孤乎。因乐为之序而归之。"

生亦为之寿。由此可见，林纾与桐城派后学交情深厚。[1] 第二，林纾不承认自己是桐城派。1921 年，林纾在上海与康有为晤面，康氏问他何以学桐城，林纾却否认自己为桐城弟子。[2] 至于不承认的原因可以归结为“君子不党”，他认为：“古文无所谓派。所谓派，袭其师说，用以求炫于世，门户始立，古文之道从而衰亡……以派名之，实不知文。”其实这种看法当时很普遍，李详、钱基博、陈灨一等人都不赞成流派之说，而林纾为桐城派辩护，“吾非桐城弟子为师门捍卫者，天下文章务衷于正轨”。[3] 有人说他“极诋桐城派”，未见明确证据。[4] 第三，章太炎及陈独秀等对林纾一致批判，称他没有得桐城派真传，为“野狐禅的古文家”，[5]钱玄同称他为“桐城谬种”亦不足为怪，但他把对一个人的咒骂蔓延到整个桐城派就有点落井下石了。

与钱玄同口号式的咒骂相比，傅斯年的批判要更加全面，层层深入，字字见血，直指桐城派文论之病。针对桐城派理论根基——义法，分别从说理、叙事、抒情三个方面批驳其弊端。而姚鼐的义理、考据和辞章理论，也被他批驳得一无是处。不但没有正价值，还有残害人正常性情的负价值。

桐城家者，最不足观，循其义法，无适而可。言理

---

① 至于后来研究者的不同看法，比如刘声木的《桐城文学渊源考》不收林纾，吴孟复的《桐城文派述论》把林纾列在桐城派交游圈，可能是受到新文化运动对林纾批判的影响，不愿以林氏连累桐城派，可比起“一马二姚”，他们并不代表后期桐城派的意见。

② 见林纾：《震川集选序》(1921 年)，载薛绥之、张俊才：《林纾研究资料》，第 77 页；又见《方望溪集选序》(1923 年)，载林薇：《百年沉浮——林纾研究综述》，第 286 页。此外，他在《慎宜轩文集序》中也明确否认是桐城弟子，见《林琴南文集》(《畏庐三集》)，第 5 页。

③ 林纾：《畏庐三集》，上海：商务印书馆，1927 年，第 5 页。

④ 钱锺书：《石语》，北京：三联书店，2002 年，第 475 页。

⑤ 陈独秀对林纾与对马其昶的态度还是有区别的，他曾说：“林老先生自命为古文家，其实从前吴挚甫先生就说他只能译小说不能做古文；现在桐城派古文正宗马先生看不起他这种野狐禅的古文家；至于选派文学更不消说了。”(陈独秀：《答臧玉海：林纾与德育中学》，《新青年》，1920 年第 7 卷第 3 号。)此言不无分化瓦解之斗争策略，却也显示他对桐城诸家之心存敬意。毕竟 1919 年他被捕，马其昶还参与营救，这是境界。

则但见其庸讷而不畅微旨也，达情则但见其陈死而不移人情也，纪事则故意颠倒天然之次序以为波澜，匿其实相，造作虚辞，曰，不如是不足以动人也。故析理之文，桐城家不能为，则饰之曰：文学家固有异夫理学也。疏证之文，桐城家不能为，则饰之曰：文章家固有异夫朴学也。抒感之文，桐城家不能为，则饰之曰：古文家固有异夫骈体也。举文学范围内事皆不能为，而忝颜曰文学家，其所谓文学之价值，可想而知……钱玄同先生以为“谬种”，盖非过情之言也。世有为桐城辩者，谓桐城义法，去泰去甚。明季末流文弊，一括而去之。余则应之曰：桐城遵循矩镬，自非张狂纷乱者所可苛责，然吾不知桐城之矩镬果何矩镬也？其为荡荡平平之矩镬，后人当遵之弗畔；若其为桎梏心虑戕贼性情之矩镬，岂不宜首先斩除乎？[1]

以上所述，即“桐城谬种”称号之由来，兼及新文化运动中对桐城派古文的批判。从胡适到陈独秀，从钱玄同到傅斯年，以历史进化之眼光，以对社会应用之需要，层层推进，一步步把桐城派逼近历史的死角。从“天下文章出桐城”到“桐城谬种”，从200年辉煌到一朝受辱，桐城派从此花落香殒。

三、古文家们之回应

继胡适1917年1月发表《文学改良刍议》、钱玄同1917年2月1日在《新青年》第2卷第6号“通信”栏提出“桐城谬种”之后不久，2月8日林纾在上海《民国日报》上撰文《论古文之不当废》与胡适商榷。

文无所谓古也，唯其是。顾一言是，则造者愈难。汉唐之《艺文志》及《崇文总目》中，文家林立，而何以马班韩柳独有千古？然则林立之文家均不是，唯是此四家矣。顾寻常之笺牒简牍，率皆行之以四家之法，

① 傅斯年：《文学革新申义》，载《新青年》，1918年第4卷第1号。

不惟伊古以来无是事，即欲责之以是，亦率天下而路耳。吾知深于文者万不敢其设为此论也。然而一代之兴，必有数文家撑拄于其间。是或一代之元气，盘礴郁积，发泄而成至文，犹大城名都，必有山水之胜状，用表其灵淑之所钟。文家之发显于一代之间亦正类此。呜呼，有清往矣！论文者独数方姚。而攻掊之者麻起，而方姚卒不之踣。或其文固有其是者存耶？方今新学始昌，即文如方姚，亦复何济于用？然而天下讲艺术者，仍留古文一门，凡所谓载道者，皆属空言，亦特如欧人之不废腊丁耳。知腊丁之不可废，则马班韩柳亦自有其不宜废者，吾识其理，乃不能道其所以然，此则嗜古者之痼也。民国新立，士皆剽窃新学，行文亦泽之以新名词。夫学不新而唯词之新，匪特不得新，且举其故者而尽亡之，吾甚虞古系之绝也。向在杭州，日本斋藤少将谓余曰："敝国非新，盖复古也。"时中国古籍如皕宋楼之藏书，日人则尽括而有之。呜呼，彼人求新而惟旧之宝，吾则不得新而先殒其旧！意者后此求文字之师，将以厚币聘东人乎？夫马班韩柳之文虽不协于时用，固文字之祖也。嗜者学之，用其浅者以课人，辗转相承，必有一二巨子出肩其统，则中国之元气尚有存者。若弃掷践唾而不之惜，吾恐国未亡而文字已先之，几何不为东人之所笑也！[①]

纵观林氏所论，首先要明确一点，林纾并非反对白话文，他当年也作过白话诗，[②]只是认为古文不当废，其理由有七：其一，

---

① 林纾：《论古文之不当废》，《民国日报》，1917年2月8日。备注：林纾此文，遍寻各类林氏选本文集而不见，后在胡适日记中发现胡氏全文抄录并批注。[《胡适日记全编》(2)，合肥：安徽教育出版社，2001年，第568页。]由此可见，当年林纾作为古文护法的负面影响何其大，而胡适的胆识与眼光又非一般人可比。

② 1895年甲午战败，清政府与日本签署《马关条约》，林纾闻讯悲愤不已，上书朝廷抗议，并于这一时期写下几十首模仿白居易新乐府的白话诗，后结集为《闽中新乐府》，1897年刊行于福州。

文章无古今，只有优劣，好文章都会长久流传，像马班韩柳如是，方姚之文亦如是。[①] 其二，一代有一代的文学，方姚桐城派为清代文学的代表。其三，比较而言，欧人不废拉丁文，中国古文也不当废。因为胡适把文言类比为拉丁文。其四，日本人求新不废古。其五，新学未立，旧学不当废。其六，古文保全中国文化之元气，不当废。其七，文学前后相承，古文自然不废。

平心而论，林纾七条理由还是非常充分的，第一条，从文章好坏标准看，古文不当废。第二条，从胡适一代有一代之文学的观点出发，认为桐城派古文是清代文学的代表，所以不当废。第三条，回应胡适观点，既然拉丁文与文言相像，西方不废拉丁文，中国也就没有必要废文言。第四条，从近邻日本的经验来看，求新没有必要废旧。第五条，从新学发展现状看，不适合废古文。第六条，从保存中国传统文化的角度，古文不当废。第七条，从文学发展规律看，古文不当废。每一条都很具体，论据也很丰富，但是胡适抓住林纾的“吾识其理，乃不能道其所以然”这句话，大加渲染，他说：

> “吾识其理，乃不能道其所以然”，此正是古文家之大病，古文家作文，全由熟读他人之文，得其声调口吻，读之烂熟，久之亦能仿效。却实不明其“所以然”。此如留声机器，何尝不能全像留声之人之口吻声调？然终是一副机器、终不能“道其所以然”也。（《寄陈独秀》，《新青年》，1917年第3卷第3号。）

林纾承认古文家有自己的不足，“识其理，乃不能道其所以然”，并以为是好古者之通病，胡适把其根源与桐城派“因声求气”之法联系起来。“因声求气”之法为刘大櫆首创，为桐城派核心理论，主张通过音节字句的涵咏精诵体会古人文章之神韵，郭绍虞在《中国文学批评史》中高度评价此法，认为：“海峰

---

① 文章无古今，只论优劣。这不仅是林纾的观点，也是姚鼐在《古文辞类纂序》里面强调的桐城派的观点：“夫文无所谓古今也，惟其当而已。”

此种主张，是在古文范围以内比较最完善的文论。”[1]方法本身没有任何问题，特别是对于初学者，“因声求气”是一种有效的学习之法。当然在具体实施的时候，由于个人根性不同，效果也会不一样，不能以末学之无用来否定此法之有用，朱光潜曾经用西方现代科学理论来证明其合理性。[2]

当然，胡适也并非空言，随后就以调侃的口吻挑剔林纾文中的表述毛病，认为其文中“而方姚卒不之踣”一句“之”字不通。本来是个小问题，胡适却抓住不放，把这个错误上升到古文存亡的高度，认为：“林先生为古文大家，而其论‘古文之不当废’，‘乃不能道其所以然’，则古文之当废也，不亦既明且显耶？”这实在有些危言耸听，林纾的成就不在这一个字的正误上，古文的存废也不会系于此一字。后来有学者考证，林纾“踣”字用得并不错。[3] 实际这个字不管用错与否，都不会决定古文存亡，最多说明林纾行文不够严谨，胡适们当年也只是借事说事，“供吾辈攻击古文者之研究”，通过批判古文实现其白话文通行的目标而已。

在整个社会面临三千年的大变局时，当时的桐城派名家，比如马其昶、姚永朴、姚永概等，并没有像林纾一样，对批判作出正面回应，侧面回应还是存在的，比如马其昶拒绝参加女儿的婚礼，因为男方家请了胡适和陈独秀。[4] 文字上侧面回应的是姚永概，1919 年 1 月 12 日他在正志中学为毕业生作演讲，后被好事者转到《新青年》上刊发，其中有一段涉及文字问题，具

---

① 郭绍虞：《中国文学批评史》，天津：百花文艺出版社，2008 年，第 494 页。

② 详见本书第六章，相关朱光潜部分。

③ 程巍：《为林琴南一辩——“方姚卒不之踣”析》，《中国图书评论》，2007 年第 9 期，第 38～48 页。

④ 据舒芜回忆，他父亲方孝岳与马君宛结婚（1920 年），因为胡适、陈独秀与他们家有交情，尤其是陈独秀有几代交情，所以两人都有参加，而马君宛的父亲马其昶拒绝参加。舒芜评价当时“新旧两派的对立还是很尖锐的”。（《舒芜口述自传》，北京：人民文学出版社，2014 年，第 6 页。）虽然 1919 年陈独秀被捕时，马其昶还与姚永概等一起营救，但不证明对胡、陈攻击桐城派没有意见。

体如下：

> 文字者，立国之要也。中国文字所以发皇张大至于今日，以有六经也……诸君不欲存文字则已，苟欲存之，经可弃乎？世之灭人国者，文字苟存，死灰有复燃之望。故去其文字，较灭其种类为尤惨，奈之何！人未灭而先自灭之也，非饮狂泉者不为此言也。六经去而中国无文字，国无文字，国不国矣。[①]

姚氏把儒家六经视为立国之本，文字则为立国之要。文字存亡决定国家存亡，毁灭文字甚于灭种。其所言“人未灭而先自灭之也”，显然与胡适们所言的废弃文言的主张遥相呼应，足可代表桐城派之态度也。而此态度又可谓当时旧派意见的代表，《清史稿》主编赵尔巽亦以姚说为然，以为“极有关世道”，向其“长揖”。[②]《新青年》刊登此文，或许想把姚氏引入论争，只是姚氏没有作任何回应，他的态度应该与严复为近。严氏对胡、陈诸人颇不以为然，甚至认为林纾与之较量，有点可笑，不如任其发展，他在 1919 年 8 月《与熊纯如书》中说：

> 北京大学陈、胡诸教员主张文白合一，在京久已闻之，彼之为此，意谓西国然也。不知西国为此，乃以语言合之文字，而彼则反是，以文字合之语言。今夫文字语言之所以为优美者，以其名辞富有，著之手口，有以导达要妙精深之理想，状写奇异美丽之物态耳……设用白话，则高者不过《水浒》、《红楼》；下者将同戏曲中簧皮之脚本。就令以此教育，易于普及，而遗弃周鼎，宝此康匏，正无如退化何耳。须知此事，全属天演，革命时代，学说万千，然而施之人间，优者自存，劣者自败，虽千陈独秀，万胡适、钱玄同，岂能劫持其柄，则亦如春鸟秋虫，听其自鸣自止可耳。林琴南辈与之较论，亦

---

① 叔节：《示正志中学校一二班毕业诸生》，《新青年》，1919 年第 6 卷第 2 号。

② 姚永概：《慎宜轩日记》，沈寂等标点，合肥：黄山书社，2010 年，第 1413 页。

可笑也。①

大力声援林纾的，是他在京师大学堂的学生胡先骕。他是留美的博士，又是沈曾植的弟子，熟悉西学兼通传统文化。他以自己丰富的中外理论和事实批驳胡适的主张，指出胡适主张的文学八事，如不用陈套语、不避俗字俗语、不无病呻吟、要讲究文法、要言之有物等，都是古今文学之共识，非胡适独创。而胡适把古文与拉丁文，白话与英、法、德文相比，并不确切，古文、白话都是中国文字，拉丁与英、法、德则不是。即使是英、法、德也不完全废弃拉丁文，所以中国人没有理由废弃古文。他主张："文学之死活，以其自身之价值而定，而不以所用之文字之今古为死活。"②而新文学也不能凭空创造，必须以古文学为基础，"欲创造新文学，必浸淫于古籍，尽得其精华，而遗其糟粕，乃能应时势之所趋"。③

胡先骕的"学衡"同人吴芳吉也加入论争，对胡适的"八不主义"作了全面回应。对于"不模仿古人"，他认为两派都在模仿，只不过旧派模仿古人，新派模仿西人，究其实，模仿是创造的基础，能力强者可以创造，普通者可能只停留在模仿阶段，不能以此完全否定模仿的价值。对于"不避俗字俗语"，他认为中国文学的大患是没有弄清楚什么是真正的文学，新派和旧派都把文学当作工具，旧派把文学当作消遣应酬的工具，新派把文学当作社会应用的工具。同时，他对胡适的进化观也进行了批评，他认为胡适只知道进化，不知道艺术的原理，而之所以会如此，是因为他对科学的误解和政党的误会："新派由其历史观念而益自致于陷溺者，则有科学之误解焉，有政党之附会焉。"他主张，文学既非进化，也非退化，而是"古今相孳乳而成也"。④

---

① 严复：《与熊纯如书》，王栻编：《严复集》，北京：中华书局，1986 年，第 699 页。

② 胡先骕：《评〈尝试集〉》，《学衡》，1922 年第 1 期。

③ 胡先骕：《中国文学改良论》，《中国新文学大系・文学论争集》，上海：良友图书公司，1935 年，第 106 页。

④ 吴芳吉：《三论吾人眼中之新旧文学观》，《学衡》，1924 年第 31 期，并参考《吴芳吉集》校正。

综上所述，“桐城谬种”作为当时批判桐城派的标志性口号，流传久远，载入各种文学史版本，但是我们回溯事件本身发现，其最初只是由某个人引起，其中还不乏为了推倒传统文学和文化的策略性部分，而后世的文学史家多不加分析，直接引述，作为桐城派的盖棺定论，实在有失公允。笔者以为，新旧两派各有自己的道理，他们最大的区别在于，所追求的终极目标不同，新派只把文学当作应用的工具，旧派则更强调文学本身；新派强调文学的进化，旧派则强调文学的延续。仅就“文学革命”四字来说，新派看重“革命”，旧派看重“文学”；新派当然也懂文学，只是觉得现阶段革命更重要。旧派当然也知道革命，但文学还是要守持。他们虽然在同一个场域对话，但思考的重点不同。

第二节 “文白之争”与桐城存续

晚清以降，在西方的坚船利炮下，国运危厄，中华民族备受屈辱。人们不断思考落后的原因，由最初的器物到政体国体，继而是后来的新民文化，再由文化而文字。“独吾中国有文字而不得为智民，民识字而不得为智民，何哉？……此文言之为害矣”。所以，“愚天下之具，莫文言若”。[①]“今天文言之祸亡中国，其一端矣”。[②] 语言的意义从未受到如此重视，从清末到五四新文化运动，从遮遮掩掩的半文半白到白话为文学之正宗，文言与白话的争夺进入你死我活的白热化阶段。“文白之争”发生的时间，在1917～1925年，起于胡适、陈独秀，先后卷入者有钱玄同、刘半农、傅斯年、林纾、胡先骕、方孝岳等人，以《新青年》和《学衡》等杂志为中心。文白展开激烈的论争，虽然桐城派不是论争的主角，却成为论争的目标，而其结果直接影响到桐城派的存续。

---

① 裘廷梁：《论白话为维新之本》，《无锡白话报》，1898年第1号。

② 陈荣衮：《论报章亦改用浅说》，转谭彼岸：《晚清白话文运动》，武汉：湖北人民出版社，1957年，第37页。

一、桐城派何以成为"文白之争"的目标

"文白之争"目标不少，而以桐城派为重点，白话派批判桐城派复古，文言派则从文学角度回护。从论争形式看，白话派明显处于攻势，引领整个话语潮流，那么桐城派何以会成为论争的目标，是必须厘清的问题。

（一）白话派眼中的桐城派

在白话派眼中，桐城派就是旧文学的代表，是批判的主要目标。最早明确向桐城派开炮的是陈独秀，而非胡适。虽然胡适在《文学改良刍议》一文中提及姚、曾，也提及古文家，可对桐城派三个字却未提到，更没有进行严厉的批判。相比之下，陈独秀的《文学革命论》就毫不客气，把归、方、刘、姚视为"十八妖魔辈"，称其文学无一字有存在价值：

> 此等文学，作者既非创造才，胸中又无物，其伎俩惟在仿古欺人，直无一字有存在之价值。虽著作等身，与其时之社会文明进化无丝毫关系。今日吾国文学，悉承前代之弊：所谓"桐城派"者，八家与八股之混合体也。所谓"骈体文"者，思绮堂与随园之四六也；所谓"西江派"者，山谷之偶像也。（《新青年》，1917年第2卷第6号。）

钱玄同紧随陈独秀，在《新青年》第2卷第6号的"通信"栏喊出了那句让桐城派痛心疾首的标志性口号：

> 具此识力，而言改良文艺，其结果必佳良无疑。惟选学妖孽，桐城谬种，见此又不知若何咒骂。虽然，得此辈多咒骂一声，便是价值增加一分也。

傅斯年在《文学革新申义》中对桐城派文论进行了深入的批判与否定，并把它与南社、闽派一起列为剪除的对象：

> 平情论之，纵使今日中国犹在闭关之时，欧土文化犹未输入，民俗未丕变，政体未革新。而乡愿之桐

城，淫哇之南社，死灰之闽派，横塞域中。独不当起而剪除，为末流文弊进一解乎。（《新青年》，1918 年第 4 卷第 1 号。）

胡适对桐城派算是比较尊敬的，言语也比较谨慎，虽然宣扬白话的主张坚决果敢，但一直到《建设的文学革命论》（《新青年》第 4 卷第 4 号），在白话派诸家几乎都点名道姓批判桐城派以后，他才正式提及桐城之名，语气仍颇和缓：

现在的旧派文学实在不值得一驳。什么桐城派的古文哪，《文选》派的文学哪，江西派的诗哪，梦窗派的词哪，《聊斋志异》派的小说哪，——都没有破坏的价值。他们所以还能存在国中，正因为现在还没有一种真有价值、真有生气、真可算作文学的新文学起来代他们的位置。有了这种“真文学”和“活文学”，那些“假文学”和“死文学”，自然会消灭了。

笔者认为，虽然四位文学革命主将所列举的革命对象不尽相同，但桐城派都是必不可少的。一方面可以看出桐城派在旧文学中的正宗地位，另一方面也可以看出革命派对桐城派批判态度之一致。为什么这么多复古的派别，偏偏桐城派成为革命派的主要斗争目标，胡适在《历史的文学观念论》中有明确的解释：

然则吾辈又何必攻古文家乎？曰，是亦有故。吾辈主张“历史的文学观念”，而古文家则反对此观念也。吾辈以为今人当造今人之文学，而古文家则以为今人作文必法马班韩柳。其不法马班韩柳者，皆非文学之“正宗”也。吾辈之攻古文家，正以其不明文学之趋势而强欲作一千年二千年以上之文。此说不破，则白话之文学无有列为文学正宗之一日，而世之文人将犹鄙薄之以为小道邪径而不肯以全力经营造作之。如是，则吾国将永无以全副精神实地试验白话文学之日。夫不以全副精神造文学而望文学之发生，此犹不耕而求获不食而求饱也，亦终不可得矣。（施耐庵、曹雪芹诸人所以能有成者，正赖其有特别胆力，能以全力为之耳。)(《新青年》,1917 年第 3 卷第 3 号。)

胡适们攻击桐城派古文家的原理是“历史的文学观”，也就是一代有一代之文学，古人有古人的文学，今人有今人的文学，虽然古今有承续，但当代人应该作当代人的文学，而桐城派却主张复古的文学，所以在反对之列。而复古的文学之所以要反对，理由是进化论，“吾辈以历史进化之眼光观之，决不可谓古人之文学皆胜于今人也”，每个时代各有所长，文学应该因时而变。其实，胡适的理由是站不住脚的，桐城派确实复古，但对古代不是抄袭，而是模仿学习，这是创作的必由之路，至于能否创新，那就要看个人资禀，不能因此否认学习前人之必要性，也不能由此得出桐城派不能表现时代的结论。胡适们反对桐城派的真正理由，还是为了他们的白话文，桐城派作为当时文坛的霸主，是白话文推行的最大阻力之一，胡适说“此说不破，则白话之文学无有列为文学正宗之一日”。白话与文言之争，不仅是语言的转换，还是古今文学“正宗”地位之争。在有清一代，以方苞、刘大櫆和姚鼐为代表的桐城派一直位居文坛的“正宗”地位，所谓“天下文章，其出于桐城乎”。特别是曾国藩出现以后，凭借其在政坛和文坛的双重地位，扩大了桐城派的影响，成为桐城派中兴的功臣。胡适在《中国新文学大系建设理论集·导言》中说：“桐城派古文的抬头，就是骈俪文体的衰落……清之方苞、姚鼐，都比唐之韩柳明白了。到曾国藩，这一代的文字可算是到了极盛的时代……姚鼐、曾国藩的古文差不多统一了十九世纪晚期的中国散文。散文体做到了明白通顺一条路，它的应用能力当然比那骈俪文和那模仿殷盘周诰的假古文大多了。这也是一个转变时代的新需要。这是桐城古文得势的历史意义。”[①]曾国藩以后，桐城派声威虽然没有之前高远，但曾门四大弟子张裕钊、吴汝纶等影响依然很大。现代学者陈平原说：“如果不是 1905 年后废除了实行千年的科举制度，我们今

① 胡适：《中国新文学运动小史》,《胡适文集》(1),北京：北京大学出版社,1998 年,第 107～108 页。

天还得学桐城文章。”[①]不推倒桐城派，白话文实难流行。

（二）文言派眼中的桐城派

白话派的观点虽然是时代的主流，但其不足也非常明显，在当时就遭遇古典文言派人士的反驳，尤其以学衡派对新文化的驳斥为主，其中以梅光迪、胡先骕、吴宓等为代表，但他们的立论大多是与胡适们商榷，而并非从桐城派立论，真正以桐城派为视角的是徐景铨和方孝岳。

徐景铨曾是钱基博的学生，就读于南京高等师范学校国文史地部，毕业后经钱氏推荐到无锡国专任教，对古文情有独钟。他在1922年高师主办的《文哲学报》第1期上发表《桐城派古文说与白话文学之比较》，该文在全面比较胡适的“八不主义”和桐城派文论以后，提出：

> 细察而絜较之，即了然于白话文学说，其三为桐城古文学说所含，惟其一不避俗语俗字，为桐城古文所不许耳。顾适之先生之傲然以为特创，无所因袭，陈钱罗傅诸子，亦和而唱之，同然一辞，不复知其说之有自，更不复知其说之即出于大声疾呼而排斥之桐城文中矣。[②]

后来舒芜也提到，胡适的主张，如“言之有物”、“不模仿古人”、“不作无病之呻吟”，都是古人早已有之的论点，没有什么新意。[③] 实事求是地说，胡适的主张桐城派确实提过，所以徐氏所言非虚。另外，他还就胡、陈两人的主要论点进行驳斥：其一，文言为贵族文学，不是平民文学，所以没有价值。徐氏以为，文学的价值应该由其自身来判断，而不应由少数懂文言的所谓贵族或者多数了解白话的平民来决定。其二，他从声和色

---

① 陈平原：《从文人之文到学者之文》，北京：三联书店，2004年，第227页。

② 徐景铨：《桐城派古文说与白话文学之比较》，《文哲学报》，1922年第1期。

③ 舒芜：《“文白之争”温故录》，《新文学史料》，1979年第5期，第53页。

两个角度证明文言的艺术性高于白话，而文学要表达的情感也要借助声和色，所以文言可以产生好文学；即使要表达深刻的新事理，蕴藉的文言也优于白话，所以他得出结论：文言能够产生有价值、有生命的文学，文言暗示情感之力强，“而借径桐城古文以创造佳妙之文学于将来，当无可置疑”。[①] 徐氏的主张或可商榷，但其提出的问题亦值得思考。

真正的桐城派后人对白话派作出回应的，只有方孝岳。方孝岳(1897～1973)，桐城人，桐城派名家方宗诚之孙，方守敦之子，舒芜的父亲。他在《新青年》第3卷第2号上发表《我之改良文学观》。方氏首先对胡、陈之文学改良主张表示赞同，支持白话文为中国文学之正宗的观点，但对彻底批判文言则持不同看法，他说：

> 吾人既认白话文学为将来中国文学之正宗，则言改良之术，不得不依此趋向而行，然使今日即以白话为各种文字，以予观之，恐矫枉过正。反贻人之唾弃。急进反缓，不如姑缓而行。历代文字，虽以互相摹仿为能，然比较观之，其由简入繁，由深入浅，由隐入显之迹，亦颇可寻。

不难看出，方孝岳虽然没有提桐城派，但由于他独特的身份，某种程度上也可以代表桐城家之声音。他的总体观点是折中的，支持白话，但不废弃古文，他认为一切应该遵循改良之术，循序渐进，这基本上也是当时旧派文人的主要立场。陈独秀在随后的按语中，对此文表示赞赏，认为白话文学之推行“本未可一蹴而几者”。可见，革命派也并非没有认识到古文之价值，只是出于革命的需要，才会有当年的激烈批判，非如此不足以打破三千年之历史僵局。

综上所述，桐城派在“文白之争”中基本处于守势，并没有作出积极回应，也没有多少人替他们说话，毕竟革命是整个时代的呼声。虽然他们或许对白话派的批判有所不满，但也无法

---

① 徐景铨：《桐城派古文说与白话文学之比较》，《文哲学报》，1922年第1期。

否认革命派之功。

二、“双簧信”始末及对桐城派影响

《新青年》一开始，并没有后来研究者通常认为的影响那么大，而是惨淡经营。鲁迅在《〈呐喊〉自序》中回忆那时的《新青年》“仿佛不特没有人来赞同，并且也还没有人来反对”。[①] 1917年8月，《新青年》出完第3卷后，因销路不畅，曾一度中断，后经陈独秀出面交涉，方才勉强继续印行。[②] 作为有丰富办报经验的主编陈独秀自然要想办法，让更多的人关注《新青年》和新文化，“双簧信”就在这样的背景下登场了。郑振铎在《中国新文学大系文学论争集·导言》中说：“从我们打起‘文学革命’的大旗以来，始终不曾遇到过一个有力的敌人们。他们‘目桐城为谬种，选学为妖孽’。而所谓‘桐城、选学’也者却始终置之不理。因之，有许多见解他们便不能发挥尽致。旧文人们的反抗言论既然是寂寂无闻，他们便好像是尽在空中挥拳，不能不有寂寞之感。所谓王敬轩的那一封信，便是要把旧文人们的许多见解归纳在一起，而给以痛痛快快的致命的一击的。”[③]

“双簧信”登场在《新青年》第4卷第3号，时间是1918年3月15日，主角是钱玄同与刘半农。先由钱玄同化名“王敬轩”，以读者名义致书《新青年》杂志，模仿旧派文人的口吻，大肆指责《新青年》“提倡新学、流弊甚多”、“排斥孔子，废灭纲常之伦”，并诋毁白话文学是“荡妇所为”、“狂吠之谈”，称“目桐城为谬种，选学为妖孽”为“一网打尽之计”。在同一期上，又刊发由刘半农以“记者”身份写的《复王敬轩》，代表《新青年》以辛辣调侃的笔调对所有批评逐一反驳。模拟的双方皆痛快淋漓，刁钻

---

① 鲁迅：《〈呐喊〉自序》，《鲁迅全集》(1)，北京：人民文学出版社，2005年，第441页。

② 1918年1月4日鲁迅致许寿裳信中说：“《新青年》以不能广行，书肆拟中止；独秀辈与之交涉，已允续刊，定于本月十五出版云。”见《鲁迅全集》(11)，北京：人民文学出版社，2005年，第357页。

③ 郑振铎：《中国新文学大系文学论争集·导言》，上海：上海文艺出版社，1935年，第6页。

刻薄，极尽嬉笑怒骂之能事，极具观赏性和戏剧效果。“双簧信”刊发后，立即引起强烈反响，很多读者致信杂志社，陈述己见，加入战团，支持一方或反对一方，新旧对垒的局面盛况空前。有一位自称“崇拜王敬轩”的读者来信说：“王先生之崇论宏议，鄙人极为佩服；贵志记者对于王君议论，肆口侮骂，自由讨论学理，固应又是乎！”[①]读者 Y. Z. 致信刘半农，赞其“驳得清楚，骂得爽快，尚且有糊涂的崇拜王敬轩者等出现，实在奇怪得很”。[②] 鲁迅也高度评价刘半农的回信，认为他打了个“大仗”！[③] 胡适的好友任鸿隽却劝《新青年》同人“勿专骛眼前攻击之勤，而忘永久建设之计”，“谩骂是文人一种最坏的习惯，应当阻遏”，并提醒胡适“执笔时略为全题留些余地，勿太趋于极端耳[趋于极端与 radical(激进)不同]”。[④]

任鸿隽所言不虚，论辩双方都已到谩骂的程度，甚至有个人攻击之嫌，其中以林纾为攻击重点，王敬轩的信提及林纾 9 次，刘半农回王敬轩的信提及林纾 23 次，斗争的矛头非常明确：桐城谬种！信中称林氏翻译为“闲书”，硬改外国文以凑本国文，违背翻译基本的忠实原则，实在没有什么文学意味。林纾被白话派彻底激怒，当然不甘示弱。1919 年 2 月 17、18 日，他在上海《新申报》上发表小说《荆生》，以田其美、狄莫、金心异影射陈独秀、胡适、钱玄同三人反对孔教、提倡白话文，称他们的言论“狗吠之语”、“禽兽自语”。同时借助皖系军阀徐树铮向新文化运动倡导者施压。3 月 18 日他又在安福俱乐部机关报《公言报》上发表《致蔡鹤卿书》，要求蔡元培出面废除白话、制止反孔。与此同时，他又在《新申报》上发表小说《妖梦》，影射北京大学、蔡元培、陈独秀、胡适等人，发泄其痛恨和不满。新文化运动阵营也集体发声，及时予以回击。李大钊在《晨报》上

---

① 《新青年》，1918 年第 4 卷第 6 号。

② 《新青年》，1918 年第 5 卷第 3 号。

③ 鲁迅：《忆刘半农君》，《鲁迅全集》(6)，北京：人民文学出版社，2005 年，第 73 页。

④ 《任鸿隽致胡适》，中国社会科学院近代史研究所中华民国史组编：《胡适来往书信选》(上)，北京：中华书局，1979 年，第 17、15 页。

发表《新旧思潮之激战》一文，1919年3月9日，《每周评论》转载了此文与《荆生》。1919年3月21日，蔡元培在《北京大学日刊》上发表《答林君琴南函》。鲁迅在《新青年》第6卷5号上发表《现在的屠杀者》，1919年3月，陈独秀发表《林纾的留声机器》，1919年4月13、27日《每周评论》第17、19号上又转载14家报刊的27篇社评。由于参与探讨的各方都是社会名流，引起京沪各大媒体的关注报道。在众多报刊媒体的大肆渲染下，本属学术论争的问题演化为全面关注的共同话题。令新旧双方都没有想到的是，经过大众媒体的推波助澜，这场“文白之争”最终使得《新青年》和白话派影响与日俱增。据称《新青年》杂志的最高印量达到一万五六千份，[①]这对于文化类杂志已经相当可观。经营亚东图书馆的汪孟邹在1919年4月23日致胡适的信中写道：“近来《新潮》、《新青年》、《新教育》、《每周评论》，销路均渐兴旺，可见社会心理已转移向上，亦可喜之事也。”[②]1919年5月，《新青年》决定重印前5卷。王奇生称：“这无疑是《新青年》销路大开的一个重要表征，也是《新青年》真正成为‘名刊’的重要标志之一。”[③]《新青年》的成功和白话派的扩张，无疑造成文言派影响的收缩，文言派被挤到历史的边缘。

1919年4月，林纾又在《文艺丛报》(第1期)上发表了《论古文白话文之相消长》一文，在比较古文与白话关系之后，不由感叹：“吾辈已老，不能为正其非。悠悠百年，自有能辩之者，请诸君拭目俟之。”[④]这不由让人倍觉凄凉。随后而来的，是轰轰烈烈的五四运动。在五四运动的助推下，“文白之争”迅速波及全国。新旧两派的文学论争，一开始还局限在知识文化阶层，真正变成一场波及全国的文化运动是在1919年以后，王奇生

---

① 汪原放：《亚东图书馆与陈独秀》，上海：学林出版社，2006年，第33页。

② 《汪孟邹致胡适》，《胡适来往书信选》(上)，北京：中华书局，1979年，第40页。

③ 王奇生：《新文化是如何“运动”起来的》，《近代史研究》，2007年第1期，第29页。

④ 林纾：《论古文白话文之相消长》，《林纾选集》，林薇注，成都：四川人民出版社，1988年，第158页。

认为是1919年的五四运动让“新文化”才真正成为一场空前规模的“运动”。[①] 胡适1922年的《五十年来中国之文学》一文也提及，五四运动和文学革命虽然是两件事，“但学生运动的影响能使白话的传播遍于全国”，更为重要的是，国人对革新的觉悟普遍获得提升，他们对于新的文化潮流“或采取欢迎的态度，或采取研究的态度，或采取容忍的态度，渐渐地把从前那种仇视的态度减少了，文学革命的运动因此得自由发展”。[②] 周作人晚年也回忆说：“‘五四’运动是民国以来学生的第一次政治运动，因了全国人民的支援，得了空前的胜利，一时兴风作浪的文化界的反动势力受了打击，相反的新势力俄然兴起。”[③]此后白话文运动迅速发展，1919年至1920年间，全国约有400种白话报刊。整个社会风气的变化，又助推政府的政令随之跟进。1919年，胡适、周作人、钱玄同等向当时教育部提出《请颁行新式标点符号议案(修正案)》。第二年春天，教育部发布《通令采用新式标点符号文》。与此同时，教育部又正式通令全国国民小学一、二年级的秋季教材，一律废止文言，完全用白话文。其他各类学校也随之联动。加上1905年，施行千年的科举制度终于诏令废止，各级新式学堂的知识系统就由传统的以经史之学为中心转为以西洋的科学技术为中心。由此，白话文终于取得胜利，古文陨落。

三、桐城派陨落的原因

“文白之争”的结果，革命派胜利了，桐城派陨落了。个中原因，除桐城派的自身局限、新文化运动的激烈批判和大众传媒的推波助澜之外，还有两点：

---

① 王奇生：《新文化是如何“运动”起来的》，《近代史研究》，2007年第1期，第33页。

② 胡适：《五十年来中国之文学》，《胡适文集》(3)，北京：北京大学出版社，1998年，第260页。

③ 周作人：《知堂回想录》，止庵校订，北京：十月文艺出版社，2013年，第497页。

第一，对乾嘉以来桐城派批判的历史总结。对桐城派及其文论的批判，不自五四新文化运动时期始。早在乾嘉时期，钱大昕就曾对方苞及其义法进行批评，认为方苞只知删繁就简，并不懂什么义法，方苞的义法“特世俗选本之古文，未尝博观而求其法，法且不知而义于何有”？并直言方苞“乃真不读书之甚者”。[①] 他指出方苞之病在于“以古文为时文，却以时文为古文”。[②] 后来的蒋湘南，在此基础上厘清了古文与时文的内在勾连，原来桐城派古文家学的八家不是原生态之八家，而是经过时文家茅坤剪裁的八家，[③]“桐城三祖”的文章都是变相的八股文，其模仿八家文而成的古文，也就不是真正意义上的古文，而是一种伪古文。蒋氏分析这种古文有八大弊端，即：奴、蛮、丐、吏、魔、醉、梦、喘，虽不免偏激，亦深刻揭示了桐城派与八股之关系及当时古文的致命缺陷。鸦片战争后，林则徐的学生冯桂芬对桐城派义法展开了更集中的批判，他说：“文之佳者，随其平奇浓淡，短长高下，而无不佳。自然有节奏，有步骤，反正相得，左右咸宜，不烦绳削而自合，称心而言，不必有义法也；文成法立，不必无义法也。”[④]

晚清以降，素喜古文的章炳麟虽然看到桐城派义法的价值，但认为方姚之雅乃“消极之雅，清而无物”，而桐城文空疏的原因在于“桐城诸家，本未得程、朱要领，徒援引肤末，大言自壮，故尤被轻蔑”。[⑤] 民初炳麟门生大量入驻北大，与桐城派颇多交锋。不止如此，就连桐城人自己也对桐城派有严苛的批评。陈澹然不满意于桐城文派规矩束缚太多，称其为“寡妇

---

① 钱大昕：《与友人书》，《嘉定钱大昕全集》(9)，南京：江苏古籍出版社，1997 年，第 576 页。

② 钱大昕：《跋方望溪文》，《嘉定钱大昕全集》(9)，南京：江苏古籍出版社，1997 年，第 537 页。

③ 蒋湘南：《与田叔子论古文书》，《七经楼文钞》(卷四)，《续修四库全书》第 1541 册，第 308 页。

④ 冯桂芬：《复庄卫生书》，《显志堂稿》(卷五)，清光绪二年(1876)校邠庐刊本。

⑤ 章炳麟：《訄书》，上海：上海古籍出版社，2000 年，第 151 页。

文”:“寡妇目不敢斜视,耳不敢乱听,规行矩步,动辄恐人议其后”。[①] 梁启超对桐城派批判更直接:“然此派者,以文而论,因袭矫揉,无所取材;以学而论,则奖空疏,于创获,无益于社会。且其在清代学界,始终未尝占重要地位,今后亦断不复能自存。”[②]

由上观之,对桐城派的批判不自五四始,五四新文化运动对桐城派的批判只是之前批判的延续和发展,是乾嘉以来文学力求解放的必然结果。舒芜说:“这种批判用现代科学的方法,把乾嘉以来对桐城派批判的水平,提高到一个新的阶段。”[③]方法未必科学,但确实到了一个新阶段,即把桐城派打倒的阶段。

第二,批判封建伦理道德的必然结果。胡适的文学改良到陈独秀那里演化为文学革命了,而且不是单纯的文学革命,还是政治革命和伦理道德革命。陈独秀在《文学革命论》一文中正式提出伦理革命之说,并认为中国政界三次革命仍未消除黑暗,大部分原因“则为盘踞吾人精神界根深蒂固之伦理、道德、文学、艺术诸端莫不黑幕层张,垢污深积”。因此,他提出伦理革命是一切革命之先声,而伦理觉悟是一切革命之根本:“吾敢断言曰:伦理的觉悟,为吾人最后觉悟之最后觉悟。”[④]陈独秀伦理革命的内涵主要是提倡新道德,反对旧道德。他说的旧道德就是以儒家为代表的封建道德,也就是三纲五常和忠孝贞节之类,[⑤]这些旧道德是和现代民主科学思想相违背的,应予以坚决摒弃。与陈独秀“彻头彻尾”的观点不同,胡适对传统旧道德的态度是“一点一滴”地改良。但是两人对待传统道德的态度是一样的,只是胡适显得更加温和一些。

桐城派虽然是个文派,但又是个有道统的文派,程朱理学就是他们所要载的道,方苞所谓的“学行继程朱之后,文章介韩

---

① 舒芜:《舒芜集》(3),石家庄:河北人民出版社,2001年,第271页。

② 梁启超:《清代学术概论》,《梁启超全集》,北京:北京出版社,1999年,第3093页。

③ 舒芜:《“桐城谬种”问题之回顾》,《读书》,1989年第6期,第36页。

④ 陈独秀:《吾人最后之觉悟》,《新青年》,1916年第1期第6号。

⑤ 陈独秀:《一九一六年》,《新青年》,1916年第1期第5号。

欧之间”就是最好的说明。本来程朱是程朱，韩欧是韩欧，方苞把他们结合起来，使得桐城派具有维护社会道德和伦理纲常的责任。方苞及其后继者，从姚鼐到曾国藩再到林纾，都自然而然扮演起程朱理学的代言人和卫道者的角色。方苞对程朱理学的守护几乎达到无以复加的地步，不只自己笃信，还对不信者进行诬蔑诅咒。他诬蔑好友李塨老年丧子为诽谤程朱恶有恶报，毛西河、颜习斋之乏嗣也是由于非议程朱的阴谴。林纾为卫护孔孟之道与桐城古文，作小说《荆生》对陈独秀、胡适、钱玄同进行辱骂和恐吓，说什么“留尔以俟鬼诛”。姚永朴在晚年还念念不忘：“吾邑先辈为学，其途不必同，而立身皆以宋五子为归。”[①]姚永朴在发此感慨的时候五四运动都已经过了整整12年，他仍然志气笃定，难怪他的桐城派后期卫道者形象声名远播。如此来看，五四新文化运动时期批判桐城派及其文论，把“桐选”与“伦常”相提并论，是有足够理由的，某种程度上反映了当时社会的共识。而在张勋复辟和袁世凯复辟后，推翻传统伦理纲常、呼唤社会变革的要求变得日益迫切。

白话和文言，本来是语言和文学问题，但由于语言与思想、社会的密切关系，传统文学与政治的密切关系，以及提出这一问题的关键历史时期，使得“文白之争”具有新旧之争、古今之争、中西之争的性质。而对于文学自主性和独特性的关注相对较少甚至被主流话语忽略，文学的工具性被发挥到极致，这是时代和社会发展使然。虽然五四白话文运动是反对文以载道的，但他们也只是用一种新的道来代替一种旧的道，而两种道本身也不能完全用价值高低来简单比对。在不同道的转换过程中，在历史的三千年之大变局中，传统的语言和文学及其当时代表桐城派首当其冲受到激烈批判，也就在情理之中了。胡适白话文理论的基础是进化论，但语言文化的发展从来不是直线的。胡适说他的历史观念很重，可白话文运动是割断历史的，文言与白话的历史、传统与现代的历史从来不是如此泾渭分明的。语言从来不只是语言，还是与之相对应的一套思想观

① 姚永朴：《书五子语类日抄后》，《蜕私轩集》续集，北京共和印刷局民国十年本。

念和价值体系，白话文的胜利是现代语言体系和价值规范的确立，同时也意味着传统文言体系和价值观的放逐，它“不仅直接促进了文化的现代转型，同时也导致了传统文艺观念与话语规则的缺席”。[①] 随着桐城派陨落而一起远去的，是中国传统士大夫栖息的心灵世界。诚如海德格尔所言：“词语把一切物保持并且留存于存在之中。倘没有如此这般的词语，那么物之整体，亦即‘世界’，便会沉入一片暗冥之中。”[②]

第三节　正当有用与古文革新

胡适不是桐城派的研究专家，但对桐城派的批评不少，既有一时激烈之语，也有事后平和之言。激烈之语当属新文化运动期间对桐城派的批判，[③]平和之言归于 1923 年的《五十年来中国之文学》，它本为上海《申报》创刊 50 周年而作，其中涉及胡适对桐城派最系统、最全面之评论。1935 年的《中国新文学大系・导言》也有一部分桐城派评价，观点与《五十年来中国之文学》相仿。两者虽然难免带有主观感情色彩，但总体还算公允，到后来的《四十自述》和《口述自传》，对桐城派的基本观点也没有改变。我们即以《五十年来中国之文学》为基础分析胡适对桐城派的总体评判。

胡适对桐城派文章的总体评判有一段话：

> 平心而论，古文学之中，自然要算“古文”（自韩愈至曾国藩以下的古文）是最正当最有用的文体。骈文的弊病不消说了。那些瞧不起唐、宋八家以下的古文的人，妄想回到秦、周、汉、魏，越做越不通，越古越没

---

① 周仁成、曹顺庆：《在学科与科学之间》，《求是学刊》，2013 年第 1 期，第 122 页。

② [德]海德格尔：《在通往语言的途中》，孙周兴译，北京：商务印书馆，2004 年修订译本，第 167 页。

③ 后来在《四十自述》和《口述自传》，胡适都坦陈，当年是“逼上梁山”，走上激进改革之路。

> 有用，只替文学界添了一些是通非通的假古董。唐、宋八家的古文和桐城派的古文的长处只是他们甘心做通顺清淡的文章，不妄想做假古董。学桐城古文的人，大多数还可以做到一个“通”字；再进一步的，还可以做到应用的文字。故桐城派的中兴，虽然没有什么大贡献，却也没有什么大害处。他们有时自命为“卫道”的圣贤，如方东树的攻击汉学，如林纾的攻击新思潮，那就是中了“文以载道”的毒，未免不知分量。但桐城派的影响，使古文做通顺了，为后来二三十年勉强应用的预备，这一点功劳是不可埋没的。[①]

也就是说，胡适讲这段话时是心平气和的，而此时的心气平和正反衬出彼时的心不平气不和。想当年，五四新文化运动那种狂风骤雨般的激烈言辞，横扫千军的强硬态度，至今让人难忘。胡适本人还算温和，陈独秀完全是不给人讨论的余地，他说：“鄙意容纳异议，自由讨论，固为学术发达之原则；独至改良中国文学当以白话为文学正宗之说，其是非甚明，必不容反对者有讨论之余地，必以吾辈所主张者为绝对之是，而不容他人之匡正也。”[②]也正是因为陈独秀老革命党一往无前的精神，极大地推进了革命进程。胡适也多次提及，但是不太同意陈独秀武断的态度，以至于30多年后写《容忍与自由》时还认为，陈独秀的态度不是容忍的态度，“是最容易引起别人的恶感，是最容易引起反对的”。[③] 胡适这样说与他受过的不承认“绝对之是”的实验主义训练有关，这也是文人与革命家的差别之处，革命需要果断，而学术的发展却需要自由讨论。

胡适对桐城派的评价以新文学和古文学的对比为总背景，古文学为死文学，新文学为活文学，新文学必然取代古文学，这是他的总观点。在具体阐述古文学时，需要介绍两个小的背景：一个是古文与骈文比较，一个是古文前期与后期比较。桐

---

① 胡适：《五十年来中国之文学》，《胡适文集》(3)，北京：北京大学出版社，1998年，第205页。

② 陈独秀：《复胡适信》，《新青年》，1917年第3卷第3号。

③ 胡适：《容忍与自由》，《自由中国》，第20卷第6期，1959年3月16日。

城派与骈文派一个宗主唐宋，一个专攻魏晋，都属于学古散文流派，当时都在被批判之列，但骈文派走得更远，与现实距离更大，更不适合应用，所以胡适更瞧不起他们，认为他们只是假古董而已。古文前期，从韩愈到曾国藩（中间还有方刘姚），胡适是承认的，且认为他们是“最正当最有用的文体”。对于曾国藩以后的桐城派，胡适认为“实在没有什么精彩动人的文章”，实际上“桐城＝湘乡派”。[①] 这是个很重要的论断，也是晚清民国时期学人的普遍看法，[②]都认为曾国藩之后的桐城派主要受曾国藩的影响，唯一还能恪守桐城家法的“一马二姚”也都受教曾门。但是前人都没有胡适这么明确的表达，这是胡适学术上的敏锐与决断。曾国藩及其湘乡派与桐城派一个最大的区别是，在义理、考据和辞章以外增加了“经济”的因素，强化了文章的应用，而“应用”恰恰是胡适评判文章的主要标准。他认为文言不如白话应用能力强，而桐城派古文当年得势，也正是因为相比之前的骈俪之文和那些模仿先秦的假古文，其应用能力加强了。[③]

胡适评价桐城古文的长处就四个字：通顺清淡，害处也是四个字：文以载道。自从韩愈提出“文从字顺”的古文标准，古文家们就向这个方向努力，于是古文越做越通顺。胡适认为在桐城派达到高潮，曾国藩是极盛。[④] “通顺”首先是个文字问题，而文字又与思想相连，如果心里想不通也难以传达得通顺，所以“通顺”还是思想境界的问题。没有内在的通达，难以呈现外在文字的通顺。内在的“通”是文章之理，也就是“言有物”；外在的“顺”是文章之法，也就是“言有序”。“言有物”即“义”，“言有序”即“法”，合起来看，文章“通顺”问题就是“义法”问题。桐城派能够把文章做得通顺，应该归功于他们的看家本领：义法。

---

① 胡适：《五十年来中国之文学》，《胡适文集》(3)，北京：北京大学出版社，1998年，第203页。

② 李详和钱基博都有类似看法，主张曾国藩之后的桐城派主要是湘乡派。

③ 胡适：《中国新文学大系・导言》，《胡适文集》(1)，北京：北京大学出版社，1998年，第108页。

④ 胡适：《中国新文学大系・导言》，《胡适文集》(1)，北京：北京大学出版社，1998年，第107页。

胡适是反对桐城“义法”的，反对的理由就是他们“文以载道”。胡适在《文学改良刍议》里面提出的八条，其中第一、三条“须言之有物”、“须讲求文法”和桐城派的义法好像有相似之处，实际并不相同。后来在《建设的文学革命论》中他把八条压缩为四条，其中之一就是，“要说我自己的话，别说别人的话”，这就与桐城派大不同。桐城派说“言有物”主要从“学”中来，而他们所“学”之对象当然是古人，程朱思想是他们学养之典范。所谓“学行继程朱之后”，而文章所学介“韩欧之间”，这与胡适的“说我自己的话”相冲突。同时，桐城派非常强调“文以载道”，所载的“道”主要是儒家伦理纲常，这又与胡适的“别说别人的话”相矛盾。所以，桐城派和胡适都强调“言有物”，但对“物”的理解不同，一个是自己思想情感，一个是儒家伦理纲常。

胡适说方东树和林纾中了“文以载道”的毒，虽不无道理，却也有失偏颇。方东树作《汉学商兑》的目的，虽然是为了维护程朱理学的地位，对汉学家的批判也不无错谬之处，但正如梁启超所言，“其针砭汉学家处，却多切中其病”，[①]而此后出现的汉宋调和的局面亦受他影响。所以方东树抨击汉学绝不仅仅是“卫道”，一方面确实指出了汉学之失，另一方面客观和主观上对促进清代学术融合有一定贡献。胡适之所以反对，可能与他本人对汉学的推崇有关，他一直认为清代汉学家最有现代学术的科学精神，[②]他的出生地也是汉学皖派的大本营。至于林纾，为了保卫摇摇欲坠的古文和礼教，主动站出来与新文化对抗。首先他创作了短篇小说《妖梦》和《荆生》等，并使用了“嗥吠”、“禽兽”等字眼影射革命派。不成功之后，又写信给蔡元培指责革命派的新道德违背伦理纲常和旧道德，但遭到蔡元培的严厉反驳。当然，也应该看到，林纾的系列动作与钱玄同托名“王敬轩”、刘半农的“双簧信”对他的讽刺和对“老新党”们的叫板有关。他们嘲笑林纾选稿不精，翻译谬误百出，不懂外语，搞

---

① 梁启超：《清代学术概论》，《梁启超全集》，北京：北京出版社，1999年，第3093页。

② 胡适：《清代学者的治学方法》，《胡适文集》(2)，北京：北京大学出版社，1998年，第282页。

得原著“精神全失，面目全非”，连“半点文学的意味也没有”；另外将梅谦次郎称为“梅谦”，把陀思妥耶夫斯基译成“陀思”等。严复当然没有上革命派的当，他认为新文化运动者不值得反驳，甚至与他们讨论都是可笑的。而性情激烈的林纾按捺不住，拍马应战。当时正宗的桐城派“一马二姚”都没有出来应战，老新党严复也不应战，只有他一腔孤勇，逆流而上，在滚滚的历史车轮面前做垂死之争。杨联芬说他孤身应战的原因是身处桐城派边缘而面临古文正宗的身份认同危机，[①]这固然无法排除，而林纾易怒的性格也是原因之一。

对曾国藩的高评，是胡适评价桐城派的另一个重点，他曾写过曾国藩与桐城派的专题文章。[②] 曾国藩对桐城派的意义，历来受到学界关注，梁启超称赞他的文章“集桐城派之大成”，[③]胡适称赞他是“桐城派古文的中兴第一大将”。[④] 曾国藩如何中兴桐城派，胡适说他凭借的是“魄力与经验”，至于什么是“魄力与经验”，胡适只提到一点，即庞大的幕府，几乎囊括了当时各个领域的学者，包括大批诗人古文家，像吴敏树、吴汝纶、张裕钊、黎庶昌、薛福成、方宗诚、王闿运、俞樾等，正是这些人扩延了曾国藩的文学影响。后来周作人在《中国新文学的源流》中沿着胡适的话阐发曾国藩如何中兴，并在两个方面补充了胡适所言的曾氏的“魄力与经验”：其一是理论主张上，在桐城派原来纲领的基础上，“加添了政治经济两类进去，而且对孔孟的观点，对文章的观点，也都较为进步”。[⑤] 这里的“加添了政治经济

---

① 杨联芬：《晚清至五四：中国文学现代性的发生》，北京：北京大学出版社，2003年，第117～118页。

② 胡适曾在1939年11月的《东亚周报》第20卷第21～22期发表过一篇德文稿的《曾国藩与桐城派》。（《胡适著译系年》，《胡适全集》44卷，合肥：安徽教育出版社，2003年，第159页。）

③ 梁启超：《国学入门书要目及其读法》，《梁启超全集》，北京：北京出版社，1999年，第4241页。

④ 胡适：《五十年来中国之文学》，《胡适文集》(3)，北京：北京大学出版社，1998年，第200页。

⑤ 周作人：《中国新文学的源流》，上海：华东师范大学出版社，1995年，第48页。

两类进去”主要说的是，曾国藩把桐城派的“义理、考据、辞章”扩大为“义理、考据、辞章、经济”，曾国藩的“经济”就是经世济民，也就是胡适所说的扩大了古文的应用。其二是选本内容上，曾国藩编撰的《经史百家杂钞》和姚鼐的《古文辞类纂》相比，增加了经部的文字，把经部当文学看。胡适为何没有具体阐明，可能与此前梁启超谈过这个问题有关，梁氏所谓曾国藩“合汉宋之学”，[①]与后来周作人表达的是一个意思。

曾国藩中兴桐城派除他的“魄力与经验”外，还有一篇文章受到胡适的高度评价，就是《〈欧阳生文集〉序》，当代学者陈平原也认为该文对中兴桐城派起了重要作用。[②] 胡适说这篇文章有重要的文学史料价值，不但写了桐城派的传播，而且写了该派的最高目的。那么这篇文章究竟有什么史料价值，可以从四个方面来理解：第一，确立桐城派的真正创立者是姚鼐。文章一开头说：“乾隆之末，桐城姚姬传先生鼐，善为古文辞。”[③]从姚鼐讲起，而不是从方苞、戴名世或者其他人讲起，这个非常重要。说明在曾国藩心目中，姚鼐才是桐城派的真正创立者，就像后来周作人所说的，姚鼐是“桐城派定鼎的皇帝”。[④] 这也是曾国藩的魄力与经验，截断众流，独具慧眼，开创后世把姚鼐作为桐城派创立者的典范。与曾国藩同时的吴敏树在《与筿岑论文派书》一文虽然不乐意曾国藩把他归入桐城派，但也把姚鼐作为桐城派创立者。第二，桐城派的源头是方苞、刘大櫆和姚范。这又是完全不同的提法，与当代“三祖”、“四祖”的说法不一样。曾文说姚鼐“慕效其乡先辈方望溪侍郎之所为，而受法

---

① 梁启超：《近代学风之地理的分布》，《梁启超全集》，北京：北京出版社，1999 年，第 4273 页。

② 陈平原：《文派、文选与讲学——姚鼐的为人与为文》，《学术界》，2003 年第 5 期，第 231 页。

③ 曾国藩：《足本曾文正公全集》（第三部），长春：吉林人民出版社，1995 年，第 1590 页。

④ 周作人：《中国新文学的源流》，上海：华东师范大学出版社，1995 年，第 48 页。

于刘君大櫆及其世父编修君范”，[①]显然这里是把方苞、刘大櫆和姚范共同作为姚鼐文法的源头，他们只是促成姚鼐成就桐城派。曾国藩虚化戴名世是可以理解的，因为文字狱的影响，把姚范提高到与方苞、刘大櫆同等的地位，显示曾氏对桐城派的深刻了解和对姚鼐成长中姚范作用的高度重视，这是为许多今人所忽略的。其实姚鼐本人及后来不少人都提及姚范的意义。姚鼐在《刘海峰先生八十寿序》中说：“鼐之幼也尝侍先生，奇其状貌言笑，退辄仿效以为戏。及长，受经学于伯父编修君，学文于先生。”[②]在《古文辞类纂序》中亦云：“鼐少闻古文法于伯父姜坞先生及同乡刘耕南先生。”[③]吴德旋在《初月楼文钞》中说：“桐城方灵皋侍郎负盛名海内，顾于同邑畏二人焉：其一刘才甫，其一则姚姜坞先生也。才甫以其文，而先生兼以学，重以为通儒。”[④]方宗诚的《桐城文录·序》也说：“海峰同时友，姚南青、方侍庐最为知文，惜抱实受业焉。”[⑤]章炳麟的《訄书·清儒》亦把方苞、刘大櫆和姚范并称，肯定姚鼐之学自范出，[⑥]刘师培的《近儒学术统系论》曾论二姚学术传承。[⑦] 可见曾国藩推重姚范对姚鼐及桐城派形成的价值是准确的，姚范实在可以和方苞、刘大櫆并列为“桐城三祖”。第三，确定桐城派名称的由来。曾国藩说：“历城周永年书昌为之语曰：‘天下之文章，其在桐城乎！’由是学者多归向桐城，号‘桐城派’，犹前世所称江西诗派者也。”[⑧]曾氏这段话的出处是姚鼐的《刘海峰先生八十寿序》：“昔

---

① 曾国藩：《足本曾文正公全集》(第三部)，长春：吉林人民出版社，1995年，第1590页。

② 姚鼐：《惜抱轩全集》，北京：中国书店出版社，1991年，第87页。

③ 吴孟复、蒋立甫主编：《古文辞类纂评注》，合肥：安徽教育出版社，2004年，第14页。

④ 吴德旋：《初月楼文钞》，光绪九年宜兴吴氏活字本卷4，第8页。

⑤ 方宗诚：《桐城文录·序》，道光十九年瑞州府凤仪书院刻本，第1页。

⑥ 章太炎：《訄书·清儒》，《章太炎全集》(3)，上海：上海人民出版社，1984年，第157页。

⑦ 刘师培：《刘师培辛亥前文选》，北京：三联书店，1998年，第160页。

⑧ 曾国藩：《足本曾文正公全集》(第三部)，长春：吉林人民出版社，1995年，第1590页。

有方侍郎，今有刘先生，天下文章，其出于桐城乎？”[1]姚鼐的寿序在桐城派发展史上首次阐明了方、刘、姚的师承关系，一般被认为是桐城派确立的标志。曾国藩引用其言，并与宋代的江西诗派相并称，赋予其文学史的意义。随后曾国藩细致阐述了姚门发展的盛况。第四，明确湘乡派与桐城派之关系。正如桐城派在上元、在桐城、在新城、在宜兴、在江西、在广西有其流衍生传，姚鼐典试湖南时也造就一帮弟子，即后来之湘乡派。关键是曾国藩接下来的一段话：

> 自洪杨倡乱，东南荼毒。钟山石城昔时姚先生撰杖都讲之所，今为犬羊窟宅，深固而不可拔。桐城沦为异域，既克而复失。戴钧衡全家殉难，身亦欧血死矣。余来建昌问新城，南丰，兵燹之余，百物荡尽。田荒不治，蓬蒿没人。一二文士，转徙无所。而广西用兵九载，群盗犹汹汹，骤不可爬梳。龙君翰昌又物故。独吾乡少安，二三君子尚得优游文学，曲折以求合桐城之辙。[2]

这段话的意思分明是说，姚鼐所传法的几个地方都遭受战乱而毁，只有湘乡独存。也就是说，姚先生所传的桐城派基本没有了，只剩下曾国藩的桐城派，曾氏的野心由此可见一斑。他如此推重桐城派，目的是为了自己的湘乡派。虽然他表达得非常隐晦，还是被人察觉。吴敏树在《与篆岑论文派书》中就说：“而果以姚氏为宗，桐城为派，则侍郎之心，殊未必然。”[3]曾国藩给吴敏树回信也没有否认此事。桐城派后来的发展也基本按照曾国藩的预想在进行，曾氏之后的桐城派基本已经变为湘乡派。姚鼐有四大弟子，曾国藩也有四大弟子，连桐城的学子也纷纷投入曾门。如果说姚鼐的《刘海峰先生八十寿序》吹响桐城派开派的号角，那么《〈欧阳生文集〉序》则是曾国藩创立

---

① 姚鼐：《惜抱轩全集》，北京：中国书店出版社，1991 年，第 87 页。

② 曾国藩：《足本曾文正公全集》(第三部)，长春：吉林人民出版社，1995 年，第 1590 页。

③ 吴敏树：《与篆岑论文派书》，光绪壬午长沙王先谦刻本《续古文辞类纂》卷十一，1882 年。

湘乡派的宣言。

严复和林纾是否是桐城派，一直有颇多争议。胡适认为他们都是“桐城派的嫡派”，[①]而且把他们也列入“古文范围以内的革新运动”，也就是古文为了适应时代需要而做的变革运动。他们被列入桐城派在当时是很自然的事，一方面他们都信奉桐城派古文，并用桐城古文翻译西书；另一方面他们与桐城派后学来往唱和，尤其是吴汝纶对他们都有实际的指导。在严林之前，翻译范围主要集中在宗教、科学、历史、法制、政治之类的书籍，文艺哲理的书籍翻译相对欠缺，胡适认为严林弥补了这两大缺陷，并称“严复是介绍西洋近世思想的第一人，林纾是介绍西洋近世文学的第一人”。[②] 严复的成功，胡适总结为三个原因：第一，文体选择适当。也就是选择桐城派古文翻译，对此学界有两种截然不同的看法，胡适还是持赞扬态度。因为当时读书人读的主要还是古文，如果用白话文翻译就没几个人看了，所以胡适认为严复的文体选择是符合当时的社会现实。不仅如此，因为当时上流社会都是读古文，严复的古文体还可以提高译书的身价，打破中西之间的隔阂，让国人更易于接受，难怪当时桐城派古文大家吴汝纶称赞其“骎骎与晚周诸子相上下”。[③] 第二，勤奋用功。严复的翻译原则叫信达雅，胡适认为他用垂死的古文翻译能够通顺畅达，主要是个人用功。严复曾经有个词，刚开始翻译为“卮言”，夏曾佑建议改为“悬谈”，吴汝纶两者都不赞成，最后他自己定名为“导言”。对于这份辛苦，严复感叹：“一名之立，旬月踟蹰。”[④]胡适认为正是这种认真精神，促成了严复的成功。第三，文学气息浓郁。胡适认为严复翻译的不少作品，从语言到内容，都是好的文学作品，从文学本

① 胡适：《五十年来中国之文学》，《胡适文集》(3)，北京：北京大学出版社，1998年，第217页。

② 胡适：《五十年来中国之文学》，《胡适文集》(3)，北京：北京大学出版社，1998年，第217页。

③ [英]赫胥黎：《天演论·吴汝纶序》，严复译，北京：商务印书馆，1981年。

④ [英]赫胥黎：《天演论·译例言》，严复译，北京：商务印书馆，1981年。

身的成就来看，都应该在文学史上占有很高的地位。林纾翻译的贡献，胡适大体也从三个方面来分析：其一，用长篇叙事抒情亘古未有，林纾的翻译小说是一种突破。其二，古文很少滑稽的风格，林纾翻译了不少狄更斯的具有滑稽意外的作品，是对古文风格的突破。其三，林译小说虽然不完全忠实于原文，但很能够把握原文的旨趣，并凭借自己的天才予以精彩呈现，所以胡适说他的翻译"有自己的风味"。[①] 能够在翻译传达原作的精神中有自己的风格，是一个很高的评价，钱锺书在《林纾的翻译》中也提到这一点，他当年学外语的一个动力就是看了林译小说，等他到了国外看了原著以后，觉得有的还没有林纾翻译的精彩。这是林纾文学天才的精彩。胡适认为林纾的错误实乃古文的错误，因为不能为大多数人所接受，只供少数人赏玩。胡适这样看，只是因为他把白话文作为文学正宗，如果换个角度，结论可能完全不一样。杨联芬从文学现代性角度出发，提出林译不仅符合当时读书人的口味，而且提升了小说的地位，并在雅文学和俗文学之间架起一座桥梁，使得原本不入流的小说进入现代文学的圣殿。[②]

"古文范围以内的革新运动"，除了严复和林纾的翻译，还有谭嗣同、梁启超的议论文章。他们当然都不是桐城派，但又不是没有关联，他们那个年代的人，都是读桐城派文章长大的，不管喜欢不喜欢。谭嗣同在《三十自纪》中说："嗣同少颇为桐城所震，刻意规之数年，久自以为似矣；出示人，亦以为似。"[③]梁启超虽然在《清代学术概论》中说他"夙不喜桐城派古文"，但他的《三十自述》里回忆 12 岁时父亲教授姚鼐的《古文辞类篹》时，他"则大喜，读之卒业焉"。[④] 但是后来他们都不满足于桐城

---

① 胡适：《五十年来中国之文学》，《胡适文集》(3)，北京：北京大学出版社，1998 年，第 215 页。

② 杨联芬：《晚清至五四：中国文学现代性的发生》，北京：北京大学出版社，2003 年，第 90～94 页。

③ 谭嗣同：《三十自纪》，《谭嗣同全集》，北京：三联书店，1954 年，第 204 页。

④ 梁启超：《三十自述》，《梁启超全集》(5)，北京：北京出版社，1999 年，第 957 页。

派古文，而进行了革新，所以胡适说他们是“桐城的变种”。[1] 他们与桐城派一个很大的不同在于，都从秦汉六朝学习，尤其深得骈文之长，谭嗣同形成“沈博绝丽之文”，梁启超则“笔锋常带情感”。他们两人又有不同，胡适认为，谭嗣同除骈文以外，还夹杂八股的“长比”，使得文章更加有气势。梁启超走得更远，排偶、长比、佛书、诗词典故、外来新名词等，全部融入古文，这与方苞的“古文中不可入语录中语，魏、晋、六朝人藻俪俳语，汉赋中板重字法，诗歌中隽语，南北史佻巧语”[2]之说完全违背，所以胡适说他的文章最不合“古文义法”。[3] 虽然不合义法，但却生发出更大的魔力。魔力的原因胡适总结为四种：一是摆破古文义法束缚，实现文体的融合与解放。二是条理分明，阅读顺畅。三是通俗浅显，易于模仿。四是富于刺激，情感充沛。当然也存在魔力之外堆砌辞藻的不良影响。

“古文范围以内的革新运动”，除了前述两类，还有章太炎的述学文章和章士钊的政论文章。在胡适眼里，章太炎和桐城派都是复古派，但章太炎的成就更高，胡适称他为“五十年来的第一作家”，赞他在内容与形式上都能“成一家言”，[4]而其原因主要是有学问的底子，相比之下，桐城派要稍逊一筹。但胡适认为，章太炎并不反对桐城派古文，并引用了章太炎在《菿汉微言》中的一段话：

> 问桐城义法何其隘耶？答曰：此在今日亦为有用。何者？明末猥杂佻侻之文，雾塞一世，方氏起而廓清之，自是以后，异喙已息，可以不言流派矣。乃至今日，而明末之风复作。报章小说，人奉为宗，幸其流

---

① 胡适：《五十年来中国之文学》，《胡适文集》(3)，北京：北京大学出版社，1998年，第217页。

② 沈廷芳：《书方望溪先生传后》，《方苞集》，上海：上海古籍出版社，1983年，第890页。

③ 胡适：《五十年来中国之文学》，《胡适文集》(3)，北京：北京大学出版社，1998年，第220页。

④ 胡适：《五十年来中国之文学》，《胡适文集》(3)，北京：北京大学出版社，1998年，第231、229页。

派未之，稍存纲纪，学者守此，不至堕入下流，故可取也。若谛言之，文足达意，远于鄙倍可也。有物有则，雅驯近古，是亦足矣，派别安足论！然是为中人以上言尔，桐城义法者，佛家之四分律也，虽未与大乘相齿，用以摧伏磨外，绰然有余，非以此为极至也。[①]

从这段话确实可以见出章太炎并不反对桐城派，而且一定程度上是肯定的，他承认桐城派对明末猥杂佻侻之文的廓清作用，而当时之报章小说又可以凭借桐城义理而不至于堕入下流，但是只要"文足达意"、"有物有则"、"雅驯近古"即可，以派别的形式占据文坛是没有必要的，而且桐城义法的义理、考据、辞章和经济四端，虽然可以解决一般文学问题，但不可奉为文学规则的极致。章太炎心中的极致只能存在于魏晋人的文章中。虽然章太炎对桐城派有批评，可一般都不是文学上的批评，比如在《訄书》中称："桐城诸家，本未得程朱要领，徒援引肤末，大言自壮。"[②]这里面主要批评桐城派未得理学要领。对于桐城派文章，章太炎还是承认的："然平生于文学一端，虽有所不为，未尝极意菲薄，下至归、方、姚、张诸子。"[③]总体来说，胡适说章太炎不反对桐城派是有理有据的。

对于章士钊的政论文章，胡适有一段综合评价：

他从桐城派出来，又受了严复的影响不少，他又很崇拜他家太炎，大概也逃不了他的影响。他的文章有章炳麟的谨严与修饰，而没有他的古僻。条理可比梁启超，而没有他的堆砌，他的文章与严复最接近；但他自已能译西洋政论家法理学家的书，故不须模仿严复。严复还是用古文译书，章士钊就有点倾向"欧化"的古文了；但他的欧化，只在把古文变精密了，变繁复了；使古文能勉强直接译西洋书而不消用原意来重做

---

① 章太炎：《菿汉三言》，沈阳：辽宁教育出版社，2000年，第56页。

② 章太炎：《訄书·清儒》，《章太炎全集》(3)，上海：上海人民出版社，1984年，第157页。

③ 存萃学社编：《章炳麟传记汇编》，台北：大东图书公司印行，1978年，第262页。

古文;使古文能曲折达繁复的思想而不必用生吞活剥的外国文法。[①]

胡适认为,章士钊是从桐城派出来的,他用古文写政论文章,但他的古文不仅与桐城派不同,与严复、章太炎、梁启超也都不同。章士钊的政论文章,钱基博称为逻辑文。逻辑文在近代首开先河的是严复,他翻译了约翰·穆勒的《逻辑体系》前四卷,根据中国传统的"名辨之学"将其命名为《名学》,也有人将这一类文章翻译为"辩学"、"论理学"等。最后章士钊在《论翻译名义》等文中,将 logic 定名为"逻辑",于是"逻辑文"之说广为流行。章士钊与严复的不同在于,严复只是翻译了西方逻辑的学术著作,并非有意识地将逻辑文作为一种文体提出,而章士钊则把逻辑文当作一种文体来做,以至于当时人提到逻辑文就想到章士钊。章太炎对政论文有自己独到的见解,他的理想文章是魏晋文,他的政论文也是以魏晋文为准则。按照章太炎的说法,好的政论文要做到"四有":有度、有序、有理、有采。有度即有规则法度、有自己的看法,不随波逐流;有序是结构严谨;有理是推理严密;有采是有文采、有修饰。胡适说章士钊有太炎的谨严与修饰而没有他的古僻,是准确的,因为他融入了更多西方现代政论文的要素。梁启超的报章新文体虽然开一代风气,对青年很有魔力,但文体并不成熟,老派文人诋其为"野狐",章太炎所谓"观其流势,洋洋缅缅,实不过数语"。[②] 陈子展称这种新文体也有"浮薄,叫嚣,堆砌,缴绕,种种毛病",[③] 梁启超本人也有所意识,所以在《新民丛报》之后,他的风格逐渐趋于朴实严谨。而章士钊逻辑文的出现,可以说是对新文体弊端的一次矫正,因此胡适说他条理堪比梁启超,而没有他的堆砌。章士钊之所以能够补救新文体的弊端,一是借鉴西方逻

① 胡适:《五十年来中国之文学》,《胡适文集》(3),北京:北京大学出版社,1998 年,第 234 页。

② 章太炎:《论式》,《国故论衡》,上海:上海古籍出版社,2003 年,第 82 页。

③ 陈子展:《中国近代文学之变迁》,上海:上海古籍出版社,2013 年,第 76 页。

辑文之优长，一是继承中国传统古文理论之精华。与桐城派尊崇韩愈不太一样的是，他推崇柳宗元的文辞峻洁，与桐城派的雅洁稍有不同，他在“洁”的基础上又综合了魏晋的文采。即便是他的“洁”与桐城派也不完全一样，而有一种逻辑的精练，也就是胡适说的“欧化”的古文。但这种逻辑文也没有流行多久，就让位于胡适们的白话文，究其原因，胡适总结为两条：一是不太容易看懂，二是与现实人生交涉太少。

把严复和林纾的翻译、谭嗣同和梁启超的议论文章、章太炎的述学文章和章士钊的政论文章，合并为一组，称为“古文范围以内的革新运动”，是胡适的创举，显示了其开阔的学术视野。他以白话文为现代文学之正宗，以上四类只是古文到白话文的准备和过渡。这四派虽有差别，但都与桐城派古文关系密切，是古文为了适应时代变化而作出的内部变革。这显示桐城派在当时的不足，也充分证明古文在变革面前并非那么保守，也是积极在寻求变革，只不过是缓慢的变革或者局部的改良，不像新文化运动如此彻底，甚至有点矫枉过正。他们失败的原因，胡适认为主要还是复古，文章里既没有我，也没有人，与人生关联太少，所以是少数人的贵族文学，是死文学或半死的文学。总体而言，胡适在这个时候对桐城派的评价还是比较公允的，比新文化运动时期也更客观，即看到其向新文学过渡的意义与价值，也洞悉其最终没有被历史选择的弊端。从后来学术发展来看，胡适对桐城派的评价几乎成为一种标准，经常被引用，周作人的《中国新文学的源流》、朱自清的《经典常谈》，都有对胡适观点的继承与延续，而今人谈论桐城派及其文论主张更是绕不开胡适。

小　结

新文化运动时期，桐城派遭受有史以来最严厉的批判，被称为“桐城谬种”，最终一蹶不振，走向衰微。平心而论，胡适一生对桐城派及其理论的评价，除文学革命时期的激烈之语外，大多时候还算公允，既指陈其弊端，也承认其价值，并给予基本的定位。桐城派的衰微，一方面是其自身的问题，一方面是时代革命的需要。晚清已降，社会变化迅速，桐城派不能适应社会的发展，再加上空疏的毛病，受到批判是自然的。胡适时代与梁启超时代虽然都是以批判为旗帜，但又不同，梁启超只是清学系统内部的批判，胡适们则是以一个新时代取代一个旧时代；梁氏虽言革命，实为改良，胡氏虽言改良，实乃革命；梁氏也倡白话，但只是开启民智的工具，胡氏则是要建立一个白话时代；梁氏是以旧开新，胡氏是以新代旧。胡适的主要理由其实就一个：应用，若不适合社会应用，自然要出局。胡适的理论根据是进化论，不符合时代进化，自然被淘汰。胡适的历史主义，虽然并不怎么符合历史原则，但历史最终还是选择了他们。因为它顺应了整个社会和时代变革的要求，适应了大众对知识文化的渴望。胡适们通过轰轰烈烈的白话文运动，不仅批判了桐城派及其代表的封建文化，同时把中国社会带入现代。白话与文言，不仅是两种语体、两套思维逻辑，也是两种价值评判体系。周策纵说："从'五四'时代起，白话不但在文学上成了正宗，在一切写作文件上都成了正宗。这件事在中国文化思想、学术、社会和政治等方面都有绝大的重要性，对中国人的思想言行都有巨大的影响。在某些方面看来，也可以说是中国历史的一个分水岭……这无疑是胡适对中国文化的最大贡献。"[①]从此，中国文化正式进入现代，语言和文化都不再只是属于某个阶层，而是更多的人群参与其中。当然，文学革命和白话文运动的弊端也不容忽视，当代传统文化精神的缺失和现代诗文的苍白，胡适们难辞其咎。他们的斩钉截铁虽然扭转了中国文化的历史进程，但也使得中国现代文化特别是文学建立在一个荒漠的基础上。而面对汹涌的西方语言和文化的冲击，中国现代文学和文化几乎无力还击，更多时候只是亦步亦趋拾人牙慧，造成所谓文化"失语"。白话文运动已历百年，反观当年的烽烟战火，白话文胜利了，成为流通语言，但并没有取得理想的文学成绩。按照胡适的说法，如果没有白话文学支撑，白话文运动并不算真正成功。一切都还须接受历史检验。

---

① 周策纵：《胡适对于中国文化的批判与贡献》，《胡适与近代中国》，台北：时报文化出版公司，1991 年，第 319 页。

第五章

疏通致远——徐复观对桐城派文论之承接

徐复观(1903～1982),原名秉常,字佛观,后由熊十力更名为复观,取义《老子》"万物并作,吾以观复"。湖北省浠水人,现代新儒家的代表人物之一。和其他几位新儒家比较起来,他的特质不在于理论上形而上学的建构,而在"文史哲之间"。[①] 他不仅是一位哲人思想家,还是一位成就卓越的文艺理论家。徐复观自小就与文学结缘,[②]他的很多作品在文艺理论界享有盛誉。他的文学思想主要体现在《中国文学论集》、《中国文学论集续编》等作品中。细读他的文论著述,经常会发现来自传统理论的影响,尤其是桐城派文论往往构成他主要的理论参照和学术背景。徐复观不是桐城人,也不属桐城派,但他的学术思想与桐城派却有着深厚的渊源。胡晓明在《中国千年文学的守灵人》一文中提出,"徐复观是 20 世纪真正具有丰厚本土资源

---

① 韦维:《徐复观思想与现代新儒学发展学术讨论会纪要》,《武汉大学学报》,1996 年第 2 期,第 128 页。

② 第一次是 8 岁童蒙读书时,老师出题"日入",他以"而息"对答,凭此提前开始练习作文。第二次是 12 岁读高小,凭借一篇《学而时习之》的文章,受到老师们的称赞,超过当地知名文人徐味三。第三次是在高小读书期间,私自参加了县中学的招考,以第一名的成绩受到县长表扬。第四次是湖北国学馆入学考试时,他的作文试卷被阅卷的国学大师黄侃评为第一名。第五次是湖北的几位老先生(王季芗、刘凤章、黄翼生等),都认定他会成为古文的能手。(以上诸事参见徐复观《我的父亲》、《我的母亲》、《我的教书生活》等文。)

又兼思想家与文学家于一身的成功人物”。[①] 这是确论。通过梳理徐复观的文论作品,我们可以发现,桐城派文论是徐复观文学思想的主要本土资源。徐复观如何省思、评价桐城派,他对桐城派文论又有怎样的承接与延展,都是值得深入探讨的问题。

第一节　桐城派是中国文学史崇高一席

桐城派是清代最大的文学流派,徐复观和桐城派之间渊源颇深。他的好友胡秋原曾说:“新文学运动前,中国文学界是桐城派世界。他在湖北师范与国学馆读书,对桐城文有修养。”[②] 对于桐城派,徐复观自己有一段明确的描述:

> 从民国十五年起,受当时革命浪潮的冲击,一直到民国三十四五年,我完全摒弃了线装书,尤其是摒弃了宋明理学和桐城派的古文……现在,进入到我心灵最深的,却是我过去所摒弃最力的宋、明这批人格主义的思想家。并且十多年来,也慢慢地重新了解所谓桐城派古文,在中国文学史中必然要占崇高的一席。我之所以用“重新”两个字,说来真是惶恐,原来我在二十一二岁以前,湖北的几位老先生,也是我的恩师——王季芗、刘凤章、黄翼生、李希如、孟晋祺诸位老先生,都认定我会成为此中的能手。[③]

这段文字主要涉及两个方面:其一是徐复观对桐城派的总体评价,称其“在中国文学史中必然要占崇高的一席”。徐氏不是站在桐城派立场,也不是站在桐城派之外去评桐城派,而是

---

① 谢永鑫:《“徐复观与20世纪儒学发展”海峡两岸学术研讨会综述》,《孔子研究》,2004年第2期,第109页。

② 胡秋原:《回忆徐复观先生》,《徐复观教授纪念文集》,台北:时报出版公司,1984年,第32页。

③ 徐复观:《中国文学精神·序一》,上海:上海书店出版社,2006年,第1页。

把它放在中国文学史的宏阔背景下来评价，认为其应该有崇高的一席。仅就清代文学史而言，徐复观对桐城派也有个评价，他认为："有清一代，真正对文学下了一番苦功，真正能够了解文学的，只有桐城派及其旁支的这一序列。"[①]这都是非常高的评价，看看比较通行的几部中国文学史就可以知道。1904 年林传甲的《中国文学史》并没有为桐城派设独立的章节，1918 年谢无量的《中国大文学史》为桐城派设立单独章节，1932 年郑振铎的《中国文学史》有意回避不谈桐城派。1947 年林庚的《中国文学史》虽然目录提到，但正文评价不高。1962 年中科院和 1964 年游国恩编的《中国文学史》，对桐城派的评价都很低。1996 年章培恒的《中国文学史》中没有桐城派的章节，评价不高。直到 1999 年袁行霈的《中国文学史》有专门一节，也有相对客观的评价，认为桐城派古文理论体系严密，切合古代散文发展格局，"其规模之大，时间之久，为我国文学史所少见"。[②] 相比之下，60 年代的徐复观能够有如此瞻高瞩远的眼光，不只是对桐城派有实在的感情，也体现他敏锐的学术洞察力和判断力。难怪胡晓明后来称赞他的文学思想"比茅盾、鲁迅更有中国本源，更有价值贞定，更明朗乐观"。[③]

其二是徐复观与桐城派的渊源关涉。徐氏对桐城派古文有一个接受—摒弃—再接受的正反合的过程。1927 年之前，徐复观对桐城派的接受主要是指武昌 10 年求学期间遇见两位优秀的国文老师，一位是武昌省立第一师范的陈仲甫，一位是湖北国学馆的王葆心。徐复观评价陈先生："对桐城派文章功力很深，讲得也非常好。"[④]而王葆心对他影响更大，不仅教导学业，还资助衣食。他曾为王先生写过传记，念念不忘恩师的深

---

① 徐复观：《中国文学精神》，上海：上海书店出版社，2006 年，第 223 页。

② 袁行霈：《中国文学史》(4)，北京：高等教育出版社，2003 年，第 425 页。

③ 胡晓明：《中国文论的乡愁》，《浙江大学学报(社科版)》，2006 年第 1 期，第 21 页。

④ 李维武编：《徐复观文集》(1)，武汉：湖北人民出版社，2002 年，第 290 页。

厚情谊:“余从先生问业于国学馆,先生辄周其衣食,所以期望之者至殷且厚。乃数十年来,奔走生计,习业百无一成;且坐视先生之志业,零替殆尽;现手中所存者,仅先生所著《古文辞通义》。”[①]1952年,徐复观在台湾辗转得到《古文辞通义》,视为珍宝,与同学成惕轩一道刊印,使后人得窥其容。[②] 1950年之后,在熊十力影响下,徐复观从政坛逐渐回归学术之路,并进行中国文学方面的研究,遂重新捡起久违的《古文辞通义》,曾经摒弃的桐城派也重新进入他的心中,并获得一个崇高的席位。[③]

王葆心(1867~1944),字季芗,是清末民初的著名学者,对经史、文学、教育学均有甚深造诣,而用力最勤、成就最精者当推前期的古文理论和后期的方志学。徐复观从其授业时,王氏为当时古文研究名家,其《古文辞通义》与姚永朴的《文学研究法》都是文章学专著,在业内享有盛誉,徐复观也常把两部作品并列同陈。[④] 当时文坛和古文大家像马其昶、姚永朴、林琴南、陈衍、陈澹然等都一致予以好评,林琴南甚至称赞“百年无此书”。[⑤] 从著书理念看,在清末西学东渐背景下,王葆心著书的目的主要是为了探讨文章之法,振兴古文,保存国粹,对抗西潮,可谓与桐城派完全一致。从文章学观念看,王葆心以儒家为本位,总体尚用经文,推崇义法与雅洁,尤重曾国藩,亦与桐城派一致。[⑥] 从理论的特征看,王葆心广罗众说,融汇群言,择要荟萃,这些都对徐复观产生深远影响。徐复观不仅把握桐城派古文精义,并进而窥见中国学术的生命和内在价值,为以后

---

① 徐复观:《中国知识分子精神》,陈克艰编,上海:华东师范大学出版社,2003年,第35页。

② 成惕轩:《古文辞通义后序》,王葆心:《古文辞通义》,台北:中华书局,1965年。

③ 可参阅徐复观《中国文学精神》的三个序言,上海:上海书店出版社,2006年。

④ 徐复观:《中国文学精神》,上海:上海书店出版社,2006年,第223页。

⑤ 王葆心:《古文辞通义原序》,王水照:《历代文话》(8),上海:复旦大学出版社,2007年,第7034页。

⑥ 吴伯雄:《〈古文辞通义〉研究》,2009年复旦大学博士论文,第65页。

学术研究打下基础。尤其是每当探讨文学问题时，经过王葆心整合后的古文理论，尤其是桐城派文论更是成为他的首选学术资源和主要理论参照。

第二节　桐城派文论与《文心雕龙》的暗合

桐城派是近古文章学的大宗，《文心雕龙》是中古文章学的巨擘，很少有人把两者联系到一起，而将两者联系起来研究首推徐复观。徐氏一方面通过恩师王葆心，熟悉桐城派及相关古文理论；另一方面与《文心雕龙》研究颇有渊源。中国近代《文心雕龙》研究滥觞于刘师培、黄侃在北京大学讲授《文心雕龙》，特别是黄侃的《文心雕龙札记》影响深远。徐复观早年在武昌攻读期间，曾亲自聆听黄侃讲授《文心雕龙》，后又在台湾东海大学开设《文心雕龙》课程，撰写了大量深度研究文章，并受到高度评价。[①] 在徐氏的系列龙文中，有两篇长文《文心雕龙的文体论》和《中国文学中的气的问题——〈文心雕龙·风骨〉篇疏补》均是很重要的成果，文章一经刊发，引起海内外“龙学”界和文论研究者的广泛关注和持续讨论。[②] 两篇文章虽是研究《文心雕龙》，但都与桐城派文论关系密切，不仅论证时大量援引桐城派的观点，最后结语也都归结到桐城派，这不能不引发人们对桐城派和《文心雕龙》之间关系的思考。概而言之，徐复观主

---

① 张少康在综述20世纪《文心雕龙》研究时给予其高度评价，“台湾五六十年代在理论上很有深度、并有自己独到见解的《文心雕龙》研究文章，当推研究中国古代思想史和艺术史很有成就的东海大学的徐复观教授”。（张少康：《文心雕龙研究·导言》，武汉：湖北教育出版社，2001年，第12页。）

② 1959年6月，徐复观发表《文心雕龙的文体论》，在台湾学界引起争议。20世纪后半叶，王梦鸥、虞君质、廖宏昌、龚鹏程、颜昆阳等学者均著有商榷文章，徐生前亦有多篇文章回应。内地学界，如2001年张少康、汪春泓、陶礼天合著《文心雕龙研究史》，2004年王守雪的博士论文《人心与文学：徐复观文学思想研究》，2008年姚爱斌的《论徐复观〈文心雕龙〉文体论研究的学理缺失》，2008年童庆炳的《〈文心雕龙〉“循体成势”说》，2012年李建中的《龙学的困境——由“文心雕龙文体论”论争引发的方法论反思》，2014年童庆炳的《〈文心雕龙〉“体有六义”说》等，对徐文皆有评论。

张桐城派文论和《文心雕龙》之间有“某些地方暗合”。[①] 我们尝试以两篇长文为主，分别从文体论和文气论两个方面来讨论徐先生的观点。

一、桐城派对《文心雕龙》文体论的承接

王守雪在徐复观文学思想研究中提出，《文心雕龙的文体论》是在“对桐城派文学理论的检讨较量中进行构建的”，[②]这是知言。不管是从论据或是从结论来看，徐复观总是与桐城派理论相结合，桐城派文论既是他论证的参照，也是他理论的归宿。虽然徐氏该文某些观点存在武断和疏陋之嫌，[③]但也不能否认其见解的深邃和对思想的启发。罗宗强、詹福瑞、吴承学等在进行古代文体论研究时都不同程度吸收了徐氏的思想，[④]童庆炳在讲授《文心雕龙》时也吸收了徐氏观点，[⑤]张少康主编的《文心雕龙研究》(《20世纪中国学术文存》)也收入徐复观文体论的主体部分，[⑥]这都表明徐氏观点的积极意义。尤其是徐复观最后把《文心雕龙》与桐城派联系起来，打通古今文体论，使得该文具有深远的意义。由于徐氏的文体论与他人理解不尽相同，所以论证之前先要了解徐氏文体论的基本内容。

徐复观把《文心雕龙》的文体分解为三个层面，或三个次元，即：体裁(体制)、体要和体貌，它们有高低之分，又相互依赖，相互制约：

---

① 徐复观：《中国文学精神》，上海：上海书店出版社，2006年，第223页。

② 王守雪：《人心与文学：徐复观文学思想研究》，郑州：郑州大学出版社，2005年，第101页。

③ 比如把“文体”和Style含义等同、对前人文体研究的集体否定等，许多先行研究都有提及。

④ 姚爱斌：《论徐复观〈文心雕龙〉文体论研究的学理缺失》，《文化与诗学》，2008年第2期，第108～109页。

⑤ 童庆炳：《〈文心雕龙〉“体有六义”说》，《湖南社会科学》，2014年第4期，第187页。

⑥ 张少康：《文心雕龙研究》，武汉：湖北教育出版社，2001年，第389～407页。

> 文体既是形相，则此种由语言文字之多少所排列而成的形相，乃人所最易把握到的，这便是一般所说的体裁或体制。但仅有这种形相，并不能代表作品中的艺术性，所以“体裁”之体是低次元的，它必须升华上去，而成为高次元的形相，这在《文心雕龙》，又可分为“体要”之体与“体貌”之体。体要之体与体貌之体，必须以体裁之体为基底；而体裁之体，则必在向体要与体貌的升华中，始有其文体中艺术性的意义。体要与体貌，如后所述，可以说是来自文学史上的两个系统。但体要仍须归结到体貌上去。所以若将文体所含的三方面的意义排成三次元的系列，则应为体貌—体要—体裁的升华历程。有时体裁可以不通过体要，而径升华到体貌。体貌是“文体”一词所含三方面意义中彻底代表艺术性的一面。[①]

文体三个要素关系中，最基础的是体裁，也就是语言文字的排列而成的形相，是最容易把握的，是文体的低次元。但是单独的体裁没有意义，只是一堆孤立排列的文字，必须升华到体要、体貌，才有艺术性的意义。当然也可以越过体要，直接升华为体貌，体要也必须升华为体貌，三个次元就是一个依次升华的过程。文体三个要素既相互独立，又相互统一，由低到高共同构成文章的文体。姚爱斌对徐氏文体层次升华说提出质疑，认为其没有给出具体的升华步骤和内在机制。[②] 笔者以为，姚氏理解不符合徐氏原意，也没有理解徐氏“升华”一词的含义。徐氏的“升华”实际上是一种艺术性的加工，体裁和体要只有经过加工才能生成艺术性的体貌。从徐氏的论述可以看到，刘勰的文体论，不像今天说的文学体裁那么单一，而是拥有丰富的蕴含，它既是文学内容和形式的统一，又是文学艺术性和实用性的统一，同时又突出强调文学之所以为文学的质的规定

---

① 徐复观：《中国文学精神》，上海：上海书店出版社，2006 年，第 161～162 页。

② 姚爱斌：《论徐复观〈文心雕龙〉文体论研究的学理缺失》，《文化与诗学》，2008 年第 2 期，第 111～112 页。

性，即文学的艺术性。

(一)桐城派"义法"对《文心雕龙》"体要"的承接

"体要"和"体貌"作为文体的两个层面，既是各自独立的，又是相互统一的，徐复观在讨论"体要"时，常与"体貌"相提并举：

> 若以体貌之体是来自楚辞的系统，则站在刘彦和的观点说，体要之体是来自五经的系统。若以体貌之体是以感情为主，则体要之体是以事义为主。若以体貌之体是来自文学的艺术性，则体要之体是出自文学的实用性。若以体貌之体是通过声采以形成其形相，则体要之体是通过法则以形成其形相。上篇中从"史传"到"书记"，多是以体要之体为主。后来古文家所主张的义法，实际是继承此一系统而发展的。[①]

这里不仅指出"体要"与"体貌"的不同，而且提到"体要"与"义法"的承继关系。在徐氏的另一篇《文心雕龙》研究文章中，他再次提及此论，并进一步细化，他说：

> 《文心雕龙·征圣》篇首次出现"体要"一词，实际等于桐城派所标"义法"的"义"，指的是文章的内容，此处的"体"字可能是作动词用，"体要"是合于题材所包含的要点。[②]

义法是桐城派的核心理论，把"义法"与《文心雕龙》明确联系起来，这在文论史上是第一次。王守雪肯定徐氏提法的意义，但也"颇有疑问"，[③]可惜他没有给出明确论证，本书尝试予以证明。

---

① 徐复观：《中国文学精神》，上海：上海书店出版社，2006年，第167～168页。

② 徐复观：《中国文学精神》，上海：上海书店出版社，2006年，第225页。

③ 王守雪：《心的文学——徐复观与中国文学思想经脉的疏通》，2004年华东师范大学博士论文，第78页。

在具体解释“体要”时，徐复观提出其产生的背景和理论内核，他说：

> 之所以提出“体要”，正是为了矫正当时过于重视体貌所产生的流弊……观彦和“宜体于要”之言，似将此处之“体”字作动词用，体要即法于要点，或合于要点之意……体要之体系由理或事所形成的……在议对这类文章中，能把握题材之要点，适应题材之要求，即系能体于要，而达到体要之体。例如论说及说理之文，就是以义(理)为主。[①]

综合徐复观所论，要点有四：其一，“体要”来自儒家五经系统。其二，“体要”是由理或事形成，“体要”即体于要，把握题材要点，适应题材要求。其三，“体要”是矫正之前过于重视体貌的流弊。其四，“体要”等于“义法”之“义”。其中第一点是“体要”之根源，第二点是“体要”之含义，第三点是“体要”之产生背景，第四点是“体要”与“义法”之关系。那么，刘勰《文心雕龙》的“体要”是否确如徐氏所论，与桐城派“义法”之“义”相合呢？

古文“义法说”为方苞首倡，他在《史记评语·十二诸侯年表》中说：“《春秋》之制义法，自太史公发之，而后之深于文者亦具焉。义即《易》之所谓‘言有物’也，法即《易》之所谓‘言有序’也。义以为经而法纬之，然后为成体之文。”[②]方苞把义法与《周易》结合起来，认为“义”就是“言有物”，那么何谓“言有物”？方苞在评价归有光时曾说，其古文“言有序”尚好，“而有物者，则寡焉”，而“寡”的原因是“袭常缀琐，虽欲大远于俗言，其道无由”，[③]也就是说方苞的“言有物”并非指日常生活琐事。在《杨千木文稿序》一文中，他说：“古之圣贤，德修于身，功被于万物，故史臣记其事，学者传其言，而奉以为经，与天地同流。其下如

---

① 徐复观：《中国文学精神》，上海：上海书店出版社，2006年，第168～169页。

② 方苞：《史记评语》，《方望溪全集》，北京：中国书店出版社，1991年，第426页。

③ 方苞：《书归震川文集后》，《方望溪全集》，北京：中国书店出版社，1991年，第58、57页。

左丘明、司马迁、班固，志欲通古今之变，存一王之法，故纪事之文传。荀卿、董傅守孤学以待来者，故道古之文传。管夷吾、贾谊达于世务，故论事之文传。凡此皆言有物者也。”[①]也就是说，“言有物”主要是关于圣贤事功，在《答申谦居书》中他进一步指出：“若古文，则本经术而依事物之理，非中有所得，不可以为伪。由是观之，苟志乎古文，必先定其祈向，然后所学有以为基，匪是，则勤而无所。若夫左、史以来相承之义法，各出之径途，则期月之间可讲而明也。”[②]在《古文约选序例》中，他明确提出：“盖古文所从来远矣，六经、《语》、《孟》其根源也。”[③]不难看出，方苞的“言有物”强调的实际上是古文的学识修养，只有学养深厚，才能言之有物。而他所说的学养主要来自五经系统和秦汉古文的主张。正是继承了韩愈以来“行之乎仁义之途，游之乎诗书之源”的古文传统，强调作家的思想道德修养，把立身与笃学看作从事古文创作的前提和基础，这与徐氏观点也基本一致。如何才能够“本经术而依事物之理”，当然只有通过学，他在《书删定荀子后》说：“抑吾观周末诸子，虽学有醇驳，而言皆有物。”[④]可见“有物”主要决定于学。这与徐复观的看法不谋而合，徐氏认为作为体要的事义“决定于学”。[⑤] 方苞不仅在理论上主张学，且身体力行。他本人曾删减《宋元经解》，精通三礼之学，专研《春秋》、《周官》，著有《周官集注》12 卷、《周官析疑》40 卷、《仪礼析疑》17 卷、《礼记析疑》40 卷、《春秋通论》4 卷、《春秋直解》12 卷、《春秋比事目录》4 卷等，可谓学养丰厚。重视学养是古文兴起的原因之一。

---

① 方苞：《杨千木文稿序》，《方望溪全集》，北京：中国书店出版社，1991 年，第 300～301 页。

② 方苞：《答申谦居书》，《方望溪全集》，北京：中国书店出版社，1991 年，第 81 页。

③ 方苞：《古文约选序例》，《方望溪全集》，北京：中国书店出版社，1991 年，第 303 页。

④ 方苞：《书删定荀子后》，《方望溪全集》，北京：中国书店出版社，1991 年，第 18 页。

⑤ 徐复观：《中国文学精神》，上海：上海书店出版社，2006 年，第 229 页。

从产生背景看，徐复观说《文心雕龙》之"体要"是矫正之前过于重视体貌的流弊，而桐城派方苞提出义法理论的目标之一也正是对晚明以来士林空疏不学之风的反叛，这尤其体现在从属于义法理论的"雅洁说"上。如果说洁是一种简，那么雅则是一种古，所谓"清真古雅"。方苞的"雅"主要是就文辞的雅驯妥帖、不俚不俗而言。如果行文引喻凡猥、辞繁而芜、句佻且稚者，都属不雅的范围，应予以避免。在文学批评实践中，方苞坚持去俚远俗的雅驯标准。他说：

> 南宋、元、明以来，古文义法不讲久矣。吴、越间遗老尤放恣，或杂小说，或沿翰林旧体，无一雅洁者。古文中不可入语录中语、魏、晋、六朝人藻俪俳语、汉赋中板重字法、诗歌中隽语、南北史佻巧语。[①]

南宋之后，词、曲、小说等俗文学有了较大的发展，讲佛说道的释家语、语录体也广泛流行。这些文类与诗、古文交叉、渗透，相互影响，共同存在，归有光等人的纪传性散文就有相当浓厚的小说气息。方苞提出雅驯的标准，列举古文中不可入语录中语、佛氏语、佻巧语、藻俪俳语、隽语，具有纠偏与矫正之意。语录体、佛氏语为讲经论道的体式，尤其是唐以后僧人说佛传道之作，往往直录师语，流于鄙俗。魏晋六朝人藻丽俳语，汉赋中铺陈繁华，诗歌中丽句隽语，皆有悖于质而不芜的单行古文特征。南北史语多佻巧，谐而不庄，也与古文不类。将此类语言摒弃于古文之外，恢复古文温文尔雅、远离鄙俗的语言传统。

综上所述，不管是从"义法"产生的背景、"义法"理论的根源，还是从"义法"的基本理论内涵、与《文心雕龙》之"体要"思想的基本一致来看，徐氏所谓"体要"与"义法"相通的观点，不余欺也。

（二）"无体之体"，姚鼐对《文心雕龙》"体貌"的承接

唐代的古文运动，为了挽救前代骈文卑弱之风而提倡学养

---

① 沈廷芳：《书方望溪先生传后》，《方苞集》，上海：上海古籍出版社，1983年，第890页。

和文章的实用性，是有意义的。但也引发了相应的弊端，用徐复观的话说，因为古文是承六经系统而来，强调道德实用性，“实用性的要求超过了艺术性的要求”，[①]某种程度上艺术性要求被弱化了。也就是说，体要之体的意识压倒体貌之体的意识，由此造成古文系统中观念上对艺术性体貌的弱化，后来唐宋元明的古文家几乎都是如此，一直到方苞在理论层面几乎都没有很大改观。而在具体的文学创作方面，却又呈现另一种状况。因为任何一篇好文章，其体要都必然会升华为体貌，韩愈、柳宗元等古文家的很多文章都是这方面的典范。徐复观认为这种观念上不重体貌而事实上重视体貌的状况，到姚鼐时开始转变。[②] 姚鼐在《古文辞类纂序目》中说：

> 凡文之体类十三，而所以为文者八：曰神、理、气、味、格、律、声、色。神、理、气、味者，文之精也；格、律、声、色者，文之粗也。然苟舍其粗，则精者亦胡以寓焉？学者之于古人，必始而遇其粗，中而遇其精，终则御其精者而遗其粗者。文士之效法古人，莫善于退之，尽变古人之形貌，虽有摹拟，不可得而寻其迹也。其他虽工于学古，而迹不能忘，扬子云、柳子厚，于斯盖尤甚焉，以其形貌之过于似古人也。[③]

姚鼐继承了刘大櫆的文体精粗说，并且阐发得更加细致完善。徐复观以为，姚鼐突破了方苞的义法（体要），进而谈到形貌。他所举的为文者八，即构成文章形貌的八种因素，神、理、气、味，乃构成形貌之精；格、律、声、色，乃构成形貌之粗。学习古人，首先要有形貌之粗，然后才能通于形貌之精，最后遗粗遇精，舍形存神。所以徐复观评价姚鼐的观点“与刘彦和的意思

---

① 徐复观：《中国文学精神》，上海：上海书店出版社，2006 年，第 208 页。

② 徐复观：《中国文学精神》，上海：上海书店出版社，2006 年，第 208 页。

③ 吴孟复、蒋立甫：《古文辞类纂评注》，合肥：安徽教育出版社，2004 年，第 18 页。

并无出入”。[①] 在《海愚诗钞序》中，姚鼐曰：“文之雄伟而劲直者，必贵于温深而徐婉。”其中“温深”和“徐婉”都属于姚鼐所言的“形貌”，也是刘勰所谓的“文体”。在《答翁学士书》中，姚鼐曰：“意与气相御而为辞，然后有声音节奏高下抗坠之度，反复进退之态，彩色之华。故声色之美，因乎意与气而时变者也，是安得有定法哉?”这里的“度”、“态”、“华”即刘勰的“文体”；“声色”即刘勰的“体貌”，而姚鼐所谓“声色之美”随意气而变化的看法，与刘勰《风骨》、《通变》篇之大义相合。然而由于时代所限，刘勰把握的“体貌”，主要是指文章的声色方面，而姚鼐更进一步，除声色之外，还提出了神、理、气、味，徐复观称赞其“直凑单微，达到了‘无体之体’的极谊，此乃文体论的一大发展”。[②] 也就是说，某种程度上，姚鼐完善了刘勰的文体论。

桐城派文章一直是雅洁有余，文采不足。姚鼐深知文章之道，在《古文辞类纂》中提出八条目，并特设辞赋类，包括提出“义理、考证、文章”三统一的观点，都是学习骈文重视文章艺术性的长处，使古文声色更加生动丰富起来的体现。极力突出文学的艺术性，是姚鼐对文体论的重要贡献。徐复观看到了姚鼐的用心，并把他与《文心雕龙》的体貌观念结合起来，给予高度评价。徐氏也曾把《文心雕龙》下篇重新归纳组合，分为几项：“核心”(体性、事义)、“根源”(神思、养气)、“实际”(风骨、隐秀)、“纲领”(通变、定势)、“语言”(情采)、“结构”(熔裁、章句、练字、指瑕、附会)、“声律”(声律、丽辞)、“外缘”(物色、比兴、夸饰)、“总结”(总述)。[③] 虽然标准不同，但从整体来看，“不难发现与姚鼐所论相通的迹象”。[④] 徐复观对古文家和姚鼐的推崇之意毋庸讳言，而对乾嘉学派从阮元到刘师培和其师黄侃却看

---

① 徐复观：《中国文学精神》，上海：上海书店出版社，2006 年，第 208 页。

② 徐复观：《中国文学精神》，上海：上海书店出版社，2006 年，第 209 页。

③ 徐复观：《中国文学精神》，上海：上海书店出版社，2006 年，第 194～195 页。

④ 王守雪：《心的文学——徐复观与中国文学思想经脉的疏通》，2004 年华东师范大学博士论文，第 88 页。

不起，认为他们以骈文对抗古文，“不能洞彻声色之源，可谓固陋之极”。[①] 当然，由于对骈文的不满，姚鼐也并不认同他所谓的形貌就是六朝人的文体，所以徐复观说桐城派和《文心雕龙》的理论是暗合的。

通过对徐复观研究的疏通，不难发现，徐复观不仅对《文心雕龙》文体论有不同的理解，而且将《文心雕龙》与桐城派联系起来，实现中古与近古文体论的对接。针对当时文学理论界对文体观念的研究状态，他希望借此可以把文学从语言和考据的深渊，特别是乾嘉学派以来那些只顾语言而不顾义理的表面考据中解救出来，对文学作更为正常的研究，为建立中国现代的文体论作奠基尝试。

二、桐城派对《文心雕龙》文气论的大明

徐复观在《中国文学中的气的问题——〈文心雕龙·风骨〉篇疏补》一文中提出：“文气之说，得古文家而大明。”这是该文的结语，说明他的《文心雕龙》研究并非局限于《文心雕龙》本身。而是在中国文学史的框架下，试图打通中国文学从《文心雕龙》到桐城派文气论的通道，尤其是对《文心雕龙》与桐城派文气关系的辨析，颇具卓识，多发前人之所未发。为了论证徐氏的观点，先要简述一下他的《文心雕龙》文气观。

徐复观认为“气”不是物理的，也不是心理的，而是指“人身生理的综合作用，或由综合作用发生的力量。换言之，气即由生理所形成的生命力”。[②] 那么这里的“综合作用”，是谁“综合”谁，谁“作用”谁？徐氏认为是“以道德理性，涵养生命中的生理作用”，也就是通常所谓的“养气”。中国人常说的“浩然之气”，即：“道德理性与生理作用合而为一以后，生理作用向精神升华

---

① 徐复观：《中国文学精神》，上海：上海书店出版社，2006 年，第 209 页。

② 徐复观：《〈孟子〉知言养气章试释》，《中国思想史论集》，上海：上海书店出版社，2004 年，第 122～123 页。

的精神现象。"[①]徐氏思想的来源，主要是对"血气"一词的体认。他认为，文学研究上讲到的气，都是指"血气"，[②]刘勰在《文心雕龙·体性》中所说的"才力居中，肇自血气"，便是对这一传统的继承。"血气"原本指血液和气息，后来发展演化为一个"气"字，但其由生理引发的作用没有改变。徐复观的生理综合论，摆脱了以阴阳论气的形而上倾向，而是从形而下之血气入手，同时他又不局限于形而下，辅之以道德理性的提升，所以徐复观理解的"气"，可以说是形而中。正是通过对"气"的生理和心理的双重性理解，徐氏把"气"作为连接文艺与人的通路。

最早明确探讨文学与气关系的是曹丕的《典论·论文》。徐复观认为，从曹丕到刘勰，文体的根源由"气"发展到"情性"。刘勰在《文心雕龙·体性》篇中说："若夫八体屡迁，功以学成。才力居中，肇自血气。气以实志，志以定言。吐纳英华，莫非情性。"刘氏以为，文学创作出于"情性"，而"情性"包括三个要素：才、气、志，其中气是生理的，志是理性的，才是由内而外的，三者关系中，气是基础，才、志是理性的照明。所以文体不仅是单纯的生命力，还有心智、理性的作用，"神居胸臆，而志气统其关键"。刘勰的理论比曹丕确实更完全，解答了只凭气不能创造文学的问题，而必须辅之以理性的才与志。他一方面把情性分为三个要素，才、气、志三位一体，另一方面又把气分为刚柔两种，所谓"才有庸俊，气有刚柔"。比起曹丕的气之"清浊有体"，刚柔更能够见出气之分别，徐复观主张《风骨》篇就是论述气之刚柔对文体的影响的，同时"为后来古文家以阴阳刚柔论文之本"。[③]

(一)融合古文家思想的风骨论

理解风骨，自然要从《风骨》篇入手，该篇集中论述风骨的

---

① 徐复观：《中国文学精神》，上海：上海书店出版社，2006年，第104页。

② 徐复观：《中国文学精神》，上海：上海书店出版社，2006年，第104页。

③ 徐复观：《中国文学精神》，上海：上海书店出版社，2006年，第110页。

主要是开头和结语部分：

> 诗总六义，风冠其首，斯乃化感之本源，志气之符契也。是以怊怅述情，必始乎风；沉吟铺辞，莫先于骨。故辞之待骨，如体之树骸，情之含风，犹形之包气。结言端直，则文骨成焉；意气骏爽，则文风清焉。若丰藻克赡，风骨不飞，则振采失鲜，负声无力。是以缀虑裁篇，务盈守气，刚健既实，辉光乃新，其为文用，譬征鸟之使翼也。故练于骨者，析辞必精；深乎风者，述情必显。捶字坚而难移，结响凝而不滞，此风骨之力也。若瘠义肥辞，繁杂失统，则无骨之征也；思不环周，索莫乏气，则无风之验也……赞曰：情与气偕，辞共体并。文明以健，珪璋乃聘。蔚彼风力，严此骨鲠。才锋峻立，符采克炳。

“风骨”到底指何意，诸家众说纷纭，其中影响最大最流行的还是黄侃的“风即文意，骨即文辞”之说。[①] 他认为：“文之有意，所以宣达思想，纲维全篇，譬之于物，则犹风也。文之有辞，所以摅写中怀，显明条贯，譬之于物，则犹骨也。必知风即文意，骨即文辞，然后不蹈空虚之弊。”[②]其后范文澜在《文心雕龙注》中进一步阐发此说，周振甫、牟世金、王运熙等也持相近观点。虽然黄侃是徐复观的老师，徐氏早年从其学过《文心雕龙》，但他还是坚持黄侃的解释是有问题的。他认为风、骨都与文意有关，也都与文辞有关，而黄侃理解有误的原因恰恰是反理学、反古文，他说：

> 黄先生本人的文章清劲流丽，但因其反理学、反古文之成见甚深，故其《札记》除《总术》篇论证文笔问题，能突破阮元以来之谬说，特可见其卓识外，凡对有关键处的解释，多未能与原文相应，尤以《原道》、《风

① 张少康：《刘勰及其〈文心雕龙〉研究》，北京：北京大学出版社，2010年，第137页。

② 黄侃：《文心雕龙札记》，周勋初导读，上海：上海古籍出版社，2000年，第101页。

骨》、《定势》诸篇为甚。[1]

徐复观的说法并非个人猜测，而是源于黄侃的老师章太炎的说法："阮芸台妄谓古人有文有辞，辞即散体、文即骈体，举孔子《文言》以证文必骈体，不悟《系辞》称辞，亦骈体也。刘申叔文本不工，而雅信阮说。余弟子黄季刚初亦以阮说为是，在北京时，与桐城姚仲实争，姚自以老耄，不肯置辩。"[2]章氏说法涉及骈散之争，骈散之争始于唐代，在清代主要体现为骈文派与古文派之争，黄侃倾向骈文派，桐城派属于古文派，两者互有论争。黄侃在《文心雕龙札记》里对桐城派多有批判，周勋初、汪春泓和许结对此皆有考辨。周勋初认为黄侃的批判"或因囿于当时学派之间的门户之见"，[3]汪春泓称黄侃是对桐城派宣战，[4]许结主张黄侃的《文心雕龙札记》和刘师培的《中国中古文学史讲义》"在某种意义上就是针对《文学研究法》而编写的"。[5]黄侃对古文确有成见，对风骨的理解也不够准确，现在学界普遍认为，风、骨与情、辞有关，但并不是情、辞本身，刘勰也只是说"辞之待骨"、"情之含风"、"情与气偕，辞共体并"而已。

徐复观批评其师黄侃的风骨理解"反古文成见甚深"，而他的风骨论却处处与古文家思想相融合，体现出一种古文家的风骨论。这主要表现在两个方面：其一，《文心雕龙》开唐代古文运动之先河；其二，以古文家理论丰富《文心雕龙》风骨理论。这都是前人罕有言及，我们逐一辨析。

通常所谓古文，可以泛指古代的散文，但作为文体类型的古文则应始于唐代，它是针对骈文和时文而兴起。李兆洛称：

---

① 徐复观：《中国文学精神》，上海：上海书店出版社，2006年，第111页。

② 章太炎：《文学略说》，《国学讲演录》，上海：华东师范大学出版社，1995年，第242～243页。

③ 周勋初：《周勋初文集》(6)，南京：江苏古籍出版社，2000年，第17页。

④ 汪春泓：《论刘师培、黄侃与姚永朴之〈文选〉派与桐城派的纷争》，《文学遗产》，2002年第4期，第23页。

⑤ 许结：《姚永朴与〈文学研究法〉》，《古典文学知识》，2010年第1期，第18页。

“自唐以来始有古文之目，而目六朝之文为骈俪。”[1]包世臣谓：“唐以前无古文之名。北宋科举业盛，名曰时文；而文之不以应科举者，乃自目为古文。”[2]韩愈说得更清楚：“愈之为古文，岂独取其句读不类于今者耶！思古人而不得见，学古道则欲兼通其辞。通其辞者，本志乎古道也。”[3]古文不只要取代骈文和时文，还要复兴古道。所以从一开始，古文与骈文就是对立的。当古文运动从唐宋发展到明清，已经建立了一个完整的传承统绪，由秦汉左马到唐宋八家到桐城派，六朝被搁置在外。虽然古文家未必不看《文心雕龙》，[4]但骈散之争无疑为当时文学主流。唐代古文运动兴起的原因，研究者多从反六朝骈文角度立论，而与《文心雕龙》直接联系起来，实乃徐氏创见。

徐复观提出《文心雕龙》在很多地方“实开唐代古文运动先河”的理由有两个：一是刘勰著书的目的在于“总结过去文学发展的成效，更欲救当时由于过重藻饰而来的文体卑靡之穷”；二是刘勰论文时“较重视气的问题”。[5] 首先看第一点，徐氏认为《文心雕龙》除了总结为文之规律，还要挽救当时为文之弊。刘勰生于骈文鼎盛之时，他既看到骈文的特点和长处，也见到其发展过程中出现的过分追求辞藻文体纤弱的问题。他在《序志》篇云：“去圣久远，文体解散，辞人爱奇，言贵浮诡，饰羽尚画，文绣鞶帨，离本弥甚，将遂讹滥……于是搦笔和墨，乃始论文。”这与徐氏看法是一致的。再看第二点，刘勰论文不仅重视气，而且构筑了一个由血气—志气—辞气组成的理论体系，把

---

① 李兆洛：《骈体文钞序》，《骈体文钞》，上海：商务印书馆，1937 年，第 34 页。

② 包世臣：《雩都宋月台古文钞序》，《艺舟双楫》，上海：上海大陆图书公司，1925 年，第 104 页。

③ 韩愈：《题欧阳生哀辞后》，《韩昌黎文集校注》，马其昶校注，上海：上海古籍出版社，1986 年，第 304～305 页。

④ 比如姚鼐，自幼受学于其叔父姚范，而姚范《援鹑堂笔记》就有《文心雕龙》之评论，其弟子方东树《昭昧詹言》、刘开《刘孟涂诗文集》亦有相关评论，其好友袁枚《随园诗话》也有对《文心雕龙》的征引、评论，所以姚鼐没有读过《文心雕龙》的可能性极小。

⑤ 徐复观：《中国文学精神》，上海：上海书店出版社，2006 年，第 111～112 页。

人的生理之气、心理之气和文章之气有机统一起来，他在《体性》中的“才力居中，肇自血气。气以实志，志以定言”一句可以说是他文气论的纲领，后来郭晋稀评价说：“《文心雕龙》所论，无处不与文气相关联，故刘勰也是主张文以气为主的，不过他更发展了曹丕之说，使它成为根深叶茂的文气论了。”[①]寇效信也说：“曹丕文以气为主的学说，是中国古代文论中文气论的滥觞。经历三百年之后，刘勰在《文心雕龙》中建立了系统而完整的文气论。”[②]可见徐氏所言不假。而以上两点也与唐代古文运动主张极为吻合，以韩愈为首的唐代古文运动文起八代之衰，力挽六朝浮靡之风，其“气盛言宜”说被古文家奉为圭臬，所以徐复观才提出《文心雕龙》开唐代古文运动先河。但流行的说法更强调唐代古文运动与六朝的排斥性，称他们是越过六朝直接先秦两汉之文统，这个观点可以追溯到宋祁的《新唐书·文艺传序》，他主张：“大历、贞元间，英才辈出，擩哜道真，涵泳圣涯，于是韩愈倡之，柳宗元、李翱、皇甫提等和之，排逐百家，法度森严，抵轹晋、魏，上轧汉、周，唐之文完然为一王法，此其极也。”[③]后世理论家对此普遍接受，但这并不完全符合事实。虽然韩愈说过“非三代两汉之书不敢观，非圣人之志不敢存”，但他对六朝骈文也颇有好感，对王勃的骈体《滕王阁序》曾大加赞赏（《新修滕王阁记》）；姚鼐弟子刘开说得更清楚：“夫退之起八代之衰，非尽扫八代而去之也。但取其精而汰其粗，化其腐而出其奇，其实八代之美，退之未尝不备有也。”[④]其实，在对待六朝骈文方面，唐宋和桐城派古文家大多兼容并包，既去其短又取其长，而徐氏的发现正好洞察了两者的潜在关连。

徐复观对风骨的理解受到魏晋人物品藻启发，提出风骨是

---

① 《文心雕龙》学会编：《文心雕龙学刊》（第六辑），济南：齐鲁书社，1992 年，第 280 页。

② 《文心雕龙》学会编：《文心雕龙学刊》（第六辑），济南：齐鲁书社，1992 年，第 281 页。

③ 欧阳修、宋祁：《新唐书》，北京：中华书局，2000 年，第 4387 页。

④ 刘开：《与阮芸台宫保论文书》，《刘孟涂集》，道光六年姚氏刻本，第 350 页。

“气的两种不同仪态”，[①]也就是“气在文章中的两种不同作用，及由这两种不同作用所形成的文章中两种不同的艺术的形相”。[②] 具体来说，他认为，风的内容主要是指作者的感情，作者感情的鼓荡成为文章的鼓荡，文章的鼓荡又影响读者的鼓荡，此即风之化感作用。刘勰提出“述情必显”，徐复观认为，这当然不是说感情需要直截了当地说出，而是指“把感情原有活动之姿在文字上表现了出来，使读其文者，即能与作者原有感情活动之姿相照面”，这样感情就活了，这也正是风要达到的效果。而要实现这一效果，文字的技巧亦必不可少，正面的意见就是“结响凝而不滞”。其中“结”是连缀，“响”是声调，“凝”是盘踞，“滞”是停滞，“结响凝而不滞”就是声调于文中顿挫盘旋，鼓荡跃动。而实现这一目标的途径，徐复观提出必须借助虚词的使用，他说：

> 虚字在文章中的艺术性，是表达作者的口气，几乎都关乎到感情、情绪，因而形成文章中某程度之风的。[③]

这些刘勰都没有说，而是徐复观根据古文家的理论补充发明。无独有偶，关于虚字对于文章声音、节奏等艺术性的影响，与徐复观一样接受古文教育的朱光潜也曾经提及，他在《散文的声音节奏》中说：“古文讲究声音，原不完全在虚字上面，但虚字最为紧要。”[④]由此可见，以虚字论文章艺术性确为古文家文论之要义。徐氏观点主要源自其师王葆心之《古文辞通义》，王氏在《古文辞通义》中引黄本骥之言曰：“左史之文，风神跌宕，

---

① 徐复观：《中国文学精神》，上海：上海书店出版社，2006年，第114页。

② 徐复观：《中国文学精神》，上海：上海书店出版社，2006年，第112页。

③ 徐复观：《中国文学精神》，上海：上海书店出版社，2006年，第118页。

④ 朱光潜：《散文的声音节奏》，《朱光潜全集》(4)，合肥：安徽教育出版社，1988年，第221页。

开阖抑扬，入神入妙，全在一二虚字中。”[①]虚字虽无实义，然与行文口气有关，而口气受感情喜怒哀乐之变化的影响，因而形成文章风的某种效果。关于虚字的妙用，刘大櫆在《论文偶记》中曰“文必虚字备而神态出”，神态即风也。

相对于风的内容指感情，徐复观主张骨的内容是事义。事义就是骨的主要内容，表面看来好像与气无关，实则不然，事义决定于志，而“气以实志”，志由辞发，志、才、辞三位一体，而气灌注其中。事义的表达自然也离不开文字，刘勰要求“结言端直，则文骨成焉”、“练于骨者，析辞必精”、“捶字坚而难移”。其中，“结言端直”是文词严正简洁，“析辞必精”是核字省句，两者一起最终达到“捶字坚而难移”的效果。要达到这一理想，徐复观主张：“从文字技巧上说，在于实字的锻炼。”[②]这又是他根据古文家理论的又一补充发明。其师王葆心引谢视侯之言曰：“实字求义理。虚字审精神。”[③]通过实字的锻炼，言辞精约，事义毕现，骨气顿生。风骨携带生命的感性与理性，借助气的流贯，生成文章的生命节奏和艺术性格。刘勰主要通过文采与声调两个方面表现文字之美：“若丰藻克赡，风骨不飞，则振采失鲜，负声无力。”（《风骨》）文字本是无情之物，再通过与情性的结合生成艺术之美，所谓“声与心纷”（《声律》）；“文采所以饰言，而辩丽本于情性。故情者文之经，辞者理之纬；经正而后纬成，理定而后辞畅”（《情采》）。依靠气的承载作用，刘勰把主体的情性与客体的声采联系起来，后来古文家的理论与此不谋而合。[④] 韩愈《答李翊书》中说：“气，水也；言，浮物也；水大而物之浮者大小毕浮。气之与言犹是也，气盛则言之短长与声之高下

---

① 王葆心：《古文辞通义》，王水照：《历代文话》(8)，上海：复旦大学出版社，2007年，第7581页。

② 徐复观：《中国文学精神》，上海：上海书店出版社，2006年，第122页。

③ 王葆心：《古文辞通义》，王水照：《历代文话》(8)，上海：复旦大学出版社，2007年，第7586页。

④ 徐复观：《中国文学精神》，上海：上海书店出版社，2006年，第128页。

者皆宜。”[1]徐复观以为，韩愈的“言”即刘勰的“采”和“声”；韩愈的“浮”即刘勰的“振”和“负”；韩愈的“气盛则言之短长与声之高下者皆宜”，即刘勰文章生命的节奏和艺术性格。而曾国藩所谓的“奇辞大句，须得瑰玮飞腾之气，驱之以行”亦与刘勰之意相属。

纵观徐复观对风骨的解释，以《风骨》篇为基础，但又不局限于《风骨》，甚至不局限于《文心雕龙》，而是结合当时的文化环境和中国文学史的大背景来思考，以气贯穿始终，把风、骨理解为气的两种不同仪态，同时又与古文家的理论相结合，以古文家的文论丰富《文心雕龙》的风骨论，在古文与骈文之间建立起一条可以通约的逻辑线索。

（二）桐城派对刘勰文气说的接续

桐城派虽然很少言及《文心雕龙》，但其理论多有与之相合处。徐复观在探讨《文心雕龙》文气思想时，主要从三个方面论及桐城派对《文心雕龙》的接续，它们分别是气与声、气与学、气与养。

1. 气与声

气贯文字，何以有风骨之感？彦和曰“声含宫商，肇自血气”，气不可见，而声可闻，所以论文言及声韵即是论气，正所谓“是以声画妍蚩，寄在吟咏，滋味流于字句，气力穷于和韵”。王葆心在《古文辞通义》中曰：“感人之深在乎声，不在乎义。”亦与刘勰之义同，声之所以感人，在于与情感相通。虽然唐宋到明清不断有关于声气的零星论述，但徐复观认为，把气与声的关系说得最精切的还是刘大櫆的《论文偶记》：

> 神气者，文之最精处也；音节者，文之稍粗处也；字句者，文之最粗处也。然论文而至于字句，则文之能事尽矣。盖音节者，神气之迹也；字句者，音节之矩也。神气不可见，于音节见之；音节无可准，以字句准之。

---

[1] 韩愈：《韩愈全集》，上海：上海古籍出版社，1997年，第177页。

> 音节高则神气必高，音节下则神气必下，故音节为神气之迹。①

刘海峰不仅继承刘勰的声气理论，并有所丰富发展，他具体论述了神气、音节与文字三者之间的关系，以及通过诵读体味神气的步骤方法，使得过去更多通过悟性理解的东西变得切实可行。由于刘氏的精到论述，后来"因声求气"就成了桐城派的家法，被古文家世代承袭。姚鼐、梅曾亮、曾国藩、张裕钊、吴汝纶和王葆心等都有论及，张裕钊在《答吴至甫书》里说："欲学古人之文，其始在因声以求其气，则意与词往往因而并显，而法亦不外是矣。"②

2.气与学

气是生理的生命力，但要形成文艺的风骨还须与才、志相结合。才、志、气三者关系，气受志的统帅，志要借才以显。而志与才都必须借助学，才能够充实扩展，所以气必须与学结合才能真正完成在文艺中的作用。学的具体内涵是什么，刘勰有一段话："若夫熔铸经典之范，翔集子史之术，洞晓情变，曲昭文体，然后能孚甲新意，雕画奇辞。昭体故意新而不乱，晓变故辞奇而不黩。若骨采未圆，风辞未练，而跨略旧规，驰骛新作，虽获巧意，危败亦多。""熔铸经典"和"翔集子史"说的是文章的内容，"洞晓情变，曲昭文体"说的是文章的形式，两者结合才能形成有意义的创作。徐复观认为有意义的创作，一定是"骨与才相圆融，风与辞相熟练"。③ 何以故？因为情性与事理只有得才力方能充分表现，文辞只有凭借才力方可真正练达，否则就是刘勰所谓"骨采未圆，风辞未练"。所以徐复观说，气与学密不可分，"古文家非常重视气，也无不非常重视学"。④ 像韩愈在

---

① 刘大櫆：《论文偶记》，北京：人民文学出版社，1959年，第6页。

② 张裕钊：《答吴至甫书》，《张裕钊诗文集》，上海：上海古籍出版社，2007年，第84页。

③ 徐复观：《中国文学精神》，上海：上海书店出版社，2006年，第132页。

④ 徐复观：《中国文学精神》，上海：上海书店出版社，2006年，第132页。

《答李翊书》里面说的“行之乎仁义之途，游之乎诗书之源，无迷其途，无绝其源，终吾身而已矣”。吴汝纶在《与杨伯衡论方刘二集书》中说：“夫文章以气为主，才由气见者也。而要必由其学之浅深，以觇其才之厚薄。”[①]徐氏认为吴汝纶的观点可以和刘勰互相发明，[②]但他没有提方苞是个缺憾，因为桐城派最强调学的是方苞。方苞的义法说，实际就是强调古文的学识修养。

3. 气与养

重视气自然重视养气，刘勰继承了中国传统的养气思想，并专设《养气》篇。其养气理由，徐复观总结为两条：一是作文时用力太过会伤生，二是作文时由养气酝酿文机的成熟，否则劳力气短，文机壅塞。在刘勰之后，骈文家并不太重视气，而古文家却特别重视气，个中原因，首先，徐复观认为：“因为古文运动的兴起，本在救由骈文而来的文体卑弱之弊，使其能挺拔飞动，这便会特别重视气。”[③]与古文不同，骈文的艺术性主要体现在文辞的色泽。色泽既是骈文之长，亦是骈文之短，长在于体现文学的艺术之美，短在于过分强调辞藻的华美而忽略内容。古文运动兴起，正是矫正骈文之弊，“以声调的变化，代替色泽的华美”，而声与气连，于是气对于古文家比骈文家就显得更为重要。其次，徐复观也认为：“气之行于散文中者，较之行于骈文中者，实容易而显著。”[④]骈文本也重视声调，沈约四声说即是代表，但骈文的声调受限于骈文对仗规矩的格式，其能够表达气之和，却不能表达气之变，所以骈文家不是由气决定文章节奏，而是由固定的文章节奏决定气的抒发。这样一来，骈文的

① 吴汝纶：《吴汝纶全集》(1)，施培毅、徐寿凯校，合肥：黄山书社，2002年，第359页。

② 徐复观：《中国文学精神》，上海：上海书店出版社，2006年，第133页。

③ 徐复观：《中国文学精神》，上海：上海书店出版社，2006年，第137页。

④ 徐复观：《中国文学精神》，上海：上海书店出版社，2006年，第137页。

气就显得卑弱，而徒剩文辞。正是基于此，方见出古文兴起之重要意义。王葆心在《古文辞通义》中曰："气盛则声必奇，然奇不徒奇，必有偶以行奇，而奇乃得势……奇偶属声，偶则滞，奇则行一足之夔，通身之神力注焉。"[①]偶是字句对称，奇是不对称，不对称则更富于变化。骈文讲究对偶，古文倾向变化，变化更容易满足气的自由抒发和生命力的灌注，从而形成自己的节奏。正是在这个意义上，徐复观说："若说骈文的节奏多是外铄的，则散文的节奏多是内发的，是直接由气而来。"[②]

古文家重视气当然也重视养气，从韩愈到苏辙再到宋濂、侯方域等都有大量论述，韩愈的"行之乎仁义之徒，游之乎诗书之源"就是以儒家人格修养来养气，比刘勰的养气内容更为丰富，刘勰的养气还是有道家玄学的意味。徐复观以为，唐宋明清的古文运动，都带有儒学复兴的意味，从韩愈重视养气工夫就可以看出。这既体现徐氏新儒家的学人本色，也符合古文运动的实质。苏辙继承韩愈的养气思想，在《上枢密韩太尉书》中曰："文者气之所形。然文不可以学而能，气可以养而致。"明宋濂在《文原》中云："人能养气，则情深而文明，气盛而化神，当于天地同功也。"清代养气说，以桐城派为宗。刘大櫆于《论文偶记》中曰："行文之道，神为主，气辅之。曹子桓、苏子由论文，以气为主，是矣。然气随神转，神浑则气灏，神远则气逸，神伟则气高，神变则气奇，神深则气静，故神为气之主。至专以理为主，则未尽其妙。"[③]徐氏认为刘大櫆的"神"和刘勰《文心雕龙·神思》的"神"是一致的，"指文学心灵的活动而言"，[④]是志、情、理的融合统一，又有赖于气的鼓荡之力，所以神与气密不可分。刘大櫆论文以气为主，神又主气，神气并举，立说周延。按照刘大櫆的意思，养神、养气只是一事。

---

① 王葆心：《古文辞通义》，王水照：《历代文话》(8)，上海：复旦大学出版社，2007年，第7595～7596页。

② 徐复观：《中国文学精神》，上海：上海书店出版社，2006年，第137页。

③ 刘大櫆：《论文偶记》，北京：人民文学出版社，1959年，第6页。

④ 徐复观：《中国文学精神》，上海：上海书店出版社，2006年，第140页。

明清古文以桐城派为盛，桐城派古文到姚鼐始大。姚鼐主张以阴阳刚柔之气论文："吾尝以谓文章之原，本乎天地。天地之道，阴阳刚柔而已。苟有得乎阴阳刚柔之精，皆可以为文章之美。阴阳刚柔并行而不容偏废，有其一端而绝亡其一，刚者至于偾强而拂戾，柔者至于颓废而阉幽，则必无与于文者矣。然古君子称为文章之至，虽兼具二者之用，亦不能无所偏优于其间。"[①]徐氏以为姚鼐文气论"实质上只是风骨说法的扩大"，[②]但是他不满意姚鼐把气之刚柔扩大到天地阴阳上，套上形而上学的架子，没有实际价值。其实这只是徐复观自己不喜欢形而上，姚鼐把气论追溯到天地本源，无可厚非。徐氏以为姚鼐关于气和养气的观点，主要以《古文辞类纂序目》和《答翁学士书》为主。尤其是《答翁学士书》有一段话："故诗文美者，命意必善。文字者，犹人之言语也。有气以充之，则观其文也，虽百世而后，如立其人而与言于此，无气则积字焉而已。意与气相御而为辞，然后有声音节奏高下抗坠之度，反复进退之态，彩色之华。故声色之美，因乎意与气而时变者也。"徐复观认为，姚鼐强调意气相御对文章声色之美的影响，和刘勰的观念是相通的。[③] 刘大櫆突出的是养神，姚鼐突出的是养意，都是从不同层面来丰富发展刘勰的养气思想。

综上所述，桐城派几代人的有关论述与《文心雕龙》文气论都有一定程度的暗合，并有发展。不管是对风骨的理解，还是对气与声、气与学、气与养之间关系的探索，桐城派都有自己的创发与体认。气与声的关系，主要是刘大櫆、曾国藩等人对《文心雕龙》的发展；气与学的关系，则吴汝纶对《文心雕龙》的丰富；气与养的关系，体现为刘大櫆和姚鼐对《文心雕龙》的延伸。所以徐复观认为，刘勰的文气理论，因桐城派古文家而昌明。通过徐氏细致的梳理分析，不仅中国传统的文气思想有了一个

---

① 姚鼐：《惜抱轩全集》，北京：中国书店出版社，1991 年，第 35 页。

② 徐复观：《中国文学精神》，上海：上海书店出版社，2006 年，第 141 页。

③ 徐复观：《中国文学精神》，上海：上海书店出版社，2006 年，第 141 页。

清晰的发展脉络，而且把桐城派与《文心雕龙》勾连起来。

桐城派的文气论和《文心雕龙》既有联系，也有所不同。徐复观认为他们最大的不同在于，“后世古文家言文气，是以气势为主”。[①] 气势，即气在文中的运行，是文章生命灌注之力，桐城派对此多有阐发。刘大櫆曰：“古人行文至不可阻处，便是他气盛。”[②]曾国藩说：“古人之不可及，全在行气。”[③]林纾曰：“文之雄健，全在气势。”[④]古文家口中的“行气”，也是说气的灌注之力。而刘勰言气，注重气形成之力对文章艺术性体貌的影响。比较而言，体貌是静的形相，气势是动的形相。古文家因为重视文章的气势，而相对忽视文章的色泽，于是在体貌的艺术性上多少会有些缺憾。徐复观通过古文家和《文心雕龙》的文气关系之比较，一方面解释了桐城派于文气论上的发明与扩展，另一方面也解释了桐城派在艺术性上偏弱的理论根源。桐城派古文之得在气，之失也在气。

徐复观探讨《文心雕龙》文气论时，虽然能够与桐城派的文论相贯通，但也有些地方值得商榷。他认为，有清一代真正了解文学的只有桐城派及其旁支，包括姚永朴的《文学研究法》和王季芗的《古文辞通义》，“其中有许多与《文心雕龙》的某些地方暗合，但他们没有接上《文心雕龙》已经提出的许多明确概念和系统”。[⑤] 应该说，这段话只讲对了一半，桐城派虽然没有接上《文心雕龙》的文论传统，但已意识到这个问题。姚鼐的叔父姚范，其弟子方东树、刘开都有相关评论。特别是刘开，对《文心雕龙》评价极高：“至于宏文雅裁，精理密意，美包众有，华耀九光，则刘彦和之《文心雕龙》，殆观止矣。”[⑥]他甚至把刘勰与韩

---

① 徐复观：《中国文学精神》，上海：上海书店出版社，2006 年，第 143 页。

② 刘大櫆：《论文偶记》，北京：人民文学出版社，1959 年，第 4 页。

③ 曾国藩：《曾国藩全集：日记》，长沙：岳麓书社，1994 年，第 950 页。

④ 林纾：《春觉斋论文》，北京：人民文学出版社，1959 年，第 76 页。

⑤ 徐复观：《中国文学精神》，上海：上海书店出版社，2006 年，第 223 页。

⑥ 刘开：《与王子卿太守论骈体书》，《刘孟涂集》，道光六年姚氏刻本，第 424 页。

愈并称，分别为散体与骈体之宗师，"然彦和之生，先于昌黎，而其论乃能相合；是其见已卓于古人，但其体未脱夫时习耳"！[①]可惜的是，刘开英年早逝，他的文论思想没有受到足够的重视。姚永朴《文学研究法》的体例，据其门人张玮记述："发凡起例，仿之《文心雕龙》。"[②]许结评价该书："姚永朴的目的就是弘扬自《文心雕龙》以来所建构的'文体论'思想。"[③]汪春泓也认为："此书引用《文心雕龙》十分密集，足见姚氏以刘勰为凌驾于桐城派之上的文论宗师，而以《文心雕龙》为文论圭臬，也正体现姚氏借《文心雕龙》来修正提升桐城文论的努力。"[④]综合诸家观点来看，姚永朴不但注意到《文心雕龙》，而且有所学习借鉴。而林纾《春觉斋论文·述旨》也说："《论衡》及《抱朴子》与《文心雕龙》，为最古论文之要言。"[⑤]细读文本，不难发现，从内容到形式，桐城派末期已经自觉地在学习《文心雕龙》，并通过《文心雕龙》的理论来丰富、发展桐城派文论。当然，他们目的很明确，是丰富桐城派文论，而非发展《文心雕龙》理论，所以桐城派只与《文心雕龙》暗合，而没有实现真正的理论承接。至于暗合的原因，徐复观分析可能由于骈散和汉宋之争。[⑥] 乾嘉学派的汉学家喜欢六朝骈文，自然推崇《文心雕龙》，但他们又反对宋明理学及桐城派古文，所以桐城派古文家就不太喜欢骈体的《文心雕龙》，他们之间就相互隔膜起来。桐城派尊奉古文为文章正宗，从一开始就建立了从归、方直接唐宋古文而上溯秦汉的文统，六朝骈文被排斥在统绪之外。从唐宋八大家到方苞、刘

---

① 刘开：《书文心雕龙后》，《刘孟涂集》，道光六年姚氏刻本，第426页。

② 姚永朴：《文学研究法·前言》，北京：商务印书馆，1916年。

③ 许结：《姚永朴与〈文学研究法〉》，《古典文学知识》，2010年第1期，第20页。

④ 汪春泓：《论刘师培、黄侃与姚永朴之〈文选〉派与桐城派的纷争》，《文学遗产》，2002年第4期，第20页。

⑤ 林纾：《春觉斋论文》，北京：人民文学出版社，1959年，第42页。

⑥ 徐复观：《中国文学精神》，上海：上海书店出版社，2006年，第223页。

大櫆、姚鼐等，都对其避而不谈，[①]姚鼐在《古文辞类纂序目》中明确表达了这个意向："古文不取六朝人，恶其靡也。"[②]黎庶昌曾将姚鼐文论的要义归纳为："循姚氏之说，屏弃六朝骈丽之习，以求所谓神理、气味、格律、声色者，法愈严而体愈尊。"[③]也同样说明摒弃六朝是桐城家法的重要内容，后来学者的研究也佐证了徐复观的主张。[④]

第三节　桐城派义法与《史记》精神的会通

徐复观是现代著名思想史家，尤精于两汉思想史，而研究汉代思想史很难不涉及《史记》。另外，作为一位心系中国文学命脉并且长期执教《史记》的大师，他对《史记》更是情有独钟。据吴福助统计，徐著3卷本百万余字的《两汉思想史》，其中引用《史记》达700次以上，而在第三卷中更有《论〈史记〉》(8万余字)、《史汉比较研究之一例》(5万余字)两篇长文。他留下的眉批读书笔记《史记札记》，凡5万余字。据吴先生研究，徐复观通读《史记》全书至少在4次以上。[⑤] 徐复观对《史记》的热情由此可见一斑。而作为一位对桐城派古文有所传承的文艺理论家，桐城派与《史记》的关系也时常流露其字里行间。在《论〈史记〉》的"前言"中，徐复观有一段扼要论述：

然《史记》行世后，正如司马贞《索隐·序》所言："比与班《书》，微为古质，故汉晋名贤，未见知重。"班

---

① 该结论以杨明照的《增订文心雕龙校注》(中华书局，2000年)之附录"品评"、"采摘"、"引证"等为据。

② 吴孟复、蒋立甫：《古文辞类纂评注》，合肥：安徽教育出版社，2004年，第18页。

③ 黎庶昌：《续古文辞类纂序》，上海：世界书局，1936年。

④ 参见曹虹的《清嘉道以来不拘骈散论的文学史意义》(《文学评论》，1997年第3期，第112页。)和张法的《美学的中国话语：中国美学研究中的三大主题》(北京师范大学出版社，2008年，第219页。)。

⑤ 吴福助：《从〈史记札记〉看徐复观先生的治学方法》，《东海大学徐复观学术思想国际研讨会论文集》，1992年，第328页。

彪《史论》指疵于前，刘知几《史通》摘瑕于后……此书之见重，始自韩愈以下的古文家，至明归震川、清方望溪而特著。然据凌稚隆《史记评林》所录，仅仅摭挦于字句之间，不由史之内容以领会文之奇茂，既不关系于史，实亦无与于文。方望溪虽以"义法"一词，绾史与文而一之。然其所谓义法，卑陋胶固，不仅无当于史，实亦无当于文。则此书虽以文而见重，然率皆皮傅细节，买椟还珠之类。实则它的"未见知重"，非因其"微为古质"，而实来自其中所蕴蓄的史学精神，与专制政治的要求，大相径庭；所以东汉明帝已斥史公"非谊士也"（见班固《典引》），后遂指为谤书。中国史学，随专制政治的进展而日以衰落，则此书之不遇，可以说是历史条件使然。[①]

这段文字可以说是徐复观研究《史记》的总纲，每一句话都有其深刻的蕴含与所指。本书不能对徐复观《史记》研究的全部思想进行评述，仅立足于文学，特别是桐城派文学，试图探讨和发掘徐氏眼中《史记》与桐城派的关系，以及桐城义法与《史记》精神的会通之处。结合这一段话和其他相关内容，我们把徐复观关于桐城派与《史记》的关系概括为以下几点：

一、《史记》见重于古文家

世间先有《史记》后有古文家，但直到古文家出现，《史记》才真正受到重视。徐复观说："此书之见重，始自韩愈以下的古文家，至明归震川、清方望溪而特著。"这并非一个简单的论断，而是徐氏长期研究中国思想史和文学史的深刻体认与省察，特别是《史记》见重于唐代古文家的说法，几乎是《史记》研究者们

① 徐复观：《两汉思想史》（第三卷），上海：华东师范大学出版社，2001年，第185～186页。

的共识。[①] 到了唐代,《史记》影响空前,它不仅为史学家所青睐钟爱,也为唐代文学家所称赞歌颂。韩愈、柳宗元倡导古文运动,反对六朝骈俪之风,师法《史记》,推动文体改革,真正奠定了《史记》在中国文学史上的不朽地位,至明归震川、清方望溪而特著,更是徐复观的独到体认,也得到后来研究者的普遍认同。[②] 应该说,《史记》的影响,特别在文学领域的影响,是和唐宋到明清的古文运动分不开的。

《史记》传世以后,虽然不断有人评论,像杨雄、王充、班固、张衡等,但大多都是只言片语,难以成篇。而在唐以前很少有人从文学方面进行专门研究评论的。直到韩柳等人发起古文运动,反对华丽的骈文,高举复古大旗,主张学习先秦和秦汉古文,对《史记》更是赞誉有加。韩愈在《答刘正夫书》中说:"汉朝人莫不能为文,独司马相如、太史公、刘向、扬雄为之最。"[③]《送孟东野序》中亦云:"汉之时,司马迁、相如、扬雄最其善鸣者也。"[④]柳宗元在《报袁君陈秀才避师名书》中也赞赏司马迁之文:"《太史公》甚峻洁,可以出入。"[⑤]在他们的大力推崇下,《史记》的文学性逐渐为更多人所关注。宋代欧阳修、三苏、曾巩、王安石等人继承了韩愈、柳宗元等未竟大业,延续了把以《史记》为代表的西汉文作为源头的古文传统。到了明初,为了迎合统治阶级的歌功颂德,骈文再次泛滥文坛。前后七子再举"复古"大旗,提倡"文必秦汉",主张略过唐宋而直追秦汉,几乎

---

① 详见张新科、俞樟华等《史记研究史及史记研究家》,北京:华文出版社,2005 年,第 79 页;安平秋著《史记通论》,北京:华文出版社,2005 年,第 484 页;贺诗菁:《〈史记〉文学评点研究》,2012 年复旦大学硕士论文,第9 页。

② 张金梅:《"〈春秋〉笔法"与中国文论》,2007 年四川大学博士论文;王守雪:《心的文学——徐复观与中国文学思想经脉的疏通》,2004 年华东师范大学博士论文;冯耐君:《桐城四祖与〈史记〉》,2004 年浙江师范大学硕士论文;禹秀明:《桐城派古文理论与〈史记〉》,2010 年西南大学硕士论文;俞樟华:《桐城义法源于史记》,《史记艺术论》,北京:华文出版社,2002 年。

③ 韩愈:《韩愈集》,卞孝萱、张清华编选,南京:凤凰出版社,2006 年,第 311 页。

④ 韩愈:《韩愈集》,卞孝萱、张清华编选,南京:凤凰出版社,2006 年,第 253 页。

⑤ 柳宗元:《柳宗元集》,北京:中华书局,1979 年,第 880 页。

都因袭模仿，但以失败告终。继之而起的以归有光为代表的唐宋派，上接唐宋八大家的古文传统，强化了古文的独尊地位，归有光一生评点《史记》不下10次。桐城派出现以后，更是将《史记》奉为圭臬。

刘咸炘曾言，清代学者致力于《史记》而用功最深者莫如方苞。[①] 方氏研究《史记》的著作有《方望溪评点史记》4卷、《史记注补正》1卷。另外，《方苞集》还收录了22篇综论《史记》的专文以及"史记评语"50多条。他的"义法"理论也是来自《史记》，他在《古文约选序例》中说："盖古文所从来远矣，六经、《语》、《孟》，其根源也。得其支流而义法最精者，莫如《左传》、《史记》。""序率之文，义法备于《左》、《史》。"[②]刘大櫆引他人话称己是"古之杰魁之士庄周、司马迁复生于世"。[③] 姚鼐在《翰林论》中说："善叙史事若太史公、班固"，又"为纪传者亦多矣，而司马迁、班固为首"。[④] 曾国藩于《送周荇农南归序》中言，"自汉以来，为文者莫善于司马迁"，"司马迁，文家之王都也"。[⑤] 此类论述，在他们的文集里俯拾皆是，不胜枚举。此外，桐城文人还有大量研读《史记》的篇章和著作。除方苞以外，刘大櫆有《读伯夷传》、《读万石君传》、《书荆轲传后》、《泰伯高于文王》等；姚鼐有《晏子不受邶殿论》、《范蠡论》、《伍子胥论》、《李斯论》等，其笔记中还有专论《史记》的部分；曾国藩亦有许多专论《史记》的文字。桐城派其他作家，如王兆符有《史记评》、王又朴有《史记七篇读法》、张裕钊有《史记读本》、吴汝纶有《点勘史记读本》、郭嵩焘有《史记札记》等。

---

① 刘咸炘：《刘咸炘学术论集：史学编》，桂林：广西师范大学出版社，2007年，第3页。

② 方苞：《方望溪全集》，北京：中国书店出版社，1991年，第303～304页。

③ 刘大櫆：《与某翰林书》，《刘大櫆集》（卷三），上海：上海古籍出版社，1990年，第111页。

④ 姚鼐：《惜抱轩诗文集》（卷九），上海：上海古籍出版社，1992年，第136页。

⑤ 曾国藩：《送周荇农南归序》，《曾国藩全集·诗文》，长沙：岳麓书社，1986年，第162～163页。

无论是唐宋八大家、唐宋派还是桐城派,虽然都以《史记》为代表的西汉文作为古文准则,但他们接受《史记》的途径却因时代原因而有所不同。具体地说,唐宋八大家是直接承习《史记》传统,归有光等唐宋派由唐宋八大家入手而进窥《史记》真义,而桐城派作家则从归有光上溯到唐宋八大家,然后再学习《史记》。吴敏树在《与篆岑论文派书》一文中,对方、刘、姚等人与归有光的承传关系作了明确梳理:“今之所称桐城文派者,始自乾隆间姚郎中姚姬传,称私淑于其乡先辈望溪方先生之门人刘海峰,又以望溪接续明人归震川,而为《古文辞类纂》一书,直以归方续八家,刘氏嗣之。”[①]桐城派这种溯源式学习,不仅得以窥见古文之津梁,而且建立了一个从先秦两汉到唐宋到归有光再到桐城派的古文统绪,使得古文有一个清晰的发展承传脉络,而《史记》恰恰是这个脉络和统绪的源头。方苞以“学行继程朱之后,文章介韩欧之间”作为行身祈向,即有双双承接道统、文统之意。所以李长之说:“司马迁是被后来的古文家认为宗师的。其中几乎有着‘文统’的意味。”[②]这与徐复观的观点是一致的。

二、绾史与文和卑陋胶固

徐复观对方望溪“义法”一词的评价,有两个方面:一是绾史与文而一之;二是卑陋胶固,不仅无当于史,实亦无当于文。第一个方面主要讲“义法”的贡献,方苞把史学“义法”引入文学,创立文章学的“义法”理论。第二个方面主要讲“义法”理论的缺陷,于历史于文学皆无当。下面具体论之。

义法是桐城派古文理论最基本的范畴,方苞首倡古文“义法说”。他在《史记评语·十二诸侯年表》中说:“《春秋》之制义法,自太史公发之,而后之深于文者亦具焉。义即《易》之所谓

---

① 王先谦:《续古文辞类纂》(卷十一),上海:世界书局,1936年,第376页。

② 李长之:《司马迁之人格与风格》,北京:三联书店,1984年,第343页。

‘言有物’也，法即《易》之所谓‘言有序’也。义以为经而法纬之，然后为成体之文。”[1]在方苞看来，义法脱胎于孔子之《春秋》，后经太史公发展，演化而为文法。义即“言有物”，法即“言有序”，义与法相合生成文。方苞的义法与春秋义法到底是什么关系，要参看太史公原文：“孔子明王道，干七十余君，莫能用，故西观周室，论史记旧闻，兴于鲁而次《春秋》。上记隐，下至哀之获麟，约其辞文，去其繁重，以制义法……故因孔子史记，具论其语，成左氏春秋……太史公曰：儒者断其义，驰说者骋其辞，不务综其终始，历人取其年月，数家隆于神运，谱碟独记世溢，其辞略，欲一观其要难。于是谱十二诸侯，自共和迄孔子。”[2]徐复观在此段文字下面札记云：

> 此段言孔子作《春秋》，乃世运之所系，学术文化代政治而维系世运也。由个人言，谓之“义”。由政治言，谓之“法”，与“古文义法”不同……孔子因事以见义，则义亦由事而显。故《左氏》具论孔子所语之事实，使事实为义法之所断制……就史对儒者及驰说者之批评观之，乃由教训之意识，转为史学意识之表现。孔子乃匹夫耳，自共和迄孔子，此正表明以文化济政治之穷。[3]

这里徐复观和方苞显然不是在一个层面理解“义法”的。徐复观站在现实人生的角度，说明学术文化与政治的关系，“义法”乃是孔子以文化济政治之穷。而他以个人和政治来分疏义与法，也稍显简单机械。当然他认为义与法是一而二、二而一的互生关系，是非常正确的，而方苞更偏向于把两者分开。方苞将“义”和“法”拆开使用，分别指“言有物”和“言有序”，通过与《易》相连，使得古文义法理论更具经典性和普遍性。至于是否得司马氏原意，并不重要，方苞不过借此表达自己的文学观

---

① 方苞：《方望溪全集》，北京：中国书店出版社，1991年，第426页。

② 司马迁：《史记·十二诸侯年表》，北京：中华书局，1959年，第509页。

③ 徐复观：《史记札记》，《东海大学徐复观学术思想国际研讨会论文集》，1992年，第364～365页。

念和艺术理想。所以徐复观批评方苞卑陋胶固未免有失偏颇。因为春秋义法本身内涵就极其丰富。李建军在《〈春秋〉义法内涵新探》一文中说："《春秋》义法又称《春秋》书法、《春秋》笔法、《春秋》义例、《春秋》书例，它是孔子在整理鲁史而成《春秋》时，继承发展先前史家笔法而形成的编撰方法、思想原则和笔削法度的总称。"[1]李洲良在《春秋笔法的内涵外延与本质特征》中也持同样观点。他认为"春秋笔法"有经法、史法和文法三个层面，三者相互融通，又各自独立。"所谓经法，即惩恶劝善之思想原则与法度，史法是沟通古今的思想原则与法度，文法自然是属辞比事的文章笔法与修辞手法。从史的发展角度看，'春秋笔法'经历了由经法到史法再到文法的发展过程，而文法又贯穿于经法、史法之中。从三者的内质特色上看，经法旨在惩恶而劝善，故求其善；史法旨在通古今之变，故求其真；文法旨在属辞比事，故求其美。"[2]所以从源头来说，方苞的古文义法源于春秋义法是毋庸置疑的。方苞把义法引入文学领域，绾史与文而一之，不但无可厚非，而且是方苞的一个巨大贡献，是方苞对中国文学理论的贡献，也是方苞对春秋义法的创造性理解与运用。

方苞本人十分注重对春秋义法的研习，在《与吕宗华书》中他说："仆幸童稚时，先君子口授经文。少长，先兄为讲注疏大全，择其是而辨其疑。凡《易》之体象，《春秋》之义例，《诗》之讽喻，《尚书》、《周官》、《礼记》之训诂，先儒所已云者，皆粗能记忆。"[3]在《沈编修墓志铭》中云："吾少好柳文，自先生别其瑕瑜，然后粗见古人之义法。及闻《周官》之说，而又知此其可后者也。故奉吾母以归，将毕其余力于斯。"[4]由此可见，方苞对于春秋义例和古人义法都深有研究。钱基博曾经评价方苞："治经深于

---

① 李建军：《〈春秋〉义法内涵新探》，《孔子研究》，2009 年第 5 期，第 28 页。

② 李洲良：《春秋笔法的内涵外延与本质特征》，《文学评论》，2006 年第 1 期，第 93 页。

③ 方苞：《方望溪全集》，北京：中国书店出版社，1991 年，第 78～79 页。

④ 方苞：《方望溪全集》，北京：中国书店出版社，1991 年，第 131 页。

《礼》、《春秋》,治史深于《史记》。”[①]《清史稿·方苞传》也说:“苞为学宗程、朱,尤究心《春秋》、《三礼》,笃于伦纪。”[②]而其后之所以标举义法,以义法为论文之核心,也正是他精研春秋之学、重视春秋义法的必然结果。此外,方苞的义法批评与春秋义法也相互融通,张金梅在《从“〈春秋〉义法”到“义法批评”》一文中总结了两者的共通之处:第一,与春秋义法之重“义”相一致,义法批评也十分重视“义”。第二,与公羊家所强调“措辞多变,不拘一执”之春秋义法相一致,义法批评之“法”也是随“义”而变的。第三,与司马迁所谓“善善恶恶”、“贤贤贱不肖”的春秋义法一致,方苞的义法批评也是包含褒贬美刺的。第四,方苞义法批评与春秋义法相融通最突出的表现是,融春秋义法入义法批评,即直接运用春秋义法术语对具体作品进行评论。[③]

综上所述,方苞对春秋义法是有贡献的,其最大贡献就是徐氏所言的绾史与文而一之,使得义法不只是经法、史法,还是文法。而徐复观说方苞的理论“不仅无当于史,实亦无当于文”,明显有失偏颇。至于说方苞“义法”卑陋胶固,或者买椟还珠之类,自有徐复观的道理,他一贯持论不拘小节,特重大端。贺照田说,因为特殊的政治体验和人生阅历,使得“徐复观在进入历史时,能对政治、制度对思想文化影响之诸问题目光如炬,言之深切当然也就毫不奇怪”。[④] 其实,反过来,对于学术文化在政治历史中的意义,徐复观也同样体验深刻。所以在他看来,春秋义法是大义,而不是小道。方苞仅得小道,过分重视语言字句之腔调与修辞谋篇之技巧,而忽略司马迁之精神情感,以及在史传中所寄托的宏大政治理想与抱负,这是《史记》之大义,亦是史传之真精神。就连姚鼐也说:“望溪所得,在本朝诸贤为最深,然较之古人则浅。其阅太史公书,似精神不能包括

---

① 钱基博:《中国文学史》,北京:中华书局,1993 年,第 949 页。

② 赵尔巽:《清史稿》,北京:中华书局,1977 年,第 10272 页。

③ 张金梅:《从“〈春秋〉义法”到“义法批评”》,《内蒙古社会科学》,2012 年第 1 期,第 163～164 页。

④ 贺照田:《徐复观的晚年定论及其思想意义》,《中国图书商报》,2005 年 8 月 19 日第 B08 版。

其大处、远处、疏淡处及华丽处。止以义法论文，则得其一端而已。”①

三、史传精神提升古文义法

徐复观认为司马迁作《史记》的精神是中国史学的优良传统，是西方史学传统所没有的。他的精神和孔子作《春秋》的精神是一致的，亦即“贬天子、退诸侯、讨大夫”与权威相抗拒的精神，这是孔子作《春秋》的伟大之处，也是《史记》千古不可磨灭的真正价值所在，并非章学诚所说的：“吾则以谓史迁未敢谤主，读之者心自不平耳。夫以一身坎坷，怨诽及于君父，且欲以是邀千古之名，此乃愚不安分，名教中之罪人，天理所诛，又何著述之可传乎？”②在《报任少卿书》中，司马迁以简洁的话语表明自己著史的目的，“欲以究天人之际，通古今之变，成一家之言”。徐复观对这句话进行了细致的疏释和解读。

徐复观主要从三个层面来理解司马迁的“究天人之际”。他认为司马迁所说的天，很容易让人想到董仲舒的“天人感应”的“天”，他们的“天”都可以给人以巨大影响，但实质不同。董仲舒的“天”是理性的，由理性言天，可以言天人感应。司马迁的“天”是非理性的，是一种强加于人身上的神秘力量，非人类理性所能够解释，与人没有感应通路。所以司马迁的“究天人之际”，指的是“划分天与人的交界线”。③ 司马迁要穷究历史上的各种现象，哪些是天的范围，哪些是人的范围，他的“天”实际上相当于“命运之命”。④ 而他的“人”，就是指人类历史上可以用因果关系加以解释的，也就是人类理性所能解释的一切祸福

---

① 姚鼐：《姚鼐文选》，周中明选注，苏州：苏州大学出版社，2001年，第198页。

② 章学诚：《文史通义校注》，叶瑛校注，北京：中华书局，1985年，第221～222页。

③ 徐复观：《两汉思想史》（第三卷），上海：华东师范大学出版社，2001年，第198页。

④ 徐复观：《两汉思想史》（第三卷），上海：华东师范大学出版社，2001年，第199页。

成败，可以称为“历史的必然性”。[1] 但历史运行有的并不是因果所能够解释，还有理性照射不到的幽暗面，这就是司马迁所谓的“天”，可以称为“历史的偶然性”。所以徐复观说，“史公欲究天人之际，即是要把历史的必然性与偶然性划分一个疆界”。[2] 第二个层面，徐复观认为司马迁的“天”是指封建大一统的专制皇帝。[3] 皇权专制是一切理性无法到达之地，是天人之际的决定点，是历史黑暗的总根源。第三个层面，由于天是幽暗无凭、不可信赖的，由此转出人的自由精神，以补天之缺憾。正因如此，才有人的主体性可言，有人格尊严可言，有人道历史可言。所以史公“究天人之际”，与孔子“不知命，无以为君子”的意义一脉相承。综上所述，徐复观从历史理性与非理性、必然与偶然、专制与自由三个角度来理解司马迁的“究天人之际”，在天人之间划出一个大界限，并由此从历史混乱中看出历史之“应然”。这是一切史学家要达到的宏伟目标，也是文学家的终极追求。他们通过自己的笔，将人的生命投入历史洪流，感受历史的偶然与必然，在纷繁复杂的社会万象中，感叹天人之际的无可奈何。

“通古今之变”，简单说就是把握历史古今变化。安平秋等著的《史记通论》认为，“通古今之变”的核心内容就是指通时势之变、兴亡之变、成败之变、穷达之变，[4]这显然很表象化，没有超越具体的历史现象。徐复观认为，变化固然是历史的实体，但是如果在变化中发现不出不变的因素，也就是找不出贯通时间的线索，那么时间皆就成为一段段碎片，无法构成历史。尤其是司马迁作史的目的，是要在古今之变中找出人类前进的大

---

① 徐复观：《两汉思想史》（第三卷），上海：华东师范大学出版社，2001年，第200页。

② 徐复观：《两汉思想史》（第三卷），上海：华东师范大学出版社，2001年，第200页。

③ 徐复观：《两汉思想史》（第三卷），上海：华东师范大学出版社，2001年，第201页。

④ 安平秋：《史记通论》，北京：华文出版社，2005年，第68页。

方向、人类行为的大准则，也就是要追求“变中之常道”。[①] 只有常道才能够作为每个人的立足点，才可以在变中明确变的方向，产生去弊生新之意义，所以“通古今之变”也是“通古今之常”。徐复观认为要把握历史常道，就要求不拘泥于当下，要“把历史拉长了看”，[②]才能看见常道。而且这也是克服西方近代思想中的历史主义，将一切漂浮化、相对化的危机消除。也就是用良心或仁义来决断人类历史的一切价值。面对纷繁复杂的社会现象，文学也离不开文学家的良心。

“成一家之言”，一般探讨的都是具体的方式方法，像自由取舍、微言大义、对话立论、夹叙夹议、直接评说等。[③] 徐复观则越过这些具体方法，而探寻这些方法背后的决定要素。他认为“成一家之言”是史料走向史学的关键因素，这是因为不仅在史料收集时需要历史意识的引导，在材料的辨别和编排上也需要作者的学识和能力。尤其重要的是，徐复观认为，“史学乃成立于今人对古人的邀请之上”。[④] 也就是说，史学的成立在于把活着的人和死了的人连接起来，把历史和现实连接起来，以扩充人生存的深度和广度。凡是今人不邀请的古人，虽有史料，但被遗忘于历史的角落；而今人所邀请的古人，也不是史料自身，而是其所蕴含的各种意义。这些意义必须由作者来发现。意义的深浅与大小，不仅与作者学养有关，而且与人格有关。人格不同则动机不同，动机不同则角度不同，角度不同则着眼点不同，着眼点不同则有不同的选择和意义发现。所以从这个意义上，徐复观说：“凡是值得称为一部史学的著作，必系‘一家之言’。”能成一家之言，方可以成万家之言、万世之言。史学如

---

① 徐复观：《两汉思想史》（第三卷），上海：华东师范大学出版社，2001年，第202页。

② 徐复观：《两汉思想史》（第三卷），上海：华东师范大学出版社，2001年，第212页。

③ 安平秋：《史记通论》，北京：华文出版社，2005年，第74页。

④ 徐复观：《两汉思想史》（第三卷），上海：华东师范大学出版社，2001年，第204页。

是,文学亦如是。[①] 这里徐复观所阐发的史传精神,已经融入很多现代元素,比如民主、独立、自由、批判等,确实是方苞以及桐城派诸家比较薄弱的。虽然他们的文章也有自己的个性特色,但是毕竟时代不同,境界也有高低,取舍也有偏重。桐城派主要还是在叙事方法上借鉴《史记》多一些,超越具体事件的大叙事、大关怀比较欠缺。文学家和哲学家看问题,本有所不同,两者兼善毕竟很难。

四、史学与文学的会归

鲁迅称赞《史记》是"史家之绝唱,无韵之离骚"。《史记》一产生就受到史学家和文学家的关注,史学与文学构成《史记》研究的两个基本向度。徐复观在《史记札记》里,也经常同时从史学和文学两个角度对《史记》展开评论,可见在他那里,史学与文学有许多会通之处。在《论〈史记〉》中,徐复观总结出文学和史学的六大会归之处:[②]第一个特点是,在政治成王败寇和赏荣诛辱的巨大势力浪潮中,以巧妙的手法,透出历史的真实,展现历史的良心。第二个特点是,由小的具体故事把握个性,由个性展现人生。这是史学的最高成就,也是文学的最高成就。第三个特点是,以具体特殊的关键性材料,显露人物精神面貌的特性。第四个特点是,以微言侧笔揭示人与事的真实。第五个特点是,塑造历史中的具体人物,而不是思想中的抽象人物。所谓思想中的抽象人物,是将人物抽象化、单纯化甚至类型化,以符合自己思想的要求。这样一来,不仅历史人物被架空,历史也被架空。而塑造历史中的具体物,其性格行为都受生活限制,有优点也有缺点,善恶分明。史学家当然应该深知历史具体人物,这样的人物也一定具有艺术感染力。第六个特点是,道德因果报应。实际上这是宗教在人文中的一种体现,也可以

---

① 徐复观:《两汉思想史》(第三卷),上海:华东师范大学出版社,2001年,第204页。

② 徐复观:《两汉思想史》(第三卷),上海:华东师范大学出版社,2001年,第246～259页。

说是作者代替神明对人间，特别是统治者进行审判，以树立社会政治人生的义法。这六大特点，都是从《史记》中归纳出来，既符合其史学特征，又显示其文学风貌，是两者的共通之处。从文学来看，在这六个特点中，第一、四点探讨的是艺术手法及其作用，也就是追求历史良心与真实。第二、三点是个性形象塑造，这确是史学又是文学的最高追求与成就。第五点可以说是典型的塑造，也就是塑造具体环境中的具体人物。最后一点探讨的是人文的宗教性，也可以说是人文的神性，是文学的形而上追求。文人在文章中，代神立言，以求得历史人生的公平正义，神性自然就流露其间。

徐复观对《史记》的研究，是他的中国思想史研究的组成部分，也是他重建中国思想文化的一部分。而《史记》毕竟不仅是一部史学巨著，还是一部文学巨著，特别和古文运动命运息息相关。作为受过良好古文教育的徐复观，自然不会错过《史记》在文学层面的意义，而桐城派义法理论和《史记》的关系，更是他思考的一个大问题。徐复观是了解桐城派的，但他更是一个现代新儒家，这个身份使得他不可能只局限于文学层面，而是从历史文化的大格局来了解司马迁及其《史记》，找到文学和史学的会通之处，并希望通过《史记》史学精神的抉发，来提升古文和文学义法，且能够在文字背后透视出个体的精神境界和民族文化追求，而不是仅仅局限于格律手段等文学小道。

小　结

作为受过桐城派滋养的现代学者，徐复观对桐城派经历了一个接受—否定—再接受的过程。当论及桐城派时，他能够站在相对客观的角度，对桐城派予以高度评价，认为其在中国文学史上占据崇高一席，显示了他对桐城派文论实绩的肯定，以及他自身深厚的学植和敏锐的学术判断。在疏通桐城派文论与《文心雕龙》、《史记》关系时，徐复观运用他一贯的学术史和思想史的研究方法，以其宏阔的学术视野和中西学养，披荆斩棘，寻幽探微，发现它们之间内在精神的暗合与会通，并试图借此把古代和近代学术勾连起来，形成一个绵延不断的学术之链。同时希冀沟通中国传统和西方现代学术思潮，为传统文论的现代化寻求突破，为中国现代文论建设开辟大道。牟宗三在徐复观逝世10周年纪念研讨会上，评价徐复观："徐先生这个人对维护中国文化，维护这个命脉，功劳甚大。这是我亲自切身的感受：疏通致远，功劳甚大。"[①]"疏通致远"既是对徐复观儒学思想成就的评价，也同样适用于徐复观对桐城派文论的返本开新。在徐复观那里，新与旧从来都不是对立的，而是一条绵延的河，所以开新必须返本，离本无法开新，这是现代新儒家对待中国文化的基本观点，也是徐复观对待传统文论的态度。他由桐城派回溯秦汉魏晋，不只是简单的学术史疏通，而是通过疏通发现中国文论的精义，以开出符合现代思想的中国文论。建立中国自己的现代文论，必须解开古代与现代的纠结，而桐城派文论恰恰是古代文论与现代文论之间的一个过渡。这是桐城派文论的一个突出意义，也是徐复观桐城派研究给我们的重要启发。

---

① 牟宗三：《徐复观先生的学术思想》，《东海大学徐复观学术思想国际研讨会论文集》，1992年，第10页。

第六章

移花接木——朱光潜对桐城派文论之转化

朱光潜是著名美学家，中国现代美学的奠基人。近人谈起朱光潜，更多是关注他的西方美学研究，这固然不错，但往往忽略了他和中国传统文化之间的密切联系。朱光潜 1897 年生于安徽桐城，从 6 岁入塾，到 20 岁离开家乡到外面读书，期间接受了 14 年纯正的传统教育，尤以桐城派教育为主，他在吴汝纶创办的桐城中学读书时，曾被桐城派后学誉为“可以接古文一线之传”。[①] 虽然他后来接受了严格的西方现代教育，但前面十几年的影响更具有根本性和决定性。多年以后他深情回忆学习桐城派古文的时光：

> 我从十岁左右起到二十岁左右止，前后至少有十年光阴都费在这种议论文上面。这种训练造成我的思想的定型，注定我的写作的命运。我写说理文很容易，有理我都可以说得出，很难说的理我能用很浅的话说出来。这不能不归功于幼年的训练。[②]

从思想定型到写作命运，桐城派古文的影响可谓不低。而

---

① 朱光潜：《从我怎样学国文说起》，《朱光潜全集》(第 3 卷)，合肥：安徽教育出版社，1987 年，第 443 页。

② 朱光潜：《从我怎样学国文说起》，《朱光潜全集》(第 3 卷)，合肥：安徽教育出版社，1987 年，第 441 页。

他“移西方美学之花接中国儒家传统之木”的说法,[①]也表明他的学术旨趣在中国。朱立元评价朱光潜:“虽出洋多年,喝了许多洋墨水,在美学思想中亦受到从黑格尔到克罗齐许多大家的影响,但其骨子里还是一个中国文人学者。”[②]钱念孙也说:“朱光潜虽有多年留学欧洲的经历……但在精神上,在骨子里,他仍是孔孟和老庄混血的后代。”[③]桐城派的理论经常出现在朱光潜的各类文章中,朱光潜的文章风格、诗学趣味和理论建树等都可以在桐城派那里找到渊源。朱光潜在继承桐城派文论的基础上,运用西方现代心理学、美学方法,对其进行创造性诠释与重构,提出了自己独到的见解和主张,开创了桐城派文论研究的新范式和新境界。

第一节　朱光潜与桐城派的渊源

朱光潜 1897 年生于安徽桐城,在那里度过了他人生最初的二十年。此后,虽然离开桐城,但与其联系一直没有中断,他的人生、学术与桐城派都有密切关系。所以要了解朱光潜与桐城派文论的关系,先要了解他们之间的渊源。知道他们之间的渊源,也就更能理解朱光潜对桐城派的评价及其理论特性。

朱光潜于光绪二十三年农历九月十九日(1897 年 10 月 14 日)生于安徽省桐城县阳和乡吴庄(今属枞阳县麒麟镇岱鳌村吴庄),戴名世、姚鼐、刘开、戴钧衡、吴汝纶等桐城诸老故乡都距此不远。朱光潜父祖辈都是读书人,他自小就生活在桐城派的文化氛围中,心理上透着对故乡文化的热爱。具体来说,他与桐城派的关系表现在四个方面:第一,相近的自然人文背景;

---

① 朱光潜:《答郑树森博士的访问》,《朱光潜全集》(第 10 卷),合肥:安徽教育出版社,1993 年,第 648 页。

② 朱立元:《谈美书简·序》,朱光潜:《谈美书简》,上海:上海文艺出版社,2001 年,第 4 页。

③ 钱念孙:《朱光潜与中西文化》,合肥:安徽教育出版社,1995 年,第 24 页。

第二，深远的家族联系；第三，纯正的教育熏染；第四，深厚的学人情谊。

第一，相近的自然人文背景。国人常说，物华天宝，人杰地灵，一方水土养育一方人。朱光潜和桐城诸贤，皆得益于故乡之佳山秀水。桐城旧地，北依大别山，南濒长江，境内峰峦叠嶂，浮岚流翠，湖池纵横，松柏交错，沃野平川。姚鼐曾把“天下文章，其出于桐城”归功于桐城“天下之奇山水”；[①]戴名世在《数峰亭记》里也称“吾桐山水奇秀，甲于他县”，在《河墅记》里这样描写故乡山水：“江北之山，蜿蜒磅礴，连亘数州，其奇伟秀丽绝特之区，皆在吾县。县治枕山而起，其外林壑幽深，多有园林池沼之胜。出郭循山之麓，而西北之间，群山逶迤，溪水潆洄。”良好的自然生态环境，熏陶净化了一代又一代桐城学人的身心，为他们师法自然、一心向学，提供了外在童蒙基础。同时，桐城既开放又封闭的独特区位环境，也为桐城学人的成长带来了积极影响，使得他们安心就学，免受外界世俗过分熏染。恰如刘开所说：“余观枞阳（旧属桐城）之地，外江内湖，群山为之左右，峰势喷薄，与波涛互相盘护，山川雄奇之气郁而未泄。士生其际，必有不为功利嗜欲所蔽，而以气概风节显于天下。”[②]

此外，尊师重教的社会历史环境，促进桐城学人的绵延赓续。教育是一个地方文化的基础，教育的繁荣与否决定一个地方的文化兴衰。徐寿凯在《桐城文派绵延久远原因蠡测》一文中说，教育的作用是桐城派得以绵延久远的重要因素。[③] 桐城人历代重视教育，把“穷不丢书，富不丢猪”奉为金科玉律。境内读书风气浓厚，书院林立，家学兴旺，“通衢曲巷，夜半诵书声不绝”。[④] 正是良好的尊师重教风气，促成了桐城的人才辈出，前后传承。据道光七年《桐城续修县志》记载，桐城明清两代就

---

① 姚鼐：《惜抱轩诗文集》，上海：上海古籍出版社，1992 年，第 114 页。

② 刘开：《刘孟涂集》，《清代诗文集汇编》，上海：上海古籍出版社，2010 年，第 21 页。

③ 徐寿凯：《桐城文派绵延久远原因蠡测》，《桐城派研究论文选》，合肥：黄山书社，1986 年，第 92 页。

④ 廖大闻：《续修桐城县志》（道光），南京：江苏古籍出版社，1998 年，第 51 页。

拥有进士 265 人、举人 589 人，其人数之多，比同属安庆府的怀宁、潜山、太湖、宿松、望江 5 县进士和举人的总和还要多出一倍。宋代画家李公麟，明代政治家左光斗，明末清初哲学家方以智，著名诗人钱澄之，清代父子宰相张英、张廷玉等，都出自桐城。这种同辈之间互相切磋、共同提高的群体效应，师徒延续、世代相传的连锁反应，使得桐城后学连绵不断，冠盖京华。恰如方东树所说，桐城“人文最盛，故常为列郡冠。是故自明及我朝之兴，至今日五百年间，成学治古文者综千百计，而未有止极”。①

第二，深远的家族联系。熟悉桐城派的人都知道，方苞所谓“学行继程朱之后，文章介韩欧之间”。② 在道统上遵从程朱，文统上追摹韩欧，这是桐城诸家再三表述，也是被后世学者普遍认可的，从方姚到曾国藩再到“一马二姚”都将之奉为圭臬。清王朝为了巩固自己的统治地位，大力推崇儒学，对程朱理学，尤其是朱熹更是宠爱有加。康熙说：“宋儒朱熹，注释群经，阐发道理……朕以为孔孟之后，有裨斯文者，朱子之功，最为宏巨。”③(《御纂朱子全书序》)康熙朝，朱熹被配享孔庙，他对四书五经的注解成为科举考试的依据和天下士人必读之书。崛起于康熙朝的桐城派，推崇朱熹就在情理之中了。

熟悉朱光潜的人都知道，朱光潜在生活和文章中非常推崇朱熹，这是巧合还是另有原因呢？通过查找大量的历史资料，并走访朱氏后人，笔者发现确实存在一个鲜为人知的秘密——朱光潜是朱熹的后裔。

证据之一是族谱。传统上，中国是一个宗法制的社会，非常重视家族关系，族谱是家族文化重要的组成部分。1897 年，朱光潜生于安徽省桐城县阳和乡吴庄，现在归属安徽省枞阳县

---

① 方东树：《刘悌堂诗集序》，《考槃集文录》(卷四)，清光绪二十年(1894)刻本。

② 王兆符：《方望溪先生文集序》，《方望溪全集》，北京：中国书店出版社，1991 年，第 2 页。

③ 《圣祖仁皇帝实录》(卷 249)，《清实录》(6)，北京：中华书局，1985 年，第 466 页。

麒麟镇岱鳌村。笔者通过多方查找，终于在朱光潜老家有缘见到了由朱光潜的祖父和父亲共同致力修订的《枞阳会里朱氏八修宗谱》。据宗谱记载，朱光潜，谱名朱来润，字润霖，出生于清光绪丁酉年九月十九日，是朱熹的二十六代孙，虽非直系，但亦同一宗族。[①] 更巧的是，该谱的作序人正是桐城派后期名家吴汝纶，他由于和朱光潜祖父朱文涛关系深厚且社会影响大，故被请来作序。一般谱序多歌功颂德，而吴汝纶却一反流俗，作起认真详细的枞阳会里朱氏考证，证明枞阳会里朱氏确为朱熹之后。这篇考证文章收在《吴汝纶全集》第一卷。[②] 更为重要的是，吴汝纶序论里还记载了朱光潜祖父海门公主持修谱一事。据《各房协力赞理八修太典诸名附列》记载，海门公为首席纂修，朱光潜父亲子香公为14名校阅之一，他们共同主持八修会里朱氏宗谱。另外据故乡老人说，朱光潜曾出资九修家谱，因抗日战争未能出版。笔者曾就此事求证于朱光潜嫡孙安徽大学宛小平教授，他说曾听闻父亲谈及此事。

证据之二是族人所言。据朱光潜长子朱陈先生回忆，以前朱家老屋正厅里有一个大条案，上面供奉着祖宗牌位和一个大书箱。箱中放着两部书：一是《朱氏族谱》，另一便是朱熹的《朱子全书》。综上可知，朱光潜与朱熹确实属于同一宗族。这样一来，朱光潜与朱熹、桐城派的关系也就较他人更为亲近。

另外，朱光潜的祖父朱文涛，在桐城派的故乡桐城县孔城镇主持过桐乡书院。桐乡书院，由桐城派中期代表人物戴钧衡创办，汇聚不少桐城名宿，是桐城派除桐城中学之外的又一教育重镇。这样一来，朱熹与桐城派、朱文涛与吴汝纶等系列关系，使得朱光潜与桐城派的关系也就较他人更深一层。

第三，纯正的教育熏染。朱光潜认为，从某种角度来说，一

---

① 2009年9月，枞阳会里朱氏九修族谱期间，笔者亲自前往麒麟镇岱鳌村，拜访修谱小组成员朱永惠，有缘见到枞阳会里忠恕堂八修《紫阳宗谱》，宗谱上面朱光潜的二十六世祖，与朱熹共一个祖父。

② 吴汝纶：《吴汝纶全集》，施培毅、徐寿凯校点，合肥：黄山书社，2002年，第153～155页。

个学者的学术特征和学术理念，可以从他所接受的教育大略看出。[①] 这充分体现在他自己身上。

朱光潜的祖父朱文涛乃清朝贡生，在桐城县孔城镇主持过桐乡书院，和吴汝纶颇有交谊，朱家老屋的前厅原来还挂着吴汝纶的书法四条屏，上款题有“海门仁兄先生雅教”。朱光潜的父亲朱若兰，虽科举不第，但终身笃志于学，在家乡开设私塾学馆。朱光潜祖父和父亲科举失败，便把希望寄托在这个长孙身上，期望他能科场扬名，为家族争光。朱光潜 6 岁时，进入父亲的私塾馆读书，在父亲的严厉督促下，他熟读并背诵了大半四书五经、《古文观止》、《古唐选》、《唐宋八大家文选》等国学经典，并自学了《史记》、《国语》、《战国策》和《左传》等传统典籍。与此同时，还进行了大量而严格的基本写作能力训练。虽然训练的主要是经义策论之类的科举文章，但熟悉了文章的基本结构章法，积累了大量的方法技巧，为后来写作和进一步深造打下了良好的基础。1912 年，15 岁的朱光潜走出父亲的私塾馆，进入家乡的新式“洋学堂”——孔城高小读书。由于之前近十年的苦读，各方面水准已很高，仅用了一学期，就升入当时赫赫有名的桐城中学。桐城中学，是桐城派的发祥地和大本营，由吴汝纶创办。在教育理念上，吴汝纶既推崇桐城古文，又主张引进西学，桐城中学就是他到日本考察新式教育体制回国后的一个主要成果。他希望通过创办桐城中学，为国家培养学贯中西的栋梁之材。他为该校题写的校匾为：“勉成国器。”校联为：“后十百年人才，奋兴胚胎于此；合东西国学问，精粹陶冶而成。”

朱光潜入桐城中学时，吴汝纶已经去世 10 年，校长孙闻园也极为开明贤达。学校开设了数理化外语等现代课程，当然最重视的仍是古文学习和写作。朱光潜当时的古文课本，主要是姚鼐的《古文辞类纂》和曾国藩的《经史百家杂钞》等。由于在私塾里打下了良好的基础，进入桐城中学后又非常刻苦，朱光潜进步很快。他的模仿能力很强，学欧阳修、归有光尤其像，国

① 朱光潜：《朱光潜全集》（第 9 卷），合肥：安徽教育出版社，1993 年，第 479 页。

文成绩一直名列前茅，受到老师们的称赞，他后来回忆说："那时候我的文字已粗清通，年纪在同班中算是很小，特别受国文教员们赏识。学校里做文章的风气确是很盛，考历史地理可以做文章，考物理化学也还可以做文章，所以我到处占便宜。教员们希望这小子可以接古文一线之传，鼓励我做，我越做也就越起劲。"[①]经过从筋肉到头脑长期的内外兼修，朱光潜的写作水平有了长足进步，使得他一生和文学结缘。

在桐城中学时，朱光潜对古典诗歌产生了浓厚的兴趣，这主要受到国文老师潘季野的影响。潘季野，本名潘田(1876～1950)，号季野，桐城西乡潘家楼人，明末清初诗人潘江后裔。民国初年，潘田受聘为桐城中学国文教师。民国十七年(1928)，安徽大学成立，被首聘为文学院教授。民国十九年(1930)，任安徽通志馆纂修，编成《安徽通志·艺文考集部提要》36卷。他善言谈，喜交游，与光明甫、房秩五、姚永概、方守彝等硕儒名流交好。朱光潜83岁写《自传》时，还特别提到潘季野是当时让他"得益最多的国文老师"。[②] 由于朱光潜古文功底扎实，爱好古典诗歌，受到潘季野的悉心培养。潘氏本是宋诗派的诗人，亲自指导朱光潜阅读了《古诗源》、《唐诗三百首》、《唐宋诗醇》和《十八家诗抄》等诗歌选本，使之概括了解中国古代诗歌的大体状貌。在潘氏的精心指引下，朱光潜步入了中国古典诗歌的殿堂，一生热爱诗歌，研究诗歌，为后来写作《诗论》奠定了基础。

纵观朱光潜早年的桐城派教育，主要有两大收获：其一，写一手漂亮文章，议论说理文更是言简意赅，通俗易懂；其二，培养了对旧诗的兴趣。诗与论，基本奠定了朱光潜一生的学术旨趣和文章风格。

第四，学人联系。朱光潜在香港大学读书期间，随身携带着桐城派后期名宿方守敦书赠的"恒、恬、诚、勇"四个字作为游

---

① 朱光潜：《从我怎样学国文说起》，《朱光潜全集》(第3卷)，合肥：安徽教育出版社，1987年，第443页。

② 朱光潜：《自传》，《朱光潜全集》(第1卷)，合肥：安徽教育出版社，1987年，第1页。

学异国的座右铭；[1]朱光潜一生只为一个人写过传记，即桐城派后期教育家李光炯。[2] 他到英国爱丁堡读书，还对桐城中学一位教师的孩子（夏孟刚）的去世，写过专篇悼念文章；[3]朱光潜谈到他和夏孟刚的关系，除他是中国公学一个品学兼优的好学生以外，还因为“他的父亲曾经在我的母校桐城中学当过教员。因此我们情感上更加一层温慰”，[4]这就是朱光潜和桐城派的深厚情谊。实际上，他与方守敦、方孝博、舒芜、李光炯、孙闻园、潘季野、房秩五、方东美、徐中舒、李则纲等人的长期交往和情谊，都与桐城派有关，他们都受教也受益于桐城派，桐城派是他们共同的根底和精神家园。在这些人中，他与桐城方氏家族的交往可为代表。

其一，与现代新儒家方东美的交往。方东美（1899～1977），现代著名哲学家，新儒学八大家之一，安徽桐城人，与朱光潜是桐城中学的校友。朱光潜于 1912 年考入桐城中学，次年方东美也考入桐城中学，虽不同届，却也不妨成为很要好的同学，且是一辈子的挚友。方东美早年留学欧美，回国后长期担任中央大学哲学系教授、主任，1948 年后赴台，任台湾大学哲学系教授，兼任系主任和研究所所长。于是热情邀请朱光潜前往，不料文学院院长不同意。方东美悲愤之余，立辞系主任及研究所所长之职，并与文学院院长绝交。可见，两人的友谊非同一般。在《方东美全集》的《附录・人名简介》中，写明朱光潜“与东美先生多年同学，友谊极深”云云，可作为“盖棺论定”之言。[5]《朱光潜全集》第 9 卷《致方东美》一文，记录了他们时常探讨新旧诗文之往事。朱光潜提出诗词是中国文艺的精髓，

---

① 朱光潜：《朱光潜全集》（第 10 卷），合肥：安徽教育出版社，1993 年，第 665 页。

② 朱光潜：《李光炯先生传》，《朱光潜全集》（第 10 卷），合肥：安徽教育出版社，1993 年，第 7 页。

③ 朱光潜：《谈美书简》，上海：上海文艺出版社，2001 年，第 72 页。

④ 朱光潜：《谈美书简》，上海：上海文艺出版社，2001 年，第 72 页。

⑤ 沈素珍、钱耕森：《友情与诗情朱光潜与方东美》，《中华读书报》，2009 年 4 月 15 日第 7 版。

对五四时期对旧诗的批判表示不满，同时充分肯定了方东美旧体诗的价值，提出古典诗词应与时俱进，否则“泥古不化，亦不免是钻牛角尖，终无出路”。信中朱光潜虚心向方先生求教，并热情邀请方先生同游峨嵋。方先生以诗代函，题《孟实约赴成都同游青城峨嵋懒散未应却寄》赠朱光潜，同时附录以往所写的24首古诗。时过境迁，再来看两位大师的友谊，能够如此深远绵长，大概有四个原因：首先，都生于桐城，受教于桐城派，都在一定程度上继承和发展了桐城派之精魂。其次，都接受中国传统教育，又留学西方，接受完整的现代教育，成为各自领域的一代大家。再次，都一生爱诗，对诗歌有精湛研究。朱光潜是诗评家，方东美是“诗哲”。朱光潜高度评价方东美的诗为“兼清刚鲜妍之美”。[①] 最后，相近的为学精神和为人品格，他们身上都有桐城派学人的勤奋刻苦与刚正不阿。

其二，与方守敦一家三代的交往。朱光潜在香港大学读书时，宿舍房间的墙上悬挂着“恒恬诚勇”四个字，是他特意请桐城派后期名家方守敦为自己写的座右铭。方守敦（1865～1939），方宗诚之子，近代著名诗人、教育家、书法家。1902年随吴汝纶去日本考察学制，回国后襄助吴氏创办桐城学堂，支持陈独秀在安徽兴办公学，1904年与李光炯等创办芜湖安徽公学。吴去世后，他长期支持桐城中学的发展。1983年，朱光潜应《中国作家笔名探源》编辑部之邀，谈他的姓名的来历，称方先生的题字可代表他的理想。朱光潜后来解释这四个字：恒就是有恒心，有毅力，有坚韧不拔、百折不挠的精神。恬就是恬淡自然，清心寡欲，生活简朴。诚就是诚实、中肯，襟怀坦白，不自欺欺人；待人处事开诚相见。勇就是不怯懦，不自卑，有勇气，有志气，要奋力拼搏进取。[②] 抗战期间，朱光潜避难四川，与方孝博颇有交往。方孝博（1908～1984），方守敦之子。1930年考入国立中央大学攻读物理，同时选修文字学，1934年毕业

---

① 朱光潜：《致方东美》，《朱光潜全集》（第9卷），合肥：安徽教育出版社，1993年，第72页。

② 郝铭鉴：《我心中的美学老人》，《朱光潜纪念集》，合肥：安徽教育出版社，1993年，第203页。

后留校任教。著有《荀子选》、《墨经中的数学和物理学》、《文字学纲要》等。朱光潜曾为方孝博题字,内容是宋人文及翁那阙著名的《贺新郎》,既表示他们之间的深厚友谊,也表达他对国民党政府消极抗日、苟且偷生、醉生梦死的无限愤慨之情。新中国成立后,朱光潜与方守敦之孙舒芜长期有来往。舒芜(1922～2009),方守敦之孙,方孝岳之子。他对桐城派颇有微议,但对朱光潜特别推崇,早年就读过朱氏《给青年的十二封信》,后又多次拜访,对朱光潜印象最深的是"治学和撰述方面的勇猛精进,孜孜不息的精神"。[1] 朱光潜逝世,他专门写文章悼念。在《"桐城派"与桐城文化》一文中,他还提出,希望故乡在桐城派之外,多研究些像朱光潜这样的新一代桐城人。[2]

综上所述,不管是从自然环境、人文背景、家族联系、教育熏染还是学人情谊,朱光潜都与桐城派关系深厚绵长,这决定他后来对桐城派的基本态度和情感取向,甚至朱光潜的学术研究很大程度上也受到桐城派的影响。桐城派对于朱光潜,就像一棵大树老根与枝干的关系,朱氏吸收其营养,向更远处生长。

第二节　桐城文派是古文学到新文学的过渡

对一个事物的评价,可感性,亦可理性,然学术研究以理性为主,但研究对象的选择和情感倾向还是会受到感性影响。朱光潜对于桐城派,是理性中透着感性,感性又不失理性,他说:

> 桐城派古文曾博得"谬种"的称呼。依我所知,这派文章大道理固然没有,大毛病也不见得很多。它的要求是谨严典雅,它忌讳浮词堆砌,它讲究声音节奏,它着重立言得体。古今中外的上品文章似乎都离不掉这几个条件。它的惟一毛病就是文言文,内容有时

---

① 舒芜:《敬悼朱光潜先生》,《朱光潜纪念集》,合肥:安徽教育出版社,1993 年,第 37 页。

② 舒芜:《"桐城派"与桐城文化》,《舒芜集》(第 8 卷),石家庄:河北人民出版社,2001 年,第 97 页。

> 不免空洞，以至谨严到干枯，典雅到俗滥。这些都是流弊，作始者并不主张如此。[①]

因为熟悉，所以能见其长；因为理性，也能见其短。朱光潜在著作中经常信手拈来桐城派的观点，可见桐城派对其影响。因为他人对桐城派批评已经够多，所以他评价桐城派时，更多只言其长，而少言其短。具体表现如下：

第一，为桐城派古文辩护。五四新文化运动的主要目标之一，就是对桐城派古文的批判。胡适是代表人物，朱光潜虽然没有点名，但对胡适批判桐城派的主要观点进行了有力的反驳。胡适在《建设的文学革命论》中提出一个著名观点，文言是死文字，白话为活文字。朱光潜在《诗论》中明确表示反对。他认为，"以文字的古今定文字的死活，是提倡白话者的偏见"。[②]他认为字典、辞典里的文字，不管古今都是死的；而说话或诗文里的文字，不管古今都是活的。对于使用文字的人，古文字和今文字只是一个习惯，一直使用的就是活的，不分文言、白话还是外文。从读者的角度说，现代读者容易接受白话，古代读者容易接受文言。所以，古今对于文字只有相对意义，没有绝对意义。今天使用的大部分汉字，汉代许慎《说文解字》里都有，并且今天很多字的意义和用法与当时也没多大差别。当然，古代大部分字留下来，也有一小部分消亡了，今天又增加了一些字。

胡适当时提出的另一个口号是"作诗如说话"，虽然是为了白话文的推广，但朱光潜认为这很危险。[③] 因为语言是情感的结晶，日常的情感比较芜杂，要经过加工才好入诗，而诗歌的语言和日常语言不同。日常语言信口开河，比较粗疏随意；诗文语言经过加工，比较缜密精练。诗文的精练，一方面体现在比

---

① 朱光潜：《从我怎样学国文说起》，《朱光潜全集》（第3卷），合肥：安徽教育出版社，1987年，第443页。

② 朱光潜：《诗论》，《朱光潜全集》（第3卷），合肥：安徽教育出版社，1987年，第102页。

③ 朱光潜：《诗论》，《朱光潜全集》（第3卷），合肥：安徽教育出版社，1987年，第103页。

较讲究语法规则，另一方面字词更加丰富。所以说话和作诗还是不同，人人都可以说话，但不是人人都可以作诗。朱光潜这样说的理论基础是他的“言思一致性”理论。他认为“思想和使用语言是同时发生的同一件事”，离开语言无法思想，语言既是思想的手段也是表达的媒介，思想的进步和语言的发展成正比。[①] 因此语言问题实际上是思想问题，而不是古今问题。

当年的批判者和支持者，大多囿于时代原因或民族需要，没有跳出非此即彼的二元思维，讲了一些激烈的狠话。朱光潜从他一贯的有机的连续的历史观出发，看到两者的相承相续，而不是相反相悖。语言文字本身不能以古今论上下，也不能以中西论优劣，关键要看与思想的关系，要看其自身有无生命力。有生命力的文言，今日依然流行；无生命力的白话，同样让人生厌。“到最后哪一派能产生最有生命的作品，哪一派就会胜利”。[②] 实践是检验真理的唯一标准，朱光潜以一个过来人和知情者的身份，一扫五四前后大多数人对桐城派的偏激之见，尽量用一种客观的态度，从正反两个方面，重新评价桐城派，这不只是对语言新旧的态度，也是对传统和现代的态度，它显示的不仅是一个学者的学术良知和勇气，也是对民族国家未来前景的深切思考。

第二，桐城派文学是古文学到新文学的过渡。1948 朱光潜在《文学杂志》上发表《现代中国文学》一文，全面阐述他对古文学和新文学的看法。他认为：“由古文学到新文学，中间经过一个很重要的过渡时期，一些影响很大的作品既然够不上现在所谓‘新’，却也不像古人所谓‘古’。”[③]文学的演变不是突发事件，而是必须有一些过渡作品。朱光潜认为，这些作品不仅包括梁启超的报章体，林纾和严复的翻译，章士钊的政论文，还包

---

① 朱光潜：《朱光潜全集》（第 9 卷），合肥：安徽教育出版社，1993 年，第 389～392 页。

② 朱光潜：《文言、白话与欧化》，《朱光潜全集》（第 4 卷），合肥：安徽教育出版社，1998 年，第 242 页。

③ 朱光潜：《朱光潜全集》（第 9 卷），合肥：安徽教育出版社，1993 年，第 325 页。

括“白话文未流行之前的一般学术文和政论文”,他们“还是运用文言,却已打破古文的许多拘束”。这一类文言文章,当然包括桐城派后期的古文,像吴汝纶们的文章,也积极传播新思想。其实,桐城派后期,面对国家民族的巨变,桐城派并非抱残守缺,而是尽可能融入新时代,包括严林用桐城派古文翻译的作品,促进了中国文学和文化由古到新的变革。朱氏观点并非孤立,胡适 1922 年的《五十年来中国之文学》一文,深刻省思当年批判的偏激,还桐城派以应有的位置。他说:“桐城派的影响,使古文做通顺了,为后来二三十年勉强应用的预备,这一功劳是不可埋没的。”[①]周作人谈到新文化运动,也说:“今次文学运动的开端,实际还是被桐城派中的人物引起的。”[②]

这样一来,不仅白话文运动是历史发展的必然结果,而且新文化运动所谓的“文学革命论”也成为历史发展的必然结果。胡适《文学改良刍议》的“八大信条”、陈独秀《文学革命论》的“三大主义”,当年是如此振聋发聩,朱光潜却认为:“两人的主张多是消极的、破坏的,他们都针对行将就木的古文说话,这些话在历史上说过的人也很不少,不过他们把它大声疾呼,造成了一个广泛的有意义的运动。”[③]按照这种说法,胡、陈甚至有点小人之为,在别人衰落之时,不是雪中送炭,而是落井下石。因为胡、陈诸人都曾读桐城文章,受过桐城派影响。即使批判,也不是他们的发明,以前就有人这么做过,像朱光潜祖父所廪保的学生陈澹然,就骂过桐城派文章是“寡妇文”,而当年其他人对桐城派的攻击就更不用说了。但这些话,朱光潜没有说出来,一是不想再次挑起文坛纷争;二是这些话也让深受桐城派教育的他听来很不舒服。

当然,胡、陈诸人的贡献是不可抹杀的,就像桐城派的贡献

---

① 欧阳哲生编:《胡适文集》(3),北京:北京大学出版社,1998 年,第 205 页。

② 周作人:《中国新文学源流》,石家庄:河北教育出版社,2002 年,第 44 页。

③ 朱光潜:《朱光潜全集》(第 9 卷),合肥:安徽教育出版社,1993 年,第 326 页。

不可抹杀一样。他们的真正贡献在于提倡白话文，使用现代语言表达现代情感，让普通民众亦可欣赏，而不是像文言那样高居庙堂。当然白话文运动的弊端也非常突出，“胡陈诸人当初站在白话文一面说话，持论时或不免偏剧，例如把古文学一律谥为‘死文字’，以为写的语文与说的语文必完全一致，而且一用白话文，文学就可以免去虚伪、陈腐、空疏之类毛病，这些见解在理论与事实的分析上诚不免粗疏”。[①] 虽然有贡献，但也有毛病，那就是太“偏剧”，话说得太过头。他们当年批评桐城派的毛病白话文同样有，虚伪、陈腐、空疏并不是古文和白话文的区别，他们批评得也没有道理。类似的观点，周作人在《文学的贵族性》、朱自清在《文学的标准与尺度》、《中国散文的发展》等文中也都曾多次表达过，由此可见，这并非是朱光潜对桐城派的偏爱。朱光潜持论的背后，一方面是他对桐城派的深切了解，另一方面是他的有机学术史观。他认为，文学是全民族生命的表现，而生命有其历史的连续性，“所谓历史的连续性是生命不息，前浪推后浪，前因产后果，后一代尽管反抗前一代，却仍是前一代的子孙”。[②] 我们只要翻看历史就会明白，没有哪个民族完全抛弃传统，来构建新文化。五四新文化运动也是如此，胡、陈关于新文学的主张，和桐城派理论也有不少相似之处。

第三，桐城派古文是好文章的标准。桐城派之所以能够在古文学到新文学之间起到过渡作用，一方面是其所处的历史位置，另一方面是其文章的雅洁之风。如果说雅是古，洁就是今，雅洁正好在古文学和新文学之间架起一道桥梁。桐城派文章既是对前人成果的吸收，又是后来新文学的开启，五四新文化一季学人、文人都是读桐城派文章长大的。朱光潜自幼受桐城派教育，深谙桐城派文章之雅趣。但是由于各种原因，他直接评价桐城派文章很少，在 1980 年 83 岁时写的五千言自传里，

---

① 朱光潜：《现代中国文学》，《朱光潜全集》（第 9 卷），合肥：安徽教育出版社，1993 年，第 326 页。

② 朱光潜：《现代中国文学》，《朱光潜全集》（第 9 卷），合肥：安徽教育出版社，1993 年，第 330 页。

桐城派只有一句：桐城派古文所要求的纯正简洁也还未可厚非。真正全面品评桐城派文章的，是1943年发表的《从我怎样学国文说起》。

朱光潜认为，总体来看，桐城派文章"大道理固然没有，大毛病也不见得很多"，而桐城派对语言、声韵的要求也都合理。"它的要求是谨严典雅，它忌讳浮词堆砌，它讲究声音节奏，它着重立言得体"，朱光潜甚至认为"古今中外的上品文章似乎都离不掉这几个条件"。当然，他从来不忌讳谈桐城派的短处，认为它"惟一毛病就是古文，内容有时不免空洞，以至谨严到干枯，典雅到俗滥"，但这些流弊"作始者并不主张如此"。[①] 桐城派并不像某些人所批驳的一无是处，它所有的毛病也并非创始者所倡导，而是末学流弊，不能因此否定先前的功绩。桐城派所倡导的语言雅洁，文章要重视神理气韵和格律声色，可以说是衡量一切好文章的标准。基于此，在1927年的《欧洲近代三大文学批评家》以及1946年的《欧洲文学的渊源》诸文中，朱光潜不仅把桐城派的"义法"作为传统法则的代名词，品评欧洲文章，而且把桐城派文学和唐宋文学、两汉文学并称，给桐城派文学以应有的地位。1946年，他又称《古文辞类纂》为古今一流选本，在1942年所写的《谈大学国文教材》中，更是把姚鼐《古文辞类纂》的编写原则作为大学国文教材编写的范本。这些话可以说并不为过。当代学者陈平原也说："如果不是1905年后废除了实行千年的科举考试制度，我们今天还得学桐城文章。"[②]

综上所述，朱光潜通过自己的亲身体验和深厚的中西学养，以超越非此即彼的二元思维模式，看到了桐城派由传统到现代转换中的过渡作用，并能够对其作出相对理性的评价，为今人研究提供了一种独特的视角。其意义不仅在于评价桐城派的功过是非，而且在于引起学术界对桐城派和新文化运动的

---

① 朱光潜：《从我怎样学国文说起》，《朱光潜全集》(第3卷)，合肥：安徽教育出版社，1987年，第443页。

② 陈平原：《从文人之文到学者之文》，北京：三联书店，2004年，第227页。

反思，充分发掘中国传统文化在现代学术构建中的积极价值和理论意义。至于对桐城派的态度，他既充分认识到其不足，也看到其价值。对于不足，朱光潜所言甚少，当年的批判已够激烈。更多时候，他还是倾向于为桐城派辩护。理由很简单，一方面桐城派确有可圈可点之处，另一方面桐城派毕竟是他人生和学术的起点，他也自任是"桐城谬种"的一员。[①] 虽然没有公开写文章参与那场声势浩大的论争，但学术思想理念的继承还是在静默中进行。

第三节 "义法"理论的现代语言学论证

义法说是桐城派古文理论中最基本的范畴，是桐城派文论的起点和基石。桐城派的始祖方苞首倡"义法说"，从方氏起，到姚鼐"义理、考证、文章"，再到曾国藩的"义理、辞章、经济、考据"，一脉相承，又有所发展。义法理论的滥觞，见于方苞《又书〈货殖传〉后》："《春秋》之制义法，自太史公发之，而后深于文者亦具焉。义即《易》之所谓'言有物'也，法即《易》之所谓'言有序'也。义以为经而法纬之，然后为成体之文。"[②]这段话简约概括了义法理论的源流、内涵和意义，是义法理论的纲领性表达。义法理论有悠久的传统，发端于《春秋》，明于司马迁《史记》，又为各种经籍所体现，并为后世所熟悉和流传。

关于义法，朱光潜在《谈文学》中有两段明确的评论：

> 从前古文家有奉"义法"为金科玉律的，也有攻击"义法"论调的。在我个人看，拿"义法"来绳"化境"的文字，固近于痴人说梦；如果以为学文艺始终可以不讲"义法"，就未免更误事。[③]

---

① 朱光潜：《自传》，《朱光潜全集》（第1卷），合肥：安徽教育出版社，1987年，第2页。

② 方苞：《方望溪全集》，北京：中国书店出版社，1991年，第29页。

③ 朱光潜：《精进的程序》，《朱光潜全集》（第4卷），合肥：安徽教育出版社，1988年，第284页。

> 从前中国文人讲文章义法，常把布局当作呆板的形式来谈，例如全篇局势须有起承转合，脉络须有起伏呼应，声调须有抑扬顿挫，命意须有正反侧，如作字画，有阴阳向背。这些话固然有他们的道理，不过他们是由分析作品得来的，离开作品而空谈义法，就不免等于纸上谈兵……我国史部要籍如《左传》、《史记》之类在布局上大半也特别讲究，值得细心体会。[①]

不难发现，朱光潜对桐城派的义法理论非常熟悉，首先，他肯定义法作为文章基本大法的地位，文艺不能不讲义法。但也说明义法适用的范围，更主要是在具体的文法层面，文章最高境界的“化境”当然不是义法所能绳墨的。其次，他既知道义法理论的长处，也晓得其弊端。其长处是对文章结构形式的安排，短处是离开作品空谈义法，这当然是末学之流弊，创始者并非如此。同时朱光潜指出《左传》和《史记》为义法理论的来源，这与方苞及其桐城派的认识高度一致。在探讨文章结构安排时，朱光潜强调文章的起伏呼应和抑扬顿挫等，也皆与义法理论相符。在1927年所写的《欧洲近代三大文学批评家》和1946年所写的《欧洲文学的渊源》中，他使用“义法”一词来翻译英文的“rule”，可见在朱光潜心中，“义法”就是文章“rule”的代名词。当然因为熟悉中西方的“rule”，所以他也知道“义法”需要改进的地方。

正是基于对义法理论的深入体认，朱光潜尽力去修正和完善它。他多次提出，好文章的条件都是一样的，“第一是要有话说，第二要把话说得好”。[②]“有话说”相当于“言有物”，“话说得好”相当于“言有序”，但又有所不同。“言有物”未必是心里有话，可能是别人的意旨，比如传统的八股策论，桐城派后学也因为言辞空疏而常被批判，“有话说”却是心中有话；“言有序”也未必能把“话说得好”，“话说得好”自然“言有序”，且要说得漂

---

① 朱光潜：《选择与安排》，《朱光潜全集》（第4卷），合肥：安徽教育出版社，1988年，第211页。

② 朱光潜：《朱光潜全集》（第3卷），合肥：安徽教育出版社，1987年，第445页；第10卷，第345页。

亮。所以朱光潜的“有话说”和“话说得好”比“言有物”和“言有序”实际上更进一步，且有好不好的价值判断。“言有物”和“言有序”的问题，实际上是“说什么”和“怎么说”的问题，它的根源就是“语言”和“思想”的关系。这个问题，前人探讨很多，包括古人的“言不尽意”、“意在言外”等，朱光潜经过长期的思考，在接受克罗齐美学和西方现代心理学、语言学的基础上，在1948年用英文写作的《思想就是使用语言》一文中，提出并详细论证了“语言和思想的一致性”的重要命题，并希望构建自己颇具野心的语言思维学说。和朱光潜的其他文章相比，这篇文章在形式上有一个极大的不同，他一反以前松散自由的说明文体或论说文体，而是采用西方欧几里德以来一直为几何学家所用的严谨的逻辑推理方式，可见朱光潜对此文的慎重与重视。朱光潜从五个层面展开对“语言和思想的一致性”的论证。

第一，朱光潜认为，语言只是一个符号体系，而进行思维的心灵只能凭借符号才能工作。而外显语言中的内容都已包含在内含语言之中，[①]，所以思想和使用语言这两个过程实际上是一个过程。第二，朱光潜采用反证法。如果思想和语言是两个不同的实体，那么它们之间就必须有一个起连接作用的环节，而实际上它们之间并不存在这样一个中间填充物，所以思想和使用语言是同时发生的同一件事。第三，朱光潜引用行为主义心理学家的实验证明：说话器官的活动总是和思维活动同时且同构进行。正如华生教授所言，思想是无声的语言，说话是有声的思想。第四，从人类学和文明史的角度说明，思想的进步和语言的发展正好成正比。第五，从语用学的角度证明，日常会话是即时完成的，即边说边想。如果两者不同步，说明其中之一出了问题。

正是因为“思想和使用语言是同时发生的同一件事情”，因此可以推导出，表达总是独一无二的，一种思想只能用一种方

---

① 内含语言，即“内部语言”或“内部言语”，最早由苏联神经心理学家维果斯基在《思维和言语》(1934)一书中提出，后来鲁利亚在《神经语言学》(1975)一书中丰富了内部语言与外部语言理论，而朱光潜1948年就进行了两者关系的理论论证。

式精确地表达出来。思想的手段同时也是表达的媒介，从思想到表达不存在一个翻译的过程。所以，“语法学与逻辑学在本质上是同一门科学”，[1]而艺术就是语言，其在心理构思阶段就已经包含传达。可以说，朱光潜的“言义一致性”理论，在吸收克罗齐美学语言学思想的基础上，[2]打破了晚清五四以后语言工具论的藩篱，把语言作为艺术本体，实现了语言由工具到本体的转变。它在逻辑和语法、构思与传达、创造与翻译、内容与形式等一系列问题上确实突破了许多传统语言学的束缚，极大地丰富、发展了中国现代评语言学理论和桐城派的义法理论。用他自己的话说，如果成立的话，“人类知识中几个分支，特别是语言学、语义学和美学，就会面目一新”。[3] 概而言之，朱光潜“言义一致性”理论所带来的“面目一新”体现在以下五个方面：

第一，对文章结构形式的重视。义法问题，某种程度上是作品的内容和形式问题，这也是文艺理论的基本问题。朱光潜认为，文艺创作时“最重要而且最艰苦的工作不在搜寻材料，而在有了材料之后，将它们加以选择和安排”。[4] 因为材料只是毛坯，选择与安排才显出艺术的匠心与创造，也就是刘大櫆所谓“文人之能事”。就粗糙的材料来说，在内容上对所有人并没有多大差别，变化的只能是形式。而只要形式变化了，内容也就随着发生变化。所以一个老生常谈的内容，只要选择安排得当，同样可以成为新作品。在这个意义上，形式决定了内容的

---

① 朱光潜：《朱光潜全集》(第 9 卷)，合肥：安徽教育出版社，1993 年，第 386～395 页。

② 周宪在《20 世纪西方美学》一书中提到 20 世纪西方美学有两个转向：批判理论的转向和语言学的转向，其中语言学的转向的起点他追溯到克罗齐，因为克罗齐提出了“美学和语言学的统一”的命题。(该书 164 页)而克罗齐是对朱光潜影响最大的西方学者，所以笔者认为朱光潜由克罗齐直接开创了他的语言学本体论。萧湛提出，朱光潜的语言学转向“很可能吸收了维特根斯坦后期哲学思想”，但没有直接证据。(萧湛：《论朱光潜前期美学的“语言学转向”》，《厦门大学学报》，2012 年第 6 期，第 135～140 页。)

③ 朱光潜：《思想就是使用语言》，《朱光潜全集》(第 9 卷)，合肥：安徽教育出版社，1993 年，第 383 页。

④ 朱光潜：《谈文学》，《朱光潜全集》(第 4 卷)，合肥：安徽教育出版社，1988 年，第 207 页。

存在方式,也决定了它的意义和价值。当然,朱光潜重视结构形式,却不主张呆板的结构形式。因为结构形式都存在于作品内容之中,离开内容空谈形式也同样没有意义。对于结构形式的理解,也要通过分析具体的作品,不能只简单地知道所谓的"起承转合"、"抑扬顿挫"、"首尾呼应"之类的,虽然它们也很有道理。朱光潜提出,文章结构必须具备两个条件:一是层次清楚,二是轻重分明,[①]而这两点都是紧密围绕内容的。所以,朱光潜主张的文章结构形式,是一种活的结构形式,一种活的方法,是法之理,而不是僵化的死的方法。因为知道文章做法,并不一定就能作出好文章。文艺创作更重要的是整齐中有变化,是一种灵心妙运,是"神而明之,存乎其人"。与古文义法"言有序"相比,朱光潜赋予其新的时代内容与理论证明。

第二,对文章修改剪裁的新解。朱光潜有一篇很著名的文章,叫《咬文嚼字》。他认为,作为一个成语,咬文嚼字通常并不是褒义。但在文学欣赏或创作过程中,必须有这种"咬文嚼字"的严谨精神。因为文学毕竟要借文字来表情达意;文字上有含糊,就显得思想不透彻,情感上不凝练;文字清楚,思想情感也就很洗练。反之,思想情感清楚洗练,下笔时就流畅自然;思想情感晦涩艰深,往往语言也佶屈聱牙;思想上通了,语言也就顺了。所以,"咬文嚼字,在表面上像只是斟酌文字的分量,在实际上就是调整思想和情感"。[②] 一般人以为,更改一两个字是要文字顺畅些或是漂亮些,其实思想情感也随之变化了。所以修改剪裁就不只是遣词造句的问题,"还是'寻思'问题的一个环节"。[③] 比如贾岛的"僧推月下门"改为"僧敲月下门",并不仅是语言的进步,也是意境上的进步。"推"是一种意境,"敲"又是一种意境。我们在进行语言修改的同时,自己的思想情感也在

---

① 朱光潜:《选择与安排》,《朱光潜全集》(第4卷),合肥:安徽教育出版社,1988年,第211～212页。

② 朱光潜:《咬文嚼字》,《朱光潜全集》(第4卷),合肥:安徽教育出版社,1988年,第215页。

③ 朱光潜:《朱光潜全集》(第3卷),合肥:安徽教育出版社,1987年,第443页。

不断调整完善。所以,“寻思”和“寻言”是同时发生的同一件事情。因为在寻求字句的过程中,并非寻求无意义的字句;字句既然有意义,则所寻求的不单是字句,同时包含它的意义。“寻字句和寻思想是一个完整的心理活动,统名之为思想,其中并无内外先后的分别”。[①] 这是对古文义法“言有物”的推进,不仅“有物”,而且要准确。

第三,对传统言意关系新论。言意关系一直是中国文论的经典话题,西方现代哲学美学也涉及颇多。中国传统关于言意之辩始于庄子,言意关系理解基本有三种观念,即:“言不尽意说”、“言尽意说”和“得意忘言说”。朱光潜的语言思维学说强调“思想和使用语言是同时发生的同一件事情”,也就是言义具有一致性和同在性,思想离不开语言,语言也离不开思想。在我们思想时,语言便夹在思想中,“言”是“意”的一部分,所以朱光潜认为,中国传统的“意内言外”和“意在言先”的说法,都绝不能发生。而“言不尽意”也主要因为意本身没有尽,意尽则言尽,意短则言缺。言义不是两个东西,所以片面强调言(文),比如大多数古文家,或者片面强调义(道),比如大多数理学家,也都是不科学的。朱光潜通过言义一致性,也就是强调文道一致性,不仅继承了义法传统,而且弥合了古文家和理学家的隔阂,用科学的论证解决了“言有物”和“言有序”的结合问题,而长期困扰中国传统文论的文与道、言与意、形与神等问题也有了一个相对科学的解释,内容与形式的一致性问题也因此有了一个学理上的论证。

第四,终结“意译”和“直译”的区别。所谓“直译”是指依照原文的字面翻译,有一字一句就翻译一字一句,而且字句的顺序也不能改变。所谓“意译”是指把原文的意思用本国文表达出来,不必完全依照原文的字句和顺序。“直译”偏重于对原文的忠实,“意译”偏重于语气的流畅。哪一种方法更好,长期争

---

① 朱光潜:《文学与语文》,《朱光潜全集》(第4卷),合肥:安徽教育出版社,1988年,第231页。

执不一。朱光潜认为,“意译和直译的区别根本不应存在”。[①] 忠实的翻译必定能尽量表达原文的意思。思想情感与语言是一致的,也是相互变化的,一个意思只有一个精确的说法,换一个说法,意味就完全不同。所以,要想尽量表达原文的意思,必须尽量保存原文的语句组织,“意译”不能不是“直译”,“直译”也不能不是“意译”。当然,中西文本身有差异,翻译时在保存原文意蕴的情况下,译文尽量用顺口的本国文字。因为思想情感的佳妙处必从语言文字见出,所以好的翻译必然是一种创造。翻译者必须像作者一样,设身处地,投入思想感情,同时使得所感所想凝定于文字。所不同的是创作者是用本国文字,翻译者需要两种文字都精通。从这个意义上说,翻译比原著更难,因此,也只有文学家才能真正翻译好文学作品。

第五,化解文言、白话和欧化之争。在 20 世纪上半叶那场由批判桐城派而引发的声势浩大的文白之争中,朱光潜也是用这个理论作为评判标准的。他认为,文言和白话都是语言媒介,不管用哪一种语言,都要符合思想情感,否则都不是好文章,也都不是好文字。[②] 而只要思想上的工夫做到家,文言可以做得好,白话也可以做得好。而文言文所有的毛病,白话文也都有;白话文有的毛病,文言文也在所难免。肤浅、俗滥、空洞、晦涩、流滑,都不是哪一方面的专利品。两者各有优劣,应该相互学习,不应相互诘难。这就避免了非此即彼式的二元思维,超越了当时的一大批“以古为则”的遗老遗少,也超越了“全盘西化”派。朱光潜持论能够如此科学公允,是有充分的理论证据和丰富的实践经验的,因为他有几十年读旧书作古文的经验,也有几十年白话文经验,同时长期教授外国文学,天天在中西文字中过活,经常衡定彼此的优劣。

为了摆脱传统文言的空疏与肤滥,也为了进一步完善白话文,朱光潜主张对白话进行一定程度的“欧化”,原因有三:其

---

① 朱光潜:《谈翻译》,《朱光潜全集》(第 4 卷),合肥:安徽教育出版社,1988 年,第 299 页。

② 朱光潜:《文言、白话与欧化》,《朱光潜全集》(第 4 卷),合肥:安徽教育出版社,1988 年,第 242 页。

一，语言和思想不能分开。除非你绝对拒绝西方学术，否则你无法不接受西方语言文字的特殊组织。你既不能用文言文去思考西人的思想观念，也不能用古文翻译西文，像林琴南翻译很精彩，却不忠实。其二，文化交流是交通畅达的自然结果。不同文化之间的交流和相互影响是自然的，对双方都大有裨益。一个民族接受其他民族的文化犹如吸收养料，可以使自己的文化更加丰富。而语言是文化的主要载体，所以语言文字之间也应该交流学习，取长补短。其三，中文自身的弱点使然。比较而言，中国语言文字表达相对不够严谨，缺乏逻辑，没有西文所有的紧凑的有机组织和伸缩自如的节奏。通过欧化，可以丰富中国的语言文字，以及相关的思想文化。朱光潜以他的远见卓识，从根本上论证了汉语欧化的必要性，而且欧化的范围不仅指语言文字，还包括体裁和技巧，这些在今天都还有极强的理论意义和现实意义。

义法理论本质上是文章内容和形式的问题，如何处理两者关系一直是中西美学和文论的经典话题。西方人的语言和思想、能指和所指等，中国传统文论的言意、形神关系等，都是对这一问题不同程度的展开。在继承前人基础上，并借助西方现代学术成果，朱光潜的思想从"言有物"和"言有序"，到"有话说"和"话说得好"，再到"思想就是使用语言"，一步步推进了义法理论甚至是传统言义关系的发展，使它们以更加科学的形态呈现，从而实现传统与现代的顺利对接与融合。

第四节 "因声求气"理论的生理学证明

"因声求气"理论的真正创始人是刘大櫆，主要见诸他的《论文偶记》。刘氏的贡献在于，对古人文气论的具体化，通过音节字句来把握文章的神韵气势。刘大櫆云："学者求神气而得之于音节，求音节而得之于字句，则思过半矣。"[①]姚鼐亦云：

---

① 刘大櫆：《论文偶记》，北京：人民文学出版社，1959 年，第 12 页。

“文章之精妙，不出字句声色之间。舍此便无可窥寻。”[①]朱光潜对“因声求气”之法特别熟悉，早年在桐城中学读书时，就掌握了其要领，以至于很多年后回忆起来，依然记忆犹新：

> 学古文别无奥诀，只要熟读范作多篇，头脑里甚至筋肉里都浸润下那一套架子，那一套腔调，和那一套用字造句的姿态，等你下笔一摇，那些“骨力”、“神韵”就自然而然地来了，你就变成一个扶乩手，不由自主地动作起来。[②]

朱光潜很少直接提“因声求气”之法，而往往代之以诵读或节奏，其基本内涵是一致的。朱光潜认为，“因声求气”不仅是“从前做古文的人大半经过这种训练，依我想，做语体文也不能有一个更好的学习方法”。[③] 他说的“语体文”即现代白话文，他认为白话文一样离不开声音节奏。不仅如此，他还说：“纪念诗人的最好方法是朗诵他的诗，让诗人的胸襟气概在我们每个人的血液里沸腾、酝酿、滋长。”[④]在 1980 年 83 岁写《自传》时，朱光潜对当年桐城派所授的诵读之法，仍是念念不忘，“读时一定要朗诵和背诵，据说这样才能抓住文章的气势和神韵，便于自己学习习作”。[⑤] “因声求气”之法，既为欣赏者提供玩味之审美，又为创作者指示实现神气高妙之途径，因此桐城派对之推崇备至，从刘大櫆、姚鼐到方东树、曾国藩，再到吴汝纶、张裕钊、贺涛等，世代承袭，奉为法宝，但对于其内在根据和具体过程，却从来没有明确的科学论证，这个工作朱光潜完成了。朱

---

① 姚鼐：《与石甫侄孙》，《惜抱轩尺牍》，卢坡点校，合肥：安徽大学出版社，2014 年，第 134 页。

② 朱光潜：《从我怎样学国文说起》，《朱光潜全集》（第 3 卷），合肥：安徽教育出版社，1987 年，第 443 页。

③ 朱光潜：《资禀与修养》，《朱光潜全集》（第 4 卷），合肥：安徽教育出版社，1988 年，第 170 页。

④ 朱光潜：《彭斯诗三首 · 译后记》，《朱光潜全集》（第 20 卷），合肥：安徽教育出版社，1992 年，第 308 页。

⑤ 朱光潜：《自传》，《朱光潜全集》（第 1 卷），合肥：安徽教育出版社，1987 年，第 1 页。

氏主要从五个方面来展开论证。

1. 诵读的根据在节奏

自然界是运动变化的，有规律的变化形成节奏，节奏是自然现象的基本规律。朱光潜认为："艺术返照自然，节奏也是一切艺术的灵魂。"[①]不同的艺术节奏表现不同，诗文的表现主要体现为声音的长短、徐急、高低等。从类型上说，节奏有主观和客观之分，诗文的节奏是外物的客观节奏和身心的内在节奏交互影响的结果，是一种主观节奏，而非物理事实。外物的客观节奏和身心的内在节奏相互影响时，会有一个限度，理想的节奏是外物的节奏与身心的节奏平行一致，这时就会产生愉悦感，否则就显得拗口不舒服。

诗文是一种语言，也是一种音乐。相对而言，音乐的节奏是单纯的，诗文的节奏既有音乐的，也有语言的。语言的节奏通常由三部分构成：发音器官的构造、理解的程度和情感影响。发音器官是先天的，理解的节奏偏重于意义，情感的节奏倾向于腔调。从分析来看，语言的节奏全是自然的，不受外来形式支配，没有规律；而音乐的节奏则是形式化的，有规律可循。两种节奏分配的分量随诗文的性质而不同：纯粹的抒情作品都近于乐，音乐的节奏往往大于语言的节奏；散文和叙事作品近于说话，语言的节奏大于音乐的节奏。当然不同时代也不尽相同。

节奏是一种动态的音调，对人的情绪影响很大，朱光潜认为："节奏是传达情绪的最直接而且最有力的媒介。"[②]科学文章里不太深究声音节奏，而在文学文章里声音节奏却是一个重要的部分，"因为文学须表现情趣，而情趣就大半要靠声音节奏来表现"。[③] 这与日常说话相仿，情感表现于文字意义较少，而表

① 朱光潜：《诗论》，《朱光潜全集》（第 3 卷），合肥：安徽教育出版社，1987 年，第 124 页。

② 朱光潜：《诗论》，《朱光潜全集》（第 3 卷），合肥：安徽教育出版社，1987 年，第 129 页。

③ 朱光潜：《散文的声音节奏》，《朱光潜全集》（4），合肥：安徽教育出版社，1988 年，第 221 页。

现于语言腔调较多。古文特别看重朗诵，姚鼐说："大抵学古文者，必要放声疾读，又缓读，只久之自悟。若但能默看，即终身作外行也。"[①]诵读的精髓，就在于从字句中抓住声音节奏，从声音节奏中抓住神韵和趣味。不仅是欣赏，创作同样离不开诵读，通过诵读检验文章节奏是否流畅，音韵是否和谐。

2.节奏的生理学分析

古文所谓的"气势"、"神韵"究竟是怎么回事，刘大櫆没有讲清楚，历来的文论家也都对此争论不休。朱光潜认为它们"只是种种不同的声音节奏"，[②]领悟这些声音节奏主要靠诵读，诵读不仅是一种简单的发声行为，还是一种身体的综合生理变化。朱光潜把诗文引起的生理变化分为三种，"一属于节奏，二属于模仿运动，三属于适应运动"。[③]

诗文的命脉是节奏，节奏就是情感所伴随的周身生理变化，包括呼吸、循环、消化等各种感觉器官的起伏张弛。诵读时，音调节奏是影响情趣的媒介。不同的音调节奏，会造成不同的心境。心境影响周身的呼吸循环系统和发声器官，从而影响全身的肌肉运动。人类的基本情感有悲、喜两种，悲伤的生理变化偏向于抑郁，喜悦的生理变化偏向于欢乐。前者是收缩低沉，后者是开放上扬，介于两者之间则更加复杂。作家创作时，由情感而引发生理变化；读者诵读时，由节奏的生理变化而体悟情感。两者过程相反，内在机制一样。人的情感虽然变动不居，但引起的呼吸、循环等生理筋肉变化却有一定模式，再加之语言音调本身也有一些规律，所以本来自然生发的节奏也会形成一些模式，比如五言、七言、长短句、散体文各自都不同，都会引起一些生理和心理上不同的预期。

模仿是另一种生理变化，凡是模仿都或多或少地涉及筋肉

① 姚鼐：《与陈硕士》，《惜抱轩尺牍》，卢坡点校，合肥：安徽大学出版社，2014年，第94页。

② 朱光潜：《散文的声音节奏》，《朱光潜全集》(4)，合肥：安徽教育出版社，1988年，第221页。

③ 朱光潜：《从生理学观点谈诗的"气势"与"神韵"》，《朱光潜全集》(第3卷)，合肥：安徽教育出版社，1987年，第373页。

运动，文章内容不同，模仿的程度也会随之变化。朱光潜指出，模仿的目的大半是养成的技巧。[①] 当诵读发生时，会根据诗文的不同情境，决定模仿的程度。诗文的情境，朱光潜分为“戏剧的”和“图画的”两类。戏剧的情境是动的，易起模仿运动；图画的情境是静的，不易起模仿运动。概而言之，叙述型的诗文偏重动作，易起运动意象；描写型的则偏重状态，易起视觉意象。欣赏或诵读叙述的动作必须用筋肉，欣赏或诵读状态的描写可以只用眼睛。不过最好的描写往往化静为动，而此类诗文也不免起筋肉运动。据心理学的实验，人本来有运动型和知觉型两种，知觉型的人欣赏艺术大半用耳目两种器官，运动型的人才着重筋肉。当外物没有动作模仿时，欣赏者仍然会有一些生理变化，这就是适应运动，比如仰视侧听之类。其目的在于，以身体迁就被知觉事物，从而使知觉更加明晰。意象与情景不同，适应运动也不同，或似豪侠气概，抬头挺胸；或如名士风流，轻歌慢吟；或如小家碧玉，婀娜多姿；或如大家闺秀，温婉贤淑。

总体来说，诵读时生理变化愈显著，愈觉得紧张亢奋激昂，文章就愈显得有“气势”；反之，生理变化愈不显著，愈少愈缓，愈觉得松懈静穆闲适，文章就愈显得有“神韵”。朱光潜认为，“气势”与“神韵”一动一静，有如康德的崇高与优美、尼采的酒神精神与日神精神、姚鼐的阳刚与阴柔。

很显然，朱光潜对“因声求气”理论的现代解释，是自身文学体验和中西方理论交融的产物，尤其是借助西方现代心理生理学的理论，赋予桐城派“因声求气”以比较科学的论证。引发朱光潜生理学之思的源头有两个：一个是英国诗人豪斯曼（A. E. Housman）的诗学理论，[②]他提出诗歌对人的影响多半是生理的。朱光潜刚开始对这种观点比较反感，思考后方觉其道理之所在，遂用它来解释中国传统神秘玄妙的“气势”与“神韵”。

---

① 朱光潜：《谈美》，《朱光潜全集》（第 2 卷），合肥：安徽教育出版社，1987 年，第 78 页。

② 朱光潜：《从生理学观点谈诗的“气势”与“神韵”》，《朱光潜全集》（第 3 卷），合肥：安徽教育出版社，1987 年，第 368 页。

另一个是尼采的艺术生理学思想，[1]尼采提出："美学其实仅是一种应用生理学"。[2] 朱光潜曾说他与其说是克罗齐的信徒，不如说是尼采的信徒，[3]此言不虚。美感与生理的关系，是朱光潜美感理论的重要组成部分，在《文艺心理学》里设有专门一章。美感生理学的西方代表人物是闵斯特堡、谷鲁斯和浮龙·李。闵斯特堡认为，人的知觉与运动是互相依存的，且知觉所引起的运动不限于某个感觉器官，而会扩展至全身。谷鲁斯的理论也强调知觉与运动的关系，但更突出"内模仿"，也就是以身体的内在冲动模仿形象的运动。浮龙·李的理论也是一种内在的模仿，与谷鲁斯的区别在于，谷鲁斯倾向于筋肉运动，她倾向于呼吸循环器官的运动。朱光潜综合各家之说，认为美感必有移情作用，移情必然伴随生理运动，而运动的类型，"无论是人物运动或是线行运动，适合身体组织时都可以发生快感"。[4] 不难发现，三个人的理论，基本上与朱光潜解释"因声求气"的三种生理变化遥相呼应。

朱光潜的解释，论证了中国士人通过诵读来领会文章神韵的内在科学根据，正是通过身体筋肉的变化上升为心灵的会通。劳承万评价说朱光潜的生理筋肉学说，"更新和充实了中国传统诗学，变换其形态，使中国传统诗学更深刻也更真实地获得'人'的性质"。[5] 此乃确论。中国传统诗学更多只是感性的、妙悟的，而现代科学则是清晰的、实证的，朱光潜借助西方科学理论赋予桐城派理论以现代形态，促进了传统理论的现代转化。如果说有什么不足的话，那就是朱氏理论弱化了人的思维理解力，而把身体生理肌肉变化作为理解文章神韵的主要途径。

---

① 朱光潜：《文艺心理学》，合肥：安徽教育出版社，1996 年，第 55 页。

② [德]尼采：《尼采反对瓦格纳》，卫茂平译，上海：华东师范大学出版社，2007 年，第 109 页。

③ 朱光潜：《悲剧心理学》(中译本)，张隆溪译，北京：人民文学出版社，1983 年，第 1～2 页。

④ 朱光潜：《文艺心理学》，合肥：安徽教育出版社，1996 年，第 69 页。

⑤ 劳承万：《朱光潜美学论纲》，合肥：安徽教育出版社，1998 年，第 231 页。

3. 中西诵读的差异

在《诗论》一书中，朱光潜对中西诵读方式的差异进行了细致的比较。他认为，西方诵读历史很悠久，西方诗可以歌以后，诵诗已经成为一种专门的艺术。戏剧学校常列诵诗为必修课程，公众娱乐和文人雅集常会有诵诗节目。诵读的难处和创作的难处一样，既要保留音乐形式化的节奏，又要兼顾语言的节奏，或者说，既要迁就规律又要不乏生气。具体而言，西人诵诗的方法也不尽相同，法国诵诗法向来以国家戏院的诵诗法为准，英国戏院通常不诵诗。一般来说，戏院诵读偏重语言的节奏，诗人诵读倾向于音乐的节奏。它们通常被称为"戏剧诵"和"歌唱诵"。诗人多反对"戏剧诵"，因为语言的节奏与现实更近，易引发实际生活的想象，使得心神不凝。他们主张诗的音律功用不在产生实际的联想，而是造成一种纯粹的心境，使得听者陶醉于诗的意象本身，心无旁骛。"戏剧诵"流行的原因在于，能够更好地抒发情感。有些人试图调和"戏剧诵"和"歌唱诵"，以达到语言和音乐节奏的合一，现实与理想的融合。这是比较困难的事情，却也是诵诗技艺的最高境界，[①]"有如云行天空，舒卷自如，不落痕迹"，所谓"神而明之，存乎其人"。

朱光潜对中国传统诵读技艺评价不高，因为中国人诵诗自然随性，有点像和尚念经，于语言节奏和音乐节奏皆不相吻合。相比于新诗更加偏重语言的节奏，旧诗更重视音乐的节奏，性质不相同而形式接近的诗往往被读成相似的调子。中国诗常常以有规律的停顿作为节奏，汉语的"顿"与法文的"逗"、英文的"步"的功能比较相似。中国古代诗词的停顿都有一定规律，五言诗通常有两个顿点，分别停在第二个字与第五个字上面，偶尔也会在第四个字微停。七言诗经常有三个顿点，分别停在第二个字、第四个字和第七个字，偶尔在第六个字微停。大凡顿处，声音皆应稍微拉长或提高，以产生节奏感，这种节奏多半是音乐的而非语言的。西文诗则不然。它的单位是行。每章

---

① 朱光潜：《诗论》，《朱光潜全集》（第 3 卷），合肥：安徽教育出版社，1987 年，第 135 页。

分若干行，每行不必为一句，一句诗可以不占一行，也可以连续数行。行只是音的阶段而不是意的阶段，所以诵读西文诗的时候，到每行最后一音常无停顿的必要，对节律的影响也较小。

通过朱光潜的比较可以看出，西方诵读艺术发达得相对要早点，中国诗因为顿的作用而更倾向于音律的节奏，西方诗因为分行的不同而倾向于语言的节奏，所以西方会出现大量戏剧式的朗诵，中国传统上则多是摇头晃脑的琅琅书声。

4. 古文与白话的节奏比较

众所周知，朱光潜受过扎实的桐城派古文教育，对古文特别熟悉，他认为声音与意义不可分，声音节奏是古文的第一要事，“古文讲究声音，特别在虚字上做功夫”。[①] 虚字，即虚词，主要指一些关联词和语气组词，比如而、也、之、乎、哉等，它们看起来不具有实际意义，但是行文的声音节奏往往在这些转折、疑问、肯定、感叹等词中可以见出，所以古文特别重视虚词的使用。刘大櫆《论文偶记》曰：“文必虚字备而神态出。”[②]而诵读是抓住声音节奏的主要方法。新文化运动前后，随着白话文运动的兴起，朱光潜毅然放弃古文，写起了白话，并且取得了公认的成绩。季羡林称赞他，“文笔又流利畅达，这也是学者中间少有的。”这种成绩的取得，归结于他对白话文的深刻体认。

新文化运动时期，是文言文和白话文，或者说是古文和语体文，交接过渡时期，文白之争是当时学术讨论的热点问题。维护古文的传统派批评白话文没有音调，不能放开嗓子读，并认为这是白话文一大缺陷。而白话派的人则主张，文章本来是给人看的，而不是给人唱的，根本用不上什么音调。朱光潜认为双方的话都有失偏颇，他认为：“既然是文章，无论古今中外，都离不开声音节奏。”[③]古文和白话文的真正差别，不在于有没有声音节奏，而在于声音节奏的形式化问题。比较而言，古文

---

① 朱光潜：《散文的声音节奏》，《朱光潜全集》(4)，合肥：安徽教育出版社，1988 年，第 220 页。

② 刘大櫆：《论文偶记》，北京：人民文学出版社，1959 年，第 9 页。

③ 朱光潜：《散文的声音节奏》，《朱光潜全集》(4)，合肥：安徽教育出版社，1988 年，第 222 页。

的声音节奏更偏向于形式,白话文的声音节奏更接近于日常语言。所以,诵读古文时能够拉着嗓子,因为它有个格式化的调子,犹如唱歌时有乐谱。而白话文是自然流露,就不用拖着嗓子说话。朱光潜把古文比作京剧,白话文就像话剧,它们一个理想一个现实,一个形式一个自然。同时,他也提出,白话文也并非如看上去那样完全没有节奏,而是念起来必须顺口,要在长短、轻重、缓急等方面体现出思想情感的某种变化。

正是基于此,古文的声音节奏分析起来比白话文更容易,刘大櫆所谓的"无一定之律,而有一定之妙",用在白话文上面更合适。朱光潜从正反两个方面分析了白话文的声音节奏,他首先选择《红楼梦》和《儒林外史》这类优秀的白话小说,再选择老舍、朱自清、沈从文等几位白话文学大家的作品来研究,结果发现,他们共同的优点就在于"自然"、"干净"、"浏朗"。其次又分析了一些写得不好的白话文,发现它们的声音节奏也不那么流畅。造成白话文声音节奏问题的基本原因,在于作者的思路不清晰,情趣没有锤炼好,驾驭语言文字的能力较弱。具体原因有两个:一个是文白夹杂,不自然;另一个是欧化生硬,不流畅。白话文要想声音节奏完美:一要先洗练好思想情感;二要把话说得干净漂亮。这样,不仅自己读起来舒服,别人也感觉亲切有味。

5. 理想的诵读

如何才算理想的诵读,如何诵读才能达到理想,一直是朱光潜思考的问题。1962 年他在《诗刊》第六期发表《谈诗歌朗诵》一文,详细探讨了他对诵读问题的深刻体悟和研究。因为诵读的本质在节奏,诗歌的节奏又包括语言的节奏和音律的节奏两种,两种节奏之间并不是相处融洽,而是经常会发生矛盾。朱光潜指出:"无论是做诗还是诵诗,在技巧方面的最困难的任务就在克服这种矛盾。"[①]语言的节奏是自然产生的,音律的节奏是逐渐摸索形成的;语言的节奏主要来源于情感,音律的节

---

① 朱光潜:《谈诗歌朗诵》,《朱光潜全集》(第 10 卷),合肥:安徽教育出版社,1993 年,第 366 页。

奏是一套形式，而情感是特色条件下的产物，形式往往具有一般性，所以两种节奏的矛盾是特殊与一般、内容与形式、自然与艺术的矛盾。有人为了逃避矛盾，会采用两种极端的诵读方法：一种是取消音律，完全用语言的自然节奏；一种是舍弃语言节奏，只管音律节奏。前者完全失去了韵律，难以反复涵咏，更难以浸润到心灵深处。这种类似用演话剧的方式朗诵诗歌是极不适合的，诗歌有其独特的音律特质。而后者，不管语言的节奏，虽然听起来有板有眼，声调悠扬，但像和尚念经或老奶奶催眠曲，毫无生气，难以引起听者的共鸣。朗诵时，一味的表现与一味的形式都是片面的、不完整的。

朱光潜认为，理想的诗歌诵读，正如理想的诗歌一样，"必须求得语言的自然节奏与音律的形式节奏的统一"。[①] 这就是既能表情达意，又富有音乐美，两者缺一不可。在表情达意和音乐美的有机统一中，表情达意是基础，顺着情感的自然倾向，倾泻挥洒，无须控制，容许金粒与泥沙俱下。音律的形式则完全相反，它是有控制的，按规律的要求披沙拣金，同时用一定的模型为内容塑形。思想情感本身是粗糙自然的，经过形象化和音律化的点染而变成纯粹的艺术情感。诵读也是如此，只有经过形象化和音律化的点染也才能够达到炉火纯青之境界。也只有做到这一点，才能真正实现表情达意和音乐美的完整统一。当然，这仅是诵读理想，要实现这一理想，需要下实际的工夫，朱光潜于此提出两个步骤：第一，要对诗歌本身有深刻的体悟；第二，要学会运用语文与音律的技巧。前者是知，后者是能，两方面的工夫都具备，才能够实现理想的诵读。

综上所述，朱光潜通过引进西方现代美学和心理学理论，特别是冈斯特堡、谷鲁斯和浮龙·李等人的生理学解释和移情理论，使桐城派的"因声求气"理论得到比较科学的论证和解说，通过诵读把握文章神韵也不再如前人说得那么玄虚，为中国传统理论的现代化提供了一个极佳的范例。

---

① 朱光潜：《谈诗歌朗诵》，《朱光潜全集》（第10卷），合肥：安徽教育出版社，1993年，第367页。

第五节 “阴阳刚柔”理论的现代美学转化

“阴阳”是中国哲学的基本理论范畴，“刚柔”是中国传统文艺的核心概念，它们最初都不是用于文章审美，真正把“阴阳”与“刚柔”结合起来，并作为一对审美范畴详加阐发的是姚鼐。桐城派后学对此推崇备至，管同、曾国藩、张裕钊、吴汝纶等对此都有继承和发挥，阳刚阴柔理论是桐城派关于文章审美风格的一块重要基石，朱光潜对姚鼐的理论给予高度评价：

> 清朝阳湖派和桐城派对于文章的争执也就在对于刚柔的嗜好不同。姚姬传《复鲁絜非书》是讨论刚柔两种美的文字中最好的一篇。[①]

阳湖派与桐城派的理论差别暂且不论，是否最好也不去评说，但后来学人对阴阳刚柔的论述，离不开姚鼐的《复鲁絜非书》却是事实，其文如下：

> 鼐闻天地之道，阴阳刚柔而已……其得于阳与刚之美者，则其文如霆如电，如长风之出谷，如崇山峻崖，如决大川，如奔骐骥；其光也，如杲日如火如金镠铁；其于人也，如冯高视远，如君而朝万众，如鼓万勇士而战之。其得于阴与柔之美者，则其文如升初日，如清风，如云如霞如烟，如幽林曲涧，如沦如漾，如珠玉之辉，如鸿鹄之鸣而入寥廓；其于人也，漻乎其如叹，邈乎其如有思，暖乎其如喜，愀乎其如悲。[②]

在《海愚诗钞序》中也有一部分论及：“吾尝以谓文章之原，本乎天地。天地之道，阴阳刚柔而已。苟有得乎阴阳刚柔之精，皆可以为文章之美。阴阳刚柔，并行而不容偏废，有其一端

① 朱光潜：《两种美》，《朱光潜全集》（第8卷），合肥：安徽教育出版社，1993年，第310页。

② 姚鼐：《复鲁絜非书》，《惜抱轩全集》，北京：中国书店出版社，1991年，第71页。

而绝亡其一，刚则至于偾强而拂戾，柔者至于颓而阉幽，则必无与于文者矣。然古君子称为文章之至，虽兼具二者之用，亦不能无所偏优于其间。”又曰：“其在天地之用也，尚阳而下阴，伸刚而绌柔，故人得之亦然。文之雄伟而劲直者，必贵于温深而徐婉，温深徐婉之才不易得也。然其尤难得者，必在乎天下之雄才也。”①

结合这两篇文字，姚鼐的理论主要涉及四个层面：第一，明确提出，文章之美在阳刚阴柔。前人谈阳刚和阴柔，多分而言之，姚鼐第一次明确把两者并举，用来表现文章的审美风格。虽然他描述的是文学作品的风格，但又以自然美和人格美作比喻，如此一来，他的理论就不但是文学理论，而且是美学言说，这与西方人把美区分为崇高和优美两种形态有异曲同工之妙。第二，对“阳刚”与“阴柔”两种美进行了简明扼要的归纳。阳刚之美的风格特点是迅捷有力、雄伟刚健、波澜壮阔、所向披靡，其力大，其势猛，其威严，其气盛，其光炽，其人豪。阴柔之美的风格特点是细腻柔和、小巧玲珑、温婉雅致、清新宜人，其力小，其态静，其动微，其气细，其光柔，其人弱。通过姚鼐的归纳，两种美不仅泾渭分明，各有特色，而且都与日常生活相结合，让人倍感亲切，易于把握。相比刘勰在《文心雕龙》中所分的四组八类，皎然在《诗式》中以十九字辨诗，司空图以二十四格论诗，姚鼐的概括精当扼要。另一方面，姚鼐把两种审美风格特征和人的品性神态气质禀赋结合起来，与哲学上的阴阳和人性的刚柔比起来，更合情合理而凝练。这也难怪后人更愿意接受姚氏的理论。第三，强调“阳刚”与“阴柔”两种审美风格兼容互补，不可偏废一端。姚鼐认为无刚则无柔，无柔亦无刚，刚柔对立统一，相反相成。不同的人或偏于阳刚，或偏于阴柔，唯有圣人之言，承接天地之精华，兼采阳刚阴柔之美。所以，两种风格特征应该并存，不应该以一方贬低另一方，也不应该以一方取代另一方。虽然两种美，都不易得，都很重要，但姚鼐本人更喜欢阳刚之美，他自己解释，是天地本身更崇尚阳刚之美，这也与他本

---

① 姚鼐：《海愚诗钞序》，《惜抱轩全集》，北京：中国书店出版社，1991年，第35页。

人诗文皆属于阴柔有关,他希望刚柔相济,弥补自身不足。第四,把"阳刚"与"阴柔"两种审美风格特征和天地之道结合起来,体现中国传统天人一体的思想。中国传统文论历来强调,人文之道源于自然之道,与自然之道有异质同构之特征。天地之性,即人之性,也是人所创造的文艺作品之性。从《周易·系辞》的"一阴一阳之谓道",[①]到刘勰《文心雕龙》的"文之德也大矣,与天地并生者何哉?""言之文也,天地之心哉!""才有庸俊,气有刚柔",[②]到朱熹的"天地之间有自然之理,凡阳必刚,刚必明,明则易知;凡阴必柔,柔必暗,暗则难测",[③]再到清初魏禧的"阴阳互乘,有交错之义,故其遭也而文生焉。故曰风水相遭而成文"。[④] 姚鼐显然是继承了前人的一系列思想主张,并把阳刚和阴柔有机结合在一起,使文章之道和天地自然之道相呼应,完成了中国式本体论证。

作为一个美学家,朱光潜对阳刚阴柔理论更关注、更熟悉,也有更多思考。他在继承姚鼐理论和前人相关阐发的基础上,站在世界美学和哲学的高度,重新审视和发展了这一传统理论,并呈现出自己的性格特征与美学理想。朱光潜的理论主要体现在《两种美》(1929)、《刚性美与柔性美》(1932)两文中。两篇文章都是他留学期间所写,《两种美》写于 1929 年,《刚性美与柔性美》收在《文艺心理学》中,写于 1932 年。在《两种美》中,虽也有中西比较,但更主要还是以介绍中国传统思想为主。《刚性美与柔性美》在删去了一段对中国两种美的总结性文字后,增加了两倍多的篇幅来介绍西方两种美(崇高与优美)的研究状况。应该说,后一篇更全面,更有可比性。我们结合两篇文字,把朱光潜关于阳刚阴柔两种美的思想概括为九个方面:

---

① 金景芳、吕绍纲:《周易全解》(修订本),上海:上海古籍出版社,2005 年,第 585 页。

② 刘勰:《文心雕龙注》,范文澜注,北京:人民文学出版社,1958 年,第 1、2、505 页。

③ 朱熹:《朱子全书·晦庵先生朱文公文集》,上海:上海古籍出版社,2010 年,第 3641 页。

④ 魏禧:《魏叔子文集》,胡守仁、姚品文、王能宪等校,北京:中华书局,2003 年,第 540 页。

第一，阳刚阴柔两种美分类的依据是美感。从克罗齐的观点来说，美并非事物本身，而是形象的直觉，事物可以分类，而直觉是最单纯、不可再分的，所以他竭力反对为艺术分类。朱光潜虽然笃信克罗齐，但是认为美感还是可以分类的。因为事物的形态不同，引起的美感也往往不一致，因此还是可以对不一致的美感进行分类，比如悲剧和喜剧、叙事的和抒情的等，而阳刚和阴柔也是这样一对美学范畴。

第二，阳刚阴柔美的哲学根据是柏拉图的理念论。柏拉图把世界分为艺术世界、现实世界和理念世界，现实世界是对理念世界的模仿，艺术世界是对现实世界的模仿。所以，自然界的事物都是理式的象征，都是共相的殊相，每一个学科门类都是在自己的殊相之中见共相。而自然界也有两种美，如骏马秋风冀北、杏花春雨江南，前者是"阳刚"，后者是"阴柔"，刚柔两种美是人们在内心美感上见出的"殊相"的"共相"。"共相"和"殊相"，就是哲学上的"一般"和"特殊"，这样一来，就把两种美提升到更高程度，赋予一种更普遍的意义。

第三，阳刚阴柔两种美可以调和。阳刚阴柔两种美，并不是势不两立，而是既风格特色明显，又相互调和，辩证统一。就像老鹰可以栖息在嫩柳上，娇莺可以栖息在古松上；男子中有杨六郎，女子中有花木兰、穆桂英；陶渊明有"刑天舞干戚"的威猛，也有"采菊东篱下"的悠然；李白有《蜀道难》、《将进酒》的豪放，亦有《闺怨》、《长相思》的柔情；西子湖畔有矗立雄伟的山峰，西伯利亚荒原有明媚的贝加尔湖。此类例证很多，可以说，朱光潜在这里是继承了姚鼐两种审美风格兼容互补的思想，只是在更大范围内证明它的深刻与合理。

第四，把阳刚阴柔两种美的特征与西方日神酒神精神相联系。尼采在《悲剧之起源》里说艺术有两种：一种是醉的艺术，以音乐和舞蹈为代表；一种是梦的艺术，以绘画、雕刻等为代表。他拿日神阿波罗和酒神狄俄倪索斯来象征这两种艺术，认为："狄俄倪索斯的艺术是刚性的，阿波罗精神是柔性的。"[①]当然，同一艺术和同一艺术家，也可以有刚柔之分。一方面，朱光

① 朱光潜：《文艺心理学》，合肥：安徽教育出版社，1996年，第221页。

潜通过中西比较，使中国传统的艺术精神和西方相互叠合，赋予阳刚阴柔理论更广泛的意义与认同。另一方面，他还列举米开朗基罗的《摩西》、《大卫》等雕塑和达·芬奇的《蒙娜丽莎》、《最后的晚餐》等绘画，来印证两种美的普世性。高建平高度评价朱光潜利用西方艺术为中国艺术所作的辩护，认为其具有重要的现实意义，[①]因为在中国现代学术史上，在普遍高扬西方旗帜以西方为号召的背景下，朱光潜的做法显得难能可贵。

第五，探讨阳刚阴柔两种美与个性的关系。因为艺术是自然和人生的返照，创作家往往因性格的偏向而造成作品的畸刚畸柔。比如米开朗基罗，在性格和艺术上都是刚性美的代表，他的《摩西》、《大卫》、《创世纪》等都是柔性美的典范。达·芬奇则完全相反，是柔性美的代表，他的《蒙娜丽莎》、《最后的晚餐》、《自画像》等都是柔性美的象征。可以说，朱光潜在这里是继承了姚鼐把两种审美风格和人的品性气质禀赋结合起来的特征，并通过西方艺术大师的例证，证明中西审美观念和学术思想不仅有明显的差异，还有相似的风格特征。

第六，把"阳刚"与"阴柔"类比于西方美学中的"崇高"与"优美"。朱光潜说："姚姬传所拿来形容阳刚之美的，如雷电、长风、崇山、峻崖、大川等等，在西方文艺批评中素称 sub-lime；他所拿来形容阴柔之美的，如云霞、清风、幽林、曲涧等等，在西方文艺中素称 grace。grace 可译为'清秀'或'幽美'。"[②]它们就是美学上所说的"崇高"和"优美"。他详细介绍了西方"崇高"理论的发展历程，从郎吉弩斯的《论崇高》，到德国的博克和康德，再来英国的布拉德雷。康德说"崇高"是绝对大，是有限中见出无限。朱氏认为布拉德雷对"崇高"的理解要更准确。布拉德雷则认为，"崇高"与其说是"不可测量"，毋宁说是"未经测量"。因为"崇高"发生时，是不曾拿一个标准来衡量，"本来在一切美感经验中，'意象'都要'绝缘'，都要'孤立'"。[③] 这里，朱

① 高建平：《朱光潜与当代西方"心理距离"说探析》，文洁华主编：《朱光潜与当代中国美学》，香港：中华书局，1998 年，第 38～39 页。

② 朱光潜：《文艺心理学》，合肥：安徽教育出版社，1996 年，第 224 页。

③ 朱光潜：《文艺心理学》，合肥：安徽教育出版社，1996 年，第 228 页。

光潜显然是用克罗齐的直觉理论来解释“崇高”。当然，朱光潜并不是把中西方两组范畴画等号，他认为 sub-lime 和 grace，中文都没有一个非常恰当的译名，只能相对而言，并且朱光潜原文的用词也和今天不同，他将之翻译为中文的“雄伟”和“秀美”。

第七，分析阳刚阴柔两种美的审美心理。朱光潜认为，“秀美”时的心境是单纯的、始终一致的。优美的事物，像一个好朋友，见之就会让我们立刻感到欢喜和愉快。我们对于优美的事物，是持肯定和积极态度的，其中不经丝毫波折。而“雄伟”的心境是复杂的、有变化的，它包含两步：第一步是惊，第二步才是喜；第一步因事物的伟大而有意无意见出自己的渺小，第二步因事物的伟大而有意无意地幻觉到自己的伟大；第一步是康德所谓“霎时的抗拒”，有几分痛感，第二步是痛感搏击后的喜悦。“雄伟”是一种类似“恐怖”，却又没有达到博克所谓真正“恐怖”的程度，它具有突发性，更多时候是一种突如其来，一种出乎意外，让人瞬间不知所措，遂有“雄伟”之感。同时，朱光潜认为，美有难易之分，“雄伟”是美之难者，“秀美”则相对平易。“雄伟”不仅容纳美，还要驯服丑，要把美和丑放在一起熔炼。从这个意义上讲，与姚鼐一样，朱光潜很推崇阳刚美。[①] 不过姚鼐更多是为了纠自己或当时之弊，除此而外，朱光潜还与他一贯倡导的向抵抗力最大的地方前进的顽强个性有关。

第八，探讨秀美的生理学基础。朱光潜之所以花大量的篇幅来探讨秀美，因为历来学者多偏重雄伟。他认为，西方人关于秀美的学说有两种：一派是筋力的节省，一派是欢爱的表现。前一种是谷鲁斯的观点，他认为秀美起源于筋肉运动时筋力的节省，也就是说，运动时愈显出轻巧不费力的样子，愈使人觉得秀美。这在生物和非生物身上都有所表现。生物主要和运动器官是否发达有关，发达者更省力，更易显得秀美。非生物，像树木之类，主要是一种移情作用，把它们看作和人一样。后一种的代表人物是德国的谢林和法国的顾约。谢林认为，秀美中有一种异性的引诱，有一种两性的

---

① 朱光潜：《文艺心理学》，合肥：安徽教育出版社，1996 年，第 231 页。

情爱。因为与欢爱有关，所以有几分喜气。顾约认为，秀美是比美更美的“绝色”，它有欢喜和爱两种。后来法国哲学家柏格森兼采两种学说，认为秀美是有“物理的同情”引起“精神的同情”。朱光潜倾向于柏格森的观点，[①]认为“秀美”是不露费力痕迹，常常引起同情与怜爱。

第九，阳刚阴柔美的中西倾向比较。朱光潜认为，西方艺术更符合刚性美，中国艺术偏于柔性美。中国人喜欢柔性美，和中国人的人生理想、性格有关。中国人的理想境界大半是清风皓月、疏林幽谷之类柔性的东西，生活环境也是越静越好。中国人的性格又大多“安天乐命”、“宁静淡泊”。所以，中国的文艺，大多呈现出一种柔性美，像司空图的《二十四诗品》，除了“雄浑”、“劲健”、“豪放”、“悲慨”四品算刚性美，其余都是柔性美。西方人更喜欢谈崇高，对柔性美的探讨相对较少，像《旧约·约伯记》、莎士比亚的《哈姆雷特》、弥尔顿的《失乐园》等著作，所表现出来的“宇宙情怀”在中国文学中实属少见，只有庄子《逍遥游》、陈子昂《幽州台歌》、李白《日出东方隈》，其余多属柔性之作。

综上所述，在姚鼐那里，阳刚阴柔主要还是文章的两种审美风格，经过朱光潜的论证发展以后，已经成为两个美学范畴。通过与西方美学、艺术的对接转化，阳刚阴柔之美不仅是中国美学和艺术的审美特征，而且成为具有普世价值的美学范畴。通过对两种美的心理分析，更突显两种美的美学特征。同时通过对中西审美倾向的比较，彰显中国艺术柔性之美。

“义法”理论是方苞首倡，“因声求气”理论是刘大櫆的创造，“阳刚阴柔”理论是姚鼐的成果，通过对这三大理论的继承和发展，我们可以清晰地看出朱光潜与桐城派之间密切的学术关联。朱光潜的学术方向、理论趣味、人生理想和人格境界等无不可以在桐城派那儿找到根源，而桐城派的基本理论也都能够在朱光潜那里找到落脚与传承。朱光潜从桐城派走向世界，桐城派借朱光潜因袭和发展。

① 朱光潜：《文艺心理学》，合肥：安徽教育出版社，1996年，第235页。

小　结

朱光潜和徐复观都受过桐城派古文滋养，比较而言，朱光潜与桐城派关系更密切，他生在桐城，长在桐城，接受正宗的桐城派古文教育，亲身接触过不少桐城派后期人物，对桐城派心怀仰慕。[①] 但他又是一个接受过完整现代教育的学者，在欧洲文化系统中完成学士、硕士和博士学业。所以，对于桐城派，他既可以说是局内人，也是局外人。他既知其短，又识其长。由于对桐城派的批判已经不少，他主要选择对桐城派进行理论论证和现代学术转化。由于现代学术本身的丰富性和复杂性，古今转化问题，也是中西融汇问题。在中西融汇过程中，遇到最普遍的问题是：如何处理两者的关系？是“中体西用”还是“西体中用”？现代学术主体是以西学为尚，朱光潜却有自己的思考。袁济喜说：“如果我们从深层去开掘的话，便可以发现朱光潜自小所受的中国传统文化教育，奠定了他的美学之魂。”[②] 1983 年 3 月，朱光潜赴香港讲学期间，接受香港中文大学郑树森博士的访问时，谈及他的学术研究与中西文化的关系：

> 沙巴蒂尼批评我还不够“唯心”是从右的方面批评我的，他批评我移克罗齐美学之花接中国道家传统之木，我当然接受了一部分道家影响，不过我接受的中国传统主要的不是道家而是儒家，应该说我是移西方美学之花接中国儒家传统之木。[③]

---

① 舒芜晚年回忆朱光潜：“我们也知道他是个有很高成就的学者，他每次回去也很主动地跟我们这几家来往，但他家不属于这个圈子。”（《舒芜口述自传》，北京：人民文学出版社，2013 年，第 19 页。）从家族来说，朱光潜家与桐城张、姚、马、左、方五大家族当然不同，属于没有姻亲关系的“外人”。而从学术承续来看，朱光潜或许比他们距离桐城派更近，对桐城派核心理论都有所继承和发展。

② 袁济喜：《承续与超越：20 世纪中国美学与传统》，北京：首都师范大学出版社，2006 年，第 97 页。

③ 朱光潜：《答郑树森博士的访问》，《朱光潜全集》（第 10 卷），合肥：安徽教育出版社，1993 年，第 648 页。

学术界提到朱光潜,更多时候注意的是他的西方美学谱系,[①]而对其与中国传统文化的渊源言之甚少。按照朱光潜自己的说法,他是"移西方美学之花接中国儒家传统之木",也就是说他的学术之根在中国,而移花接木是他的研究方法,这也充分表现在对桐城派文论的现代承接和转化上。他通过"言义一致性"理论从根本上论证了"言有物"与"言有序"的内在逻辑关系。他借助谷鲁斯的内模仿理论和现代心理学从正面分析了古文家的"气势"和"神韵",并对桐城派传统的"因声求气"理论给予现代解释。他把姚鼐的阴阳刚柔发展为现代美学的刚性美与柔性美,并与西方美学的崇高和优美相对接。正是凭借他丰富的中西学养和超拔的学术境界,朱光潜赋予桐城派文论以崭新的面貌和现代气象。

朱光潜与桐城派,是一个人与一个流派的关系,但由于桐城派所处地位和朱光潜在中国现代学术史上的位置,使得他们的关系又具有传统与现代、中国与西方的关系,而这两个关系是中国近现代学术史上最重要的文化关系。朱光潜从桐城派走向世界,桐城派借朱光潜因袭和发展。朱光潜对桐城派文论的承接及其转化,不仅为中国传统文论美学的现代化提供了范例,而且为中国现代学术的建立提供了一种范例,因而具有重要的理论价值和学术意义。

---

① 李泽厚:"朱先生更是近代的,西方的,科学的;宗先生更是古典的,中国的,艺术的。"(李泽厚:《美学散步·序》,上海:上海人民出版社,1981年。)夏中义:"朱光潜与西方美学谱系的渊源最资深、最绵长。"(夏中义:《朱光潜美学十辨》,北京:商务印书馆,2011年,第11页。)

辨章源流——钱基博对桐城派文论之综核

钱基博(1887～1957),江苏无锡人,字子泉,又字哑泉,别号潜庐,钱锺书的父亲,我国现代著名古文家、文史专家和教育家。桐城派是清代最大的古文流派,在论及其与桐城派的关系时,钱基博有一段话:

> 乃世人不察,誉之者以桐城嗣法见推,而后生不学,亦且与畏庐之桐城谬种等量齐骂。二十年来,蒙此不白之冤……世人既不我解,以桐城目我,则亦如庄生之呼牛呼马,以桐城应之,不愿以口舌相拄持。[①]

世人视钱基博为桐城派,钱氏觉得委屈,但不管承认与否,钱基博的人生和学术研究都与桐城派有着千丝万缕的联系。

第一节　钱基博与桐城派之关系

钱基博曾与弟子吴忠匡说:"余文质无底,抱朴杜门,论治

---

① 钱基博:《复兴化李审言书》,《锡报》,1929 年 9 月 23、24 日,刘桂秋:《钱锺书为钱基博代笔考》,王玉德主编:《钱基博学术研究》,武汉:华中师范大学出版社,2008 年,第 45～46 页。

不缘政党，谈艺不入文社；差喜服习父兄之教，不逐时贤后尘。”[①]虽然钱基博一生没有加入任何政党，也没有加入任何流派，但却与古文、文学流派打了一辈子交道，与桐城派的关系尤为密切。

一、钱基博与桐城派的人生关联

光绪三十三年(1907)，钱基博在无锡商界巨子薛南溟家遇见吴汝纶弟子严翊庭，严见其文声情并茂，欲引荐到吴氏门下。钱氏以自己学问未成，不愿依附大匠沽名钓誉。[②] 实际上，一年前钱基博已到薛府任家庭教师，而薛南溟不只是简单的生意人，而是曾国藩四大弟子之一的薛福成之子。如果钱基博想攀附桐城派，还是有很多机会的，但这不符合他一贯的性格，就像当年他投考苏州师范学校，初试成绩优异，面试时遇见严厉的罗振玉，终因不肯屈服而未被录取。[③]

宣统元年(1909)，22 岁的钱基博被无锡学者廉泉推荐到江西按察使陶大均处为记室。廉泉，清同治七年(1868)生人，精通诗文，19 岁与安徽桐城吴芝瑛结婚。[④] 吴芝瑛，桐城县高甸人，工诗文，其伯父是吴汝纶。陶大均早年授业于黎庶昌，为曾国藩再传弟子，好古文辞，当年读到钱基博文章时，“骇为龚定庵(自珍)复生”，[⑤]遂将其招入幕府，钱氏从容讽议，宁折不弯。某日钱氏诵读韩愈，声朗户外。恰逢陶氏路过，以为不可，

---

① 吴忠匡：《吾师钱基博先生传略》，傅宏星编：《钱基博年谱》，武汉：华中师范大学出版社，2007 年，第 287 页。

② 王玉德主编：《钱基博学术研究》，武汉：华中师范大学出版社，2008 年，第 46 页。

③ 刘桂秋：《无锡时期的钱基博与钱锺书》，上海：上海社会科学院出版社，2004 年，第 42 页。

④ 钱基博兄弟钱基厚曾任廉泉子侄的国文家庭教师，两家往来密切。参见傅宏星编《钱基博年谱》，第 20 页。

⑤ 钱基博：《自传》，文明国编：《钱基博自述》，合肥：安徽文艺出版社，2013 年，第 4 页。

遂亲授其桐城派诵读之法。[①] 一年后，陶氏病故，钱氏返乡。从以上的人生经历来看，钱基博与桐城派的交集还是颇为密切的，曾国藩四大弟子中的三位他都有所接触，有所往来。

不仅如此，钱基博与桐城派还有更深的渊源。钱氏是无锡人，无锡在古代属于常州府。钱基博曾提出常州有桐城之学，[②]即以恽敬、张惠言为代表的阳湖派，恽、张二人闻道于钱鲁思，钱鲁思授业于刘大櫆，所以阳湖派实乃桐城派在阳湖之支脉。阳湖文与桐城文有同有异，其异在于，桐城文从唐宋八大家入，阳湖文从汉魏六朝入。后李兆洛起，倡言秦汉之文为唐宋之祖，更辑录《骈体文钞》以挡《古文辞类纂》。或正因此，王先谦编《续古文辞类纂》时，收恽敬、张惠言，不收李兆洛。钱基博引陆祁孙的《七家文钞序》，称李兆洛"由望溪而上求之震川"，与桐城派殊途合辙，不收李氏显其境界褊狭，阳湖实出于桐城也。钱基博为常州桐城之学争取席位，一方面出于他对阳湖派与桐城派的深入研究与了解，另一方面源于他与阳湖派代表人物有宗亲关系。钱基博与钱鲁思同为无锡钱氏宗族，可谓一家人，他常说"我常州"或者"吾宗伯坰"之类的话，[③]这表明他不仅承认与钱鲁思的关系，并引以为豪。而他的家族与李兆洛的关系更为密切。

钱基博在读《读清人集别录》中李兆洛文集时透露，他的伯祖父钱维樾与祖父钱维桢皆为李兆洛授业弟子，李兆洛《养一斋文集》里面的《钱君鉴远传》记述的就是钱基博的高祖钱士镜。而李氏的《似山居图记》为钱基博曾祖所作，其他文章如

---

① 钱基博：《黄仲苏先生〈朗诵法序〉》，黄仲苏：《朗诵法》，上海：开明书店，1936 年。

② 钱基博：《〈古文辞类纂〉解题及其读法》，上海：中山书局，1929 年，第 14 页。

③ 在《中国文学史》(下)中，钱基博曰："惠言由辞赋以为古文，盖吾宗伯坰及桐城王灼开其途辙，而因以得法于刘大櫆也。"(上海古籍出版社，2011 年，第 995 页。)

《跋恒星图》、《陆傅严易参跋》等也有涉及钱基博祖上。[1] 钱基博认为李兆洛与方东树、姚莹、陈用光、吴德旋四人一起皆治桐城家言，而李氏不囿于桐城派之说，论学兼采汉宋，论文综合骈散，溯源汉魏，实开同光以来不立宗派古文家之法脉。[2] 而钱基博本人即为其中重要一员。由此可见钱氏一家几代与李兆洛不仅交情深厚，而且思想观点亦一脉相承。

二、钱基博与桐城派的教学关联

桐城派代表人物多为教师，方苞、刘大櫆、姚鼐、方东树、戴钧衡、吴汝纶等人一生主要活动都与教学有关，书院教学是桐城派传播的一个主要途径。钱基博一生勤于治学，既是文史专家，又是教育家。在数十年教学生涯中，他先后在无锡国专、上海圣约翰大学、北京清华大学、南京中央大学、苏州大学、浙江大学、光华大学、湖南师大、华中师大等校任教。他长期任教的无锡国专，亦与桐城派有关。当年邀请其前往无锡国专的唐文治出自王先谦门下，又从吴汝纶学习古文法。[3] 任教期间，他与唐文治一起推行古文辞教育。不仅如此，钱氏教学从体系到方式、内容，都沾染了很强的桐城派色彩。钱基博的弟子马厚文在《从钱子泉先生受业记》一文中，详细记录了钱氏在光华大学的教学情况。

第一学年，开设"基本国文"课程，用姚鼐《古文辞类纂》为教本，以所著《〈古文辞类纂〉解题及其读法》作参考。钱氏教人读文，亦采用桐城家言"诵读"、"圈点"之法。尤其是诵读法，与唐文治在全校推行的诵读法一样，皆桐城派所传，以"因声求气"为理论基础。第二学年，讲授《现代中国文学史》，该书自王

---

① 钱基博：《读清人集别录》，《中国文学史》，上海：上海古籍出版社，2011 年，第 1003 页。而钱基博所提内容在李兆洛《养一斋文集》中都可以印证。详见《养一斋文集》，续修四库全书，道光二十四年增修本。

② 钱基博：《读清人集别录》，《中国文学史》，上海：上海古籍出版社，2011 年，第 1003～1004 页。

③ 唐文治：《茹经先生自订年谱正续篇》，唐庆诒补，台北：文海出版社，1986 年，第 45～46 页。

闿运以迄胡适，以一个古文家眼光来评述1912年前后之五十年间文学之变迁，其中"散文"部分就是以桐城派后期人物为代表，诗歌部分的宋诗派也与桐城派关系密切。第三学年，讲授"韩文研究"，用《东雅堂韩昌黎集》为教本，以所著《韩愈志》及《韩愈文读》作参考。而韩愈恰恰是桐城派文章不祧之宗祖，没有哪个文学流派比桐城派更重视韩愈，所谓"文章介韩欧之间"。第四学年，讲授"桐城文派"，以刘声木撰《桐城文学渊源考》为参考，但嫌其书分卷庞杂，又无评述，于是钱氏口授，选读各家之文，剖析利病，且以所著《〈古文辞类纂〉解题及其读法》为参考，说明桐城派起源、发展、传授和演变。马氏还透露，商务印书馆署名梁堃的《桐城文派论》即为钱基博先生讲稿。[①] 仔细翻检该书，从内容到形式都比较符合钱氏风格，堪称钱氏一生桐城派研究的系统理论总结。

由钱基博的课程设置不难看出与桐城派之关联，甚至是有点以桐城派为中心的教学模式。第一年的《古文辞类纂》阅读，系统体现了姚鼐以及桐城派文学主张，可以说是进入桐城派的门槛和必由之路。第二年的《现代中国文学史》，可以了解桐城派后期的具体生存环境和状态，更好地了解桐城派的发展脉络。第三年的韩愈学习，是桐城派古文的追根溯源。第四年研究桐城派文法义理，是在前三年基础上的系统评判与理论提升。从作品到理论，从个案到文学史，全面完整地呈现桐城派的面貌，钱基博的不少弟子受其影响而研究桐城派。[②]

三、钱基博围绕桐城派的相关论争

钱基博与桐城派关系的复杂，还体现在他与别人发生的三次学术论争。1929年下半年，钱基博与李详展开了一场论争。李详(1858～1931)，字审言，江苏兴化人，以骈文知名当世，扬

① 马厚文：《从钱子泉先生受业记》，《华中师范大学学报·钱基博先生诞生百周年纪念专辑》，1987年，第119页。

② 像吴孟复、马厚文、钱仲联、周振甫等都或多或少有桐城派研究专著或文章。

州学派后期代表人物。李氏1908年在《国粹学报》第49期上刊发的《论桐城派》一文,引起较大的社会反响,观点常被时人评论转录。文中李详着重分析了桐城派的产生、发展及其流变,特别批评了桐城派末流文章之弊:徒具形式,内容空疏;只知起承转合及文言虚字的运用,摇曳作态,实乃八股之变种。他认为古文无所谓派,而有所承即可为派。文章发表后,虽影响较大,但并没有人公开反驳,而当时桐城派名家马其昶、姚永朴和姚永概等与其皆为至交,也没有发表意见,可见李氏所论亦非虚言。

事情的缘起是李详在《南通报》上读到钱基博关于桐城派的系列文章的同时,正看林纾的《畏庐文集》,胸中有不平之气,这时恰逢费范九代替钱氏来向他讨要文集作研究之用,他遂把连日来的怨气发到钱基博身上。[①] 两个人来往总共7封信,论争议题主要有三个:一是钱基博是否是桐城派,二是对姚鼐及其桐城派人物的评价,三是对林纾的评价。李详认为钱基博之文雅宗桐城,其著述"张桐城之帜"。[②] 钱氏回应说,他蒙受此不白之冤已有20年。实则他早年教育主要是家学,课诵萧选,泛滥四部,"自知文字与桐城异趣"。[③] 至于课堂教学中讲授《古文辞类纂》,实在是因为没有更合适的选本。至于桐城派诸老,早期的姚鼐与当时的马通伯,钱基博以为:"容与闲易,未尝作态,自饶别趣。"[④]钱氏坦言服膺马通伯,但并不赞成宗派之说。对于林纾,双方均持批判意见,李详认为林纾抬高桐城派,"不过为觅食计耳",而林译小说"重在言情,纤秾巧靡,淫思古意,三

① 参见两人的书信往来。具体可见《李审言文集》,第1478～1055页。《南通报》于1929年9月4、8、24日,分别于文艺副刊登载钱基博的回信。《锡报》于1929年9月23、24、27、30日也作了刊发。

② 李详:《李审言文集》,李稚甫编校,南京:江苏古籍出版社,1989年,第1048页。

③ 王玉德主编:《钱基博学术研究》,武汉:华中师范大学出版社,2008年,第45页。

④ 王玉德主编:《钱基博学术研究》,武汉:华中师范大学出版社,2008年,第46页。

十年来，胥天下后生进趋入猥薄无形，终以亡国”。[1] 李详的观点委实偏颇，林译小说在文学史上自有其地位与价值，绝非如李氏所言祸国殃民。钱基博也不喜林纾，谓其“读书不富，矜气未化，涂泽其词，乃称祖宗桐城，政恐诸老，未必肯视为正出嫡子”。[2] 钱氏所言相对公允，而其称林纾为“桐城谬种”，不愿与之等量齐观，就多少有些怨气。这与他和林纾的恩怨有关。

林纾(1852～1924)，字琴南，号畏庐，福建闽县(今福州市)人，近代著名古文家、翻译家。钱基博和林纾的恩怨要从武侠小说讲起。林纾《技击余闻》在《小说月报》上连载以后，引起巨大的社会反响。1914 年钱基博紧随其后，在《小说月报》上刊发武侠小说，后结集为《技击余闻补》。钱基博坦言，他的创作是受林纾启发："以予睹侯官文字，此为佳矣。爰撰次所闻，补其阙略。私自谓佳者决不让侯官出人头地也。"[3]钱氏小说确实不让林氏，连载之后一时赞誉有加。有读者言钱氏笔墨劲峭苍古，在林氏之上。林氏闻知，大为不悦，旋即致书编辑部，称愿意让贤，但不再供稿。商务当局衡量轻重，以林译小说影响更广，只得慰藉林氏，而宕塞钱氏。当时的编辑恽铁樵对此大为不平，无奈林氏名高。[4] 不仅如此，林纾还利用自己在京城的影响，阻止钱基博的书在商务印书馆出版，阻止他到北师大讲学，从此两人结怨。当然，钱基博说他不计前嫌，在所撰《现代中国文学史》中给其应有地位和评判，这是事实。但钱氏在自传中说，林氏在时不肯降心以服，其不在时亦不作寻声之骂，就不完全属实。因为他与李详通信中，明确称林纾为“桐城谬种”，[5]显

---

① 李详:《李审言文集》，李稚甫编校，南京:江苏古籍出版社，1989 年，第 1502 页。

② 王玉德主编:《钱基博学术研究》，武汉:华中师范大学出版社，2008 年，第 46 页。

③ 钱基博:《技击余闻补》，《小说月报》，1914 年第 5 卷第 1 号，第 2 页。

④ 郑逸梅:《恽铁樵奖掖后进》，《清末民初文坛轶事》，上海:学林出版社，1987 年，第 226 页。另:恽铁樵为阳湖派恽敬后人，其所在《小说月报》的前任主编王蕴章的妹夫即钱基博。

⑤ 王玉德主编:《钱基博学术研究》，武汉:华中师范大学出版社，2008 年，第 45 页。

然是“寻声之骂”，而且不少文章都提及此事。

钱基博的第三场论争是与范当世弟子。1933年1月，钱基博在《青鹤》杂志上连载《后东塾读书杂志》，其中第一篇即为“范当世范伯子文集十二卷”，文中涉及对范氏诗文的批评，引起范氏弟子不满，双方遂展开论争，战场一度扩散到《国风》杂志，相关的一些文人也卷入其中，一时在旧式文人圈影响颇大。从论争的主题来看，主要包含三个方面：其一，桐城派的风格与界定；其二，南通派的存在与否；其三，对桐城派语言雅洁的学术评价。

钱基博的观点可概括为，文章风格决定流派宗属，风格不同即可另开一宗。韩愈语出奇崛，欧阳修变为平易，桐城诸老体气清洁，唯缺雄奇之境。曾国藩出，以汉赋之气运之，文体一变卓然成为大家。张裕钊得于《史记》之谲怪，其恢诡廉劲之风格亦自成一境。范当世问学于张裕钊，其文风恰如陈三立为其文集作序所言：“长于控抟旋盘，绵邈而往复。”[①]“绵邈而往复”为桐城派之境，而“控抟旋盘”之境则非桐城派所固有。所以钱基博认为范当世在南通“为河源岱宗以开一地之文运，犹之方望溪之在桐城，曾文正之开湘乡”。[②] 范再传弟子冯超指出，范当世师张裕钊而友吴汝纶，其学本于桐城。冯超的老师，范氏入门弟子徐昂认为，陈三立措词皆与阳刚相对，反推范文具有阴柔之美，与桐城蹊径可谓貌异神合。陈灨一认为曾国藩文辞雄气厚，虽师法姚鼐但不同于姚鼐之清真雅正，非桐城可限。“曾门四杰”因为师法曾国藩，所以也与桐城不同。近世之人，他认为马其昶严正清洁，尚守桐城派家法；陈三立雄健挺拔，自成一家；林纾文词俊雅，与魏禧为近，与桐城派较远。陈的观点与钱基博较近，这实际上涉及一个很大的理论问题，即如何界定桐城派。姚鼐在《刘海峰先生八十寿序》中曾说：“为文章者，

---

① 陈三立：《范伯子文集序》，范当世：《范伯子诗文集》，上海：上海古籍出版社，2003年，第617页。

② 钱基博：《复陈灨一先生论文书》，《青鹤》第1卷第14期，上海：大东书局，1933年。

有所法而后能，有所变而后大。”[①]姚鼐强调的是有所师法，有所创造，有所变化，而他本人的风格与方、刘也不尽相同。方苞的风格是谨严质朴，刘大櫆的风格是峻拔雄奥，姚鼐的风格是迂回荡漾。所以如何界定桐城派，至今仍然是众说纷纭。

钱基博曾坦言，他并不喜欢宗派：“博生平论文，不立宗派。”[②]虽然不立宗派，可也不排斥宗派，尤其在论文时喜欢以宗派眼光看问题，这与梁启超有些相似。前者一边与李详说不立宗派，一边又学程晋芳、周永年说姚鼐“天下文章，其出于桐城乎”，而与李详言：“天下文章，其出于扬州矣。”[③]在与范当世弟子论争之时，钱氏又提出“南通派”之说。他认为蔡达观、费师洪为文皆喜往复，与范氏路径同，故戏名之曰“南通派”，并归纳南通派文风“以瘦硬盘屈取劲”，与桐城文“纡徐淡荡”相对。[④]冯超不同意钱氏看法，认为“南通派”的提法不妥，他指出蔡达观渊源有自，费师洪仅附于徐昂门下，强为树派实为狭隘。陈瀫一也不赞成立派，主张宗派之说不如师法之言更妥，他甚至认为桐城派的说法可以废止了。[⑤] 钱基博的南通派是以范当世风格为代表，而桐城派代表作家较多，就是方、刘、姚三人风格也不尽相同，所以仅通过文章风格树立一个流派是不够充分的。事实证明，南通派之说从此戛然而止了。

桐城派在语言上有严格要求，即方苞提出的雅洁。冯超抓住钱基博自认与桐城派有渊源且服膺等语，指责他写的《费大猷家传》掺入江湖小说语言，违背了方苞的雅洁标准，同时顺势抨击钱文“中华人民造国”之类提法，不伦不类。钱基博引经据典进行反驳，比如桐城派所推崇的太史公之记伙头，何尝不以

---

① 姚鼐：《惜抱轩全集》，北京：中国书店出版社，1991年，第87页。

② 李详：《李审言文集》，李稚甫编校，南京：江苏古籍出版社，1989年，第1501页。

③ 钱基博：《复兴化李审言书》，王玉德主编：《钱基博学术研究》，武汉：华中师范大学出版社，2008年，第45页。

④ 钱基博：《后东塾读书杂志》，《青鹤》第1卷第4期，上海：大东书局，1933年。

⑤ 陈瀫一：《论桐城派》，《青鹤》第1卷第20期，上海：大东书局，1933年。

俚语入文，但却充满奇趣。《后汉书》载绿林、赤眉、铁胫尤来有黑山、左髭、牛角等江湖小说之语，若禁止则难见史实。所以钱氏主张："方望溪言古文不可入语录中语，魏晋六朝人藻丽俳语、汉赋中板重字法、诗歌中隽语，南北史佻巧语，蕲于截断众流，而崇古文以卓出于史之上，诚窃以为其道隘狭，不免有时穷。"[①]钱基博从文史相通的观点批驳方苞对语言的诸多限制，指责其未免狭隘。钱锺书在《林纾的翻译》中也对古文语言上的限制进行批判："受了这种步步逼近的限制，古文家战战兢兢地循规蹈矩，以求保卫语言的纯洁，消极的、像雪花而不像火焰那样的纯洁。"[②]语言本来是生动活泼的，方苞当年对语言的诸多规范，主要是针对晚明以来空浮的文风而起，同时也是语言纯化的要求，但是这种限制和要求越来越不能适应时代发展，而演变为一种桎梏，特别是到五四时期，巨大的社会变迁，白话文运动和新文体的崛起，使得桐城派雅洁的古文难以应对，从而日渐衰落。

综上所述，不管是从宗族到出生地，从爱好到交游，还是从师法到著述，钱基博与桐城派都密切关联，所以在当时被很多人视为桐城派也就不足为怪了。他说自己为此蒙受不白之冤，其实只是不愿取悦时贤而已："曩时固不欲附桐城以自张，而在今日又雅勿愿排桐城已死之虎，取悦时贤。"[③]桐城派鼎盛之时，他不攀附；衰落之日，他不简单附和批判。他明晓桐城派之钝，亦知其锋。他能够取其长，亦能去其短。他书房所题楹联"文在桐城阳湖之外，别辟一途"也可揭示其学术旨归。[④] 他说曾国藩论文"从姚入而不必从姚出"，[⑤]他自己又何尝不是从桐城派

① 钱基博：《复陈灨一先生论文书》，《青鹤》第 1 卷第 14 期，上海：大东书局，1933 年。

② 钱锺书：《林纾的翻译》，北京：商务印书馆，1981 年，第 38 页。

③ 李详：《李审言文集》，李稚甫编校，南京：江苏古籍出版社，1989 年，第 1501 页。

④ 钱基博：《自传》，文明国编：《钱基博自述》，合肥：安徽文艺出版社，2013 年，第 8 页。

⑤ 钱基博：《〈古文辞类纂〉解题及其读法》，上海：中山书局，1929 年，第 19 页。

入，而后开创一个属于自己的文学世界。其实，在钱基博心中，桐城派即使衰落了，也是“已死之虎”。

第二节　《古文辞类纂》之解题及读法

姚鼐是桐城派开派的关键人物，《古文辞类纂》为其编选的古文辞教材，不仅桐城派奉为圭臬，一般文人学者也都承认其“为初学示范”的功用。[①] 钱基博一生钟爱《古文辞类纂》，并在教学中长期使用讲授，1929 年出版学术专著《〈古文辞类纂〉解题及其读法》，该书是其十数年研究成果的结晶。

在近代学术史上，提起经典题解和读法的书，最让人耳熟能详的是梁启超的《要籍题解及其读法》，而能够给梁启超加以是正的就数钱基博了。1925 年，针对学生阅读经典困难的情况，梁启超在国内大谈要籍题解及读法，并呼吁有条件的同行参与其中，“我希望国内通学君子多做这类的作品，尤其希望能将我所做的加以是正。例如钱先生新近在清华周刊发表的《〈论语〉解题及其读法》之类。同时我也要鞭策自己在较近期内对于别的要籍能再做些与此同类的工作”。[②] 这里所讲的钱先生，即钱基博。在《〈四书〉解题及其读法》序中，钱基博也提及此事：“余以十四年讲学北平，遇梁任公贻以《要籍解题》一册，中《论语》、《孟子》意有异同，别纂为篇，任公不之忤也！”[③]此后钱氏一发而不可收，撰写了大量此类书籍，比如《〈周易〉解题及其读法》、《〈古诗十九首〉解题及其读法》、《〈文史通义〉解题及其读法》等，其中与桐城派相关的就是《〈古文辞类纂〉解题及其读法》。纵观该书，除总论之外，尚具备三大特征：其一，注重

---

① 相关研究可参考吴孟复：《桐城文派述论》，合肥：安徽教育出版社，2001 年，第 113 页；陈平原：《文派、文选与讲学——姚鼐的为人与为文》，《学术界》，2003 年第 5 期，第 240 页。

② 梁启超：《要籍解题及其读法》，北京：清华周刊丛书社，1925 年，第 3～4页。

③ 钱基博：《〈四书〉解题及其读法・序》，上海：商务印书馆，1933 年。

版本，察究得失；其二，考镜源流，辨章学术；其三，释义解惑，开启牖辙。

一、对《古文辞类纂》的总体评价

《古文辞类纂》完成于乾隆四十四年(1779)，是姚鼐耗费数十年心力编选的桐城派文选教材，钱基博非常推崇，他对《姚纂》有自己独特的理解和体认：

> 然余以为《姚纂》之病在取径太狭，既不如《曾钞》之博涉经子；而择言偏洁，又不如《李钞》之足有才藻。规模未宏，自是所短！至分类必溯其原而不为杜撰；选辞务择其雅而不为钩棘；荟斯文于简编，诏来者以途辙，近儒章炳麟曰："文足达意，远于鄙俗，可也。有物有则，雅驯近古，是亦足矣！"见《菿汉微言》后之续者，有遵义黎庶昌长沙王先谦两家。然黎氏之书，上采经史；品藻次第，壹准绳其师曾国藩之言；要为《曾钞》之别子，而非绳武于《姚纂》也。惟王氏之辑，志在续姚；采自乾隆，迄咸丰间，得三十九家，论其得失；区别又类，悉遵姚氏；斯可以窥见文章之流变，而觇当世得失之林焉！①

归纳钱基博对《姚纂》的观点，主要包括三个方面：

第一，规模未宏，自是所短。这是钱基博对《姚纂》不足方面总的概括，具体而言，可分为两个方面：一是"取径太狭，既不如《曾钞》之博涉经子"；二是"择言偏洁，又不如《李钞》之足有才藻"。统观两点，前者言取材，后者言文辞，并与《曾钞》、《李钞》相参较。《曾钞》与《李钞》都是在《姚纂》之后，受其影响是毋庸置疑的，但也有自己独到之处。在选材方面，《古文辞类纂》选文 690 篇，基本来自集部，史部《战国策》38 篇、《史记》8 篇，而经部和子部空缺。《经史百家杂钞》选文 700 余篇，其中

---

① 钱基博：《〈古文辞类纂〉解题及其读法》，上海：中山书局，1929 年，第 1～2 页。

经史子三类共计 164 篇，占全部的近四分之一。《曾钞》通过将经史子纳入文集，特别是典志、序跋两类中，所收经世致用之文尤多，无疑扩大了古文的领域，丰富了古文的内容，张舜徽评价说："至于选文的内容，较《古文辞类纂》更为丰赡而精要……可使颂习者放宽视野，开拓胸襟。"[①]而《姚纂》相比之下选材范围明显褊狭。当然，从纯文学的角度来看，《姚纂》更加纯粹，《曾钞》则略显驳杂，两人编选标准本不同。

从言辞风格来看，桐城派古文提倡雅洁，他们认为最能够体现雅洁标准的是唐宋文，所以《姚纂》编选的唐宋文达 391 篇，占总量的 50%以上，而对六朝文仅选 10 篇，占 1%。正如姚鼐在《古文辞类纂序目》中所言："古文不取六朝人，恶其靡也。"[②]黎庶昌将姚氏论文的要义归纳为："循姚氏之说，屏弃六朝骈丽之习，以求所谓神理、气味、格律、声色者，法愈严而体愈尊。"[③]摒弃六朝，可谓桐城派的家法。可惜的是，他们在抛弃六朝文"靡"的同时，也抛弃了六朝文的辞藻与华彩，而这正是文学性的一个主要表现。雅洁与文采、古文与骈文，各自强调一个方面，而真正的好文章都应该是骈中有散，散中有骈，两者兼取，交互为用。李兆洛在《骈体文钞序》里以自然之道来证明骈文和古文的同源性，它们如阴阳刚柔一般，强调任何一方都会造成"毗阳则躁剽，毗阴则沉膇"的失调局面。因此，李兆洛认为骈散"相杂迭用"才能回到文章的正规。[④] 某种程度上，李兆洛的这个看法更加客观公允。在具体编选上，《骈体文钞》上自秦朝，下至隋代，共 31 卷 620 篇，以秦汉六朝文为主，尽展骈俪铺张之美。相比之下，姚鼐的选本言辞风格确实如钱基博所说：择言偏洁。

第二，分类溯源，辞择其雅。这是钱基博对《姚纂》长处的

---

① 张舜徽：《清儒学记》，济南：齐鲁书社，1991 年，第 344 页。

② 吴孟复、蒋立甫：《古文辞类纂评注》，合肥：安徽教育出版社，2004 年，第 18 页。

③ 黎庶昌：《续古文辞类纂序》，上海：世界书局，1936 年。

④ 李兆洛：《养一斋文集》，续修四库全书，道光二十四年增修本，第 76～77页。

总括，具体而言，也表现为两个方面："分类必溯其原而不为杜撰；选辞务择其雅而不为钩棘。"分类不仅是文体发展成熟的标准，也是文章选本的必要条件。中国古代文体分类源于《尚书》和《诗经》，[1]而文章选本主要从挚虞的《文章流别集》和萧统的《文选》开始。《古文辞类纂》继承古代文体研究"原始以表末"的优良传统，十分注重文体渊源，对每一类文体的源流都给出明晰扼要的解说。通过追源溯流，了解每一类文体的起源、发展和嬗变，并在发展演变中形成自己的内在和外在特征。在文辞方面，钱基博认为《古文辞类纂》"雅而不钩棘"，"钩棘"即文字艰涩，不流畅，"雅而不钩棘"即语言文雅而流畅。雅洁是桐城派文辞的公认标准，钱基博显然把雅与洁分开来理解，前文说"洁"是其不足，太缺少文采。这里他却赞同"雅"。雅洁理论是由方苞最早提出，如果说"洁"是一种简，那么"雅"则是一种古，所谓"清真古雅"。但更多时候方苞的"雅"是与"俗"相对，指的是文辞雅驯妥帖、不俚不俗。如果行文引喻凡猥、辞繁而芜、句佻且稚者，都属不雅的范围，应当予以避免。他曾对门人沈廷芳云："古文中不可入语录中语、魏、晋、六朝人藻俪俳语、汉赋中板重字法、诗歌中隽语、南北史佻巧语。"[2]方苞将此类语言摒弃于古文之外，恢复古文温文尔雅、远离鄙俗的语言本色，正是桐城派以古雅论文的宗旨所在，也具有对晚明文风纠偏与矫正之意。姚鼐亦云："为文不可有注疏、语录及尺牍气。"[3]钱基博显然很赞同这一主张。

第三，荟斯文于简编，诏来者以途辙。中国文学史自有文章选本以来，体例大多繁琐，《昭明文选》把文体分为 39 类，《唐文粹》分为 26 类，《宋文鉴》分为 60 类，《元文类》分为 43 类，《明文衡》分为 41 类，《涵芬楼古今文钞》则分为 213 类，《古今文综》分为 400 余种，其中缘由固然与文体的纷繁复杂有关，也

---

① 徐师曾：《文体明辨序说》，北京：人民文学出版社，1962 年，第77 页。

② 沈廷芳：《书方望溪先生传后》，《方苞集》，上海：上海古籍出版社，1983 年，第 890 页。

③ 梅曾亮：《柏枧山房文集》卷二，《姚姬传先生尺牍序》，咸丰六年刊本。

可能与研究者缺乏严格的科学归纳有关。[①] 姚鼐把文体分为13类，显然非常简洁实用，其主要原因是秉持一个相对科学的分类标准，也就是他自己说的“为用”原则，从文章的实际功用来分类。比如姚鼐认为“赠序”虽名为“序”，而实际跟序跋类的序文使用功能不同，是古代“君子赠人以言”的遗意，所以把它与赠文、寿序汇聚于赠序类；将史序、诗文集序和书、文后的跋语汇聚于序跋类。赠序类和序跋类，同为序，但具体使用功能和性质不同，所以归为两类。正是因为姚鼐的良苦用心，抓住了功用这一符合古代文体发展的分类标准，较为有效地遏制了魏晋以来日趋纷繁的文体分类状况，“而且开启了现代文体学对文体功能‘质’的规定性的认识，在古典文类研究与现代文类研究之间搭建了桥梁”。[②] 所以受到钱基博的高度评价。姚永朴也赞扬该书分类精当：“辨别体裁，视前人为更精审……分合出入之际，独厘然当于人心。”[③]

“荟斯文于简编”说的是编选体例，“诏来者以途辙”说的是影响。钱氏论及的影响主要是指后来的续书，也就是王先谦和黎庶昌的《续古文辞类纂》。他认为，黎氏之编悉承曾国藩之言，而非《姚纂》；王氏之辑，谨遵姚氏。这基本为后来学界的共识。王氏《续古文辞类纂》编于1882年，收文457篇，主要收录清代乾隆至咸丰年间古文。虽然王氏初学古文词于曾国藩，但更推崇姚鼐，王氏《续纂》的分类和编排体例完全仿照姚氏，传续姚氏之意很明显。他自己公开承认说：“仆现在所辑《古文辞》，专就乾嘉以来诸人采录，遥接惜抱之传……况惜抱所遗而我收之，隐然有与先辈竞名之意，非末学后进所敢出也。”[④]后来

① 褚斌杰：《中国古代文体概论》，北京：北京大学出版社，1990年，第36页。

② 高黛英：《〈古文辞类纂〉的文体学贡献》，《文学评论》，2005年第5期，第35页。

③ 姚永朴：《文学研究法》，北京：商务印书馆，1916年，第34页。

④ 王先谦：《虚受堂书札》，沈云龙：《近代中国史料丛刊》，台北：文海出版社，1971年，第1737页。

王闿运评价说:"《经解》纵未能抗行芸台,《类纂》差足以比肩惜抱。"[1]叶德辉也说:"读书必有入门之书……集则以《文选》元其始,以姚氏《古文辞类纂》、王氏《续古文辞类纂》要其终。"[2]时人对其肯定,由此可见一斑。与姚鼐稍有不同的是,王氏《续纂》的奏议、诏令、辞赋三类没有收文,书说类有书无说,赞颂类有赞无颂。不收的原因是,他认为清人中这类文章的文学性不足。黎庶昌的《续古文辞类纂》编于 1889 年,收文 419 篇。黎庶昌作为曾门四大弟子之一,黎氏《续纂》继承曾国藩论文要旨,经史子集四部兼收。其分类和编排体例更主要来自《曾钞》,同时结合姚氏和王氏,某种程度上可以说兼采三人之长。他在该书序言中谈到与王氏《续纂》的区别:"囊者余钞此编成,客有示余长沙王先谦氏所撰《续古文辞类纂》刻本,命名与余适同,而体例甚异。王选抵及方刘以后人,文多至四百数十首。余纂加约,本朝文才二百四十余,颇有溢出王选外者,而奏议、辞赋、叙记则又王选所无。人心嗜好之殊,盖难强同。要之,于姚氏无异趋也,后之君子,并览观焉。"[3]

综上所述,通过钱基博简明扼要的概括,可以清晰地了解《古文辞类纂》的优势、不足和后续影响,为阅读理解《姚纂》申明要旨,指示门径。

二、注重版本,察究得失

钱基博的学术研究非常重视版本,并著有《版本通义》一书,该书 1931 年由上海商务印书馆发行,是我国现代最早把版本作为学术研究的专著,他对古籍版本及版本学的精深造诣,由《〈古文辞类纂〉解题及其读法》可窥一斑。

钱基博首先考察了《古文辞类纂》版本的种类和流变,认为其按照时间顺序主要有康、吴、李、徐四家。"康本"乃嘉庆季年

---

① 蔡冠洛:《七百名人传》,沈云龙:《近代中国史料丛刊》,台北:文海出版社,1971 年,第 1707 页。

② 苏舆:《翼教丛编》,上海:上海书店,2002 年,第 34 页。

③ 黎庶昌:《续古文辞类纂》,上海:世界书局,1936 年,第 3 页。

姚氏门人兴县康绍镛巡抚粤东时刊刻，武进李兆洛任雠校。“吴本”是道光五年(1825)江宁吴启昌刊本，姚氏弟子管同、梅曾亮、刘钦任雠校。“李本”乃滁州李承渊求要堂刊本，“徐本”是徐州徐树铮刻本。前三家为通常习见本，后一家为新出。诸本各有异同。“康本”为姚氏中年选本，“吴本”为晚年选本，前者选方苞、刘大櫆文，后者没有此两者文，钱基博认为这是姚鼐晚年一改中年阿好乡人之嫌。[1] 前者有圈点，后者没有。“李本”参据康、吴两刻，以及相关史籍和宋元以后康熙之前各家专集，并校勘字句。其底本为姚鼐少子姚雉所藏姚氏晚年稿本，所以钱基博说“李本”较前两本可谓“后来居上矣”。“徐本”最为晚出，集中梅曾亮、张裕钊和吴汝纶的批点，旁及诸家集评，且能够折中以己意，钱氏评判其在四家中“最为精审”。[2] 从钱基博的梳理考察可知《古文辞类纂》版本情况的流变与繁杂。当然，也应该看到，前两个通行版本，他都说明了雠校者，而第三个“李本”却没有标明。“李本”雠校问题确实很复杂，吴孟复在《桐城文派述论》中说：“光绪间，滁州李氏又请桐城萧穆合两本而校以他书，重付剞劂，世称‘李本’。”[3]在《文献学家萧穆年谱》一文中，吴氏重申此意，并认为李本最精审。后来汪祚民通过细致考辨，证明“李本”主要为萧穆校雠，李氏刊刻。[4]

古人读书重圈点，圈点问题亦为钱基博察究之重点。文章圈点始于宋代，[5]元明八股举业使圈点成为品评文章的流行方式。虽然清代八股圈点遭人诟病，但作为一种简易的评点方

---

① 钱基博：《〈古文辞类纂〉解题及其读法》，上海：中山书局，1929 年，第 8 页。

② 钱基博：《〈古文辞类纂〉解题及其读法》，上海：中山书局，1929 年，第 10 页。

③ 吴孟复：《桐城文派述论》，合肥：安徽教育出版社，2001 年，第 112 页。

④ 汪祚民：《〈古文辞类纂〉李刻本校勘原委与学术价值》，《安庆师范学院学报》，2009 年第 5 期，第 1～7 页。

⑤ 叶德辉《书林清话》卷二曰：“刻本书之有圈点，始于宋中叶以后。岳珂《九经三传沿革例》有圈点必校之语，此其明证也。《孙记》宋版《西山先生真文忠公文章正宗》二十四卷，旁有句读圈点。”

式，圈点在文人中仍很常用。《姚纂》各本圈点状况各不相同，“康本”有圈点而“吴本”去圈点，据说是姚鼐晚年嫌圈点接近八股，乃命吴删去，只是苦无证据。其少子姚雉所藏姚氏晚年稿本却遍布圈点，并没有删去。“李本”的圈点得自兰陵逸叟，数量超过“雉本”。钱基博认为：“圈点至于《姚纂》，实有不可祛者。”[①]理由有三：其一，姚鼐本人在《答徐季雅》中曾言：“圈点启发人意，有愈于解说者矣。”[②]事实确乎如此，姚鼐在此书篇目上大量标圈，康本和李本标圈的篇目分别达到 595 篇和 675 篇，[③]而在具体篇目下标注一圈、二圈、三圈和不标圈，无疑构成对文章的等级评价，正文的圈点更是评判优劣的重要标准，可以说圈点确是姚鼐评论文章高下、发解人意的最主要方式。其二，姚鼐一生对《古文辞类纂》圈点评注，厘定不辍，由其各种版本可见一斑。其三，吴德旋曰：“《古文辞类纂》，启发后人，全在圈点。”[④]吴为姚鼐弟子，其说当有所本。不只是此书，在《国文研究法》中钱氏亦把“注意圈点”作为古文研究之法而标出。他主张，对待古文不管是圈还是未圈，其意不在古人，而在以自己眼光别择古人文章。[⑤] 可见突出个性和体悟乃圈点之精义所在。从 12 岁起，其祖父就教钱基博用圈点之法课余读《申报》议论文，[⑥]后来教学时，他也经常教导学生读书时使用圈点之法。

鉴于《古文辞类纂》的反复增删修订，钱基博认为“此《纂》当为姚氏未及论定之书”。姚鼐从事教学 40 年，从主讲扬州梅花书院时开始编选此书，40 年修订不辍，从题材内容，到圈点

---

① 钱基博：《〈古文辞类纂〉解题及其读法》，上海：中山书局，1929 年，第 9 页。

② 姚鼐：《惜抱先生尺牍》（卷二），《丛书集成续编》第 130 册，上海：上海书店，1994 年，第 903 页。

③ 汪祚民：《〈古文辞类纂〉圈点系统初探》，《安庆师范学院学报》，2007 年第 5 期，第 80 页。

④ 吴德旋：《初月楼古文绪论》，北京：人民文学出版社，1959 年，第 20 页。

⑤ 钱基博：《戊午暑期国文讲义汇刊》，傅宏星点校，桂林：广西师范大学出版社，2010 年，第 62～63 页。

⑥ 傅宏星：《钱基博年谱》，武汉：华中师范大学出版社，2007 年，第 11 页。

批注。即便是其少子所藏晚年稿本，亦是满篇狼藉，未为惬也。其用功之勤由此可见，虽其未刊定亦于此可见。虽未定是个遗憾，但也给后人留下一个很广阔的空间，可以使后人丰富完善。

三、考镜源流，辨章学术

钱基博认为治学“勘比同异，以明百家之何所别”，而“辨章源流，以明百家之有相自”。[①] 在《〈四书〉解题及其读法》的序中，钱先生又明确提出：“缮写既定，而为考镜源流，发明指意，于文章典籍之中，得其辨名证物之意，庶几尼山正名之义云尔！”[②]为了真正了解《古文辞类纂》之前因后果及其学术价值，考察其源流以及桐城派的变迁也就成为当然。

钱基博把桐城派的发展流变大致分为四个阶段，即：桐城文学之起、桐城文学之立、桐城文学之大和桐城文学之末。巴陵吴敏树曰：“今之所称桐城文派者，始自乾隆间姚郎中姬传称私淑于其乡先辈望溪方先生之门人刘海峰，又以望溪接续明人归震川。而为《古文辞类纂》一书，直以归、方续八家，刘氏嗣之，其意盖以古今文章之传系己也。”[③]由是观之，欲知桐城派文学之起，要追溯到明代文学。明初文坛粉饰现实，先是“台阁体”产生，虽雍容典雅，但空泛冗沓。后来七子派掀起了声势浩大的反“台阁体”运动。但他们并未真正做到以复古为革新，相反却宣称“文必秦汉，诗必盛唐”，盲目尊古复古，一味堆砌摹拟，使散文发展又入歧途。当时唯有归有光矫以清真，力倡欧曾，并由韩柳欧苏上溯秦汉。方苞取法归氏，崇尚淡雅，反对涂饰，倡导义法，尝谓：“南宋、元、明以来，古文义法不讲久矣。

---

① 钱基博：《治学篇》，曹毓英编：《钱基博学术论著选》，武汉：华中师范大学出版社，1997 年，第 31 页。

② 钱基博：《〈四书〉解题及其读法·序》，上海：商务印书馆，1933 年，第 6 页。

③ 吴敏树：《与篆岑论文派书》，《吴敏树集》，长沙：岳麓书社，2012 年，第 394 页。

吴、越间遗老尤放恣，或杂小说，或沿翰林旧体，无一雅洁者。”[1]所以钱基博认为：“桐城派之起，所以救古典文学之极敝也！”[2]

方苞之后，刘大櫆继之，姚鼐学古文法于刘氏，而又能够兼采方刘之长，自成一格。钱基博提出，“桐城派”三个字，始于姚鼐，姚氏为桐城派的真正定鼎之人。在《刘海峰先生八十寿序》中，姚鼐表达创派之意。据姚鼐同门吴定记载，姚鼐曾曰：“经学之盛在新安，古文之盛在桐城。”[3]姚鼐既卒，其弟子门徒传播天下，其中管同、梅曾亮、方东树、姚莹为四大弟子，梅曾亮声名尤高。士人多所归附，姚氏薪火始烈。差不多与姚鼐同时，常州钱鲁斯授业于刘大櫆门下，并时时诵“师说”于阳湖恽敬、武进张惠言，恽、张二人始治古文，遂有阳湖派。阳湖文不同于桐城文之处在于，桐城文从唐宋八大家入，阳湖文从汉魏六朝入；桐城文雅洁，阳湖文瑰丽，颇亦足救桐城文声味寡淡之病。钱基博生于无锡，属于常州学术圈，看到阳湖与桐城之区别，更看到其关联，对排斥常州桐城之学故持批判态度。

姚鼐之后，真正中兴桐城派的人是曾国藩。他的《欧阳生文集序》一文细致梳理了桐城文派的形成与传衍，推重姚鼐于桐城派之功，在《圣哲画像记》里称自己“粗解文字，由姚先生启之”。[4] 钱基博认为，曾国藩论文“从姚入而不必从姚出”。[5]“从姚入”是说曾国藩真正私淑服膺姚鼐，由姚鼐而始治古文。“不必从姚出”是说曾氏古文风格与理念，不局限于姚鼐。姚鼐虽然强调阴柔与阳刚的结合，而文风偏于阴柔，曾国藩探源扬、马，专攻韩愈，取汉赋之风神，为阳刚之光气，骈散互用，奇偶兼

---

① 沈廷芳：《书方望溪先生传后》，《方苞集》，上海：上海古籍出版社，1983 年，第 890 页。

② 钱基博：《〈四书〉解题及其读法·序》，上海：商务印书馆，1933 年，第 14 页。

③ 钱仪吉：《清代碑传全集》，《碑传集》（卷五十），上海：上海古籍出版社，1987 年缩复印件，第 265 页。

④ 曾国藩：《足本曾文正公全集》，李鸿章校勘，长春：吉林人民出版社，1995 年，第 1594 页。

⑤ 钱基博：《〈古文辞类纂〉解题及其读法》，上海：中山书局，1929 年，第 19 页。

取，雄奇万变，力矫桐城文懦缓之失，使得文章声采焕然，于是自成湘乡一派。曾氏弟子众多，佼佼者四人：黎庶昌、张裕钊、薛福成和吴汝纶，皆各有所取，造诣不同，然皆自成一家，无忝师门，所以钱氏称桐城派“至曾文正公始变化以臻于大”。钱基博所讲的“桐城文学之末”，主要是指“一马二姚”：马其昶和姚永朴、姚永概兄弟。马其昶学古文义法于吴汝纶，与吴又有不同，吴氏宏湘乡之法，而马氏生于桐城，延续的主要是桐城家风。侯官林纾文章见赏于吴氏，又与马氏友善，依桐城派之末光，为桐城派护法。姚氏兄弟为姚鼐之从孙，马氏之妻弟，发扬其家学，为文澹然有致。钱氏评价姚氏兄弟与马氏“皆足以殿桐城之后劲者矣”！[①] 至于桐城人陈澹然，孤峰独傲，虽不喜桐城派言，与马姚之文亦不合，而可以自力焉，钱基博亦将其纳入“桐城文学之末”。

通过对四个阶段的细致梳理，桐城派文学发展的来龙去脉悉收眼底。通过把桐城派放到中国文学史的大背景下来展开，赋予桐城派文学以更准确的定位。钱基博一生以集部研究而著称，自言“集部之学，海内罕对”，[②]他在研究近代文学史料10余年基础上，细述桐城派文学始末，为理解《姚篹》提供参考。

四、释义解惑，开启牖辙

《古文辞类篹》名从何来，例从何出？世人多知“纂”，而不知“篹”，连《姚篹》的最早版本粤东康绍镛刻本都写作“纂”，且流传久远。而金陵吴启昌刻本虽“篹”字写得正确，并为晚年稿本，然刊行较少。钱基博参校滁州李承渊校刊的《古文辞类篹后序》，提出《古文辞类篹》之“篹”，为言辞总集也，源自《汉书·艺文志序》，其中言《论语》之名即“门人相与辑而论篹故谓之《论语》”，而姚鼐在《序目》中称自己亦“以所闻见编次论说为

① 钱基博：《〈古文辞类篹〉解题及其读法》，上海：中山书局，1929年，第23页。

② 钱基博：《自传》，曹毓英选编：《钱基博学术论著选》，武汉：华中师范大学出版社，1997年，第4页。

《古文辞类篹》",所以《古文辞类篹》应该为"篹"而非"纂"也。

《古文辞类篹》为古文总集,钱氏认为总集之作源于《诗经》和《尚书》,前者是第一部诗歌总集,后者是第一部文章总集,前者开后世总集类编先河,后者为后世总集年代之滥觞。晋代挚虞的《文章志》和《流别集》被称为后世总集之祖,前者如《尚书》按照时代顺序编纂,后者如《诗经》依据类别编纂,后世按时代编纂者少,按类编纂者多,《古文辞类篹》即按类编纂之古文辞总集。总集分类标准各不相同,钱基博总结为三种:其一,以作用分类,比如真德秀《文章正宗》之辞令、议论、叙事、诗歌之分。曾国藩《经史百家杂钞》之著作、告语、记载亦如是。其二,以神理之境分类,比如谢枋得《文章轨范》将古文分为放胆和小心两种,曾国藩推衍其为古文四象:气势、趣味、识度和情韵。其三,以体势分类,比如《昭明文选》分为赋、诗、骚、册等 37 类,《古文辞类篹》分为论辩、序跋、奏议、书说、赠序等 13 类。钱氏认为姚鼐把古文辞类别从萧统的 37 类归为 13 类,"实较昭明为简当"。[①] 他反驳时人因桐城派衰落而鄙薄《姚篹》,不懂编纂古文辞"要为明其伦类"也。至于有人批判《姚篹》不选诗歌就更加可笑,因为韵散殊体,自古已然,又岂言《姚篹》之病!而《四库全书总目提要》中撰录总集,空缺篹例,亦因姚鼐已先明之于《古文辞类篹》。

《古文辞类篹》到底应该怎么读,仁者见仁,智者见智,钱基博根据学贵会通的观点,提出三种读法:一为分体分类读,二为分代分人读,三为分学读。首先,就分体分类而言。文章之得失,依体而辨,但如果文学只以体格为主,就太拘形式,必辅之以内容,钱氏认为文章内容不外乎三事:记事、说理、表情,记事应该实在,不宜虚夸;说理应该明白,不宜隐藏;表情应该真实,不宜修饰。记事宜于赋,说理贵于比,抒情妙于兴。其次,论分代分人读法。一代有一代之文学,一人有一人之风格,孟子所谓"知人论世"也。钱基博细致梳理了《姚篹》和王先谦《续古文辞类篹》,共选录晚周 26 人、秦代 3 人、汉代 45 人、魏晋六朝 8

---

① 钱基博:《〈古文辞类篹〉解题及其读法》,上海:中山书局,1929 年,第 7 页。

人、唐4人、宋8人、明1人、清代41人。上下千余载，合计136家，历代文章迭变，各家面貌不同。钱氏提出，在诸家中，桐城派所自衍者有四家：司马迁、韩愈、欧阳修和归有光，这四人可谓桐城派的“一祖三宗”。[①] 再次，分学术类别读法。钱基博认为，文章和学术本是两事，文章贵美，学术崇真。不应以学术衡量文章，但中国素有文以载道之传统，所以文章之事亦未必绝无当于学术。以《姚纂》观之，内容有涉及经说者、有涉及史论者、有涉及文论者、有涉及小学者。就诸子之文而言，有涉及道家文学、儒家文学、法家文学、兵农家文学、纵横家文学等。在儒家文学内部，又有儒学考论、儒家人生哲学、儒家教育思想、儒家个性人格等。由此可见，《姚纂》内容丰赡，既当于文，又兼于学。

综上所述，通过综核，给《姚纂》以准确的学术判断；通过版本，考察其流布；通过源流，辨析其传衍；通过解题，释义解惑；通过读法，开启牖辙。在更大层面来说，这些特征汇集一起，构成钱基博治学的基本方法，通过研究钱氏治学方法，不仅有助于了解钱基博的学术精神与祈向，也有助于认识中国现代学术肇始的基本路径和发展脉络。除此而外，这一切的背后还隐藏着钱氏的一个重要目的，矫正时人对桐城派的错误看法。晚清以来，桐城派受到来自各方面的批判，尤其是五四新文化运动的攻击，引起钱氏不满，他认为：“世之毁誉桐城者，徒为尚口之争，罕有条贯之纪！”[②]他特别提及梁启超的《清代学术概论》，持论短浅，把桐城派作为汉学的衬托。而梁氏又非专治文学，时常语焉不详。钱氏希望借助自己对近代文学史料十几年的摸爬研究，加之几十年的集部积累，借《姚纂》撰述桐城派文学始末，“补梁氏书之缺”，亦为读《姚纂》者参考。即如《姚纂》，虽病

---

① 钱基博：《〈古文辞类纂〉解题及其读法》，上海：中山书局，1929年，第34页。

② 钱基博：《〈古文辞类纂〉解题及其读法》，上海：中山书局，1929年，第23页。

其狭，然“有典有则，总集之类此者鲜”！[①]

第三节 《读清人集别录》辨桐城得失

钱基博自谓“集部之学，海内罕对”，[②]读诗文集最多，唐以前略尽，明清亦为籀读重点。他的《读清人集别录》连载于1936～1937年的《光华大学半月刊》，后收入《中国文学史》。虽名为读清人别集，实际阅读的主要是桐城派的诗文集，涉及桐城派各时期代表人物及相关作家21位（方苞、刘大櫆、姚鼐、姚莹、梅曾亮、管同、刘开、方东树、朱仕琇、陈用光、恽敬、张惠言、李兆洛、王拯、龙启瑞、朱琦、邵懿辰、吴敏树等）。在行文形式上，每篇都是知人论世，先介绍个人生平和版本刊刻，然后追源溯流，剖析综核，抉摘利病，发其阃奥，最后摘录可诵篇目及核心内容。三祖四杰以及阳湖、桐城派之比较是钱氏论说的要点。

一、桐城三家之利钝

方苞一般被认为是桐城派初祖，少时论行身祈向曰：“学行继程朱之后，文章介韩欧之间。”[③]钱基博认为，方氏文章，恪守义法，其长处在于谨严朴质，高浑凝固，足以救晚明之客套与虚浮。不足在缺乏气韵，虽学韩愈而不敢为韩愈之雄奇，学欧阳修也没有欧阳修的纡徐。与归有光相比，两人都能够力矫前人的虚饰和浮靡；不同之处在于，归氏尚气韵而不免枝蔓，望溪谨义法而截断枝蔓；归氏之韵逸，望溪之辞洁。如吴敏树所言：“归氏之文，高者在神境，而稍病虚声几欲下；望溪之文，厚于

---

① 钱基博：《〈古文辞类纂〉解题及其读法》，上海：中山书局，1929年，第49页。

② 钱基博：《自传》，文明国编：《钱基博自述》，合肥：安徽文艺出版社，2013年，第6页。

③ 方苞：《方望溪全集·序》，北京：中国书店出版社，1991年，第2页。

理，深于法，而或未工于言。”[①]归氏被桐城派崇奉，在于其文有事外远致，而方苞之文，质实有余，妙远不足，缺少桐城家所喜好的无穷之韵味，所以钱氏说：“桐城之文，宗归而不必祢方；特以乡人推重之尔。”[②]这是一个大胆的提法，否定方苞为桐城派初祖，理由是方苞的文章风格与桐城派所推崇的风格不同。从文章风格来看流派归属是钱氏的一贯主张，他与范当世弟子论争时也是如此。按照他的说法，方苞、刘大櫆、姚鼐风格不同，曾国藩与姚鼐不同，张裕钊与曾国藩不同，范当世与张裕钊也不同，他们都可以自成一家。风格是一个作家的标志，由风格来划分流派是文论的基本主张。但一个流派既可以有流派风格，也可以有个人风格，甚至个人也可以有不同风格。钱基博过于强调个人风格，以至于因之把方苞剔出桐城派，认为方苞只是因为是同乡才被列入桐城派，委实有点严重。方苞的义法理论以及雅洁风格一直被桐城派奉为圭臬。

刘大櫆晚于方苞，而得方苞之赞许。钱基博认为两人很不同，方苞不作诗，大櫆诗文兼胜，五言优于七言；近体秀丽疏朗，仿佛王维；古体风骨峻拔，有左思之风力，陶潜之古澹。七古错综震荡，逸气干云，其原出李白，而稍欠精练。就文而言，方苞取义理于程朱，取体段于司马迁；而大櫆取诙诡于庄子，取音节于韩愈。大櫆之气矜肆，方苞之味醇茂。然正如吴德旋所言：“刘海峰文，最讲音节，有绝好之篇。其摹诸子而有痕迹，非上乘也！”[③]所以钱基博批评刘大櫆，虽学韩愈学庄子，但模拟痕迹太重，有音节无风力，不如方苞洒脱干净。钱基博甚至认为刘大櫆也不算桐城派：“桐城以震川学欧公，而蕲于洁适；大櫆以庄子化韩愈，而故为矜诞。”[④]理由与方苞差不多，因为刘大櫆与震川、欧公的风格也不同，桐城派言称刘大櫆，只是因为他是桐

---

① 吴敏树：《与篆岑论文派书》，《吴敏树集》，长沙：岳麓书社，2012 年，第 395 页。

② 钱基博：《中国文学史》，上海：上海古籍出版社，2011 年，第 869 页。

③ 吴德旋：《初月楼古文绪论》，北京：人民文学出版社，1959 年，第 31 页。

④ 钱基博：《中国文学史》，上海：上海古籍出版社，2011 年，第 895 页。

城人而已。钱基博看到了刘大櫆所长，也看到其不足。但是把刘大櫆剔出桐城派，可能很多桐城家不会答应，刘氏与方苞、姚鼐毕竟有师承关系。

钱基博否定方苞和刘大櫆是真正的桐城派，实际上是把姚鼐作为桐城派的正宗，这是曾国藩以及后来很多学人的观点。毕竟方刘都只是有所师承，而没有提出派的概念。而姚鼐在《刘海峰先生八十寿序》中借程晋芳和周永年之口，提出"天下文章，其出于桐城乎"，这一般被认为是桐城派形成的标志，加之后来他的诸多弟子门人广为传播，曾国藩又一锤定音，姚鼐的地位就无人可比了，所以周作人称姚鼐是桐城派定鼎的皇帝。姚鼐对方刘都有所继承，又有所开创。钱基博认为，与方刘相比，姚鼐不如方之质厚，而胜以澹远；不为刘之雄奥，而力求洁适。没有韩愈的奇词奥句，而有欧阳修的迂回荡漾、余韵悠长。与刘大櫆一样，姚鼐也是诗文兼胜。钱基博主张，其诗由韩愈学杜甫，风格清刚古澹，实开晚清同光体之先河。[①] 而姚氏之文，由归有光学欧阳修，长于掉虚，短于用实，气韵有余，遒劲不足。总体而言，其论学主义理而不废考据，作文偏阴柔亦称阳刚。

纵观三家，在熟悉文本的基础上，钱基博溯源探流，点明每家的来龙与去脉。在相互比较的基础上，总结各家风格特点，抉摘利病，纵横短长，提出自己独特的看法，虽有争议，亦颇多创见。

二、姚门四杰之得失

姚门四杰有两种说法：一种是曾国藩在《欧阳生文集序》里的观点，以管同、梅曾亮、方东树和姚莹为代表，另一种是把姚莹换为刘开。刘氏入选的理由是与姚鼐同邑，并得姚鼐真传。没有列入的理由是，不用姚鼐之法，且文风不同，按照钱氏说法："其格调风力，在桐城三家中，于海峰为近，而与姚鼐则异。"[②]钱氏认为其风格纵横排宕，辞气铿訇，得韩愈之健举，发

---

① 钱基博：《中国文学史》，上海：上海古籍出版社，2011 年，第 902 页。
② 钱基博：《中国文学史》，上海：上海古籍出版社，2011 年，第 946 页。

扬马之浓郁，在曾国藩之先，以汉人之气，开桐城之新境。其诗缤纷绮丽，也不同于姚鼐之古澹。

姚莹为姚鼐从孙，从受义理考据辞章之学。也与姚鼐一样，诗文兼善。钱基博认为，其诗浑脱浏亮，由何景明李梦阳学盛唐李杜，古体学李白，近体学杜甫，古体胜于近体，七古胜于五古。其为文，慷慨深切，得姚鼐之一体，而无姚鼐悠长之韵味，往复百折之含蓄。总体来说，其诗胜于文。[①] 梅曾亮少好骈文，师事姚鼐后始治古文。钱基博评价梅氏文风抑扬爽朗，议论精核，取王安石之瘦劲拗折，参欧阳修之纡徐委备，“于姚氏为得法”。[②] 但是传志之文，辞喜简练，事贵刻画，于姚氏闲适之蹊径不同。这与《〈古文辞类纂〉解题及其读法》中观点接近，那里他说梅氏浸淫六朝，词句矜练，于阳湖诸老为近，于姚氏不同。[③] 管同所学，兼采汉宋，与姚鼐相似。论文偏尚阳刚，与姚鼐异。其文章善于持论，风格峤悍，能为尽而不欲为不尽，所以钱基博说他“于师门为转手矣”![④]

不算姚莹，“姚门四杰”中方东树最小，与方苞同姓不同族，钱基博评价方氏：“学问宏通，四杰之冠；而文章则于四人为最下。”[⑤]方氏之学，主要体现在《汉学商兑》一书。方是时，汉学正炽，每以考据傲宋学之不逮，而方东树以其人之道还其人之身，以精核之考据批驳汉学之破碎，给后来汉宋融合以很大启发，钱基博称其“实开后来陈东塾朱无邪一派”。[⑥] 陈东塾即陈澧，朱无邪即朱一新，两人都是主张调和汉宋。至于其文，钱基博认为其好为持论，由苏轼学庄子，文风骏利而滑易，每研一理，无辞不达，无意不透。然言语平直，行气柔缓，无古人之雄浑高妙。其骈文亦仗气用奇，不为纤巧，但疏宕有余，词采不足。其诗歌，由黄庭坚学韩愈以窥杜甫，用语生僻，横空盘硬，意境兀

---

① 钱基博:《中国文学史》,上海:上海古籍出版社,2011 年,第 915 页。

② 钱基博:《中国文学史》,上海:上海古籍出版社,2011 年,第 930 页。

③ 钱基博:《〈古文辞类纂〉解题及其读法》,上海:中山书局,1929 年,第 17 页。

④ 钱基博:《中国文学史》,上海:上海古籍出版社,2011 年,第 938 页。

⑤ 钱基博:《中国文学史》,上海:上海古籍出版社,2011 年,第 954 页。

⑥ 钱基博:《中国文学史》,上海:上海古籍出版社,2011 年,第 953 页。

傲而未及华妙。

综上可知，与三祖研读一样，钱基博的“姚门四杰”剖析亦以疏通各家诗文集为基础，各有取舍，各有侧重，各有褒贬，而且皆有理有据，有参照有比较，有援引有心得，对于理解“姚门四杰”的风貌与特征颇有价值。

三、阳湖派与桐城派之异同

阳湖，古属于常州，无锡也属于常州，而钱基博的祖父辈又是李兆洛的入门弟子，所以钱基博对阳湖派可谓情有独钟。阳湖派算是桐城派的一个分支，但主要传的是刘大櫆的法脉。当姚鼐提倡桐城文之时，刘大櫆的弟子钱伯坰，传其师说于同邑恽敬、张惠言，恽、张二人遂由骈文而习古文，阳湖派方起。

钱基博称恽敬为阳湖派开山，与姚鼐相比，姚氏敛而促，恽氏悍而矜；姚氏词欲尽而意有余，恽氏气溢于篇而意不能尽。与曾国藩相比，曾氏风格瑰丽，不足在于庞杂；恽氏风格遒劲，不足在于骄躁。其辞净而无滓，乃恽氏之所以同于桐城派而异于曾国藩者；其气厉而雄，乃恽氏之所以异于桐城派而同于曾国藩者。张惠言与恽敬同为阳湖派之祖，而又不同。恽氏取变化于司马迁，取严整于班固，取文辞于王安石，文风峭悍以肆。张氏取变化于庄子，取色泽于屈原，取体段于韩愈，文风瑰丽而矜。恽氏学史公之遒变，而恢诡不如；张氏学韩愈之紧健，而气焰稍逊。与姚鼐相比，姚氏由归有光学欧阳修，谨细有余，雄奇不足；张惠言由刘大櫆学韩愈，矜持太过，损其神明。阳湖派三家之中，钱基博家族与李兆洛关系最密切，但钱氏的评价还是很公允的。他认为李氏骈文气色敝暗，散文体弱辞浅，无魏晋之风华，逊欧苏之气调。比张惠言，无其骨重；较之恽敬，又嫌气薄。在阳湖派三家中，钱基博认为李氏有“蛇足之诮”。[1] 李氏的贡献，钱基博以为，就治桐城派而言，“兆落不囿于其说，其议论以不分骈散，导源汉魏，实开同光以来不立宗派古文家法

① 钱基博：《中国文学史》，上海：上海古籍出版社，2011 年，第 1004 页。

脉”,[①]钱氏及桐城派末期的很多古文家皆如此。

比较而言,钱基博在《读清人集别录》里面所论阳湖派与桐城派之关系,讲得并不是很透彻,毕竟这只是个体文集的别录,与纯粹理论分析还是不同。在《桐城文派论》里面,他专门分析过两者的不同:[②]第一,地域不同,资秉各异。桐城派在大江之北,民性醇厚,专学保守;阳湖派在大江之南,民性高宏,富才多变。第二,学术视域与专攻不同,桐城派专攻六经三史孟庄荀韩,阳湖派泛滥百家并医卜历算律地;桐城派专研古文诗歌,阳湖派兼通骈文辞赋。第三,各家渊源不同。桐城派作者多由欧阳修以下王曾归方入手,阳湖派由韩愈以上入手上溯下沿。第四,从文章风格看,桐城派多简雅,阳湖派多博雅;阳湖派不受义法限制,桐城派很少不受此限制。第五,阳湖派对于时文漠然置之,桐城派多时文名家。第六,桐城派崇方望溪而贬刘大櫆,阳湖派重刘大櫆而轻方望溪。

钱基博说,他读清人别集的目的主要有三个:桐城派诸家文章之流别、“桐城三祖”之得失离合、阳湖派与桐城派之异同,应该说这些目的基本达到了。虽然有些观点值得商榷,但其开阔的视野和宏通的学识给予后人颇多启发。

第四节 《现代中国文学史》揭桐城之秘

钱基博在《现代中国文学史》的“四版增订识语”中自谓,该书有三事,自来未经人道,其中两点涉及桐城派,它们分别是:

> 第二、桐城古文,久王而厌,自清末以逮民国初元,所谓桐城文者,皆承吴汝纶以衍湘乡曾文正公之一脉,暗以汉帜易赵帜,久矣;惟姚永概、永朴兄弟,恪守邑先正之法,载其清静,而能止节淫滥耳。第三、诗之同光体,实自桐城古文家之姚鼐嬗衍而来;则是桐

① 钱基博:《中国文学史》,上海:上海古籍出版社,2011年,第1004页。

② 梁堃:《桐城文派论》,长沙:商务印书馆,1940年,第6～7页。该书为钱基博所作,具体参考前文。

> 城之文,在清末虽久王而厌,而桐城之诗,在民初颇极盛难继也。[①]

概括上述两事,第一件是:桐城派后期不是桐城派了,这主要涉及后期桐城派的理论评价、桐城派本身的定性,以及桐城派与湘乡派之间的关系等问题。第二件是:桐城诗派是同光诗派的源头,这主要涉及桐城诗派及其对同光诗派的影响、姚鼐在桐城诗派的地位。统观两事,一是言文派,一是言诗派;一是流派界定与归属,一是流派的传承与渊源;一是流派内部的发展演变,一是流派之间的相互关系。下面分论之。

一、桐城派后期不是桐城派

钱基博在很多地方都表达过类似"桐城派后期不是桐城派"的观点,只是这一次提出更加郑重。这里面首先涉及桐城派的分期问题,钱氏把桐城派分为两个阶段:第一阶段是由方苞到"姚门四杰",第二阶段是由曾国藩到吴闿生之徒。[②] 第一阶段以姚鼐为核心,第二阶段以曾国藩为核心。清末到民国属于第二阶段,当时的所谓桐城派主要是曾国藩四大弟子黎庶昌、张裕钊、吴汝纶、薛福成及其门生。曾国藩与桐城派的关系,钱基博在《近百年湖南学风》中有具体说明:

> 及其自为文章,盖诵说桐城姚鼐之义法,至列之《圣哲画像记》曰:"国藩初解文章,由姚先生启之也。"然寻其声貌,略不相袭。大抵以定气为主,以影响为辅,力矫桐城懦缓之失。探源扬马,专宗韩愈。奇偶错综,而偶多于奇。复字单谊,杂厕相间,厚集其气,使声采炳焕而戛焉有声。异军突起,而自成湘乡派……桐城之文,由归有光以学欧阳修,由欧阳修以追《史记》,蕲于情韵不匮,意有余妍。湘乡之文,由韩愈以摹扬马,由扬马以

---

① 钱基博:《现代中国文学史》,北京:中国人民大学出版社,2007年,第450～451页。

② 梁堃:《桐城文派论》,长沙:商务印书馆,1940年,第19页。

> 参《汉书》，蕲于英华秀发，语有遒响。桐城优游缓节，如不用力，而湘乡则雄奇跌宕，肆力为之……为桐城方姚之文者，多失缓懦，而国藩矫之以神奇。[①]

在《〈古文辞类篹〉解题及其读法》一书中，钱基博也有相似的表达。曾国藩到底是中兴了桐城派，还是取而代之，学界有不同的看法。胡适和周作人基本都认为曾国藩是桐城派中兴的功臣，[②]舒芜也说曾国藩为桐城派中兴立了大功，并且他的祖父（方守敦，方宗诚之子）每年都要举家祭奠先圣，而曾国藩是圣贤的最后一位，[③]足见曾国藩在后期桐城派的地位。钱基博显然赞同取而代之的观点，他主要是从文章统绪和风格两个方面来论证。从风格来看，曾氏不满足于桐城派之缓懦，以汉赋之气运之，文章风格一改优游缓节为雄奇跌宕，桐城的“如不用力”也变为湘乡的“肆力而为”。而这种变化的背后，是湘乡派与桐城派在文统上的差别，桐城派是由归有光到欧阳修再到韩愈、司马迁，而湘乡派则是由王安石到韩愈再到扬雄、司马迁。[④] 所以，钱基博认为曾国藩虽初学桐城，但从桐城派入而不必从桐城派出，而曾国藩之后的桐城派更多地沾染了湘乡的味道。曾氏弟子甚众，遍布大江南北，甚至海外，所到之处多习湘乡之学。与其说曾国藩扩大了桐城派，不如说曾国藩借桐城派扩大了湘乡派的影响，以至于桐城派的后人也纷纷投入湘乡之门。

“一马二姚”一般被认为是桐城派末期的代表人物。马其昶先承家学，其父从学同县戴钧衡、方东树。后马其昶请业于

---

① 钱基博：《近百年湖南学风》，曹毓英编：《钱基博学术论著选》，武汉：华中师范大学出版社，1997年，第87页。

② 胡适：《五十年来中国之文学》，《胡适文集》(3)，北京：北京大学出版社，1998年，第200页。周作人：《中国新文学的源流》，上海：华东师范大学出版社，1995年，第48页。

③ 舒芜：《舒芜口述自传》，许富芦撰写，北京：人民文学出版社，2013年，第3页。

④ 钱基博：“其昶承汝纶斯文之传，与涛为南北两宗，皆由王安石以学韩愈，而衍湘乡一脉。”（《现代中国文学史》，北京：中国人民大学出版社，2007年，第149页。）

吴汝纶，并拜谒张裕钊于莲池书院，张吴二人皆是曾国藩高第弟子。关于马其昶到底是守桐城派家法还是传承湘乡之学，钱基博不同时期有不同表述。在 1929 年出版的《〈古文辞类纂〉解题及其读法》中，钱氏称："盖吴氏宏湘乡之师法；而马氏桐城之家风，故不同也。"①《现代中国文学史》1932 年初版时，他对马氏的评价为："当其时，与纾为徒而真能绍桐城之学者，马其昶、姚永概为最。"又说："其昶文追惜抱，而永概乃似望溪。"②可见，这时他认为马其昶是传桐城派之法脉。而到 1936 年修订《现代中国文学史》时，钱氏观点发生了明显变化。他详细分析了马其昶与吴汝纶、张裕钊的关系，并总结其一生文章特点为："笔力坚净；拗峭之笔，饶有妩媚；浏亮之词，妙能顿挫；不为雄迈驱驰，而为瘦削拗折，是诚得王安石学韩愈之神者。"马氏与同门贺涛一样，"皆由王安石以学韩愈，而衍湘乡一脉"。③ 又说："其昶及贺涛皆不为诗，而文亦不规规桐城姚氏义法。"④钱氏观点来源之一是张裕钊对马其昶的评价，一是他自己对马文的解读。两次表达迥然不同，比较而言，后期的表达更细致、更成熟，亦可代表钱氏的最终观点。如果连桐城本地学人都受湘乡之学影响，那桐城派后期确实已经很难称为桐城派了，而普天之下能够谨守祖宗家法的恐怕只有姚鼐的后人姚永朴和姚永概兄弟。

桐城派后学吴孟复（1919～1995），其妻马秀衡，乃马其昶的孙女，吴氏与马其昶之孙马茂元曾一起就读于无锡国专，受学于钱基博，但吴氏与钱氏观点不太一样。虽然他认为湘乡派的影响已经让桐城文人吴汝纶父子咸与归附，承认桐城派事实上已经为湘乡派所代替，但他认为桐城派并没有消失，马其昶

---

① 钱基博：《〈古文辞类纂〉解题及其读法》，上海：中山书局，1929 年，第 22 页。

② 钱基博：《现代中国文学史》，上海：上海古籍出版社，2011 年，第 133～135 页。

③ 钱基博：《现代中国文学史》，北京：中国人民大学出版社，2007 年，第 149 页。

④ 钱基博：《现代中国文学史》，北京：中国人民大学出版社，2007 年，第 155 页。

及二姚仍属于桐城派。他说："张吴门人遍及南北以及日本，而'桐城'竟似已'在祧列'，即在事实上已代替了'桐城派'。从清末到民初，到处所讲'桐城派'，其实是指'湘乡派'。当然'桐城派'也并没有完全消失，其不同于吴汝纶而仍受方姚之传者，主要是马其昶及二姚。"[①]吴氏认为桐城派与湘乡派的差别在于对庙堂的态度，"湘乡"其气磅礴，与庙堂近；"桐城"则与庙堂若即若离，马其昶早年让爵，中年不应保举，故与桐城派为近。另外，从文章风格看，马氏为文雅洁而有韵味，亦与桐城派相近。所以，吴孟复主张马其昶乃桐城派之"嫡传"。[②]

如此来看，作为桐城派殿军的马其昶，其所传是桐城家法还是湘乡之学，就不仅是他个人问题，而且是关系整个桐城派后期的归属问题。从他个人的成长和求学经历来看，他两者都有接受。从他同时代人的认同来看，基本都认为他属于桐城派。陈三立评价马其昶："于文亦然，不踰乡先辈所传之法，而高洁纯懿，酝酿而出其深造孤诣，亦为诸乡先辈所互名其家者，莫能相掩也。"[③]林纾论文极许归有光、方苞和姚鼐，就是因为三者之文"往往于不经意处作缠绵语，令人神往"，他认为马其昶亦"深得此法"。[④] 张舜徽称马氏："至其平生论学。以义理为宗。犹桐城先正遗风也。"[⑤]王镇远也主张："其文(马文)低徊顿挫，颇富情韵，追求文外之旨……马氏的文章保持了桐城派文章雅洁醇厚的传统，同时情韵深长，颇有一唱三叹的特点，这正是末世文人幻灭抑郁心理的表现。"[⑥]

马其昶到底是不是桐城派，并非像看起来那么简单。也许

---

① 吴孟复：《桐城文派述论》，合肥：安徽教育出版社，2001 年，第167 页。

② 吴孟复：《桐城文派述论》，合肥：安徽教育出版社，2001 年，第173 页。

③ 陈三立：《桐城马君墓志铭》，《散原精舍诗文集》，上海：上海古籍出版社，2003 年，第 1072 页。

④ 马其昶：《抱润轩文集》(卷十五)，民国京师刊本，1923 年。

⑤ 张舜徽：《清人文集别录》，北京：中华书局，1963 年，第 635 页。

⑥ 王镇远：《论桐城派与时代风尚——兼论桐城派之变》，《文学遗产》，1986 年第 4 期，第 88 页。

他身上既有桐城之法，也有湘乡之学，有时表现的是桐城之风，有时所走的是湘乡之路，很难说属于某一家。这正是桐城派后期的状况。不仅汉宋的界限没有那么清楚，桐城派与湘乡派的分野也没有那么清楚。一方面，文学发展本身就存在各种风格的融合，另一方面，当时更大的学派之分是中西之别。桐城派后期是不是桐城派已经没有那么重要，重要的是他们文章中有多少祖宗之血脉，又有多少外来之资粮。不管钱基博的结论如何，他宏阔的文学史视野和“洞源索流”式的历史批评眼光，为我们带来的学术启发和思考具有更为深远的意义。

二、桐城诗派是同光体之源头

“同光体”是指清代“同治”、“光绪”年间兴起的一个近代学古诗派。代表人物有陈衍、郑孝胥、沈曾植、陈三立、范当世等，他们宣称作诗“不墨守盛唐”，其主要特点是主体学宋，也学唐。同光体诗，一般按照地域可以分为闽派、赣派、浙派三支。钱基博根据诗体风格，把他们分为两派：一派以郑孝胥为代表，其风格为青苍幽峭；另一派以陈三立为代表，风格生涩奥衍。

对于同光体的源头，学界历来看法不一。钱基博主张同光体源自桐城派之姚鼐。在《读清人集别录》中他评姚鼐：“诗则以清刚出古淡，以遒宕为雄深，由韩学杜，已开晚清同光体之先河。”[①]在给陈衍八十大寿作序时，他又特别申明这一点。钱锺书对此与家父亦持同样观点，他认为同光诗派追随曾国藩，曾国藩慕学姚鼐，认祖归宗当然不应略去桐城派：“是则曾氏之称惜抱诗，非出偶然，曾诗学亦本桐城，正如其古文耳。言‘同光诗体’者，前仅溯吴孟举，后只述曾氏，固属疏阔。”[②]钱仲联也认为同光体诗学实际上源自桐城派：“以学习黄庭坚为中心的同光诗派，它的渊源实导自桐城派古文家。”[③]汪辟疆亦赞同此说。

---

① 钱基博：《中国文学史》，上海：上海古籍出版社，2011 年，第 902 页。

② 钱锺书：《谈艺录：补订重排本》，北京：三联书店，2001 年，第 438 页。

③ 钱仲联：《当代学者自选文库：钱仲联卷》，合肥：安徽教育出版社，1999 年，第 351 页。

由此可见,钱氏所言并非一孔之见,而是得到很大的认同。同光体是如何传承桐城诗派的,在《陈石遗先生八十寿序》中,钱基博理出一个大致脉络:

> 桐城自海峰以诗学开宗。错综震荡。其原出李太白。惜抱承之。参以黄浩翁之生崭。开阖动宕。尚风力而杜妍靡。遂开曾湘乡以来诗派。而所谓同光体者之自出也。吾常谓惜抱之文妙不在尽。而惜抱之诗则敢于尽兼能并美。体势绝异。而观其选定近体诗钞。意岂不欲开户牖。设坛坫者。何意嗣响无人。遂贻论同光体者以数典忘祖之讥。[①]

这段话一方面明确了桐城诗派的主体(即姚鼐)及其诗学特征,另一方面也表达了从桐城诗派到道咸宋诗派再到同光体演变的大致路径。

在中国文学史上,桐城派以古文理论和创作而闻名,而桐城诗派亦颇有影响。姚莹曾说:"自齐蓉川给谏以诗著有明中叶,钱田间振于晚季,自是作者如林。康熙中,潘木崖先生是以有《龙眠风雅》之选,然犹未及其盛也。海峰出而大振,惜抱起而继之,然后诗道大昌,盖致魏、六朝、三唐、两宋以及元、明诸大家之美无一不备矣。海内诸贤谓古文之道在桐城,岂知诗亦有然哉!"[②]吴汝纶云:"方侍郎顾不为诗,至姚郎中乃以诗法教人。其徒方植之东树益推演姚氏绪论,自是桐城学诗者,一以姚氏为归。"[③]桐城诗派最早的源头可以追溯到方以智和钱澄之,而姚范、刘大櫆和姚鼐继其后,方东树的《昭味詹言》则对桐城诗派的主张进行全面的归纳和总结,形成一套完整的诗学理论。桐城诗派的显著特点是以古文义法入声律,实际上就是以文为诗,与清诗重学的时代倾向是完全吻合的。

桐城诗派显然是以姚鼐为核心,而后来的湘乡派延续其神

---

① 陈衍:《陈石遗集》,福州:福建人民出版社,2001 年,第 2168～2169 页。

② 姚莹:《桐旧集序》,《申复堂遗稿》(卷二),《续修四库全书》本,上海:上海古籍出版社,2002 年。

③ 吴汝纶:《姚慕庭墓志铭》,《桐城吴先生文集》(卷二),光绪三十年刻本。

气和衣钵。钱基博说:“姚氏自(姚)范以诗古文授从子鼐,嗣是海内言古文者,必曰桐城姚氏,而鼐之诗则独为其文所掩。自曾国藩昌言其能以古文之义法通于诗,特以劲气盘折;而张裕钊、吴汝纶益复张其师说,以为天下之言诗者,莫姚氏若也,于是桐城诗派始称于世。”[①]姚鼐以桐城古文家的眼光提出学诗的途径应该是“昌黎诗读之,然后上溯子美下及子瞻”,[②]他主张以韩愈为中心,上溯杜甫,下及苏轼。姚鼐尤其推崇杜甫,师法杜甫的李商隐和黄庭坚自然也受其重视,姚鼐称颂黄山谷诗“足与古今作俗诗者澡濯胸胃,导启性灵”。[③] 姚鼐之外的桐城诸人莫不主张宗宋,正如钱锺书所言:“惜抱以后,桐城古文家能为诗者,莫不欲口喝西江。姚石甫、方植之、梅伯言、毛岳生,以至今日之吴挚父、姚叔节皆然。且专法山谷之硬,不屑后山之幽。”[④]在连接桐城派与宋诗派的关系方面,曾国藩起了关键作用。钱基博说:“道光而后,何绍基、祁离藻、魏源、曾国藩之徒出,益盛倡宋诗。而国藩地望最显,其诗自昌黎、山谷入杜,实衍桐城姚鼎一脉。”[⑤]曾国藩诗法姚鼐,旁参黄庭坚,在晚清宋诗运动中承上启下,影响深远。钱锺书也肯定曾国藩在桐城诗派和同光体之间的作用:“是则曾氏之称惜抱诗,非出偶然,曾诗学亦本桐城,正如其古文耳。言同光体者,前仅溯吴孟举,后只述曾氏,固属疏阔。”[⑥]陈衍亦说:“自明人事摹仿,而不求变化,以鸿沟划唐宋,东坡且无人过问,涪翁无论矣。坡诗盛行于南宋、金、元、至有清几于户诵。山谷则江西宗派外,千百年寂

---

① 钱基博:《现代中国文学史》,北京:中国人民大学出版社,2007年,第155页。

② 姚鼐:《与伯昂侄孙十一首》,《惜抱轩尺牍》,卢坡点校,合肥:安徽大学出版社,2014年,第129页。

③ 姚鼐:《五七言今体诗钞序目》,曹光甫标点,上海:上海古籍出版社,1986年。

④ 钱锺书:《谈艺录:补订重排本》,北京:三联书店,2001年,第436页。

⑤ 钱基博:《现代中国文学史》,北京:中国人民大学出版社,2007年,第21页。

⑥ 钱锺书:《谈艺录:补订重排本》,北京:三联书店,2001年,第438页。

寂无诵声。湘乡出，而诗学皆宗涪翁。”[1]陈衍正是从宋诗发展的角度肯定曾国藩的推举之功，以及他的诗学风尚对整个时代和后世诗风的影响。

桐城诗派与同光体的直接关系可以通过范当世的独特身份来说明，他被称为是沟通桐城派与同光体的桥梁与纽带。[2]从家学角度来看，范当世前妻病故后，经吴汝纶介绍，娶桐城女诗人姚倚云为妻。姚倚云乃姚浚昌之女，姚莹的孙女，于是范当世就成了姚永朴、姚永概的姊夫，马其昶的连襟。此后他与桐城派后期代表作家时常切磋唱和，桐城家法也自然浸润在其诗文中，范当世的诗文集后面就附录了姚倚云的《蕴素轩集》12卷和《沧海归来集》10卷。另外，范当世与同光体的另一位代表人物陈三立关系也非同寻常，两人不仅是亲家关系，而且趣味相投。梁启超在《巢经巢诗钞跋》中提出，他们都是传早期宋诗派大家郑珍的衣钵。同时，陈三立对姚鼐非常敬仰，与姚氏诗学主张也一脉相通，推崇黄庭坚，兼取李商隐。从师法渊源来看，范当世师法于张裕钊和吴汝纶，张、吴二人皆是曾国藩得意门生，曾国藩在诗学方面继承了姚鼐取法苏黄、熔铸唐宋的精神。吴汝纶为姚鼐同邑人，一生钦佩姚鼐。范当世师法张、吴二人，也必然习得桐城诗派家法。同光体远承桐城，近衍程、祁、曾、郑，在近代诗坛上造成了巨大的声势。即使是当代的旧诗大家，如钱锺书亦何尝不受其影响！

综上所述，钱基博所论两件事，桐城派后期的归属问题和同光诗派的源头问题，都涉及文学流派的界定和区分，前者是流派后期的嬗变，后者是流派最初的源起。流派的源起由于时隔久远，有的已经模糊不清。流派后期的发展，往往也不是初始所期望的状态，而要完整地了解一个文学流派，考察其来龙去脉就显得尤为重要，这也是钱基博研究文学问题的一贯思路和方法。

---

① 陈衍：《近代诗钞述评曾国藩》，《陈衍诗论合集》，福州：福建人民出版社，1999年，第882页。

② 马亚中：《晚清两诗派之间的“桥”——论范当世的诗》，《南通师专学报》，1987年第3期，第43～49页。

第五节 《桐城文派论》论桐城之理

《桐城文派论》一直被认为是梁堃所作，对此没有人提出异议，因为它在民国二十九年(1940)由商务印书馆出版时作者署名就是梁堃。直到1987年，钱基博100周年诞辰，去世30年，马厚文在《从钱子泉先生受业记》一文中披露该书是钱基博先生的课堂笔记：

> 其后先生再开此门课程，备有讲稿，书于黑板，有系统、有条理，而门人梁堃记录最为详备。不幸梁君病卒，同学将其笔记请先生作函介绍至商务印书馆，作为国学小丛书出版，名《桐城文派论》。[①]

马厚文(1903～1987)，字光之，安徽桐城人。曾任安徽省文史馆馆员，安庆市第八、九届人大代表。1925年考入上海光华大学中文系，受业于钱基博，后长期追随，陪伴左右10余年。主要著作有：《左传纂读》、《楚辞今译》、《桐城近代人物传》、《桐城文派论述》、《桐城诗选》、《增订姚惜抱年谱》(多未刊)等。马氏所言是否属实，尝试简单予以论证。

首先，从反面来论证该书的作者比较可疑。理由之一，该书体例特殊，没有序跋，这在当时极为罕见。一般的学术著作都有序跋，叙述该书的有关情况，而且往往有很大的文献价值。理由之二，从该书内容来看，作者应该对桐城派有深入研究。但是现在查阅不到作者任何信息，而一般学者不会突然写一部理论专著，更不太可能随便就在商务印书馆出版。理由之三，从行文风格来看，该书有点不太像专著，内容太少，行文过于简练。所以，该书作者比较可疑。其次，从正面来论证马厚文说法的合理性。其一，马氏是钱氏得意门生，陪伴钱氏身边多年，追随钱氏从上海到湖南10余年时间，对钱氏比较熟悉。其二，

---

① 马厚文：《从钱子泉先生受业记》，《华中师范大学学报·钱基博先生诞生百周年纪念专辑》，1987年，第119页。

马厚文的文章是刊登在《华中师范大学学报》“钱基博诞生百周年纪念专辑”上面，而该专辑是由钱基博的几位著名弟子门生编选，没有人对马氏说法提出异议。其三，从内容来看，该书与钱基博《〈古文辞类篹〉解题及其读法》、《现代中国文学史》及相关著述确有很多相似之处，可以互为表里。其四，从行文风格看，该书确实像课堂笔记，简单凝练而不枝蔓。其五，从动机来看，马厚文是职业学者，没有作假动机，该书是否为钱氏所作，与他本人没有任何关系，也不会影响到钱基博的学术地位。综合以上正反两方面，在没有更多证据之前，虽然只有马氏的孤证，但还是可以暂时将此书列为钱基博作品。

与桐城派长期繁荣的状况形成强烈对照的是，对桐城派的研究长期停顿于零敲碎打阶段，或局限于某个理论，或局限于每个人，或局限于某个时期，或局限于某个问题，而全面、系统地探讨桐城派发展历程与理论特征的专著，却迟迟未能出现。钱基博的《桐城文派论》，可以说是全面系统地研究桐城派的一个突破。虽然在他之前有姜书阁的《桐城文派评述》，但其主体还是叙述事实，引用观点过多，理论分析过少，尤其对桐城派的文论涉及更少，只有一章谈及桐城派的义法。而且该书很多观点，流于偏颇肤浅，与事实不符。[①] 与此相对，钱氏之作全面系统地论述了桐城派的兴衰缘起，桐城派与汉学、宋学、八股文之间的关系，三祖的核心理论，桐城派的风格、禁忌、题材、弊端，桐城派作家的工夫和所好之书等。该书论述精辟，分析透彻，视野开阔，堪称钱氏一生桐城派研究的理论总结。可以说，该书把桐城派研究推到一个新阶段。不足之处是过于精练，没有展开，可能因为其是课堂笔记的原因。

---

① 比如该书称，归有光风格与方姚并异，如其所言，则桐城派为何要以归氏为宗。其实桐城派大多认为姚鼐与归氏风格较近，方苞略异。该书还称，方苞学问空疏，这是汉学家的看法，方苞在桐城派内部是以学问而著称，《四库全书提要》及《清史稿》对其学问都有较高评价。该书还称，方苞不守义法，理由是墓志铭太多却与事实不符，这实在是站不住脚。该书还说，姚鼐的“神理气韵、格律声色”都是抽象名目等。

一、桐城派兴衰的原因

清初古文家很多，像侯方域、魏禧、汪琬、姜宸英等，为何独有方苞开创的桐城派可以崛起而得天下。钱基博分析了四大原因：其一是物极必反之原理。盖韩愈为六朝之反动，欧阳修为西昆体之反动，七子派为苏文之反动，公安竟陵为七子派之反动，几社为公安竟陵之反动，方苞为几社公安竟陵之反动。其二是以时文习古文之便利。方苞本以古文为时文，其时文辞学欧曾、义尊程朱，古文亦然。其时文风格雅洁，古文亦然。所以方氏古文更容易被士人接受，而他代皇家编选的《钦定四书文》更是天下学子阅读的范本。其三是文字狱的影响。由于清代广兴文字狱，从庄廷龙案到戴名世案再到吕留良案等，一桩桩文字狱案让文人藏才敛气，不敢肆意放言，而方苞的和雅醇洁就成了大家取法的对象。其四是方苞总结了一套完整的学习古文之法。之前学者论文，总限于原理或流变，少有具体之法，方苞率先发明，指示途辙，并以义法名之，口号鲜明新颖，广为传播接受。四个原因，侧重各不相同：第一点是从审美接受心理来看，一种风格时间长了引起人们的审美疲劳甚至厌倦，另一种相反的风格遂应运而生。第二点是从桐城派古文的实际功用来看，有助于学子求取功名。第三点是从文人的生存状态来看，受文字狱影响，不能畅所欲言，雅洁成为必然之选。第四点是从为文的具体指导来看，桐城派有一整套的为文修辞方法可供借鉴参考。这四点既谈到接受者、接受心理、接受环境，还谈到具体用途，完整而全面地阐释了桐城派兴起的原因。

关于桐城派衰落的原因，有不少说法，或以为古文所依赖之儒学已经不得人心；或以为桐城派后期没有天才作家；或以为桐城派后期肤浅仅能够墨守成规；或以为言文趋向一致，白话文兴起文言衰落。钱基博认为这几个观点都站不住脚，第一条有一定道理却没有抓住问题关键。第二条并非没有天才作家，像张裕钊、吴汝纶、贺松涛等不可谓不是天才作家。第三条所谓墨守成规在张裕钊、吴汝纶身上都不符合，他们都是因时而动，积极寻求革新。第四条所谓文言一致与古文衰落并不具有一致性。钱基博总结了五大原因:其一,废科举,立学校。中国古代是以文治国,不管什么人才都要通过科举考试,而科举考试的内容都是一篇文章,所以士人都争相研究文章之道,而在清代研究文章学最深入的是桐城派,所以天下学子都会研读桐城派古文,桐城派始盛。而废科举立新式学校之后,人才多取自专科学校,不用科举,也就少有人研究文章,桐城派古文衰落也就在情理之中。毕竟大部分人读书还是非常讲究功用的。后来陈平原说,如果不废除科举,我们今天还要读桐城派文章。可见科举之于桐城派兴衰意义之大。其二,旧器物弃置,新器物增添,比如火车、轮船、铁路、钢笔、电报等,如果诉诸古文则不够雅洁,必然要用则伤害古文文体。其三,旧学术衰歇,新学术流行。随着大量留学生从海外回国,国外的声光电、政经、法哲、伦理诸学也随之涌入,此皆我国原来所无,以之用于古文亦不符合桐城派之雅洁也。其四,翻译文流行。翻译就要保持原意,保持原意就要保留原来的语法或另造新词,而新词又要通俗易解。这样一来大量的新词和西文语法破坏了古文的结构与完整。其五,新闻杂志流行。新闻杂志既要语言通俗易懂,又要大量涉及西方学术政经和议论时局,这些都非桐城派古文可为,若为就不是桐城派古文。综合以上五个缘由,第一点是最根本原因,因为桐城派文章对读书人没有实际功用了,自然要衰落。第二、三、五点说的是桐城派古文自身的局限,不能适应新时代的需求。第四点说的是外来文章及其语法对传统桐城派古文的冲击。这五个原因,既有外因也有内因,既有社会制度和文化教育理念上的巨大变化,也有外来文化和文章的巨大冲击,以及桐城派古文自身的局限,所有这些共同因素促使桐城派古文的衰落。

二、桐城派三祖理论精要

桐城派之所以影响久远,除持续不断的古文创作外,还和他们有一整套自己的文章理论有关。钱基博扼要分析了桐城三祖的主要理论主张。

义法是桐城派的基本理论,由方苞提出,钱基博主要从两个方面讨论方氏的义法：一是理论生成，二是理论释义。一般提到方苞义法理论的生成，常见说法是源于《春秋》、《史记》，方氏自己说："《春秋》之制义法，自太史公发之，而后之深于文者亦具焉。义即《易》之所谓'言有物'也，法即《易》之所谓'言有序'也。义以为经而法纬之，然后为成体之文。"[①]也有人提到史学家万斯同的影响，万氏曾嘱咐方苞："子诚欲以古文为事，则愿一意于斯就吾所述，约以义法，而经纬其文，他日书成，记其后曰：'此四明万氏所草创也。则吾死不恨矣。'"[②]钱基博认同义法是方苞精研《左传》、《史记》的结果，但没有提及万氏，他主张义法是方苞与王源、其兄方舟的合创："望溪义法非由独粉，实与其兄方百川和王或庵共同研究。"[③]这是一个全新的观点，认为义法虽由方苞提出，但却是与其兄、王或庵共同的成果。[④]学界更多关注讨论义法的理解以及理论渊源，而忽略其提出的具体过程。钱氏观点是有道理的。据方苞年谱记载，方苞从小从其兄读书，尤其"先生得于史记者多百川发其端绪"。[⑤] 众所周知，《史记》是方苞义法理论的直接源头，所以其兄发起之功不可没。王或庵，即王源(1648～1710)，字昆绳、或庵，直隶大兴人，清初思想家，归属颜李学派，著有《平书》、《居业堂文集》等。与方苞关系深厚，易子而教，方苞文集前即有王源之子王兆符的序。方苞义法思想的源头，一是《史记》，一是《左传》，而王源是《左传》研究专家，他和方苞都有关于《左传》评点的专著，王源是《文章练要左传评》，方苞是《左传义法举要》，两书成书时间相近，观点也相似，所以钱基博观点是有案可稽的。钱氏关于义法生成的第三个条件是归有光圈点史记一书的促发。

---

① 方苞：《史记评语·十二诸侯年表》，《方望溪全集》，北京：中国书店出版社，1991年，第426页。

② 方苞：《方望溪全集》，北京：中国书店出版社，1991年，第164页。

③ 梁堃：《桐城文派论》，长沙：商务印书馆，1940年，第8页。

④ 日本学者狩野直喜(1868～1947)曾经谈及方苞古文思想受到方舟、王源等师友家人影响。详见蒋寅：《中国古代文学通论·清代卷》，沈阳：辽宁人民出版社，2005年，第45页，页下注。

⑤ 苏惇元：《清方望溪先生苞年谱》，台北：台湾商务印书馆，1981年，第42页。

众所周知，方苞推崇归有光并受其影响，清人常以“归方”并称，广西的桐城派后学王拯还把两人评点《史记》的文字合刻为《归方评点史记合笔》，当然归氏并没有提出义法，他的评点更关注“法”而较少关注“义”，[①]方苞在《书归震川集后》亦曰：“震川之文，与所谓有序者，盖庶几矣，而有物者则寡焉。又其辞号雅洁，仍有近俚而伤于繁者。”[②]但方苞义法思想的形成受归有光影响却是毋庸置疑的。钱氏所提出的方苞义法形成三个条件，有文本有学人，有远水有近溪，有家学有自己的体认，可谓具体全面。

如何理解义法，钱基博提出两义：一是合而言之，即文章修辞法；二是分而言之，义即实义，法即修辞法；义即言有物，法即言有序；实义即关于古圣贤之道，修辞法即开阖、详略、虚实、断续等篇章之法，与今日修辞法不同。钱氏认为方苞的修辞法主要是篇法与章法，句法与字法不足也。后来刘大櫆重点讨论了句法、字法及其与篇章的关系。钱氏的义法理解并不孤单，郭绍虞 1947 的《中国文学批评史》(下)提到义法，与钱氏之意相近，不知是否受钱氏的影响。

刘大櫆的文章理论，前人或曰神气，或曰因声求气，钱基博独标“品藻”，并以品藻贯穿神气、音节、字句和方苞的义法。他认为刘大櫆的文章理论是对方苞文论思想的继承，又有新的发展。方苞所讲的义即古圣义理，法即篇法章法，刘大櫆于古圣之外开出书卷经济，于篇章之外开出句法字法。方苞倡义法，刘大櫆倡品藻，钱基博认为“品藻犹风格”。品藻与神、气、体、色、声、味都有关，而以神、气、声三事为主。神气得于音节，音节得于字句，字句音节不同，文章风格不同，品藻不同，从而生成各种风格，尤以雄品、逸品最高。神气相较，神为主，气辅之。神气高下见之于音节，音节见之于字句。比较而言，神气待于虚词，音节限于实字。所谓神气音节，乃方苞所忽略而刘大櫆所推重也。

---

① 贝京的《归有光研究》(北京：商务印书馆，2008 年)和赵国安的《〈归方评点史记合笔〉研究》(2008 年广西大学硕士论文)，也都提及此观点。

② 方苞：《方望溪全集》，北京：中国书店出版社，1991 年，第 58 页。

姚鼐综合方刘，提出为文之八条目：神理气味，格律声色；前者是文之精，后者是文之粗，精存于粗中，舍粗无所谓精。钱氏从文章构成来看八条目，认为神理气味是文之内相，格律声色是文之外相。内相托之实意，外相存于文辞。姚鼐对内相于气很有创见，于外相对格颇有发明。他由气而分出阳刚之气和阴柔之气，生成阴阳刚柔之说，后来曾国藩在此基础上又推演出古文四象。由格而把文章分门别类，编纂《古文辞类篹》，明确古文之体。刘大櫆在品藻基础上把唐宋八大家文体分为八类，姚鼐在刘大櫆基础上把古今文体扩充为十三类，曾国藩《经史百家杂钞》又合为十一类三门，后来论古文文体分类几乎无出二公，所以钱基博称“姚曾二公论文，皆以充气辨体为最要”。

由钱氏分析可见，“桐城三祖”的理论既有继承性，又不失各自特点。钱氏在大量熟悉桐城派文献作品的基础上，上下贯通，视野开阔，目光敏锐，评论精到，时有创见，醒豁通透。

三、桐城派古文之文化定位

要真正了解一个流派，除它的源流和理论主张外，还要看其在所处文化中的角色和位置。钱基博通过桐城派和汉学、宋学以及八股文之间的关系，给桐城派一个更准确的定位。钱基博把宋学分为三类：一类是理论研究的，主要是对儒家思想的理解与阐发，诸如心性、居静、格物致知等；一类是解释经典的，主要是对儒家典籍的注疏；一类是伦常躬行的，主要是忠臣孝子节妇贞女等。前两类在宋以后都没有什么大成就，明清以来，由于朝廷的风教，第三类越来越多，具体表现就是现实中的好好先生，钱基博认为“桐城派古文家悉是好好先生”，[①]只知提倡风教、遵守程朱、排斥汉学，根本没有资格论宋学，姚鼐虽然提倡义理、考据和辞章，义理只是空有其名，无宋学之实。桐城派正当方、刘之时，汉学还未盛，到姚鼐时期，汉学正炽，钱基博认为两家有相互争雄之意。双方互相攻击对方的弱点，但同时古文家不废汉学，汉学家也不弃古文。古文家讨厌汉学家的征引

① 梁堃：《桐城文派论》，长沙：商务印书馆，1940 年，第 13 页。

繁琐，汉学家批评古文家空虚浮泛。钱基博认为桐城派所谓的考证："以宋儒格物致知为考证，以考而不证为考证。"[①]显然钱基博对此持批评态度，他更欣赏汉学家的"条分缕析、切究深论"。

桐城派古文与八股文关系一直很密切，它之所以为广大士子所推崇也与八股文有一定关系，因为桐城派以古文为时文。钱基博首先比较了两者的异同。相同之处有三点：其一是议论说理谨守程朱，其二是遣词造句皆学曾巩王安石，其三是文章结构布局都符合基本文法。不同之处有十点：其一，古文思想更丰富，虽尊程朱亦兼用杂学；其二，古文辞藻更丰富，除了曾王，上下古今皆可学，八股只能雅正清通；其三，古文命意贵在含蓄，八股讲究豁朗；其四，古文字数更随意，八股限七百字；其五，古文体类更多样，有十三类，八股只有一体；其六，古文结构更疏散，八股格式单一；其七，古文取材更广泛，天地万物皆可入文，八股则只能解释经义；其八，古文渊源久远，八股乃释经注释之流；其九，古文自我作文，八股是代圣人立言；其十，古文贵单行，八股贵排比。有人认为桐城派古文与八股无异，钱基博认为这种观点是"信口乱道，可笑之极"。[②] 钱氏把古文与八股关系分为三类：一是少习八股，成名后学古文；二是屡试不第，废弃八股，学习古文，成名后以古文法为八股；三是少即笃好古文，摒弃八股，待至文法成熟，始以古文为八股。这三种境界依次逐升，钱基博认为方苞属于最高的一种，以古文为八股。桐城派所言之义法，也不是一派之义法，而是为文之通则。与西方现代修辞学比较起来，钱基博认为桐城义法是不完备的修辞法，并非某些人所攻击的荒谬不通，应该在此基础上整理修正，以建立中国自己的现代文章修辞学。

综上所述，通过钱基博的综合分析，可以充分了解桐城派之兴衰，了解桐城派在当时汉宋之争中所处位置，了解桐城派古文与八股时文的异同，了解桐城派古文文法理论的精义与不足。同时，该书还论及桐城派的文章风格、禁忌、题材、弊端，以及桐城派作家的工夫、所好之书等，有偏重创作论的倾向，显示

---

① 梁堃：《桐城文派论》，长沙：商务印书馆，1940年，第14页。

② 梁堃：《桐城文派论》，长沙：商务印书馆，1940年，第15页。

钱基博一代古文家和教育家的身份特征。这正是钱基博的独特之处与魅力所在。

小 结

钱基博一生以集部研究而著称,号称“集部之学,海内罕对”,集部成为他研究的主要对象,也是他研究的背景。对于桐城派的研究,钱氏既有《古文辞类篹》的选本解读,又有桐城派各家文集的精研;既有具体文章的分析,又有宏观理论的探讨;既有当代考察,又有历史溯源;既有古今勘校,又有中西对比;既有当局者的热情,也有旁观者的冷静。但由于他都是从具体作品出发,所以能够持之有故,言之成理。由于能够放在大的文学史框架内思考问题,所以视野开阔,见解卓绝。他的作品分析,不离开理论;他的理论阐发,紧紧联系作品,两者结合,形成钱氏文学研究史论结合的典范。与此同时,他的研究又不局限于文本,而能够处处联系时代和社会,知人论世,上下贯通,显示其开阔的学术视野和广博的学术胸怀。这是钱基博作为一代学人的独特之处。钱基博不仅是文史专家,而且是受到桐城派重要影响的古文家,他从桐城派进入古文,而开创属于自己的独特境界。他书房的楹联是“书非三代两汉不读,未为大雅。文在桐城阳湖之外,别辟一途”,这可以说是其一生最好的写照。就文章来说,钱氏由三苏而上溯孟庄及《战国策》,雄厚有余,宁静不足。而以姚鼐为主的桐城派由韩欧而上溯左史,韵味有余,雄厚不足,曾国藩补之。在某种程度上,钱基博意欲综合姚鼐与曾国藩,成就自己的古文霸业,这也是很多古文家的宏愿,同时使得他的桐城派研究彰显出关注文人成长的趋向。就不足来说,钱氏自谓“密于综核,短于疏证”,可谓知言。正是钱基博独特的身份和阅历,形成其桐城派研究独特的方法和视角,考镜源流,旁涉百家,抉摘利病,见前人之未见,发后人之未发。

第八章

通古适今——郭绍虞对桐城派文论之评骘

郭绍虞，中国现代著名文论家，文学批评史学科的奠基人，他在名作《中国文学批评史》中用8万字左右的篇幅探讨桐城派及其文论体系的流变、发展，开创了桐城派文论现代研究的典范。在他之前已经有几部桐城派研究专著，比如姜书阁的《桐城文派评述》、姚子素的《桐城文派史》和梁堃的《桐城文派论》，但影响均不及郭著。在他之后也有不少相关研究，比如吴孟复的《桐城文派述论》、王镇远的《桐城派》、王献永的《桐城文派》、尤信雄的《桐城文派学述》、唐传基的《桐城文派新论》、叶龙的《桐城派文学史》等，也都受其影响。朱自清称赞“他的材料和方法都是自己的”，[①]那么郭绍虞是如何用自己的方法对桐城派及其文论进行研究和评价的呢？我们即以《中国文学批评史》为基础，从五个方面来展开分析：

第一节　桐城文派何以成立

一个流派何以成为一个流派，或者说，流派成立的内在根据到底是什么。这是重要的理论问题，也是复杂的现实问题，至今没有得到很好的解决。学术界长期对文学流派的界定颇

---

① 朱自清:《朱自清古典文学论文集》(下)，上海：上海古籍出版社，1981年，第540页。

为杂乱,没有统一的执行标准,它可以是时间的延续、空间的聚拢、创作观念的趋同或者气质性格的相投;它的形成可以是自发的、自然形成的抑或后人总结的;若自发形成的,有的纲领明确、风格一致,有的则面目各异。各家可谓众说纷纭,莫衷一是。比较而言,桐城派的形成更加复杂,它既有时间上的前后延续,也有空间上的相互聚拢;既有观念的相通,也有情趣的接近;既有及门的师承,也有门外的私淑;既有一定的自发性,也有发展中的自然认同。那么到底该如何界定桐城派,是文章风格相同、是理论主张相近、是师承赓续传衍,还是理念继承革新?如果不弄清楚这个问题,很多人是不是桐城派都无法确定,严复和林纾自不用说,一直都有争议;戴名世和曾国藩,也有不同说法;连方苞和刘大櫆都有人质疑,[①]更毋论他人。

爱尔曼说:"传统意义上的'派'、'家'、'家学'的内涵及界限要比传统学者及现代中国学者力图界定的范围模糊得多。"[②]事实确乎如此,但我们要衡量一个流派,还是要有个参照标准。文学流派一般强调创作群体的共同性与通约性,而淡化创作个体的个别性与差异性,因此以文章风格的相同或相近来衡定一个流派是最常见、最普遍的法则,比如唐弢称:"艺术风格是划分流派的基础。"[③]曹虹先生在《阳湖文派研究》中也说:"风格的特征是文学流派的本质,也是流派的生命所在。"[④]但是"桐城三祖"的文章风格并不完全一致,"姚门四杰"的文章风格也不一致,曾国藩与三祖亦不同,所以这一点虽被广泛采用,但实际问题颇多。也有的学者以共同的创作理念来衡量流派,在同一理念下风格可以有不同。郭绍虞观点与此相似,他提出桐

---

① 比如钱基博所著《读清人集别录》,认为桐城派以方苞为开山,乃"特以乡人推重之尔";而刘大櫆与后世所谓桐城派也不同,"特桐城人尔"。

② [美]爱尔曼:《经学、政治和宗教》,南京:江苏人民出版社,2005 年,第 3 页。

③ 唐弢:《艺术风格与文学流派》,《社会科学战线》,1983 年第 4 期,第 246 页。

④ 曹虹:《阳湖文派研究》,北京:中华书局,1996 年,第 10 页。

城文之所以成派，是因为“桐城文人之文论有一以贯之的主张”。[①] 不是每个流派都有一以贯之的理论主张，但大的文学流派在这一点上几乎都比较突出。毕竟，文论主张是一个文学流派长期文学思考的结果，也是文学创作思想的结晶。以此为标准，既显示一个文学流派的学术趣味，也显示其文学思考的成熟。那么桐城文派一以贯之的理论主张是什么？郭绍虞以为是义法。“桐城三祖”虽然造诣学问不同，文章风格各别，但对古文义法一以贯之，桐城派后学也将之奉为圭臬，不越雷池。义法理论由方苞提出，义即言有物，法即言有序。因为言有物，所以比明代和清初古文显得切实一些；因为言有序，可以避免考据家的臃肿繁琐，因此能够转移视听，成为一时风尚。与义法相连的，还有雅洁，郭绍虞认为桐城文通古适今恰恰在于此：“桐城文素以雅洁著称，惟雅故能通于古，惟洁故能适于今。这是桐城文所以能为清代古文中坚的理由。”[②]

桐城派一以贯之的理论是方苞创立的，按道理他也应该是桐城派的创立者。但事实是，后来的人基本都认为姚鼐才是桐城派真正的创立者，他在《刘海峰先生八十寿序》中所言的“昔有方侍郎，今有刘先生，天下文章，其出于桐城乎”[③]被认为是创派标志。这个影响可能源于曾国藩。曾氏的《〈欧阳生文集〉序》一开头就从姚鼐讲起，“乾隆之末，桐城姚姬传先生鼐，善为古文辞，慕效其乡先辈方望溪侍郎之所为，而受法于刘君大櫆，及其世父编修君范。三子既通儒硕望，姚先生治其术益精”。曾国藩以后，桐城派的影响主要来自曾国藩，曾氏观点也被普遍接受。姚鼐确实如周作人所言是桐城派定鼎的皇帝，一方面他在《刘海峰先生八十寿序》中借助周永年、程晋芳之言竖起桐城派的大旗，另一方面确立了桐城派的传法谱系，也就是由方苞到刘大櫆再到姚鼐，最后他编辑了《古文辞类篹》并培养了一

① 郭绍虞：《中国文学批评史》，天津：百花文艺出版社，2008 年，第 484 页。

② 郭绍虞：《中国文学批评史》，天津：百花文艺出版社，2008 年，第 484 页。

③ 姚鼐：《惜抱轩全集》，北京：中国书店出版社，1991 年，第 87 页。

大批弟子门生，这些门生分散各地，扩大了桐城派的影响。这可能是曾国藩以及后来很多人推崇姚鼐为桐城派真正奠基人的原因。虽然方苞有义法理论的开创之功，但影响仅限于他个人和弟子门徒，他本人也没有明确的创派意识。刘大櫆也没有创派意识，影响更小，甚至被很多桐城派后学看不起。而姚鼐以后，一切就不同了。他有明确的流派意识，并借给刘大櫆的寿序做文章，显露开派之雄心。姚鼐创派的动机，应该说与乾嘉汉学的对抗不无关系。他在四库馆受到排挤奚落，而后回归书院教学。在汉学如日中天的时候，如何不让古文旁落应该也是古文家姚鼐面临的挑战。历史证明他是成功的，通过自己的努力和培养大批弟子，创造了延续清朝直到民国的桐城派。曾国藩看到了这一点，郭绍虞应该也看到了，但是他却说桐城派之名称起于戏言，[①]这当然是问题的表象，因为姚鼐写文章为什么要引用这一句戏言。他仅仅区别了曾国藩、姚鼐和李详三个人关于戏言的说法，李详认为“天下文章，其出于桐城乎”是程晋芳所言，曾国藩认为是周永年所言，而事实是程周二位都说了，所以郭氏说是两个人的戏言。姚鼐的功劳就是把戏言入文，为一般人所熟悉，“由戏言而成为定论”。[②] 郭绍虞最后一句话说得很好，但他没有深究姚鼐为什么要把一句戏言变成定论。这个非常关键。即使程周二位确是戏言，但姚鼐把它写进文章就不是戏言，而是有意安排，而这个“有意”就是创派之意，并且他自己不直接说，而是通过最高学术机构的权威程吏部、周编修之口，借力使力，显示姚鼐的技高一筹，深谋远虑。这一点郭绍虞没有明确指出，后来陈平原明确说了出来。[③] 当然郭绍虞还是承认姚鼐的创派之功，因为他把那句戏言变得天下尽人皆知。但是这样一来就出现一个矛盾，郭绍虞一方面说桐城派成立是由于有一以贯之的理论主张，另一方面又标举姚鼐的创派之功，那么到底哪一个才是桐城派成立的最终根据？其实

---

① 郭绍虞：《中国文学批评史》，天津：百花文艺出版社，2008 年，第484 页。

② 郭绍虞：《中国文学批评史》，天津：百花文艺出版社，2008 年，第484 页。

③ 陈平原：《从文人之文到学者之文》，北京：三联书店，2004 年，第204～205页。

两者都重要。没有姚鼐的推举，很难有桐城派的存在；没有方苞的义法，桐城派也很难有一个贯穿始终的理论主张，没有一以贯之的理论，这个派也难以成立，或者即便成立也难以走得那么久远。

郭绍虞关于桐城派成立还有一个重要论点，就是强调方东树的重要性，此亦前人少有提及。一般而言，姚鼐之后，对桐城派的推广作出重要贡献的是梅曾亮和曾国藩，他们都身居高位、交游广泛且有自己的理论主张。郭绍虞重视方东树的原因，还是和他重视理论有关，桐城派虽然都说有物有序，实际上有序之言多，有物之言少，而方氏重在有物，并在诗学和文论方面都有所建树，实属难得。综合来看，郭绍虞认为方氏贡献有三：其一，标举三家，并梳理各家风貌特点。在《书惜抱先生墓志后》一文中，方东树不惧讥讽、嫌疑，毅然提出方刘姚三家对唐宋八大家统绪之继承："夫以唐宋到今数百年之远，其间以古文名者何以数十百人，而区区独取八家已为隘矣，而于八家后又独举桐城三人焉，非惟取世讥笑恶怒，抑真似邻于陋且妄者。"[①]并深入剖析了三家文章的特点：方苞精于学，其文静重博厚，如地之德；刘大櫆名于才，其文风云变幻，如天之德；姚鼐深于识，其文净洁洗练，如人之德。三家各有所长，鼎足不可废其一。其二，推重姚鼐花费一生精力编选的《古文辞类纂》。王葆心在《古文辞通义》中提出："姚氏义法垂于所选《古文辞类纂》，故凡守姚选者即承其学者也。"[②]姚鼐本人对于是否录入方苞和刘大櫆其实是有疑虑的，为了避免不必要的纷争，曾经打算删除相关文章，而方东树认为："只当问其统真不真，不当问其党不党。"[③]他说的当然有道理，编选文章只看质量不看人，但有时还是有瓜田李下之嫌，实际上此事后来确实成为话柄。其

① 方东树：《书惜抱先生墓志后》，《考槃集文录》(卷五)，清光绪二十年刻本，第333页。

② 王葆心：《古文辞通义》，王水照：《历代文话》(第八册)，上海：复旦大学出版社，2007年，第7314页。

③ 方东树：《答叶溥求论古文书》，《考槃集文录》(卷六)，清光绪二十年刻本，第361页。

三，重新构筑义法理论。方东树认为文章如果只论及体与词、义与法，只算为文之末，道与德才是文章根本，他说："文章者，道之器；体与词者，文章之质；范其质，使肥瘠修短合度，欲有妍而无媸也，则存乎义与法。"[①]在桐城派大多数人强调"法"的情况下，方东树强调"义"难能可贵。

风格是一个艺术家成熟的标志，流派是一门艺术成熟的标志，越是成熟的艺术，流派越多，各家异彩纷呈，竞相峥嵘。所以郭绍虞说："宗派之建立，原不必非难。"但是另一方面，"宗派既立，途辙归一，末学无识，竞相附和，当然也不能无流弊"。开创者从来艰辛，依附者多是享受，这是所有流派都会遭遇的命运，桐城派亦然。所以另有一些人对流派就很排斥，不愿依傍大树，攀附名利。吴敏树在《与篆岑论文派书》中对曾国藩把他拉入桐城派就很不满，而后王先谦、李详、钱基博、陈灨一等也不赞成流派之说。文章之道，必然有学习模仿，亦有自家体会，而学不必分派，自家体会更不能有所局限。当然，就文学研究而言，流派还是有可取之处，郭绍虞归纳为两条："就文学史言，足以看出一时之风气；就文学批评言，又可看出其一贯的主张。"[②]

综上所述，郭绍虞衡量桐城派成立的因素是一以贯之的文论主张，凡是对相关理论主张有贡献的对流派就有贡献，对相关理论主张贡献较少的对流派贡献也少。理论主张相对而言是一个流派延续更稳定的因素，也是一个文学流派对文学深入思考的结果。抓住一个流派一以贯之的文论主张，也就抓住了一个流派的灵魂，其他问题也将迎刃而解。这是郭绍虞文学流派成立的标准，也彰显他作为一个文艺理论家一贯重视文论的专业特征和理论旨趣。

---

① 方东树：《书惜抱先生墓志后》，《考槃集文录》(卷五)，清光绪二十年刻本，第 333 页。

② 郭绍虞：《中国文学批评史》，天津：百花文艺出版社，2008 年，第 485 页。

第二节　义法理论体系与传承

义法理论是桐城派文论的核心，也是郭绍虞品评桐城派文论的重点。在郭绍虞之前，已经有很多学人研究过义法，比如姜书阁的《桐城文派评述》、梁堃的《桐城文派论》和方孝岳的《中国文学批评》等，与他们相比，郭评全面、详尽而系统。郭氏不是把义法只当作方苞一个人的理论，而是将之当作一条主线，把方苞、刘大櫆和姚鼐贯穿起来，形成庞大的理论系统，这是他的体会和创见，发前人之未发，同时也践行了他由文论界定流派的主张。"桐城三祖"虽然鼎足而立，各有所长，但又有若"一师之所传"，都共同遵循文道合一的主张，这本是老生常谈的问题，郭氏认为他们与前人不同之处在于，都推崇"文人之能事"，[①]这是桐城派文人的独到之处，也是整个义法理论体系的精髓。

一、方苞义法理论的创立

义法理论，源于《春秋》，又称"春秋义法"、"春秋笔法"，方苞把它引入文学，从此有了文学义法，他在《又书〈货殖传〉后》中说："《春秋》之制义法，自太史公发之，而后之深于文者亦具焉。义即《易》之所谓'言有物'也，法即《易》之所谓'言有序'也。义以为经而法纬之，然后为成体之文。"[②]在《史记评语·十二诸侯年表》一文中，方氏也有完全一致的表述。义法到底如何理解，郭绍虞认为有两个层面意义：一是把它当作合成词，义即义，法即法；一是把它当作单纯词，义与法不可分，而是一种行文的途径或方式。

当义法作为合成词时，郭绍虞认为"他的立身祈向，即是他

① 郭绍虞：《中国文学批评史》，天津：百花文艺出版社，2008 年，第 486 页。

② 方苞：《方望溪全集》，北京：中国书店出版社，1991 年，第 426 页。

的文学观”。方苞的立身祈向，即“学行继程朱之后，文章介韩欧之间”。程朱是文章的思想内容，韩欧是行文法度，前者是义，后者是法，两相结合正好是义法。把方苞义法理论解释得最清楚的，郭氏认为是姚永朴，他在《文学研究法》中曰：“《易·家人卦》大象曰：‘言有物’，《艮》六五又曰：‘言有序’。物即义也，序即法也。《书·毕命》曰：‘辞尚体要’，要即义也，体即法也。《诗·正月》篇曰：‘有伦有脊’，脊即义也，伦即法也。《礼记·表记》曰：‘情欲信，辞欲巧’，信即义也，巧即法也。左氏襄二十五年《传》曰，‘言以足志，文以足言’，志即义也，文即法也。”[①]从义法理解看，义是有物，法是有序；义是内容，法是形式，两相结合成文。从义法来源看，义法源于《易》、《春秋》等，也都与方苞之意合。由义法的解释可以看出，方苞对文道关系的重视，这是他处于康、雍宋学旺盛之时，把古文与宋学相结合的结果。同时，因为他是古文家，看到古文与诗赋的不同，所以在文章“有序”之外特别强调“有物”。而他所说的“物”，并非自然物，而是儒家之学，他在《答申谦居书》中说：“盖古文之传，与诗赋异道。魏、晋以后，奸佥污邪之人，而诗赋为众所称者有矣。以彼瞑瞒于声色之中，而曲得其情状，亦所谓诚而形者也；故言之工而为流俗所不弃。若古文，则本经术而依于事物之理，非中有所得，不可以为伪。故自刘歆承父之学，议礼稽经而外，未闻奸佥污邪之人，而古文为世所传述者。韩子有言：‘行之乎仁义之途，游之乎诗、书之源’，兹乃所以能约六经之旨以成文，而非前后文士所可比并也。”[②]

诗赋是中国传统文体，古文相对后起，在诗赋为人民普遍接受的情况下，古文如何找到自己的定位，这是古文必须考虑的问题。方苞敏锐地意识到，学养是古文异于诗赋者。只有学，才能心有所得，有所得才能言之有物。而学的内容就是六经及孔孟之书，所谓“行之乎仁义之途，游之乎诗书之源”。这是方苞的文学观，恰好与其立身祈向“学行继程朱之后，文章介

① 姚永朴：《文学研究法》，北京：商务印书馆，1916年，第26页。

② 方苞：《答申谦居书》，《方望溪全集》，北京：中国书店出版社，1991年，第81页。

韩欧之间"相一致，正是基于此，他的文学观就是他的人生观。把作文与做人放在一起，也是儒家传统文道观的体现。

把义法作为一个单纯词，义与法又是不可分离的。古文既然要表达事物之义理，义理总是要以一定的方式呈现，这样义与法便合成一体。义法与文章的关系，郭绍虞归纳为三种：其一，义法随文章内容而异。其二，义法随文章体制而变。其三，义法随文章作用而变。所以法无定法，明其意即可合于法。如果就文体而言，郭绍虞认为，在议论文里面义法可以看作两个分立的单词，在记叙文里面义法则是连缀的骈词，而方苞论文更偏重于记叙文。在记叙文中，总是以义为主，义为法的根据，法为义的表现，法随义变，这样来说，法就不是死法，而是活法。方苞认为最能够体现义法精神的《左传》和《史记》，都是合于义法，而又把义法融于文中。能够于定法以前求义法，能够在变幻莫测之中求义法，所以方苞所谓的法又有变法和常法，正是在这一点上，郭绍虞称赞桐城派不仅高于模拟秦汉格调为宗的明代七子派，也比模拟文章规矩格套的唐宋派更胜一筹。

方苞与门人沈廷芳论古文时云："南宋、元、明以来，古文义法不讲久矣。吴、越间遗老尤放恣，或杂小说，或沿翰林旧体，无一雅洁者。"可见，雅洁是源于义法的，而义法的标准也就是雅洁。郭绍虞从两个层面分析雅洁：一是语体要求，一是语用要求。从语体来说，为了保证古雅之文章风貌，必须排除五种语体，"古文中不可入语录中语、魏、晋、六朝人藻丽俳语、汉赋中板重字法、诗歌中隽语、南北史佻巧语"。[①] 后来吕璜在《初月楼古文绪论》中再次申明此意："古文之体忌小说，忌语录，忌诗主话知，忌时文，忌尺牍，此五者不去，非古文也。"[②]正是在这一点上，桐城派古文家不同于秦汉派古文家，模拟古人，从语句入手，泥古不化。他们希望摆脱秦汉派之弊端，规范语体，并突破语言求其神气。方苞的雅洁理论从更深层面看，还有古文自律

① 沈廷芳：《书方望溪先生传后》，《方苞集》，上海：上海古籍出版社，1983年，第890页。

② 吕璜述、吴德旋：《初月楼古文绪论》，北京：人民文学出版社，1959年，第19页。

性的要求，古文与时文、诗赋、其他文体不同，必须有自己的文体特征和语体要求，而不是无所不包，这是古代大散文向现代小散文过渡的必然选择，方苞无形中助推了这一进程，所以桐城派对于现代意义上散文的形成是功不可没的。从语用来说，方苞要求去除繁杂，刊落浮词芜语，与虚实详略间自有法度，他在《与程若韩书》一文中曰："夫文未有繁而能工者，如煎金锡，粗矿去，然后黑浊之气竭而光润生。《史记》、《汉书》长篇乃事之体本大，非按节而分寸之不遗也。"[①]这又是从唐宋派古文家模拟前人法度而来。合以上二义，即方苞所谓雅洁。表面上看是语言问题，实际上语言的运用离不开义理的表达，所谓法随义生，因此雅洁问题还是义法问题。

综上所述，郭绍虞从两个方面来理解方苞的义法理论：一是分开来看，一是合起来说。分开，则义是理，法是文。合起来，义法是学习古文的途径，也是古文行文的标准。后来，桐城派古文家分别从不同方面继承了方苞的理论，郭绍虞认为刘大櫆发挥了辞章的方面，使得义法理论更加具体，姚鼐传承了义理方面，使得义法理论抽象化。这样义法理论就得到完满的发展。

二、刘大櫆义法理论的具体化

刘大櫆在三祖中的地位一直很低，以至于不少桐城后辈都对他有所轻慢。邵懿辰讥其为三人之"蜂腰鹤膝"。[②] 吴德旋说："刘海峰文最讲音节，有绝好之篇；其摹诸子而有痕迹，非上乘也。"[③]吴汝纶称："其学不如望溪之粹，其才其气不如望溪之能敛。"[④]郭绍虞却并不这么看，他认为刘氏是桐城派中坚人物，

---

① 方苞：《方望溪全集》，北京：中国书店出版社，1991 年，第 90 页。

② 刘大櫆：《刘大櫆集》，吴孟复校点，上海：上海古籍出版社，1990 年，第 630 页。

③ 吕璜述、吴德旋：《初月楼古文绪论》，北京：人民文学出版社，1959 年，第 31 页。

④ 吴汝纶：《与杨伯衡论方刘二集书》，《吴汝纶全集》(1)，合肥：黄山书社，2002 年，第 360 页。

后人论桐城派方姚并称而摒弃刘大櫆是不公允的。他的理由之一,方苞对刘大櫆的赞扬。其实,这个不足为凭。虽然他与方苞有师徒之名,但也只是从之游,刘大櫆 29 岁才真正见到方苞,后来也长期不在其身边,方苞对其影响并没有太大,刘氏门人吴定也说其师:"文章不由师传。""两人之文各殊所造"。[①] 刘大櫆早年主要受学于吴直,其文简奥,兼通音律,而文与方苞文不同,刘大櫆显然与吴直风格更加接近。《国史文苑传》也说刘大櫆与方苞:"所为文造诣各殊。"[②]郭绍虞称道刘大櫆,主要原因还是刘氏理论对方苞义法说的具体化。[③]

郭绍虞说的"具体化"是指,刘大櫆以神气、音节、字句理论求文人之能事,后人名曰"因声求气"理论。理论见于刘氏的《论文偶记》:"行文之道,神为主,气辅之……故义理、书卷、经济者,行文之实,若行文自另是一事。譬如大匠操斤,无土木材料,纵有成风尽垩手段,何处设施?然有土木材料,而不善设施者甚多,终不可为大匠。故文人者,大匠也。神气音节者,匠人之能事也,义理、书卷、经济者,匠人之材料也。"由上可见,刘氏理论以神气为主,并不重视义理,他把义理、书卷、经济只当作文章的材料,即便这些材料很重要,但如何处理这些材料才是最重要的,也就是刘大櫆所说的文人之能事。

刘大櫆的"能事"包括三个层面:神气、音节、字句,三者是逐级推进,又相互依存的:"神气者,文之最精处也;音节者,文之稍粗处也;字句者,文之最粗处也。然论文而至于字句,则文之能事尽矣。盖音节者,神气之迹也;字句者,音节之矩也。神气不可见,于音节见之;音节无可准,以字句准之。"用乔姆斯基的话来说,刘氏所谓的"精处"是指文章的深层,"粗处"是指文章的表层。如果用索绪尔的语言学理论来看,"精处"相当于语

---

① 吴定:《海峰夫子古文序》,贾文昭:《桐城派文论选》,北京:中华书局,2008 年,第 165、164 页。

② 刘大櫆:《刘大櫆集》,吴孟复标点,上海:上海古籍出版社,1990 年,第 626 页。

③ 郭绍虞:《中国文学批评史》,天津:百花文艺出版社,2008 年,第 491 页。

言的“所指”，“粗处”相当于语言的“能指”。郭绍虞用现代的“抽象”和“具体”来理解“精处”和“粗处”，当然是有道理的。古人论文重视精处，而忽略粗处，刘大櫆独强调粗处，是其大贡献，郭绍虞称其为“昔人未发之义”，可谓确论。

既然“神气”是文之最精处，那么什么是“神气”？郭绍虞认为刘氏的“神”就是高妙之法，“气”相当于势。对于“气”的理解，后来基本都接受“气势”之说，没多大异议，而对于什么是“神”，争议很大。戴名世在《答伍张两生书》中对于神气有很好的解说。他把道家的精神用于文章，提出精、气、神之说，其所言“精”主要指语言之雅洁，“气”是指“充塞于两间而盖冒乎万有”流动不居之物，“神”是“寻之无端而出之无迹者”，其“出乎语言文字之外而居乎行墨蹊径之先”，是不可言者。刘大櫆继承了戴氏的神气说，并有所发展，他的“神”与名世是一致的，是不可说、不可见的。所以郭氏把“神”具体化为“高妙之法”是值得商榷的。因为神是最不具体的，而法是最具体的，不管是死法与活法，法可通神，但法不是神，两者不可能等同。郭氏通过刘氏的两句话：“古人文字最不可攀处，只是文法高妙而已”和“神者文家之宝”，就得出“可知文法高妙之处即是神”的结论，有失谨严。郭氏称“文法高妙”是活法是对的，但法只可以通神，而本身并非神。再神的梯子还是梯子。古典文论的很多概念是无法用逻辑语言说清楚的，这是古典文论的特征之一，郭绍虞这里有点为具体化而具体化。刘大櫆确实把神气具体化了，只是通过音节、字句来具体化，他本人说得很清楚。

既然神是无法说清楚的，那如何去领悟呢？刘大櫆认为通过熟读涵咏，神气存于音节，音节存于字句：“积字成句，积句成章，积章成篇，合而读之，音节见矣；歌而咏之，神气出矣。”由字句到音节再到神气，从极具体的地方以窥古人之高妙，这是刘氏论文的特点。郭绍虞称赞他“在古文范围以内比较最完善的文论”，[1]就是在这一点上，他超越了之前的秦汉派和唐宋派文人，秦汉派只知道模拟字句，不知由字句音节以通神；唐宋派注重神气，不知道通过音节字句求之，使得文法变成死法。刘大

① 郭绍虞：《中国文学批评史》，天津：百花文艺出版社，2008年，第494页。

櫆吸收两者之长，去其短，为学古找到了一条途径，而且灵活变通，“论文而至于字句，则文之能事尽矣”。[1] 郭氏抓住刘大櫆的能事，把它作为刘氏的主要贡献，认为其有两大功能：第一，示人以作古文之法。以神气为本，则音节字句皆为文之能事，音节字句安排好，则文事备矣。第二，示人以学古文之法。以音节字句为能事，则原本不可捉摸的神气变得可以理解。

刘氏理论当然不是凭空而来，而是对戴名世神气说有所继承，[2]郭绍虞没有指出这种关系，而主要论其对桐城派后世、特别是曾国藩的影响，曾门弟子对此亦多有发挥，张裕钊正式提出“因声求气”的概念。当然，这只是刘大櫆理论的一面，郭氏认为，桐城文的成功，一面是学古，一面在于创新，正如刘大櫆所言：“大约文字是日新之物，若陈陈相因，安得不目为臭腐！原本古人意义，到行文时，却须重加铸造。一样言语不可便直用古人。此谓去陈言，未尝不换字，却不是换字法。”[3]由音节字句讲作文之法，而不拘泥于起伏照应；在音节字句中重铸新词，而不落入剽窃模拟之窠臼，这对于没有标点的古文显得尤为重要，使人一目了然。胡适评价桐城派能够作通顺文章，郭绍虞认为原因即在于此，桐城派一方面通于古，力求顺顺，易于断句，又不失之文；另一方面适于今，以创为高，虽戛戛独造而不艰涩。这是桐城派文章的优点，也是刘大櫆文论之贡献。

综上所述，郭绍虞能够看到刘大櫆文论的独特价值和文学史意义，但他把刘氏理论与方苞绑在一起，说是义法的具体化有些牵强，刘氏理论中心是神气、音节和字句，方苞理论核心是义法，两人明显不同，他自己也说：“义理，是方、姚论文的中心，而在海峰并不如此。”[4]从文章风格来看，刘氏的雄奇宏肆与方苞的醇厚雅洁也不一样，所以两个人从理论到文风实际上没有直接关联。钱基博在《读清人集别录》中，也从理论和文风两个

---

① 刘大櫆：《论文偶记》，北京：人民文学出版社，1959 年，第 6 页。

② 周中明在《桐城派研究》、贾文昭在《桐城派文论选》中都有相关说明。

③ 刘大櫆：《论文偶记》，北京：人民文学出版社，1959 年，第 27 页。

④ 郭绍虞：《中国文学批评史》，天津：百花文艺出版社，2008 年，第 491 页。

方面说明刘大櫆与正统桐城派不同,仅桐城人而已。[①] 吴孟复虽主张刘大櫆为桐城派,但其所描述刘氏特征恰与方姚不同,而言其与戴名世、陈澹然相近,[②]可这二位也都不是正统桐城派。此外,刘大櫆除神气理论而外,还有文章审美理论,比如文贵奇、文贵高、文贵远、文贵疏、文贵变等,郭绍虞都没有论及,可能这些理论与义法体系相距较远吧。

三、姚鼐义法理论的抽象化

桐城派到姚鼐始定,姚鼐很少直接言义法之说,但又无不与义法合。郭绍虞从三个方面比较了方、姚义法理论的不同:其一,方氏专就作品言,故讲义法;姚氏兼言作者,故由义法言天人。其二,就作品来说,方氏以杂文学论文,故特指散体古文;姚氏以纯文学论文,故其意通于诗。因此,前者言义法,后者言道艺。其三,就散体古文而言,义法说本于文道合一之论,姚氏扩大义法范围,兼重考据,故由义法而言意与气。"天与人一"、"道与艺合"、"意与气相御而为辞"都比义法说抽象,却是方、姚的区别,郭绍虞称之为"超于义法的义法",[③]这也正是姚鼐使义法说抽象化之所在。

"天与人一"、"道与艺合"、"意与气相御而为辞"被郭绍虞称为姚鼐论文纵的三部曲。天人合一,实际不是作文之法,而是作文境界。天是天分,人是人力,天人合一,文之至境。诚如姚鼐所言:"学文之法无他,多读多为,以待其一日之成就,非可以人力速之也。士苟非有天启,必不能尽其神妙,然苟人辍其力,则天亦何自而启之哉。"[④]作文达到如此境界,义法当然也就不必讲求。由天人合一,可以进而谈道艺。因为天是性分之

---

① 钱基博:《读清人集别录》,《中国文学史》(下),上海:上海古籍出版社,2011 年,第 894～895 页。

② 吴孟复:《桐城文派述论》,合肥:安徽教育出版社,2001 年,第 80～81 页。

③ 郭绍虞:《中国文学批评史》,天津:百花文艺出版社,2008 年,第499 页。

④ 姚鼐:《与陈硕士》,《惜抱先生尺牍》(卷五),宣统元年小万柳堂刻本。

事，极其才可以成为艺；人是修养之功，充其学可以达于道，于是“天与人一”、“道与艺合”相贯通。方苞曾说古文与诗赋异道，姚鼐言“诗之与文，固是一理”，[①]所以姚氏言道艺，又超越义法的范围。郭绍虞说“意与气相御而为辞”最近于义法，意与义近，气与法近，只是姚鼐说得比较抽象：“文字者，犹人之言语也；有气以充之，则观其文也，虽百世而后如立其人而与言于此；无气则积字焉而已。意与气相御而为辞，然后有声音节奏高下抗坠之度，反复进退之态，采色之华。故声色之美，因乎意与气而时变者也。是安得有定法哉！”[②]如果气可以理解为法的话，那是更大的法，而非一般意义上的法。郭氏说姚鼐不言义法而合于义法，主要是在超越的意义上谈，若有人说姚鼐讲的不是方氏的义法也未尝不可。

在纵的三部曲之外，郭绍虞又推导出姚鼐论文横的三部曲。首先，由“天”引出“气”字，气分阴阳，于是引出姚鼐的阳刚阴柔学说：“其得于阳与刚之美者，则其文如霆如电，如长风之出谷，如崇山峻崖，如决大川，如奔骐骥；其光也，如杲日如火如金镠铁；其于人也，如冯高视远，如君而朝万众，如鼓万勇士而战之。其得于阴与柔之美者，则其文如升初日，如清风，如云如霞如烟，如幽林曲涧，如沦如漾，如珠玉之辉，如鸿鹄之鸣而入寥廓；其于人也，漻乎其如叹，邈乎其如有思，暖乎其如喜，愀乎其如悲。观其文，讽其音，则为文者之性情形状，举以殊焉。且夫阴阳刚柔，其本二端，造物者糅而气有多寡，进绌则品次亿万，以至于不可穷，万物生焉。故曰：‘一阴一阳之为道’。”[③]虽然阳刚阴柔各有其美，而过于偏向某一种美，则不可言文，所以阴阳和刚柔都需要调剂，于是以人力补天，仍然符合天人合一之说。

---

① 姚鼐：《与王铁夫书》，《惜抱轩全集》，北京：中国书店出版社，1991年，第222页。

② 姚鼐：《答翁学士书》，《惜抱轩全集》，北京：中国书店出版社，1991年，第64页。

③ 姚鼐：《复鲁絜非书》，《惜抱轩全集》，北京：中国书店出版社，1991年，第71～72页。

其次，由“人”引出“意”，而意主义理、考据和辞章，于是引出姚鼐的义理、考据、辞章三合一之说：“鼐尝论学问之事，有三端焉。曰义理也，考证也，文章也。是三者，苟善用之，则皆足以相济；苟不善用之，则或至于相害。”[①]姚鼐虽然不满汉学之弊，也不废考据之功；自古文不离道，所以他更加看重义理；古文本属辞章，固不可不讲。而三者合一更是姚鼐的理想，义理、考据、辞章皆文章之实，由学问之实以合文章之虚，则又同“道与艺合”相符。

再次，由“天与人一”与“道与艺合”之关系，而引出“法”字。由天言，法是才；由人言，法是悟。关于才与法的关系，姚鼐有一个精到的分析：“文章之事能运其法者才也，而极其才者法也。古人文有一定之法，有无定之法。有定者，所以为严整也；无定者，所以为纵横变化也。二者相济，而不相妨，故善用法者，非以窘吾才，乃所以达吾才也。非思之深工之至者，不能见古人纵横变化中所以为严整之理。”[②]法由才运，才从法显。法有定法有无定之法，才也有严整有纵横，两者相济而不相妨，所以善用法者，不以法窘才；善用才者，不以才破法。两者相辅相生，是姚鼐的理想，而要达到这种理想，非“思之深工之至者”“不能也”，思深工至则才与法并显。对于悟与法的关系，姚鼐曰：“归震川能于不要紧之题，说不要紧之语，却自风韵疏淡，此乃是于太史公深有会处，此境又非石士所易到耳。文家有意佳处，可以着力，无意佳处不可着力，功深听其自至可也。”[③]文章的好，或有意为之，或无意天成。有意佳处，则有法可寻；无意佳处，便无法可讲。这又是超义法的义法，不可强求，只有待于悟方可知。义法之说，说得很清楚，只是入手的门径。至于更微妙的地方，只有靠悟性了。

---

① 姚鼐：《述庵文钞序》，《惜抱轩全集》，北京：中国书店出版社，1991年，第46页。

② 姚鼐：《与张阮林》，《惜抱先生尺牍》(卷三)，宣统元年小万柳堂刻本。

③ 姚鼐：《与陈硕士》，《惜抱先生尺牍》(卷六)，宣统元年小万柳堂刻本。

郭绍虞通过自己的精心营构，把姚鼐分散的文章理论编织成一个纵横交错的精密有机系统。在这个系统中，义法显然不是核心，但郭氏更强调他对于义法的超越。姚氏在《与陈硕士》尺牍中云："望溪所得，在本朝诸贤为最深，而较之古人则浅。其阅太史公书，似精神不能包括其大处、远处、疏淡处及华丽非常处，此以义法论文，则得其一端则已。"[①]相比于方苞理论的清楚，姚鼐所论更多是其大处、远处、疏淡处及华丽非常处，这是对方苞义法理论的补充，也是超越。结合前面刘大櫆的理论，也可以看到其对方苞义法理论的超越，他们三人的理论可以说各不一样，又不矛盾，都是探讨古文之学，属于一个大的系统。桐城派与秦汉派、唐宋派一样，都主张文章复古，但后二者受人攻击，而桐城派受人推崇，郭绍虞认为是"由于超义法的义法之关系"。[②] 所谓超越是一种变化，因时而动，随势而变，正如姚鼐在《刘海峰先生八十寿序》中所言"有所变而后大"。方苞在宋学正盛之际与宋学沟通，姚鼐在汉学方炽之时与汉学沟通，后来曾国藩中兴桐城派，也都与时俱进，到晚清民国桐城派后学也还是积极革新的，只是他们步子太慢，没有跟上时代步伐。

综上所述，通过郭绍虞的分析可知，方、刘、姚三人理论一脉相承，方苞是义法理论的开创者，阐明了义法的本质；刘大櫆在文的方面把义法说具体化；姚鼐在学与理方面把义法说抽象化。三人各有所长：方重视道，刘偏于文，姚鼐兼善其美。同时三人又一脉相承，重视"文人之能事"，这是桐城派的独到之处，也是他们吸收前代文论思想的结果。整体而言，义法是内容与形式的统一，这是对道学家和古文家文论的融合；局部而言，义法是为文之途径，这是对秦汉派和唐宋派的融合，是对他们从声音入手模仿古人语言和从规矩入手模仿古人体式的调剂，正是在这个意义上，郭绍虞称赞桐城派文论是"集古今文论之大成"。[③]

---

① 姚鼐：《惜抱先生尺牍》(卷五)，宣统元年小万柳堂刻本。

② 郭绍虞：《中国文学批评史》，天津：百花文艺出版社，2008 年，第500 页。

③ 郭绍虞：《中国文学批评史》，天津：百花文艺出版社，2008 年，第488 页。

第三节 桐城之学与古文集大成

桐城派是以文著称的流派，虽然也有学派、诗派之说，但桐城派之所以流传久远，不只是因为有举世之文，还有对文章的深邃思考，郭绍虞所说的“桐城之学”就是指桐城派对文章的思考，并非桐城学派之学。具体地说，他所谓“桐城之学”也不是三祖的文章学理论，而主要是梳理桐城派后学、尤其是姚鼐门人对文章的看法，可以说是桐城后学对三祖之学的继承和发展。郭氏主要从两个方面来分析桐城之学：其一，文之不朽天壤万世者；其二，桐城文不传之秘。

桐城之学重在有物有序，也就是义法学说，郭绍虞认为有物不易，有序更难。[①] 从有物来看，欲阐发其道，必有义理之功；欲征其实，必依赖考据之学。而义理必须贯通，不能落于迂腐；考据必须融汇，不能失于繁杂。这就是“有物”之难！“有序”之难在于，一方面要学习古人，另一方面又不能因袭其貌；一方面要合乎法度，另一方面又要有所创新。所以有物有序之学，说得容易，做起来实难。实际上，桐城派之文，“有序之言多，有物之言少”，几成为古人定评。个中缘由，郭氏以为是桐城派文人以归有光为宗，归氏局限于日常琐屑，桐城派亦失之于江海。除个别作家“有物”之言较多外，大部分人偏重“有序”，也就是辞章之学。

桐城派的辞章之学就是刘大櫆所讲的“匠人之能事”，刘大櫆说：“义理、书卷、经济者，行文之实，若行文自另是一事……故文人者，大匠也。神气音节者，匠人之能事也，义理、书卷、经济者，匠人之材料也。”[②]桐城派文人虽然也说义理、考据，但都是围绕辞章展开，郭绍虞说：“他们讲义理，讲考据，都不成为

---

① 郭绍虞：《中国文学批评史》，天津：百花文艺出版社，2008 年，第 500 页。

② 刘大櫆：《论文偶记》，北京：人民文学出版社，1959 年，第 3 页。

学，而只是对某种学问所取的态度。”①一旦确定桐城派文人对待辞章的态度，其他很多问题和争执皆迎刃而解。他们谈义理、谈考据只是他们眼中的义理和考据，与理学家、汉学家眼中的自然不同，那些对于他们的批判相应也就不足为病。在汉学方盛之时，他们奋起批判，不管是姚鼐还是方东树，都是因为他们和汉学家所持立场不同。柳诒徵说：“清代学术与宋、明异者有一要点，即宋、明儒者讲为人之道，而强调诸儒则只讲读书之法，惟明末清初之学者，则兼讲为人与读书。”②这话用来论桐城派也特别合适。他们欲讲为人之道，所以不取破碎的汉学；他们看重读书心得，因此宁愿倾向于义理。方东树在《汉学商兑》中说：“夫义理、考证、文章，本是一事，合之则一贯，离之则偏蔽。”因此郭绍虞说：“桐城之学虽不成为学，却不妨成其为学之大。”③不成为学，是从学问“专”的层面来说，他们没有理学家和汉学家的精粹，但从“通”的层面看，他们融合义理、考据于辞章，恰恰成就学问之大。

学问讲究贯通，当然不是桐城一派之观点，章学诚、戴震、段玉裁等也都说过。只是史学家、汉学家和文学家的侧重点不同。章学诚看重道，戴震和段玉裁看重义理、考据，桐城派自然是以辞章为重。自刘大櫆以来，这种倾向一直延续。桐城之学，与宋学近，与汉学远，他们言考据，并非汉学家之考辨名物制度，而是融考据于义理，通过考辨揭示兴衰治乱之理，正如陈用光所言：“以是知格物致知之说之不可易，而循吾师考证之说，则于宋儒之学，未必其无所合也。用光之意盖在乎是，固非欲以名物象数之能，考证矜其博识也。”④而他们所言之义理，又融合于辞章，陈用光云：“夫子之文章，子贡以为可得而闻，诚以性情之际，惟文为深。味乎此，措之于事为则悖，形之于威仪则

---

① 郭绍虞：《中国文学批评史》，天津：百花文艺出版社，2008 年，第 501 页。

② 柳诒徵：《中国文化史》，上海：上海古籍出版社，2001 年，第 804 页。

③ 郭绍虞：《中国文学批评史》，天津：百花文艺出版社，2008 年，第 501～502 页。

④ 《复宾之书》，《太乙舟文集》，道光二十三年孝友堂刻本。

野，然则所谓性与天道者要亦不外乎此。”[1]他们言辞章，又融合载道与适用。方东树曰：“古者自天子以至庶人，莫不由于学，语其要曰修己治人而已。是故体之为道德，发之为文章，施之为政事。故通于世务，以文章润饰治道，然后谓之儒。”[2]由此来看，桐城派文章的载道与宋儒也不同，它们虽然没有宋儒的那样精粹，但更适于今，合于兴衰治乱和日常之用，因此桐城之学合考据于义理，合义理于辞章，合辞章于载道，追求学问之通达。郭绍虞把它与姚鼐的“官文书”联系起来，以说明桐城之学体用不二之理，用方东树的话就是“体之为道德，发之为文章，施之为政事”。桐城派虽然重辞章之学，但辞章并非最终目的，学以致用才是理想。方氏说：“文之所以不朽天壤万世者，非言之难而有本之难。”[3]其所言“本”就是“经济德业”，有“经济德业”即使不是专攻文事，而其文无不工，所谓“义愈明，思愈密，而其文层见叠出而不可穷”。[4] 因此文章不朽天壤万世者即经世致用，这是桐城之学的一个方面。

桐城之学的另一个方面是为文之法，这是学习文学创作的必经之路，尤为重要。前人对此多有探讨，方东树提出“必师古而不可袭乎古人”，也就是要把学习与创新结合起来。他曾经以水为喻，比较昔文与今文之关系：“昔之水已前逝，今之水方续流也。古之人不探饮乎今之水，今之人不扳酌乎古之水，古水今水是二非一，人皆知之；古水今水是一非二，则慧者难辨矣。”[5]古今之水，是二也是一，二是因为毕竟时代不同，一是因为同源而流，古今文章既要看到其相承相续，也要见其相异相延。方东树更见其同，不欲分高下。他说：“古今之水不同，同

---

① 陈用光：《上钱辛楣先生书》，《太乙舟文集》，道光二十三年孝友堂刻本。

② 方东树：《与罗月川太守书》，《考槃集文录》（卷六），光绪二十年刻本，第345页。

③ 方东树：《答叶溥求论古文书》，《考槃集文录》（卷六），光绪二十年刻本，第358页。

④ 方东树：《复罗月川太守书》，《考槃集文录》（卷六），光绪二十年刻本，第348页。

⑤ 方东树：《答叶溥求论古文书》，《考槃集文录》（卷六），光绪二十年刻本，第359页。

者湿性；古今之文不同，同者气脉也。”[①]方氏强调古今文章之相续，是强调为文之方的相同，所以郭氏称他师古只是师为文之方而已。得其方，即得其心，得其心即得古人文章之深妙，即得其心，当然不必袭其貌。如何得其心，方氏提出以其合处见其离处，他说：“故凡论文者苟可以言其致力之处，惟在先求其合，苟真知所以为合，则以语于离不难知矣。”[②]文章有合处，有离处，合处即会通之处，离处即独绝之处，独绝之处不可言，会通之处却可说，而知其合处也就见其离处。郭氏说：“古文家之所谓法，即所以求其合。”[③]桐城派之所谓“法”，即文章之合处。他们所津津乐道的义法和评点之学，在外人看来觉其无聊甚至视为浅陋，他们自已却视为灼见真知，以为非如是难得古人深妙之心。方东树尤其推崇评点之学，并力陈其好：

> 古人著书为文，精神识议固在于语言文字，而其所以成文义用或在于语言文字之外，则又有识精者为之圈点，抹识批评，此所谓筌蹄也。能解于意表而得古人已亡不传之心，所以可贵也。近世有肤学颛固僻士，自诩名流，矜其大雅，谓圈点抹识批评沿于时文伧气，丑而非之，凡刻书以不加圈点评识为大雅，无眼愚人不得正见，不能甄别，闻此高论奉为仙都宝诰，于是有讥真西山、茅顺甫、艾千子为陋者矣，有讥何义门为批尾家学者矣，试思圈点抹识批评亦顾其是非得真与否耳。岂可并其真解意表能得古人已亡不传之妙者而去之哉！[④]

文章之妙，自非一般人可以洞见，桐城派重视文人之能事，

---

① 方东树：《答叶溥求论古文书》，《考槃集文录》（卷六），光绪二十年刻本，第 359 页。

② 方东树：《答叶溥求论古文书》，《考槃集文录》（卷六），光绪二十年刻本，第 360 页。

③ 郭绍虞：《中国文学批评史》，天津：百花文艺出版社，2008 年，第 505 页。

④ 方东树：《书归震川史记圈点评例后》，《考槃集文录》（卷五），第 342 页。

当然知晓什么是文人之能事，评点之学就是他们对古文精诣的阐发。所谓“不传之秘”，实在是难以言传，非要传授，也只能不得已为人指示门径，如佛家拈花微笑。所以说：“文章之难，非真信之难，真知之实难。”如此说来，桐城文人之自矜其真知，也未可厚非。郭绍虞认为：“桐城文人之缺点，乃在据此不传之秘自矜正宗。”[①]自矜正宗之后，就会招致一般人之非议。学术风气一旦分门别户，其言论常不免失之偏颇。

虽说是不传之秘，还是会有传续之法，桐城派的方法是诵读。方氏《书惜抱先生墓志后》云：“夫学者欲学古人之文，必先在精诵，沉潜反覆，讽玩之深且久，暗通其气于运思置词迎拒措注之会，然后其自为之以成其辞也，自然严而法，达而臧，不则心与古不相习，则往往高下短长龃龉而不合。此虽致功浅末之务，非为文之本，然古人所以名当世而垂为后世法，其毕生得力深苦微妙而不能以语人者，实在于此。今为文者多而精诵者少，以轻心掉之，以外铄速化期之，无惑乎其不逮古人也。”[②]可见，桐城文人独得之方，即在刘大櫆传下来的反复精诵。

桐城派文人为何如此看重为文之法，方东树曰：“唐刘希仁与韩欧阳齐名，退之文中亦尝推之，今读其集亦尚不失风轨，然而世未有称其文，甚或不识其名字，彼为文而不务其至，而徒自踊跃于一世者，视此可以惧矣。”不难看出，如果为文不达到某种境界，则无法传之后世，其得之实浅。若领会文章之高妙，则必有非常之法，常人看来可能神秘莫测，在他们实在是反复沉潜，用心体悟而来。

文章不朽天壤万世者，说的是桐城学问之“有物”，合考据于义理，合义理于辞章，合文章于道，合道于用，经世致用才是桐城派文章不朽的一面，这是由义法之“义”而来。桐城派文章不朽的另一面，是为文之法，诸法面目各异，故师心不师貌，求其合不求其离，因离不可言，言合即可知离，所以桐城派文人重

---

① 郭绍虞：《中国文学批评史》，天津：百花文艺出版社，2008年，第506页。

② 方东树：《书惜抱先生墓志后》，《考槃集文录》（卷五），光绪二十年刻本，第333页。

视评点之学，这又是由义法之“法”而来，两相结合就是义法，即桐城之学真正不朽之处。郭绍虞认为，把事与道、体与辞、义与法关系说得最清楚的，是方东树和鲁一同。方东树在《书惜抱先生墓志后》中曰：

> 夫唐以前无专为古文之学者，宋以前无专揭古文为号者。盖文无古今，随事以适当时之用而已！然其至者乃并载道与德以出之，三代秦汉之书可见也。顾其始也，判精粗于事与道；其末也，乃区美恶于体与辞；又其降也，乃辨是非于义与法。噫！论文而及于体与辞，义与法，抑末矣。而后世至且执为绝业专家，旷百年而不一觏其人焉，岂非以其义法之是非，辞体之美恶，即为事与道显晦之所寄，而不可昧而杂冒而托耶？文章者道之器，体与辞者文章之质；范其质使肥瘠修短合度欲有妍而无媸也，则存乎义与法。

郭绍虞评价：“这是为古文之学者最有系统的说明了。”方东树把古文之学分为事与道、体与辞、义与法三个层次，三者由本及末逐级推演，虽然后者为末，前者为本，但前者要借助后者以显，后者包含前者。郭氏把它们对应于学者古文、一般古文家古文和桐城派古文之理念，突显桐城派文论之丰富性、独特性和系统化，所以郭绍虞说：“古文之学至桐城而集其大成，也至桐城而显其特征。”①

第四节　桐城派与阳湖派湘乡派之异同

派，本义是水的支流，关于阳湖派、湘乡派和桐城派的关系，基本有两种观点：其一，他们是桐城派，其二，他们不是桐城派。是者强调其继承性与相似性，不是者强调其革新性与差异性。当然还有第三种观点，他们都受到桐城派影响，又不同于

---

① 郭绍虞：《中国文学批评史》，天津：百花文艺出版社，2008 年，第507页。

桐城派。郭绍虞基本属于最后一种，把他们看作桐城派之旁支，余意同焉。阳湖与湘乡既然称派，当然都不止一人，而有创作又有理论者就相对较少，郭氏分别从两派选择两个代表人物，以见他们文论主张的关联与差异。阳湖选的是恽敬，湘乡选的是曾国藩，曾国藩代表湘乡毋庸置疑，但恽敬是否能够代表阳湖可能会有不同看法，张惠言影响虽然很大，理论上还是以词论为主，于文、道关系阐发较少，其他人更少创见，唯有恽敬于古文有些不一样的看法，所以郭氏的选择还是有其代表性的。

一、袍袖与枪棓

恽敬论文对桐城诸家颇为不满，于三祖都有微词，他批方苞“旨近端而有时而歧，辞近醇而有时而窳”；[①]称刘大櫆“识卑且边幅未化”，“字句极洁而意不免芜近”；[②]论姚鼐“才短不敢放言高论”。[③] 不止如此，他对于明末清初很多文人也都有直接的批评，在《与舒白香》一文中最集中：

> 近世文人病痛多能言之。其最粗者，如袁中郎等乃卑薄派，聪明交游客能之；徐文长等乃琐异派，风狂才子能之；艾千子等乃描摹派，占毕小儒能之。侯朝宗、魏叔子进乎此矣，然枪棓气重。归熙甫、汪苕文、方灵皋进乎此矣，然袍袖气重。能摆脱此数家，则掉臂游行另有蹊径，亦不妨仍落此数家。不染习气者入习气亦不染，即禅宗入魔法也。[④]

文中恽氏提出两个重要的概念，“袍袖”与“枪棓”。袍袖是柔性的，枪棓是刚性的；袍袖是细腻的，枪棓是粗犷的。他嫌

---

① 恽敬：《上曹俪笙侍郎书》，《大云山房文稿初集》（卷三），涵芬楼光绪十年刊本。

② 恽敬：《上举主陈笠帆先生书》，《大云山房文稿二集》（卷二），涵芬楼光绪十年刊本。

③ 恽敬：《与章澧南》，《大云山房言事》（卷一），涵芬楼光绪十年刊本。

④ 恽敬：《与舒白香》，《大云山房言事》（卷一），涵芬楼光绪十年刊本。

侯、魏带些枪榕气，嫌桐城派文章带有袍袖气，他要在两者之间寻得一条蹊径，取两者之长，去两者之短。郭绍虞解释枪榕气为粗豪之风，袍袖气为学养之气，豪为肆，学求醇，所以“醇中见肆，肆中有醇”就是恽敬的文章理想。恽氏认为，南宋以后的古文家，大多局限于古文成法，“有死文无生文，有卑文无高文，有碎文无整文，有小文无大文”。[1] 欲纠其弊，必须“横空盘硬语，妥帖力排奡”，也就是以浩荡之枪榕气济温软之袍袖气。但枪榕气的文字多乏于理，也应该济之以袍袖气。他希望摆脱各家之束缚，创造一种既无袍袖气又无枪榕气的文风，而又不完全脱离此数家，于是成为一种亦袍袖、亦枪榕的风格，郭绍虞称这种“不染习气者入习气亦不染”，正是阳湖文之异于桐城者，[2]也是恽敬在文章风格上谋求突破与创新的努力。当然，从恽敬的文章风格来看，他还是枪榕多于袍袖，呈现出一种雄肆之风，这与桐城派中之刘大櫆较为接近，也体现了阳湖受法于刘大櫆的特征。

袍袖与枪榕主要是文章风格，在讨论文章弊病时，恽敬又提出三条：“古文，文中之一体耳！而其体至正。不可余，余则支；不可尽，尽则敝；不可为容，为容则体下。”[3]恽敬列举的古文三病：支、敝和体下。支是一种多余，敝是一种局限，而它们的部分原因都是因为体下，为文而文。于是古人为文之病，又以支与敝二者为主。郭绍虞认为，支、敝二病与袍袖气、枪榕气相近，其中，袍袖气失在支，枪榕气失在敝，而造成其病之因在于“有意为古文”。因为有意为古文，所以只能以古文的标准作古文，其“平生之才与学不能沛然于所为之文之外”，“于是沈潜者其失支，高明者其失敝，得其正者不能变，敢于肆者不能醇”，如此一来，古文沾染袍袖气和枪榕气也就在所难免了。这种主张

---

① 恽敬：《上举主陈笠帆先生书》，《大云山房文稿二集》（卷二），涵芬楼光绪十年刊本。

② 郭绍虞：《中国文学批评史》，天津：百花文艺出版社，2008 年，第528 页。

③ 恽敬：《上曹俪笙侍郎书》，《大云山房文稿初集》（卷三），涵芬楼光绪十年刊本。

虽然是清代为古文者惯常的论调，但与桐城派文论却也遥相呼应。郭绍虞把它们与姚鼐的义理考据辞章合一说、阳刚阴柔理论联系起来，表现两派之间的不似又似。硬性的枪棓气接近于阳刚，软性的袍袖气接近于阴柔，而要调剂两者，使之不枪棓不袍袖，而亦阳刚亦阴柔，那就只有在辞章之外辅之以考据或义理，于是姚鼐的两大理论：义理考据辞章之说与阳刚阴柔之说也因此连接起来。而要真正实现这种理想，须得为文之本，也就是不在有意为古文，而在无意为之。

文章本末，是恽敬思考的又一个问题，他对昔人的观点颇为不满。在《与纫之论文书》一文中，他提出自己的看法：

> 孔子曰："辞达而已矣。"孟子曰："诐辞知其所蔽，淫辞知其所陷，邪辞知其所离，遁辞知其所穷。"古之辞具在也！其无所蔽、所陷、所离、所穷四者，皆达者也。有所蔽、所陷、所离、所穷四者，皆不达者也。然而是四者，有有之而于达无害者焉，列御寇、庄周之言是也，非圣人所谓达也。有时有之，时无之，而于达亦无害者焉，管仲、荀卿之书是也，亦非圣人之所谓达也。圣人之所谓达者，何哉？其心严而慎者，其辞端，其神暇而愉者，其辞和；其气灏然而行者，其辞大；其知通于微者，其辞无不至。言理之辞，如火之明，上下无不灼然，而迹不可求也。言情之辞，如水之曲行旁至，灌渠入穴，远来而不知所往也。言事之辞，如土之坟壤咸泻，而无不可用也。此其本也。[1]

很显然，他是以孔子的"辞达"作为文章之本。而"达"又分"圣人之达"与"常人之达"，"圣人之达"，即孟子所谓无所蔽、无所陷、无所离、无所穷。"常人之达"，即有所蔽、有所陷、有所离、有所穷，只要能达其意而已。当然"圣人之达"是文章之本，那么如何培植其本，也有先天和后天两种方法，先天是指人的心性气魄，后天是指理气充实，先天不可学，后天可以示人为学

① 恽敬：《与纫之论文书》，《大云山房文稿初集》（卷三），涵芬楼光绪十年刊本。

之门径。郭绍虞认为他主张的理与气，正好可以治支、敝二病，“穷理则不‘敝’，自然无枪棓气；养气则不‘支’，自然无袍袖气”。[①] 恽敬本人也说：“须平日穷理极精，临文夷然而行，不责理而理附之；平日养气极壮，临文沛然而下，不袭气而气注之。则细入无伦，大含无际，波澜气格，无一处是古人，而皆古人至处矣。”[②]

恽敬对“末”亦有阐发：“盖犹有末焉。其机如弓弩之张在乎手，而志则的也；其行如挈壶之递下而微至也；其体如宗庙圭琮之不可杂置也，如毛发肌肤骨肉之皆备而运于脉也，如观于崇冈深岩进退俯仰而横侧乔堕无定也。如是，其可以为能于文者乎。”[③]他所谓的“末”，是指文之机、文之行、文之体三大块，而这显然都是属于技的层面。由本及末，就是他所谓“从入之途”：“若其从入之途则有要焉：曰其气澄而无滓也，积之则无滓而能厚也。其质整而无裂也，驯之则无裂而能变也。”[④]郭氏把他的“从入之途”理解为理、气二字，而言理、气又可以分两个层面：其一是离开了文而言，它是指文人的修养，这是文之本。其二是就文而言，言质与气，因为它表现在“文”之中间，所以成为“从入之途”。所以理与气，有文以外的理与气，也有文以内的理与气。这样一来，他所谓的本末就成为一件事，正如他在《答来卿》中所言：“看文可助穷理之功，读文可发养气之功。”[⑤]穷理养气所谓文之本，经过一转再转，又变为“有意为古文”的方法。这确实是个难以克服的矛盾。古文之体，自唐宋以降已经初具规模，后人无论如何也难以越其范围，于是说来说去，依旧无法突破。至于其原因，郭绍虞认为还是依附其体而为文的关系，“一方面欲求其文体之正，不得不依附其体；而一方面又知依附

① 郭绍虞：《中国文学批评史》，天津：百花文艺出版社，2008 年，第531 页。

② 恽敬：《答来卿》，《大云山房言事》(卷二)，涵芬楼光绪十年刊本。

③ 恽敬：《与纫之论文书》，《大云山房文稿初集》(卷三)，涵芬楼光绪十年刊本。

④ 恽敬：《与纫之论文书》，《大云山房文稿初集》(卷三)，涵芬楼光绪十年刊本。

⑤ 恽敬：《答来卿》，《大云山房言事》(卷二)，涵芬楼光绪十年刊本。

其体的流弊，所以论虽日高，而力则日逊。”[①]所以恽敬虽然不欲有意为古文，却还是不自觉落入有意为古文的窠臼，这与桐城派一样，其不同在于桐城派是以儒家为宗，阳湖派则参以诸子。他们都是戴着前人的镣铐在舞蹈。

综上所述，郭绍虞主要分析了恽敬的三个文论主张：文风，文病和文之本末，从而见出其与桐城派之异同。而其核心还是袍袖与枪棓，由此引出支与敝、有意为文与无意为文。恽氏欲在两者之间寻出一条通途，而现实中他还是枪棓多于袍袖，豪放重于婉约，喜欢用才使力。但是他在桐城派之外提出“习亦不染”的思想却是难能可贵的，为何恽氏会有如此想法，郭绍虞没有提及，后来曹虹先生给出解答，她认为恽氏受到佛家思维的影响，[②]所以能够超拔因染的关系，不沾不滞又跳脱自在。事实确乎如此，恽敬在《五宗语录删存序》中述及自己学佛的历程，推崇佛家出入无痕之境，在前引《与舒白香》一文中，他即提到禅宗思维对他的影响：“不染习气者人习气亦不染，即禅宗人魔法也。”

二、为文与为道

文道关系是中国传统文论的经典话题，前人颇多论述。曾国藩继承文以贯道之说，并参以桐城派之文论主张，赋予其以新的内涵，可谓化腐朽为神奇，郭绍虞认为这是曾国藩之创见。[③]

曾国藩是通过学，把文与道贯通的。郭绍虞从两个方面展开论证：其一，能文即能为学。他引用曾国藩在《致刘孟容》中的两句话：“古之知道者，未有不明于文字者也。能文而不能知道者，或有矣！乌有知道而不明乎文者乎？”“所贵乎圣人者，谓

① 郭绍虞：《中国文学批评史》，天津：百花文艺出版社，2008年，第532页。

② 曹虹：《阳湖文派研究》，北京：中华书局，1996年，第184页。

③ 郭绍虞：《中国文学批评史》，天津：百花文艺出版社，2008年，第535页。

其立行与万事万物相交错而曲当乎道，其文字可以教后世也”，[①]然后即得出结论：“知道者必明于文字，而能文即所以为学。”[②]这个结论的前半句是成立的，道必然通过文字以明，而后半句却难以成立。曾国藩自己明确说：“能文而不能知道者，或有矣！”也就是能文者未必知道，虽然道必垂于文。实际上曾国藩原文的意思也只是表达：道必明于文，也正因此才引出第二点：求道必先学文。曾氏曰：“吾儒所赖以学圣贤者，亦藉此文字，以考古圣之行，以究其用心之所在，然则此句与句续，字与字续者；古圣之精神语笑，胥寓于此。”[③]细辨其理，曾氏显然是把刘大櫆“因声求气”理论与文道关系相融合，赋予文道关系以新的内涵。古圣之道在字句之间，必须通过对字句的玩味才能领悟圣贤之道。如果只求其义理，而不管字句训释，则容易陷入谬误；如果只知道考据训诂，而不管其义理，也难以领会字句间之意味。前者是宋学家常犯的毛病，后者是汉学家常犯的毛病。曾国藩的贡献在于，通过学，克服两者之弊。

在见道方面，他把汉宋沟通起来：

> 许、郑亦能深博，而训诂之文或失之碎。程朱亦能深博，而指示之语，或失之隘。其他若杜佑、郑谯、马贵与王应麟之徒，能博而不能深，则文流于蔓矣。游杨、金、许、薛、胡之俦能深而不能博，则文伤于易矣。由是有汉学宋学之分，龂龂相角，非一朝矣。仆窃不自揆，谬欲兼取二者之长，见道既深且博，以为文复臻于无累，区区之心不胜奢愿！[④]

在为文方面，他又把骈散结合起来：

---

① 曾国藩：《致刘孟容》，《曾国藩全集》(4)，长春：吉林人民出版社，1995年，第1859页。

② 郭绍虞：《中国文学批评史》，天津：百花文艺出版社，2008年，第535页。

③ 曾国藩：《致刘孟容》，《曾国藩全集》(4)，长春：吉林人民出版社，1995年，第1859页。

④ 曾国藩：《致刘孟容》，《曾国藩全集》(4)，长春：吉林人民出版社，1995年，第1860页。

> 天地之数，以奇而生，以偶而成……文字之道，何独不然？六籍尚已。自汉以来为文者莫善于司马迁。迁之文其积句也皆奇，而义必相辅。气不孤伸，彼有偶焉者存焉。其他善者，班固则毗于用偶，韩愈则毗于用奇……豪杰之士所见，类不甚远。韩氏有言："孔子必用墨子，墨子必用孔子，不相用，不足为孔墨。"由是言之，彼其于班氏相师而不相非明矣。[①]

通过沟通汉宋，其见道愈博；通过调和骈散，其为文也愈广。在调和骈散时，他时时不离道。他说："若其不俟摹拟，人心各具自然之文，约是二端：曰情，曰理。二者，人人所固有。就吾所知之理，而笔诸书，而传诸世。称吾爱恶悲愉之情，而缀辞以达之，若剖肺肝而陈简策，斯皆自然之文。"[②]而后以情理不可偏废，推出骈散相合之意，并与义理连接。在沟通汉宋时，他又处处不离文，显示出一个古文家的特征。他批判汉学家考证文动辄数千言，不合为文法度。他认为真正的好文章，应该不卖弄学问，不堆砌材料，"能焉而不伐，敛焉而愈光"。[③] 而宋学家也应该扫荡一切旧习，开拓新境，"欲学为文，则当扫荡一国旧习，赤地新立，将前此所业，荡然若丧其所有，乃始别有一番文境。望溪所以不得入古人阃奥者，正为两下兼顾，以至无可怡悦"。[④] 与此同时，对于所谓作文害道和学文玩物丧志之说，他也给予有力的驳斥："即书籍而言道，则道犹人心所载之理也，文字犹人身之血气也，血气诚不可以名理矣，然舍血气则性情亦胡以附丽乎？今世雕虫小夫，既溺于声律缋藻之末，而稍知道者，又谓读圣贤书，当明其道，不当究其文字，是犹论观人

---

① 曾国藩：《送周荇农南归序》，《曾国藩全集》(3)，长春：吉林人民出版社，1995年，第1527～1528页。

② 曾国藩：《湖南文征序》，《曾国藩全集》(3)，长春：吉林人民出版社，1995年，第1659页。

③ 曾国藩：《重刻茗柯文编序》，《曾国藩全集》(3)，长春：吉林人民出版社，1995年，第1651页。

④ 曾国藩：《与刘霞仙》，《曾国藩全集》(4)，长春：吉林人民出版社，1995年，第2011页。

者，当观其心所载之理，不当观其耳目言动血气之末也，不亦诬乎？知舍血气无以见心理，则知舍文字无以窥圣人之道矣。”[①]文道本一体，文犹血气，道如心理，舍文无以观道。曾氏由道及文，由文及道，为学和为文齐头并进，显示其学问之博大，同时通过融合桐城派之创见，使得老生常谈的“文道合一”说由朽腐而化为神奇了。

三、常法与变法

曾国藩虽然在立功、立德、立言三个方面都有所成，郭绍虞认为他还是更倾向于立言，成为文章家，他的学问是“以文始，以文终，彻头彻尾，还是以文字为中心”，[②]他自己也有志于作者之林，所以对于义理、考据和辞章三者的关系，也都是围绕辞章展开。

曾氏对本朝大儒戴震、钱大昕等人多有不满，因他们只知考据，不能文章：“余尝怪国朝大儒戴东原、钱辛楣、段懋堂、王怀祖诸老，其小学训诂实能超越近古，直逼汉唐，而文章不能追寻古人深处，达于本而阂于末，知其一而昧其二，颇所不解。”而他自己欲以训诂之学助力文章，一改宋以来“能文章者不通小学”、“通小学者又不能文章”的僵局：“私窃有志，欲以戴、钱、段、王之训诂，发为班、张、左、郭之文章。”[③]按照曾国藩的理解，因为道要借文字以传，舍文字无以窥道，所以文道并非相妨，而是相助。汉学家不通于文，也难精于古人之经义。其子曾纪泽长于观书，而短于作文，他认为不能作文者也难以真正了解文章之要义：“此道太短，则于古书之用意行气，必不能看得谛

---

① 曾国藩：《致刘孟容》，《曾国藩全集》(4)，长春：吉林人民出版社，1995年，第1861页。

② 郭绍虞：《中国文学批评史》，天津：百花文艺出版社，2008年，第537页。

③ 曾国藩：《谕纪泽》(同治二年三月初四日)，《曾国藩全集·家书》，长沙：岳麓书社，1994年，第947页。

当。”[1]如此说来，辞章才是文事的真谛，考据只是辅助文事的手段而已，所以郭绍虞称“他所取于考据者，乃在文章用字之法”。[2] 此亦与桐城派主张一脉相承。

姚鼐虽提出阴阳刚柔之说，但他本人还是偏于阴柔，曾国藩与姚鼐不同，他非常推崇阳刚雄直之气，他在给张廉卿的信中说：“柔和渊懿之中必有坚劲之质、雄直之气运乎其中，乃有以自立。”[3]曾国藩这点与偏于阳刚的管同相近，管同认为：“古来文人陈义吐辞，徐婉不失态度，历代多有；至若骏桀廉悍，称雄才而足号为刚者，千百年而后一遇焉耳。”比较而言，阳刚者更为稀缺珍贵，于文章境界也愈难，在《与友人论文书》中，管氏又说：“日蓄吾浩然之气，绝其卑靡，遏其鄙吝，使夫为体也常宏，其为用也常毅，则一旦随其所发，而其至大至刚之概，可以塞乎天地之间矣。如此，则学问成，而其文亦随之而至矣。”[4]曾氏亦曰：“凡诗文欲求雄奇矫变，总须用意有超群离俗之想，乃能脱去恒谿。”[5]所以郭绍虞称曾国藩“所取于义理者，乃在文章行气之法”。[6]

在辞章方面，曾国藩与古文家的通常看法也不一样。他认为：“古之文，初无所谓法也。易书诗仪礼春秋诸经，其体势声色，曾无一字相袭。即周、秦诸子亦各自成体，持此衡彼，画然若金玉与卉木之不同类，是乌有所谓法者？后人本不能文，强

---

① 曾国藩：《谕纪泽》(同治元年五月十四日)，《曾国藩全集·家书》，长沙：岳麓书社 1994 年，第 832 页。

② 郭绍虞：《中国文学批评史》，天津：百花文艺出版社，2008 年，第 537 页。

③ 曾国藩：《加张裕钊片》，《曾国藩全集·书信》(第 22 册)，长沙：岳麓书社，1994 年，第 934 页。

④ 管同：《与友人论文书》，《因寄轩文初集》(卷八)，清光绪乙卯年(1879)刻本。

⑤ 曾国藩：《谕纪泽》(同治元年十一月初四日)，《曾国藩全集·家书》，长沙：岳麓书社，1994 年，第 900 页。

⑥ 郭绍虞：《中国文学批评史》，天津：百花文艺出版社，2008 年，第 538 页。

取古人所造而摹拟之，于是有合有离，而法不法名焉。”[1]古人作文本无所谓法，后人学古人才有所谓法，曾国藩看到古文的各自成体，显然跃出方苞义法说之藩篱，即便是桐城派引为不传之秘的“评点之学”，他也提出批评：“古之为文者，其神专有所之。无有俗说庞言，肴其意趣，自有明以来，制义家之治古文，往往取左氏，司马迁，班固，韩愈之书。绳之以举业之法，为之点，为之圆圈，以赏异之。为之乙，为之铁圈，以识别之。为评注，以显之。读者囿于其中，不复知点圈、评乙之外别有所谓属文之法也者。虽勤剧一世，犹不能以自拔。故仆尝谓末世学古之士，一厄于试艺之繁多，再厄于俗本评点之书，此天下之公患也！”[2]这种论调，和章太炎比较相似，而与桐城派已经不同。在《经史百家简编序》中，他又说：“章句者，昔人治经之盛业也，而今专以施于时文。圈点者，科场时文之陋习也，而今反以施之古书。”[3]圈点之法确实是在八股时文中广泛使用，以至于俗滥，所以曾国藩的批判是有道理的。但圈点也有它独特的文学价值，不能因为其形式被用滥，就说形式本身没有意义，这显然是不合理的。法有常法有变法，通过真正的大匠之手，还是能够化腐朽为神奇的。也正是在这个意义上，郭绍虞说曾氏之于桐城，“所以能入而又能出者即在此”。[4]

四、雅洁与古茂

雅洁自方苞提出以后，遂成为桐城派的法则，而曾国藩的

---

① 曾国藩：《湖南文征序》，《曾国藩全集》(3)，长春：吉林人民出版社，1995年，第1658～1659页。

② 曾国藩：《谢子湘文集序》，《曾国藩全集》(3)，长春：吉林人民出版社，1995年，第1574页。

③ 曾国藩：《经史百家简编序》，《曾国藩全集》(3)，长春：吉林人民出版社，1995年，第1607页。

④ 郭绍虞：《中国文学批评史》，天津：百花文艺出版社，2008年，第539页。

文章理想却是“以精确之训诂，作古茂之文章”。[1] 在家书里他又提出好文章的标准：“一曰训诂精确，二曰声调铿锵”。[2] 训诂是用字之法，声调是行气之法，两者结合，就是他对文事的要求。古文家一般都推崇唐宋文人，非常重视行气，但训诂不够精确，曾国藩特别喜欢汉赋，提出向《文选》学习：

> 《文选》中古赋所用之字，无不典雅精当。尔若能熟读段、王两家之书，则知眼前常见之字，凡唐宋文人误用者，惟《六经》不误，《文选》中汉赋亦不误也。即以尔稟中所论《三都赋》言之，如“蔚若相如，皭若君平”，以一蔚字概括相如之文章，以一皭字概括君平之道德，此虽不尽关乎训诂，亦足见其下字之不苟矣。[3]

训诂本非汉赋特点，但汉代之学总体上强调训诂，所以汉赋也受到影响，特别讲究用字，这正是曾国藩所需要的。另外，针对古文家用字，除不够精当典雅外，还经常沾染学古的习气，喜欢用古奥艰深之字，让人难以卒读，曾氏提出“圆”的语言标准予以匡正：

> 世人论文家之语圆而藻丽者，莫如徐陵、庾信，而不知江淹、鲍照则更圆，进之沈约、任昉则亦圆，进之潘岳、陆机则亦圆，又进而溯之东汉之班固、张衡、崔骃、蔡邕则亦圆，又进而溯之西汉之贾谊、晁错、匡衡、刘向则亦圆。至于马迁、相如、子云三人，可谓力趋险奥，不求圆适矣；而细读之，亦未始不圆。至于昌黎，其志意直欲陵驾于长、卿、云三人，戛戛独造，力避圆熟矣，而久读之，实无一字不圆，无一句不圆。尔于古人之文，若能从江、鲍、徐、庾四人之圆步步上溯，直窥

---

① 曾国藩：《谕纪泽》（同治二年三月初四日），《曾国藩全集·家书》，长沙：岳麓书社，1994年，第947页。

② 曾国藩：《谕纪泽》（咸丰十年闰三月初四日），《曾国藩全集·家书》，长沙：岳麓书社，1994年，第533页。

③ 曾国藩：《谕纪泽》（咸丰十年闰三月初四日），《曾国藩全集·家书》，长沙：岳麓书社，1994年，第533页。

卿、云、马、韩四人之圆，则无不可读之古文矣，即无不可通之经史矣。[①]

圆则读得通，圆则讲得明。何谓圆？圆就是用字时能做到不偏不倚，不奇不偶，不涩不奥，这当然也离不开训诂。郭绍虞说，"典雅平稳则能圆"，训诂精确，则典雅矣；能合古人语文法，则平稳矣，两者结合就是文家之"语圆"。

在文章行气方面，曾国藩提出以瑰玮飞腾之气运奇辞大句，他说："奇辞大句，须得瑰玮飞腾之气驱之以行。凡堆重处，皆化为空虚，乃能为大篇；所谓气力有馀于文之外也。否则气不能举其体矣！"[②]以气运辞，是古文家的通论，但曾氏不满足于此，以韩欧探扬马，他说："乃悟韩文实从扬马得来，而参以孔孟之义理，所以雄视千古。"[③]这就是骈散结合，而欲达古人妙境，全在气盛："为文全在气盛，欲气盛，全在段落清，每段分束之际，似断不断，似咽非咽；似吞非吞，似吐非吐；古人无限妙境，难以领取。每段张起之际，似承非承，似提非提；似突非突，似纾非纾；古人无限妙用，亦难领取。"[④]文章之雄奇古雅也在行气："雄奇以行气为上，造句次之，选字又次之。然未有字不古雅而句能古雅，句不古雅而气能古雅者；亦未有字不雄奇而句能雄奇，句不雄奇而气能雄奇者。是文章之雄奇，其精处在行气，其粗处全在造句选字也。"[⑤]这与刘大櫆颇有几分相似，以精粗论文，求神气于音节，但把雄奇与古雅结合，在雅洁之外开出古茂之境，是曾国藩的贡献，李详和钱基博对此都有盛赞。

综上所述，无论是为学还是论文，曾国藩都显示出融合创

---

① 曾国藩：《谕纪泽》（咸丰十年四月二十四日），《曾国藩全集·家书》，长沙：岳麓书社，1994 年，第 540～541 页。

② 曾国藩：《曾国藩全集·求阙斋日记类钞》（8），长春：吉林人民出版社，1995 年，第 4935 页。

③ 曾国藩：《曾国藩全集·求阙斋日记类钞》（8），长春：吉林人民出版社，1995 年，第 4938 页。

④ 曾国藩：《曾国藩全集·求阙斋日记类钞》（8），长春：吉林人民出版社，1995 年，第 4935 页。

⑤ 曾国藩：《谕纪泽》（咸丰十一年正月初四日），《曾国藩全集·家书》，长沙：岳麓书社，1994 年，第 629 页。

新的特点：不管是骈散合一、汉宋合一，还是义理、考据、辞章合一，他都能够兼收并蓄，不偏一隅，体现圆融之风和大匠气象，正由此迎来古文中兴的盛大局面。郭绍虞评价他："不仅较桐城为廓大，即较当时任何学派、任何学者，其学问规模都来得廓大一些。文章经济学问事业并世无两。"[①]这是对曾氏一生的总括，也是对其高度评价。相比之下，阳湖诸子未尝不想融合创造，只是由于各方面原因，最终还是偏居一隅。从后世影响看，阳湖派存在时间很短，影响也主要是地域性的，而桐城派之后的古文，几乎成为曾国藩的天下。

第五节　桐城派与经学家史学家之比较

郭绍虞在讨论经学家和史学家文论时，与论述桐城派完全不同，对桐城派基本上是正面分析，对经学家和史学家，却处处将他们与桐城派相比较，这说明，郭氏论述经学家和史学家文论时除呈现他们自己的主张之外，不忘衬托桐城派文论的风貌与特征，这也应了他自己的那句话，"清代一切文论都是以桐城派为中坚"。在具体行文时，郭先生的论述以主要人物为代表，以核心理论为贯穿。

一、与经学家文论之比较

经学家虽然重视经义，但于辞章也有自己的看法。清代经学主要有吴派和皖派，郭绍虞以后者为代表，以戴震和段玉裁、钱大昕和焦循、蒋湘南等为宗主，理论选择上各有侧重，但都与桐城派文论紧密相关。

第一，义理考据辞章合一说之异。戴震在《与方希原书》中说："古今学问之途，其大致有三：或事于理义，或事于制数，或

① 郭绍虞：《中国文学批评史》，天津：百花文艺出版社，2008 年，第534 页。

事于文章。事于文章者，等而末者也。”[①]义理考据辞章合一之说，是经学家和古文家共同的主张，但各自的侧重点不同。郭绍虞从三个方面分析戴震与姚鼐观点的不同：其一，戴震以为学问有先后本末之分，三者关系中，以辞章为末，义理和考据为文之大本。其二，三者仅得一端，不足以见其全，必须三者合一方能致其极，也就是圣人之道。其三，三者之关系，戴震以义理为旨归，以六经为辞章的根本。这些都与桐城派不同，桐城派最看重的是文人之能事的辞章之学，他们虽然也知道本的重要，但不知如何培其本。戴震以为欲培其本，必须工考据，懂义理，长期培植浇灌。古文家不工考据，不善义理，故不得其大本；即使能于此二者偶有所见，也难以尽其奇奥。所以在戴震眼里，桐城派所谓的义理考据辞章三合一说，实在不足为道。

戴震虽以辞章为末，仍以义理为考据、辞章之本源。段玉裁则比老师走得更远，把义理文章都认为是末，只有考据是本。个中原因，郭绍虞认为是段氏“扩大了考核的范围”，把考核由文章而推及“天地民物之理”。戴震以义理为旨归，段氏以考据为始终，所以看法有别。在段氏那里，考据是唯一之本源，义理也是由考据而来。郭氏称他们的差别是“用字义界的关系”。[②]戴氏的考核，主要是经籍的考据。段氏的考核，已经超越经籍而弥纶万物。戴氏之学博而精，故以义理为考据之源。段氏于义理本无所得，故只剩下考核了。虽然说是文字理解的不同，而文字是思想的表达，所以也可以说是思想的差别，只有思想理念不同，对字意的理解才会有差异。当然，无论以何为本，都是以辞章为末，这一点他们是相通的，也是经学家都认可的。他们本无意于为文。段氏认为他们和古文家的不同就在于，他们是无意为文，古文家是有意为文，其于《潜研堂文集序》中云：“古之神圣贤人作为六经之文，垂万世之教，非有意于为文也，而文之工侔于造化……自词章之学盛，士乃有志于文章，顾不

---

① 戴震：《与方希原书》，《戴震全书》(6)，合肥：黄山书社，1995年，第375页。

② 郭绍虞：《中国文学批评史》，天津：百花文艺出版社，2008年，第542页。

知文所以明道而徒求工于文，工之甚，适所以为拙也。”[①]因为有意为文，所以求文之工，不顾文之本，故工亦不可得。因为无意为文，所以行文少受局限，随意抒写，恰恰可得文之妙。前者是经学家之得，后者为古文家之失，也是学者之文与文人之文的差别。

第二，义法之辨。义法本是为文之法，为文必涉及意与事，以及对意与事的安排处理，经学家与古文家的理解不同。焦循在《与王钦莱论文书》中提出意与事的标准：“总其大要，惟有二端，曰意曰事。意之所不能明，赖文以明之，或直断，或婉述，或详引证，或设譬喻，或假藻绘，明其意而止。事之所在，或天象算数，或山川郡县，或人之功业道德，国之兴衰隆替，以及一物之情状，一事之本末，亦明其事而止。明其事，患于不实；明其意，患于不精。”[②]前面所述与古文家差别不大，但最后一句“明其事，患于不实；明其意，患于不精”与古文家不太一样。它涉及两个问题：一是叙事的真实性，二是说理的通透性。由此郭绍虞提出经学家与古文家不尽相同的两个方面，“一是称名问题，又一是体制问题”。

在称名问题上，经学家用时称，不用古称。钱大昕在《与友人书》中说：“昨偶读足下文，篇末自题太仆少卿，仆以为不当脱漏‘寺’字。足下殊不谓然。足下所据者唐宋石刻；仆谓惟唐宋人结衔不得有‘寺’字，自明以来，官制与唐宋异，不当沿唐宋之称……自明中叶，古文之法不讲，题衔多以意更易，由是学士大夫之著述转不若吏胥文移之可信。”[③]如此对一个字详加考证，非古文家之风格，实考据家之能事。钱氏《跋方望溪文》，曾讥刺方苞在《曾祖墓铭》中称桐城为“桐”之非，然而方苞却不肯从其说以改其文，而后来文人反为望溪辩护。这就是古文家与经

① 段玉裁：《潜研堂文集序》，《嘉定钱大昕全集》(9)，南京：江苏古籍出版社，1997年，第1页。

② 焦循：《与王钦莱论文书》，《雕菰集》，《续修四库全书》(第1489册)(卷十四)，第258～259页。

③ 钱大昕：《与友人书》，《嘉定钱大昕全集》(9)，南京：江苏古籍出版社，1997年，第577～578页。

学家见解不同之处。到底该如何称谓，袁枚在《小仓山房文集·古文凡例》中提出，碑传标题则应书本朝官爵、地名，至行文处则不可泥论，可见文家之不从时制，原亦无可厚非。毕竟辞章不是历史，不用太过拘泥于真实性问题，特别是纯文学文章更是如此。

对于体制问题，焦循先以言算与言琴为例，指出文章之琐细与佶聱，继而提出："愿足下穷文之所以然，主于明意明事，且主于意与事之所宜明，不必昌黎、梅庵，不必不昌黎、梅庵；不必琐细佶聱，不必不琐细佶聱也。"[①]也就是行文时不仅明其事其意，还要考其源流，而辞章问题已经不重要。正如郭绍虞所言："由述事言，经学家重在绝对真实；由作意言，经学家亦重在极端质朴：因为他只须明其意而止。明其意而止，然则有韵无韵，为偶非偶，以及有句读无句读种种，都所以明其意而已。都可以明其意，所以都谓之文。"[②]可见，经学家论文由开始之三合一到后来只言考据，与古文家越来越远。

为了明事申意，经学家又提出诸多问题，如创见与真知、注疏与文辞、著述与考据、繁与简，其中繁简问题与桐城派文论更近。桐城派方苞的雅洁说，以简为古文之美。钱大昕和罗汝怀在繁简问题上有不同看法。钱氏认为文章有繁简详略，关键在抓住要领，不应该以繁简论文："夫古文之体，奇正浓淡详略，本无一定；要其为文之旨有四，曰明道，曰经世，曰阐幽，曰正俗，有是四者而后以法律约之，夫然后可以羽翼经史，而传之天下后世。至于亲戚故旧聚散存没之感，一时有所寄托而宣之于文，使其姓名附见集中者，此其人事迹原无足传，故一切阙而不载，非本有可纪而略之，以为文之义法如此也。方氏以世人诵欧公王恭武、杜祁公诸志不若黄梦升、张子野诸志之熟，遂谓功德之崇，不若情义之动人心目。然则使方氏援笔而为王杜之

---

① 焦循：《与王钦莱论文书》，《雕菰集》，《续修四库全书》（第1489册）（卷十四），第259页。

② 郭绍虞：《中国文学批评史》，天津：百花文艺出版社，2008年，第545页。

志，亦将舍其勋业之大者，而徒以应酬之空言了之乎？”[1]钱大昕批评方苞不懂古文义法，文之繁简有度，应具体问题具体分析，罗汝怀在《与曾侍郎论文》一书中也有颇多讨论，郭绍虞从气、法、义三个方面讨论罗氏观点：其一，繁文并不伤气，简篇只因气弱。唐宋古文家在称引、诠释、排比等方面皆繁，而并不伤气，并且与古法不相违背。后来人追求简洁，只因为气力不足。其二，文之繁简有体，古文家以义法裁文不妥。因为文之繁简，根据文体的实际需要，不能为了简而简。他说：“篇幅有大小修短详简之不同，体有殊而气亦有殊矣。”其三，批评桐城派之语言雅洁，不管人与事：“今有事物之纷纭蕃变，生人之材行志义，繁不胜书，则将损其繁重，就其简便，以成吾文之雅洁乎。是自为文计而文之，不系乎事与人也。其贻误实自‘参之太史以著其洁’之言。”[2]罗氏从气、法、义三个方面证明，繁简不应该成为问题，古文家有意求简已经成为古文之弊。在经学家眼里，只要明其事、明其意即可，勿论繁简。至于论文标准，顾炎武曾经主张“辞达”之说：“辞主乎达，不论其繁与简也；繁简之论兴而文亡矣。”[3]可以说，经学家论文主达，桐城派论文尚简。

第三，文笔之争。文笔问题是中国文论史的经典问题，也体现在经学家和桐城派的论争之中，以阮元为发端，蒋湘南为代表。蒋氏在《与田叔子论古文第三书》中不但不承认桐城派义法，而且不承认古文家之古文，他认为只有经学家之文才可以称得上真古文。具体而言，郭绍虞从三个方面分析蒋氏的文论主张：其一，秦汉派之文高于唐宋派之文。一般认为以归有光为代表的唐宋派，得古文神韵，高于以王世贞为代表的秦汉派。蒋湘南一反常论，认为秦汉派取法乎上，远胜唐宋派诸家，桐城派自然也在其批判之列。其二，精通训诂，虽模拟而无流

---

① 钱大昕：《与友人书》，《嘉定钱大昕全集》(9)，南京：江苏古籍出版社，1997 年，第 575～576 页。

② 罗汝怀：《与曾侍郎论文》，《绿漪草堂文集》(卷二十)，清光绪九年(1883)刻本。

③ 顾炎武：《日知录》(卷十九)，陈垣校注，合肥：安徽大学出版社，2007 年，第 1063 页。

弊。蒋湘南不反对模拟，但认为要模拟得法。秦汉派生吞活剥，不得其法；唐宋派学其开阖呼应之法，然而文之不古。必须通训诂，由文入笔，合古人之神气，才能够没有流弊。所以他说："由文入笔其势顺，由笔反文其势逆。"这与骈散合一者之说相近。其三，由文入笔，真古文之根底。真古文必须由文入笔，由文入笔不能不熟悉秦汉文章，熟悉秦汉文不能不通训诂，所以经学家通过训诂，窥古人意旨，熟古人文辞，得古人之道。而桐城派一类古文家，不通训诂，徒以剪裁之法自雄，实难当古文。

郭绍虞把经学家论文分为三个时期：第一期为戴震、钱大昕诸人，他们无意于文，达意即可，虽与古文家作风不同，但差距尚不远。第二期为汪中、张惠言诸人，他们取法六朝，辞藻华美，与宗主唐宋的桐城派自然不同。第三期为魏源、龚自珍诸人，他们亲近周秦诸子，矜奇崛尚艰深，与唐宋古文不同。可以说，经学家论文与古文家越来越远，到蒋湘南"可谓登峰造极了"。[1] 桐城之文主宋，经学家之文宗汉，贯穿清代的汉宋之争在文学中也得到充分体现。

二、与史学家文论之比较

史学家论文本不重视辞章，但由于中国传统的文史密切关系，以及文章与史传的交互影响，造成史学家的理论中也会涉及文论，所以郭绍虞专节予以讨论，并处处与古文家相比较。他一并介绍了三位史学家：万斯同、章学诚和崔述，而章学诚是论述重点，我们亦以章氏为重点，解析郭氏笔下史学家与古文家文论主张之异同，以彰显桐城派文论之特征。

第一，会通与专精。章学诚与古文家、经学家一样，都主张义理、考据、辞章三合一，但又显示出自己史学家的特点。郭绍虞认为章氏主张有两个特点：一是符合章氏治学之道，二是密切联系章氏之学。章氏治学之道，也可以说是章氏治学最得力

---

① 郭绍虞：《中国文学批评史》，天津：百花文艺出版社，2008 年，第 549 页。

的地方,郭氏以为“即在于有所见,即在于能通”。[①] 有所见即有所得,乃学问之专精;能通,可以见大,学问四通八达,合此二者,即为成家之学。在义理、考据、辞章方面,章氏首先主张三者之会通,他在《文史通义·原道》篇中说:“义理不可空言也,博学以实之,文章以达之,三者合于一,庶几哉!周孔之道虽远,不啻累译而通矣。”[②]三者之所以能会通,因为它们本是道中之一事,章氏在《与朱少白论文》中云:“道混沌而难分,故须义理以析之;道恍惚而难凭,故须名数以质之;道隐晦而难显,故须文辞以达之。三者不可有偏废也。义理必须探索,名数必须考订,文辞必须闲习,皆学也;皆求道之资,而非可执一端谓尽道也。”[③]但是章氏的三合一,并非简单的综合,而是以承认专精为前提。他于《文史通义·博约》篇中提出:“后儒途径所由寄,则或于义理,或于制数,或于文辞,三者其大较矣。三者致其一不能不缓其二,理势然也。知其所致为道之一端,而不以所缓之二为可忽,则于斯道不远矣。”其中“三者致其一不能不缓其二”即所谓“业须专一”。章氏常曰:“道贵通方,而业须专一,其说并行而不悖也。”又说:“学贵博而能约,未有不博而能约者也……然亦未有不约而能博者也。”[④]专通双运,博约并举,正是章氏论学之要旨,也是他义理、考据、辞章三合一说之特点,而经学家和桐城派之弊即在于偏执一端。

章学诚是史学家,把义理、考据、辞章与史学联系起来,是郭氏论证章氏三合一说的第二个特点。章学诚《文史通义·史德》篇曰:“史所贵者义也,而所具者事也,所凭者文也。孟子曰,其事则刘桓、晋文,其文则史,义则夫子自谓窃取之矣。非识无以断其义,非才无以善其文,非学无以练其事,三者固各有

---

① 郭绍虞:《中国文学批评史》,天津:百花文艺出版社,2008 年,第 554 页。

② 章学诚:《文史通义》,《章学诚遗书》,北京:文物出版社,1985 年,第 12 页。

③ 章学诚:《与朱少白论文》,《章学诚遗书》,北京:文物出版社,1985 年,第 335 页。

④ 章学诚:《文史通义》,《章学诚遗书》,北京:文物出版社,1985 年,第 14 页。

所近也。"《申郑》篇又云:"孔子作《春秋》,盖曰其事则齐桓、晋文,其文则史,其义则孔子自谓有取乎尔。夫事即后世考据家之所尚也,文即后世词章家之所重也,然夫子所明不在彼而在此,则史家著述之道,岂可不求义意所归乎?"这样一来,章氏就把义理、考据、辞章与史学的义、事、文贯通起来,三合一之说,也就不仅是文家必备,也是史家必需,这是章氏之学通达的一面。

第二,道与文。古文家强调文以载道,从唐宋到明清莫不如此。桐城派主张"学行继程朱之后",他们的"道"与宋儒相仿。郭绍虞认为章学诚所谓"道","与宋儒所见根本不同"。[①] 章氏《原道》篇云:"道者,万事万物之所以然,而非万事万物之当然。""所以然"是先验的,是万事万物存在之根本。"当然"是经验的,是圣人所见万事万物之生存状态。"当然"已经是后天之经验,对"当然"的解释、说明和发挥就更加是后天之事。郭绍虞认为,章学诚所谓的"道","用现代的话,实在就是所谓文化"。[②] 以文化为道,则天下事物、人伦、日用皆可言"道","道"的集大成者就是周公,而非孔子;以文化为道,所以六经皆史。在章学诚那里,孔子的六经,只是叙述先王之政典,与宋儒把六经作为载道之书截然不同。而宋儒仅是对六经经义的再发挥,已经是离器而言道,章氏却以为"道不离器犹影不离形",因此章氏之"道"与宋儒不同,而桐城派古文家因袭宋儒,在章氏看来只是死守六经的"高头讲章"罢了。

"道"不同,则对文的理解也不同。章学诚把文分为两种:著述之文和文人之文,他重视著述文而轻视文人文,郭氏从三个方面论证章氏的主张:其一,是否适于用。章氏《原道》篇曰:"立言与立功相准,盖必有所需而后从而给之,有所郁而后从而宣之,有所弊而后从而救之,而非徒夸声音采色以为一己之名也。"这是以有用之著述文为上,以辞章之文为下。其二,是否

---

① 郭绍虞:《中国文学批评史》,天津:百花文艺出版社,2008年,第558页。

② 郭绍虞:《中国文学批评史》,天津:百花文艺出版社,2008年,第558页。

有所见。章氏《文理》篇曰："夫立言之要，在于有物，古人著为文章，皆本于中之所见，除非好为炳炳烺烺，如锦工绣女之矜夸采色已也。"这是以有所见之著述文为上，以辞章之文为下。其三，是否有争心。章氏《言公》篇曰："世教之衰也，道不足而争于文，则言可得而私矣；实不充而争于名，则文可得而矜矣。言可得而私，文可得而矜，则争心起而道术裂矣。"著述文无争心故高，辞章文有争心故低。正是通过以上三个方面，郭氏证明了章学诚所谓"著述之文"高于"文人之文"。

第三，史笔与文士。郭绍虞认为在对待文学的态度上，章学诚与古文家相差不远，都主张有物有序，但对古文的具体理解则不同。他从三个方面分析了这种不同：其一，骈散的关系。章氏《杂说》篇曰："文缘质而得名，古以时而殊号。自六代以前，辞有华朴，体有奇偶，统命为文，无分今古，自制有科目之别，士有应举之文，制必随时，体须合格……自后文无定品，俳偶即是从时，学有专长，单行遂名为古。古文之目，异于古所云矣。"章氏显然有骈散合一的倾向，他的《文史通义》亦时有骈俪，偶好长排，这种不拘形貌的主张，与讲究义法之桐城派风格不同。其二，古文与时文的关系。章氏《与邵二云论文》曰："夫艺业虽有高卑，而万物之情各有其至，苟能心知其意则体制虽殊，其中曲折无不可共喻也。每见工时文者则曰不解古文，擅古文者则曰不解时文，如曰不能为此无足怪耳，并其所为之理而不能解，则其所谓工与擅者，亦未必其得之深也。仆于时文甚浅近，因攻古文而转有窥于时文之奥，乃知天下理可通也。"[①] 章氏以为时文与古文体制虽不同，而其理是相通的，两者可以兼善互助，不像桐城派古文家只知以古文济时文，而不愿以时文济古文。其实桐城派的评点之法，实际就是以时文的手法进窥古文之妙，但章氏以为他们只见规矩方圆，不知心意营造，不免有害于文。其三，有物有序的关系。章氏《又答朱少白书》曰："志传不尽出于有意，故文或不甚修饰，然大体终比书事之文远胜。盖书事之文如盆池拳石自成结构，而志传之文如高山

---

① 章学诚：《文史通义》，《章学诚遗书》，北京：文物出版社，1985 年，第 81 页。

大川神气包举，虽咫尺而皆具无穷之势，即偶有疏忽，字句疵病，皆不足以为累，此史才与文士才之分别。”又曰：“余尝论史笔与文士异趣。文士务去陈言，而史笔点窜涂改，全贵陶铸群言，不可私矜一家机巧也。”[①]章学诚与桐城派古文观念的差异，可以说是史笔与文士的差异，文士出于意，史家偏于事；文士较重形式修饰，结构营造，史家兼举并包，陶铸群言；文士局于尺幅之内，史家纵于咫尺之外。

综上所述，通过与经学家的比较可以知道，桐城派在义理考据方面的缺失，在辞章方面的突出；通过与史学家的比较可以看到，桐城派文章的局限与史家的圆通。很明显，郭氏行文对经学家批评较多，对史学家肯定较多，说明郭绍虞更赞成史学家的为学态度，于专精处会通，于会通处专精，这是经学家和桐城派文论都应该学习的地方。而郭氏处处把经学家、史学家主张与桐城派相比较，充分显示桐城派文论在清代学术中的举世影响和重要地位。

小　结

郭绍虞在《我怎样研究中国文学批评史的》中提及自己的治学态度受到时人的影响：“当时人的治学态度，大都受西学的影响，懂得一些科学方法，能把旧学讲得系统化，这对我治学就有很多帮助。”[②]“系统化”是“科学方法”的表征之一，也是郭绍虞文学批评史写作的追求，在桐城派研究中表现尤其突出。

郭氏桐城派文论研究的特点在于其理论性和系统性。理论性是指，一方面研究对象是桐城派文论，另一方面以理论性为评价人物或成就的最高标准。系统性是指，一方面他把桐城派文论用义法连接起来，构成一套完整的义法体系；另一方面他把桐城派文论放在清代文论、甚至中国文学批评史的框架内，综合评定。这一点与钱基博不同，钱氏桐城派研究也具有

---

① 章学诚：《跋湖北通志检存稿》，仓修良编：《文史通义新编新注》，杭州：浙江古籍出版社，2005 年，第 1034 页。

② 郭绍虞：《我怎样研究中国文学批评史的》，《书林》，1980 年第 1 期。

理论性和系统性，而且两人都是文史专家，但钱氏研究的对象主要是桐城派文学作品，把桐城派放在中国文学史的框架内辨章源流、考察得失，虽然也涉及文论，毕竟不占主体。这充分体现郭绍虞作为一个文学批评家的专业特点。桐城派之所以成立，是因为有一以贯之的义法理论；由方苞、刘大櫆到姚鼐、方东树等，构成一个完整的义法理论系统，既一脉相承，又与时俱进。所谓“桐城之学”，也主要是在义与法两个维度上生长延伸。与阳湖派、湘乡派相比，他们都是在桐城派理论基础上发展和变化的；与经学家、史学家相较，桐城派更突显出文学家的当行本色。

对于中国古代文章学来说，桐城派文论具有集大成性；而对于中国现代文论来说，桐城派文论又具有适用性，所以郭绍虞称桐城派文论“通古适今”，就像他对雅洁的阐释：“惟雅故能通于古，惟洁故能适于今。”[①]具体到清代，桐城派文论是清代文论的中坚，之前的文论被当作它的前驱，之后的文论被当作它的羽翼或旁支，经学家和史学家的文论也都与之相呼应，用他自己的话说就是：

> 清代文论以古文家为中坚，而古文家之文论，又以“桐城派”为中坚。有清一代的古文，前前后后殆无不与桐城派发生关系。在桐城派未立以前的古文家，大都可视为“桐城派”的前驱；在“桐城派”方立或既立的时候，一般不入宗派或别立宗派的古文家，又都是桐城派之羽翼与支流。由清代的文学史言，由清代的文学批评言，都不能不以桐城派为中心。[②]

把桐城派作为清代古文的中心、文学史的中心、文学批评的中心，这是近现代对桐城派评价最高的一次，一改长期以来对桐城派负面批评之风，把桐城派从社会批判纳入纯正的学理

① 郭绍虞：《中国文学批评史》，天津：百花文艺出版社，2008年，第484页。

② 郭绍虞：《中国文学批评史》，天津：百花文艺出版社，2008年，第484页。

研究，显示郭绍虞独特的学术勇气和现代学术意识。自此以后，郭氏评论几乎成为桐城派研究的标准，频频被引用和生发。郭先生与桐城派没有什么瓜葛，也不是传统派，倒是与革命派有某种关联，因此他的评价不是出于私人情感，而是一种学术良知，诚如他自己所言："我想在古人的理论中间，保存古人的面目。"[①]在桐城派近代被批判的大背景下能够不趋附时风，保留研究对象之原貌，实属难能可贵。其开阔的学术视野和豁达的学术胸襟，使得桐城派研究进入一个更高阶段，为后来的文本研究提供了学术典范。

① 郭绍虞：《中国文学批评史》，天津：百花文艺出版社，2008年，第2页。

结语

中国文学宗派之名的正式提出，前有江西诗派，后有桐城派。比较而言，桐城派传承更久、作者更多、影响也更加广泛。[①]就像当年“天下文章，其出于桐城乎”之语为世人熟知，新文化运动期间“桐城谬种”的称号也传播久远。而称号流行背后的原因与具体内容，并没有多少人去探究。桐城派俨然成了故旧与落后的代名词，被社会所遗弃和疏离，相关的专业研究也长期少有人问津。但是只要拓宽阅读视野就不难发现，桐城派作为一个流派虽然没落了，但并没有消亡，[②]其所倡导的文学理论主张也没有消失，而是以各种方式存活于现代学术之中。

在中国文学由古代到现代转换的过程中，桐城派及其古文家群体并非抱残守缺，而是尽力适应社会和文学变化，发出自

---

① 朱自清说：“桐城派的势力绵延了二百多年，直到民国初期还残留着，这是江西诗派比不上的。”（见《经典常谈》，北京：中华书局，2009 年，第 122 页。）

② 如果按照过去的师承来说，李克强也属于桐城派。李克强早年为李诚入室弟子。李诚（1906～1977），字敬夫，安徽石台人，师从桐城派后期代表人物马其昶和姚永朴。李诚自谓一生得意门生有四位：马茂元（1918～1989）、舒芜（1922～2009）、吴孟复（1919～1995）和李克强。李诚去世后，四人皆有忆念文字，1997 年时任共青团中央第一书记的李克强著文《追忆李诚先生》，称其“是一位真正的学者，一位通晓国故的专家”。（载《安徽日报》，1997 年 5 月 15 日）2015 年 2 月 9 日国务院总理李克强在中南海紫光阁与中央文史馆馆员座谈时，再次申明：“我是安徽人，受了点桐城派的影响。”（载《光明日报》，2015 年 4 月 8 日 3 版，肖楠的文章《李克强与文史馆员谈文论道》。）

己的时代声音,具体表现为四个方面:古文与白话的论争、古文与骈文的论争、《青鹤》杂志古文家文人圈和无锡国专古文家文人圈。晚清以来的白话文运动,一直以文言为斗争目标,桐城派已经成为攻击的靶子,而五四新文化运动时期,双方论争更是达到异常激烈的地步。桐城派及其外围的古文家积极应战,其中以林纾和学衡派为代表。林纾与学衡派并非反对白话文运动,而是认为古文不当废,文言有其文学和文献价值。但他们当时都被视作历史的逆流、革命的反面。今天看来古文还是有其积极意义与学术价值的,胡适晚年口述传记里,也把"死文学"、"死文字"改为"半死的",[①]这应是对当年批判的纠偏,也是对反对者意见的某种认可。古文与骈文的论争,从古文诞生之日就开始了,直到清末民初还没有结束。当年桐城派姚永朴在京师大学堂主讲《文学研究法》,继起的章太炎弟子黄侃主讲《文心雕龙》,两者都颇得时誉。黄侃对桐城家颇为不满,与刘师培一起攻击桐城派古文,推崇六朝文章,姚氏没有予以正面回应。最终桐城派们黯然离开京师,再没有回来。周勋初称这是旧学行将结束前骈散之间的一场重要论争,是对骈散诸多问题的辨析与总结。[②]

五四新文化运动之后,桐城派长期不为人知,在文学史上也销声匿迹,仿佛真的消亡了。事实并非如此,桐城派及其所代表的古典文学群体依然存在,他们在1930年代的上海形成一个以《青鹤》杂志为中心的古文家文人圈。该刊宗旨是:"本志之作,新旧相参。颇思于吾国固有之声名文物,稍稍发挥,而于世界思想潮流,亦复融会贯通。"[③]可以看出,他们在固守旧学的同时,也在现代学术框架下表现出某种积极的努力与转变。《青鹤》杂志的主编陈灨一,乃姚鼐高徒陈用光之孙,自幼传其

---

① 胡适:《胡适口述自传》,《胡适文集》(1),北京:北京大学出版社,1998年,第307页。

② 相关研究以周勋初的《论黄侃〈文心雕龙札记〉的学术渊源》和汪春泓的《论刘师培、黄侃与姚永朴之〈文选〉派与桐城派的纷争》两篇论文为代表,详见《文学遗产》,1987年第1期和2002年第7期。

③ 陈灨一:《本志出世之微旨》,载《青鹤》,1932年第1卷第1期。

家学，精通古文辞。在“一马二姚严林”除姚永朴其他诸人均已离世的背景下，陈氏自筹资金创办以文言为主的《青鹤》杂志，从1932年到1937年，杂志共出版114期。在《青鹤》周围聚拢了大批古文家和笃守传统的同道之士，从事古文和国故研究，他们包括章太炎、沈曾植、陈三立、陈衍、姚永朴、王树枏、钱基博、章士钊、张元济、黄孝纾、李国松、李宣龚、胡先骕、叶玉麟、蒋维乔、叶恭绰、祁景颐、孙宣等。[①]

比《青鹤》稍早，无锡国专形成了另一个庞大的以古文家为中心的文人群体。无锡国专创建于1920年，1929年定名为“无锡国学专修学校”，唐文治任校长。该校重视国学教育，提倡读古籍原著，包括唐文治编纂的《十三经读本》和正续《古文辞类纂》、《经史百家杂钞》等。唐氏本人曾受学于吴汝纶，得桐城派古文诵读之法，后来将之发展为“唐调”，在全校推广。1928年，钱基博到校担任教务主任后，古文风气更浓，钱氏早年受教于黎庶昌弟子陶大均，习桐城派诵读之法。当时学校聚拢了大批古文家和文史学者，包括章太炎、钱基博、陈衍、吕思勉、周予同、周谷城、蔡尚思、朱东润、夏承焘、饶宗颐、胡曲园、黄云眉、张世禄、郭绍虞、童书业等，为后世培养了一大批文史专家，包括钱锺书、唐兰、吴世昌、王蘧常、蒋天枢、钱仲联、周振甫、朱偰、王绍曾、魏建猷、汤志钧、冯其庸、范敬宜、严云鹤、马茂元、吴孟复等。他们经常切磋交流，后来不少人从事桐城派研究。

这些声音，在过去的各类文学史中都没有提及，古文家的声音湮没于轰轰烈烈的现代文学运动中。所以，本书没有重点总结这一部分文献资料，而是把主要笔墨放在现代学术史上有深远影响的学人身上，透过他们对桐城派及其文论的回应与反响，进窥桐城派文论的生存状态和精神风貌。

学术是思想的理论化，每一种学术都有自己的思想及思维方法。中国传统学术重视直觉、顿悟和体验，现代学术则是实

---

① 相关研究以魏泉的《1930年代桐城派的存在与转型——以〈青鹤〉为中心的考察》和常方舟的《古井微澜：一九三零年代的桐城派》为代表，详见《安徽大学学报》2013年第5期和《书屋》2014年第1期。

证的、逻辑的、系统的;传统学术追求会通,现代学术讲究专精;传统学术相对模糊,现代学术务求清晰;传统学术是依附的,现代学术是独立的。由传统学术向现代学术转变,不仅是研究对象的转变,也是研究理念和方法的转变。现代学人在面对桐城派的时候,心情是复杂的,他们一方面基本都得到桐城派的滋养,另一方面又经历过现代学术的训练,在传统与现代的相互碰撞与交融中,对桐城派表现出不同的态度。就本书的六位现代学者而言,可以将他们分为三组:梁启超和胡适、徐复观和朱光潜、钱基博和郭绍虞。前两位对桐城派文论是批判清理,中间两位是承接转化,最后两位是相对客观地进行文史研究。从逻辑上来看,前者是反,中间是正,后面是合,他们正好构成一个反、正、合的逻辑链条,这也是我们对待事物最基本的三种态度。但如果换一种视角,六人又可以分为两组,梁启超、胡适和郭绍虞都是在五四新文化运动和整理国故的背景下批评桐城派的,徐复观、朱光潜和钱基博都与桐城派有较深的渊源,两组人对桐城派文论的态度基本上构成中国现代学术对桐城派文论的态度,造就了桐城派文论在现代学术中的样貌。影响两组学人态度的因素,除桐城派文论本身外,可以归纳为两点:一是时代思潮,二是师徒授受。

一、时代思潮与流派发展

胡适在《文学改良刍议》中提出,一时代有一时代之文学。每一时代之文学发展,除文学自身演变的内在规律之外,还受到时代思潮的影响。时代思潮,通常是指某一历史时期内,整个社会所推崇和主导的思想倾向和文化潮流,它具有时代性、倾向性、群体性和主导性。虽然思潮自古就有,但从来没有哪个时代如清末民初思想活跃,潮流涌动,清末民初也成为改变世界和文化普遍信念的时代,正是在这个意义上,"我们说思潮纷繁是一种现代现象"。①

---

① 高瑞泉:《思潮研究百年反思:历史、理论与方法》,载《华东师范大学学报》,2008 年第 5 期,第 2 页。

把思潮引入学术研究的肇始者是梁启超，他在《清代学术概论》中明确提出“时代思潮”的概念及其存在特征：

> 凡文化发展之国，其国民于一时期中，因环境之变迁，与夫心理之感召，不期而思想之进路，同趋于一方向，于是相与呼应汹涌，如潮然。始焉其势甚微，几莫之觉；浸假而涨——涨——涨，而达于满度；过时焉则落，以渐至于衰熄。凡“思”非皆能成“潮”，能成“潮”者，则其“思”必有相当之价值，而又适合于其时代之要求者也。凡“时代”非皆有“思潮”，有思潮之时代，必文化昂进之时代也。[①]

不仅如此，他还把“时代思潮”作为全书的理论基础。概而言之，梁氏批判桐城派是将之放在清代学术史的背景下，而他的清学史著述又是在五四新文化运动的背景下完成的，他的《清代学术概论》(1920)和《中国近三百年学术史》(1923)都完成于20世纪20年代，郭绍虞的《中国文学批评史》(上卷)完成于1934年，因此可以说，五四新文化运动是梁启超、胡适、郭绍虞等人批评桐城派的总体时代背景。郭绍虞曾说：“文学批评又常与学术思想发生相互连带的关系，所以学术思想风气之转移又常足以左右文学批评的主张。”[②]郭氏所谓的“学术思想风气”即“学术思潮”，为时代思潮之精神主体。鉴于此，上述三人及其所代表的学术群体对桐城派的态度都受到五四新文化运动“时代思潮”的影响。

五四新文化运动时期，各种思潮活跃，对现代学术产生重要影响的有进化论、科学民主、疑古主义、个人主义等，它们基本确立了现代学术研究的基本理念、范式及方法。“整理国故运动”是由胡适倡导，在20世纪20～30年代民国知识界流行的一种传统学术整理研究工作。它是五四新文化运动的学术

---

① 梁启超：《清代学术概论》，《梁启超全集》，北京：北京出版社，1999年，第3068页。

② 郭绍虞：《中国文学批评史》，天津：百花文艺出版社，2008年，第9页。

延续,贯穿着五四的总体时代精神,梁启超和郭绍虞对桐城派的批评研究基本属于“整理国故运动”。梁氏将清代学术精神总结为“学术本位”、“人格独立”和“科学研究”,显然是符合五四新文化运动的时代精神,因此他对桐城派的批判是面向现代的。正是依据现代的学术标准,他把乾嘉考证学作为清学的代表,他认为乾嘉考证学异于前代,而又成绩卓著成为典范的原因,“一言以蔽之曰:用科学的研究法而已”。[①] 而桐城派恰恰相反,在学术上因循守旧、守理卫道、依傍政治,所以被视为清学的反动,受到批判,尤其是方苞,最让梁启超看不起。方东树因其革命精神,单枪匹马挑战汉学,促进清学汉宋合流之风,受到梁氏推崇,被称为伟大人物。他们二人在桐城派皆是以学问著称,学人对他们的评价却完全不同,除他们的品格与个人缘由外,其是否体现时代的学术精神是主要原因。

郭绍虞对桐城派的研究主要体现于《中国文学批评史》下册,下册虽然 1947 年才问世,但基本思想与上册是一贯的。他曾回忆时人的治学态度:“大都受西学影响,懂得一些科学方法,能把旧学讲得系统化,这对我治学就有很多帮助。”[②]以西学为观照,以科学为方法,以系统为脉络,贯穿前后,统摄内外,彰显当时学界的共同努力与趋向。不难发现,郭氏的《中国文学批评史》明显受到进化论、科学精神和系统化思想影响。对于中国文学批评史分期,他提出:“大抵由于中国的文学批评而言,详言之,可以分为三个时期:一是文学观念演进期,一是文学观念复古期,一是文学批评完成期。自周、秦以迄南北朝,为文学观念演进期。自隋唐以迄北宋,为文学观念复古期。南宋、金、元以后直至现代,庶几成为文学批评之完成期。”[③]由古及今,文学观念由低级而高级,经历演进、复古和完成时期,完

---

① 梁启超:《清代学术概论》,《梁启超全集》,北京:北京出版社,1999 年,第 3085 页。

② 郭绍虞:《我怎样研究中国文学批评史的》,《照隅室杂著》,上海:上海古籍出版社,2009 年,第 435 页。

③ 郭绍虞:《中国文学批评史》,天津:百花文艺出版社,2008 年,第 3 页。

全是进化论的思维。就下篇而论,他把宋、金、元第一期视为批评思想建立期,明代第二期为批评思想偏胜期,清代第三期为折中调和的综合期,亦符合进化论倾向。郭著序中说,他本想写一部文学史,后来写文学批评史,研究范围缩小本身就是现代学科分工细化的表征,所以王先霈称之为"学术研究的科学化、现代化的实绩",[①]显示出郭氏在时代思潮影响下作出的改变。郭著最明显的现代学术特征还是对于对象的系统化研究,系统化本身是现代科学精神的表征之一。郭著以系统性为标准,尤其体现在对桐城派的研究上。桐城派何以成派,说法很多,郭氏以义法理论为标准,梳理出一个完整的理论系统,从方苞开创到刘大櫆具体化,姚鼐抽象化,再到方东树集其大成。在论述姚鼐的主张时,他又梳理出文论纵向三部曲和横向三部曲,对姚鼐及桐城派文论进行了有机完整的论述。

胡适作为五四新文化运动的代表人物,在批判桐城派时秉承历史进化的文学观。从历史进化来看,今人有今人的文学,古人有古人的文学。文言是古人的文学,白话是当代的文学。桐城派不作当代白话之文学,却偏偏作复古之文章,所以成为文学革命的主要目标之一,而受到激烈批判,被视为"谬种",最终一蹶不振。虽然当年的批判有矫枉过正之嫌,很多观点也缺乏学理层面的论证,但因为符合五四时期科学民主总的潮流,所以白话文运动最终胜利了,而桐城派及其古文世界陨落了。当然,在五四之后综合评价桐城派及其理论时,胡适持论相对客观公允,他没有忽略桐城派曾经的成绩,认为它是"最正当最有用的文体",使得古文越做越通顺。而且在中国文学由古到今的转变中,桐城派亦非抱残守缺,而是积极变革,"为后来二三十年的应用的预备",可以说是古文学到新文学的过渡,这是符合历史的评判。即便胡适本人的文学革命主张,也有与桐城派相承相续之处,他的"八不主义"有些内容桐城派也曾经提过,只是由于末学流弊,以及现代社会巨大的变化,桐城派后来

---

① 王先霈:《中国文学批评史研究中的创新和继承——郭绍虞等人治学经验及其现实启示意义》,载《华中师范大学学报》,2011 年第 6 期,第 55 页。

不能够适应社会的发展和应用了。

综上所述，梁启超、胡适和郭绍虞对桐城派的批评，都是在现代学术背景之下进行的，并结合相应的时代潮流展开的。桐城派被作为清学的反动，因为不具有现代学术精神；桐城派被称为"谬种"，因为不适应迅速发展的社会变迁；桐城派文论能够通古适今，因为它有深刻系统的文论主张。桐城派的辉煌，因为它顺应当时的时代潮流；桐城派的陨落，因为没有顺应或跟上时代的步伐。所以我们说，时代潮流是影响文学流派发展的外在决定因素。

二、师徒授受与学术传承

中国的学术传承，自古与师徒授受关系密切。《论语》曰："三人行，必有我师焉。"虽不是严格的师徒授受，但说明中国师道文化之久远。韩愈在《师说》中曰："师者，所以传道授业解惑也。"师者的三大功能，"解惑"是针对弟子而言，"传道"和"授业"是对于教师而言。就"传道"与"授业"来看，"授业"是基础，"传道"依托于"授业"又高于"授业"，因为"道"本身存于物又超于物。比较而言，"授业"偏向于形而下的方面，"传道"偏向于形而上的方面，而学术传承应该是两者的融合，既有"授业"又有"传道"，因此学术传承是师者的主要使命，这不仅是理论上的结论，还为学术史发展的事实所证明。作为一介学人，可以没有流派，却不能没有师承，正如章学诚在《文史通义》中论及"浙东学术"时所言"学者不可无宗主，而必不可有门户"。[①] 师承之于学术的关系影响至深，"宗主以其学养与识解，或建立自己的学术体系，或开辟新式学术区域，确立了自己的学术门户。而继起学者，在师门业已建构的学术基石上，进一步索隐探微，求真创新，就能将学术精魂发扬光大之。反之，如果谨守师承，

---

① 章学诚：《文史通义校注》，叶瑛校注，北京：中华书局，1985年，第523页。

拘泥师说,回护师门,就不可能对学术有所发明”。[①] 虽然学术史上不乏“吾爱吾师,吾更爱真理”和脱离师门的现象,比如章太炎之于俞樾的《谢本师》、周作人之于章太炎的《谢本师》等,但他们的学术与其师仍然有承续。

师徒授受是学术流派传承的重要形式,桐城派尤其突出。桐城派师徒授受的方式主要有三种:书院教学、家学传授、交往点拨。第一种是对外,第二种是对内,第三种是师友之间,三者共同构筑桐城派的学术传承谱系。书院既是教学机构,也是学术研究组织,是中国传统教育的主要形式,胡适说:“在一千年以来,书院实在占教育上一个重要位置,国内的最高学府和思想的渊源,惟书院是赖。”对于书院的学术价值,胡适认为“足可以比外国的大学研究院”。[②] 桐城派主要代表人物几乎都是教师,书院教学不仅是谋生手段,还是传播学术思想的主要方式,刘大櫆说:“近代书院之设,聚群弟子于其中,延请乡之贤大夫而去位者以为之师,虽其所学者训诂词章之末,非复古人之旧,而兴起后生以师弟子传习之业,于学为近焉。”[③]从刘大櫆、姚范、姚鼐到姚莹、刘开、梅曾亮、方东树、戴钧衡、王灼、吕璜,再到张裕钊、吴汝纶、马其昶、姚永朴等,都有丰富的书院教学经验,尤其是姚鼐,四十年书院教学奠定桐城派的基本格局。[④] 家学是桐城派师徒授受的另一种主要形式,相对于书院的分散,家学更加集中而稳固,“它不仅在组织上不断为文派输送人员,还在文派成员之间建立起师生、血缘、联姻的紧密关系,使文派

① 王晓清:《学者的师承与家派·导言》,武汉:湖北人民出版社,2000年,第2页。

② 胡适:《书院制史略》,载《东方杂志》,第21卷第3号,1924年2月10日。

③ 刘大櫆:《问政书院记》,《刘大櫆集》,吴孟复标点,上海:上海古籍出版社,1990年,第310页。

④ 前人相关研究已经比较充分,详见徐雁平:《书院与桐城文派传衍考论》,《南京晓庄学院学报》,2006年第1期,第98~110页;曾光光:《桐城派与晚清文化》第三章“桐城派与晚清教育的现代化”,合肥:黄山书社,2011年;陈春华:《清代书院与桐城文派的传衍》,2013年苏州大学博士论文。

构成一个异常牢固的关系网络”。[①] 桐城派家学传承方式也可以归纳为三种：直系家人之间的传承、旁系亲属之间的传承、姻亲之间的传承。从姚范、姚鼐到姚莹、姚永朴、姚永概是家族内部纵向承续的典范；范当世、马其昶、姚永朴、姚永概则是姻亲家族之间横向传播的代表。第三类没有明确的师徒关系，也不是家人亲属，多是相互往来的朋友，通过言语或信札指导点拨。虽然不是严格的师徒授受之名，但亦有师徒授受之实，且对于流派传衍影响颇大。比如曾国藩之于梅曾亮，严复、林纾之于吴汝纶、马其昶等，曾国藩对于桐城派中兴居功至伟，严、林尤其是林纾为桐城派护法不遗余力。

本研究论题中的徐复观、朱光潜和钱基博都属于和桐城派有较深渊源，受过桐城派古文滋养的学者。徐复观早年接受古文教育，被称赞为古文能手，尤其是古文理论家王葆心对其影响深远。王氏与当时古文名家马其昶、姚永朴、姚永概、林纾等都有往来，他的《古文辞通义》是古代辞章学的通论，他对桐城派文论尤其推崇，以至于有时候不惜违背通义的体例，对攻击桐城之说者予以反驳，[②]这些都对徐复观产生影响，特别是当徐复观讨论文艺问题时，桐城派文论往往构成他的理论基础和学术参照。虽然徐复观对桐城派文论会有不同看法，但总体上仍然倾向于疏通桐城派文论与中古文论之间的联系，冲破《文心雕龙》、《史记》和桐城派之间的藩篱，使得古代文论得以贯通，骈散隔阂得以缓解，古今文论也形成一条完整的学术之链，为中国现代文论建设探索路径。

相比于徐复观对桐城派文论的间接接受，朱光潜更为直接。他本是桐城人，自小耳濡目染接受了比较纯正的桐城派教育，并被桐城派后学寄予厚望。朱光潜虽然没写过一篇论桐城派的专题文章，但于他而言，桐城派的影响无处不在，他与桐城派后学一直保持往来，对桐城派的核心文学理论几乎都有继

① 曾光光：《桐城派与晚清文化》，合肥：黄山书社，2011 年，第 119～120 页。

② 王葆心：《古文辞通义》，《历代文话》(3)，上海：复旦大学出版社，2007 年，第 7304 页。

承。与徐复观不同，朱光潜不仅精通中学，而且接受了完整的西方现代学术教育。相比于为桐城派公开鸣不平，他更倾向于默默从事具体研究。正是凭借丰富的中西学养，他以西方现代学术知识和方法，对桐城派文论进行现代转化尝试。他运用现代语言学和美学思想，提出语言和思想一致性的理论，来丰富深化桐城派义法说。他借用谷鲁斯的内模仿理论来证实刘大櫆的因声求气理论，解决传统文气论的内在理路问题。他用现代美学的崇高和优美思想，来提升姚鼐的阳刚阴柔理论。这就是朱光潜，从龙眠山水走出的美学尊者，移西方学术之花接桐城文学之木，为桐城派理论的现代学术转化和现代学术建设提供范例。

钱基博不喜欢别人称他为桐城派，因为他不喜欢宗派之说，这也是当时比较普遍的看法。但他并不否认师法，也不否认与桐城派的关系。他在薛福成家作过家教，跟黎庶昌弟子陶大均学过桐城派诵读之法，其祖父辈为李兆洛弟子，他服膺桐城马其昶，一生钟爱古文，所有这些都使他与桐城派相亲相近。但他生性又耿直独立，当桐城派鼎盛时不愿攀附，衰落时亦不随时附和。他用自己的行为方式表达对桐城派之敬意，在无锡国专大力推行古文教育，扩大桐城派的学术影响。桐城派的诗文集他几乎都有涉猎，对于各家风格特点、利弊得失既有剖析，也有综核。对于姚鼐的《古文辞类纂》既考查版本，追溯源流，又释疑解惑，开启牖辄。在《现代中国文学史》中对桐城派文派和诗派的发展流变，都有重要阐发。由于他擅长集部之学，懂得古文甘苦，所以能够深入桐城派文章内部，条分缕析，辨章学术。对于桐城派文论成就，亦有精到剖析。同时因为他本人是古文家，希冀在桐城派之外另开一途，构建自己的文学世界。

由上可见，即便在现代，中国传统文化受到西方的巨大冲击，但传统的师徒授受依然在现代学术演进中发挥重要作用。桐城派门人弟子、康有为门人弟子、胡适门人弟子、章太炎门人弟子等，在传统学术向现代学术转变过程中，除学术和政见不同外，都不同程度地沾染师门色彩，有的甚至是门户之争。

桐城派已经远去，但在现代学术世界还经常能见其身影，闻其音声。现代学术对桐城派及其文论的回响，构成桐城派在现代学术中的主要形态。比之于桐城派文论本身,时代思潮与师徒授受是影响现代学术对桐城派态度的两个重要因素。比较而言,时代思潮是一个时代的总体风尚,决定学术发展的趋势与走向,是学术发展的风向标。师徒授受是思想传承的主体表征,决定学术发展的内容与路径,是学术发展的推进器。两者形成合力,共同决定桐城派文论在现代学术史上的地位与样貌。其实,不只是桐城派文论,一切学术思想的发展演变,都会受到时代思潮与师徒授受的影响,传统文论的现代转化和当代文论建设亦然,桐城派文论的现代回响也许可以作为一种经验参考。

参考文献

一、古典文献

包世臣.艺舟双楫[M].上海:大陆图书公司,1925.

陈用光.太乙舟文集[M].咸丰四年孝友堂刻本.

陈三立.散原精舍诗文集[M].上海:上海古籍出版社,2003.

存萃学社编.章炳麟传记汇编[Z].台北:大东图书公司印行,1978.

程晋芳.勉行堂文集[M].嘉庆二十五年刻本.

王树民编.戴名世集[M].北京:中华书局,1986.

戴名世.戴名世遗文集[M].北京:中华书局,2002.

戴廷杰.戴名世年谱[M].北京:中华书局,2004.

戴震.戴震全书[M].合肥:黄山书社,1995.

方苞.方望溪全集[M].北京:中国书店出版社,1991.

方苞.方望溪遗集[M].合肥:黄山书社,1990.

方苞.左传义法举要[M].明治十七年日本刻本.

方东树.书林扬觯[M].光绪十七年刻本,上海图书馆藏.

方东树.考槃集文录[M].光绪二十年刻本.

方东树.汉学商兑[M].光绪辛卯刻本.

方宗诚.柏堂师友言行记[M].上海:上海古籍出版社,2002.

范当世.范伯子诗文集[M].上海:上海古籍出版社,2003.

冯辰.清李恕谷先生(塨)年谱[M].台北:台湾商务印书馆,1978.

冯桂芬.显志堂稿[M].清光绪二年校邠庐刊本.

龚自珍.龚自珍全集[M].上海:上海人民出版社,1975.

管同.因寄轩文初集[M].清光绪乙卯年刻本.

顾炎武.日知录[M].合肥:安徽大学出版社,2007.

黄宗羲.黄宗羲全集[M].杭州:浙江古籍出版社,1993.

黄遵宪.日本国志[M].上海:图书集成书局,1898年重印本.

黄生,黄承吉.字诂义府合按[M].北京:中华书局,1984.

韩愈.韩愈全集[M].上海:上海古籍出版社,1997.

蒋湘南.七经楼文钞[M].续修四库全书本.

江藩.汉学师承记,宋学渊源记[M].上海:中西书局,2012.

焦循.雕菰集[M].上海:上海古籍出版社,2002.

罗汝怀.绿漪草堂文集[M].清光绪九年刻本.

刘大櫆.刘大櫆集[M].上海:上海古籍出版社,1990.

刘大櫆.论文偶记[M].北京:人民文学出版社,1959.

李兆洛.养一斋文集[M].道光二十四年增修本.

李兆洛.骈体文钞[M].上海:商务印书馆,1937.

李塨.恕谷后集[M].上海:上海古籍出版社,2003.

吕璜述,吴德旋.初月楼古文绪论[M].北京:人民文学出版社,1959.

林纾.畏庐三集[M].上海:商务印书馆,1927.

林纾.韩柳文研究法[M].上海:商务印书馆,1914.

林纾.畏庐续集[M].上海:上海古籍出版社,2010.

林纾.春觉斋论文[M].北京:人民文学出版社,1959.

刘开.刘孟涂集[M].上海:上海古籍出版社,2010.

刘熙载.艺概注稿[M].北京:中华书局,2009.

刘师培.刘师培辛亥前文选[M].北京:三联书店,1998.

刘声木.桐城文学撰述渊源考[M].合肥:黄山书社,1989.

刘声木.苌楚斋随笔续笔三笔四笔五笔[M].北京:中华书局,1998.

刘勰.文心雕龙(上下卷,50篇)[M].明杨慎、曹学佺等批点,梅庆生撰.明万历闵绳初刻五色套印本,哈佛大学汉和图书馆藏.

刘勰.文心雕龙[M].北平黄叔琳注,河间纪昀评.朱墨套印卢坤两广节署本,复旦大学图书馆藏.

柳宗元.柳宗元集[M].北京:中华书局,1979.

黎庶昌.续古文辞类篹[M].上海:世界书局,1936.

黎庶昌.曾文正公年谱[M].长沙:岳麓书社,1994.

梅曾亮.柏枧山房文集[M].咸丰六年刊本.

马其昶.抱润轩文集[M].民国京师刊本,1923.

欧阳修,宋祁.新唐书[M].北京:中华书局,2000.

钱大昕.嘉定钱大昕全集[M].南京:江苏古籍出版社,1997.

全祖望.鲒埼亭文集选注[M].济南:齐鲁书社,1982.

阮元.研经室二集[M].北京:中华书局,1993.

苏惇元.清方望溪先生苞年谱[M].台北:台湾商务印书馆,1978.

唐鉴.国朝学案小识[M].四部备要本.

吴汝纶.吴汝纶全集[M].合肥:黄山书社,2002.

王念孙.广雅疏证[M].南京:江苏古籍出版社,1984.

王引之.经义述闻[M].南京:江苏古籍出版社,1985.

王先谦.王氏续古文辞类篹[M].上海:世界书局,1935.

魏禧.魏叔子文集[M].北京:中华书局,2003.

萧奭.永宪录[M].上海:中华书局,1997.

萧穆.敬孚类稿[M].合肥:黄山书社,1992.

姚鼐.惜抱轩全集[M].北京:中国书店出版社,1991.

姚鼐.惜抱轩诗文集[M].上海:上海古籍出版社,1992.

姚鼐.惜抱先生尺牍[M].合肥:安徽大学出版社,2014.

姚莹.申复堂遗稿[M].上海:上海古籍出版社,2002.

姚永朴.文学研究法[M].北京:商务印书馆,1916.

姚永概.慎宜轩日记[M].合肥:黄山书社,2010.

袁枚.袁枚全集[M].南京:江苏古籍出版社,1993.

恽敬.大云山房文稿初集[M].涵芬楼光绪十年刊本.

张裕钊.张裕钊诗文集[M].上海:上海古籍出版社,2007.

章学诚,叶瑛校注.文史通义校注[M].北京:中华书局,1985.

章学诚.章学诚遗书[M].北京:文物出版社,1985.

章太炎.章太炎全集[M].上海:上海人民出版社,1984.

章太炎.菿汉三言[M].沈阳:辽宁教育出版社,2000.

曾国藩.曾国藩全集[M].长沙:岳麓书社,1989.

曾国藩.曾国藩全集[M].长春:吉林人民出版社,1995.

朱熹.朱子全书·晦庵先生朱文公文集[M].上海:上海古籍出版社,2010.

朱熹.四书章句集注[M].北京:中华书局,1983.

朱熹.朱子语类[M].北京:中华书局,1986.

二、现代著述

钱基博.《古文辞类纂》解题及其读法[M].上海:中山书局,1929.

钱基博.《四书》解题及其读法[M].上海:商务印书馆,1933.

姜书阁.桐城文派评述[M].上海:商务印书馆,1933.

黄仲苏.朗诵法[M].上海:开明书店,1936.

梁堃.桐城文派论[M].长沙:商务印书馆,1940.

谭嗣同.谭嗣同全集[M].北京:三联书店,1954.

谭彼岸.晚清白话文运动[M].武汉:湖北人民出版社,1957.

刘勰.文心雕龙注[M].范文澜注.北京:人民文学出版社,1958.

徐师曾.文体明辨序说[M].北京:人民文学出版社,1962.

侯外庐.中国思想通史[M].北京:人民出版社,1963.

张舜徽.清人文集别录[M].北京:中华书局,1963.

永瑢等.四库全书总目[M].北京:中华书局,1965.

尤信雄.桐城文派学述[M].台北:文津出版社,1975.

叶龙.桐城派文学史[M].香港:龙门书店,1975.

唐传基.桐城文派新论[M].台北:现代书局,1976.

赵尔巽.清史稿[M].北京:中华书局,1977.

郭绍虞,王文生.中国历代文论选[C].上海:上海古籍出版社,1980.

徐复观.中国文学论集续篇[M].台北:学生书局,1981.

钱锺书.林纾的翻译[M].北京:商务印书馆,1981.

丁文江,赵丰田.梁启超年谱长编[M].上海:上海人民出版社,1983.

朱光潜.悲剧心理学(中译本)[M].北京:人民文学出版社,1983.

曹承群.徐复观教授纪念文集[M].台北:时报出版公司,1984.

桐城派研究论文选[C].合肥:黄山书社,1986.

柳亚子.南明史料书目提要[M].台北:华正书局,1977.

皮锡瑞.经学历史[M].北京:中华书局,1981.

赫胥黎.天演论[M].严复译.北京:商务印书馆,1981.

朱自清.朱自清古典文学论文集[M].上海:上海古籍出版社,1981.

李则纲.安徽历史述要[M].合肥:安徽省地方志编纂委员会,1982.

赵守正.管子注译[M].南宁:广西人民出版社,1982.

李大钊.李大钊文集[M].北京:人民出版社,1984.

李长之.司马迁之人格与风格[M].北京:三联书店,1984.

蔡元培.蔡元培文集[M].高平叔编.北京:中华书局,1984.

圣祖仁皇帝实录,清实录(6).北京:中华书局,1985.

徐文博,石钟扬.戴名世论稿[M].合肥:黄山书社,1985.

萧一山.清代通史[M].北京:中华书局,1985.

杨向奎.清儒学案新编[M].济南:齐鲁书社,1985.

唐文治.茹经先生自订年谱正续篇[M].唐庆诒补.台北:文海出版社,1986.

郑逸梅.清末民初文坛轶事[M].上海:学林出版社,1987.

钱仪吉.清代碑传全集[M].上海:上海古籍出版社,1987.

朱光潜.朱光潜全集[M].合肥:安徽教育出版社,1987.

何冠彪.戴名世研究[M].台北:稻香出版社,1988.

何天杰.桐城文派——文章法的总结与超越[M].广州:广州文化出版社,1989.

李详.李审言文集[M].李稚甫编校.南京:江苏古籍出版社,1989.

徐世昌.清儒学案[M].北京:中华书局,2008.

褚斌杰. 中国古代文体概论[M]. 北京:北京大学出版社,1990.

王镇远. 桐城派[M]. 上海:上海古籍出版社,1990.

周策纵. 胡适与近代中国[M]. 台北:时报文化出版公司,1991.

张舜徽. 清儒学记[M]. 济南:齐鲁书社,1991.

严复. 严复学术文化随笔[M]. 北京:中国青年出版社,1991.

王献永. 桐城文派[M]. 北京:中华书局,1992.

小野泽精一. 气的思想[M]. 李庆译. 上海:上海人民出版社,1992.

东海大学徐复观学术思想国际研讨会论文集[C]. 台中:东海大学,1992.

朱光潜纪念集[M]. 合肥:安徽教育出版社,1993.

黄霖. 近代文学批评史[M]. 上海:上海古籍出版社,1993.

陆宗达,王宁. 训诂与训诂学[M]. 太原:山西教育出版社,1994.

章太炎. 国学讲演录[M]. 上海:华东师范大学出版社,1995.

周作人. 中国新文学的源流[M]. 上海:华东师范大学出版社,1995.

钱念孙. 朱光潜与中西文化[M]. 合肥:安徽教育出版社,1995.

朱光潜. 文艺心理学[M]. 合肥:安徽教育出版社,1996.

曹虹. 阳湖文派研究[M]. 北京:中华书局,1996。

冯友兰. 中国哲学简史[M]. 北京:北京大学出版社,1996.

海德格尔. 海德格尔选集[M]. 孙周兴译. 上海:三联书店,1996.

佐藤一朗. 中国文章论[M]. 上海:上海古籍出版社,1996.

庞朴. 庞朴学术文化随笔[M]. 北京:中国青年出版社,1996.

曹顺庆. 东方文论选[M]. 成都:四川人民出版社,1996.

黄维樑. 中国古典文论新探[M]. 北京:北京大学出版社,1996.

王国维. 王国维文集[M]. 北京:中国文史出版社,1997.

曹毓英.钱基博学术论著选[M].武汉:华中师范大学出版社,1997.

沈永宝.钱玄同印象[M].上海:学林出版社,1997.

文洁华.朱光潜与当代中国美学[M].香港:中华书局,1998.

钱穆.钱宾四先生全集[M].台北:联经出版社,1988.

胡适.胡适文集[M].欧阳哲生编.北京:北京大学出版社,1998.

劳承万.朱光潜美学论纲[M].合肥:安徽教育出版社,1998.

周作人.夜读的境界[M].长沙:湖南文艺出版社,1998.

廖大闻.续修桐城县志(道光)[M].南京:江苏古籍出版社,1998.

关爱和.古典主义的终结——桐城派与“五四”新文学[M].上海:上海文艺出版社,1998.

梁启超.梁启超全集[M].北京:北京出版社,1999.

钱仲联.当代学者自选文库:钱仲联卷[M].合肥:安徽教育出版社,1999.

钱玄同.钱玄同文集[M].北京:中国人民大学出版社,1999.

张朋园.梁启超与清季革命[M].台北:中央研究院近代史研究所,1999.

万奇.桐城派与中国文章理论[M].呼和浩特:内蒙古教育出版社,1999.

周中明.桐城派研究[M].沈阳:辽宁大学出版社,1999.

刘师培.刘师培学术文化随笔[M].汪宇编.北京:中国青年出版社,1999.

伽达默尔.真理与方法[M].洪汉鼎译.上海:上海译文出版社,1999.

李灵年,杨忠.清人别集总目[M].合肥:安徽教育出版社,2000。

章士钊.章士钊全集[M].上海:文汇出版社,2000.

黄侃.文心雕龙札记[M].上海:上海古籍出版社,2000.

周勋初.周勋初文集[M].南京:江苏古籍出版社,2000.

杨明照.增订文心雕龙校注[M].北京:中华书局,2000.

徐复观.两汉思想史[M].上海:华东师范大学出版社,2001.

胡适. 胡适日记全编[M]. 合肥:安徽教育出版社,2001.

钱锺书. 谈艺录:补订重排本[M]. 北京:三联书店,2001.

舒芜. 舒芜集[M]. 石家庄:河北人民出版社,2001。

吴孟复. 桐城文派述论[M]. 合肥:安徽教育出版社,2001.

郭延礼. 中国近代文学发展史[M]. 北京:高等教育出版社,2001.

张少康,汪春泓等. 文心雕龙研究史[M]. 北京:北京大学出版社,2001.

张少康. 文心雕龙研究[M]. 湖北教育出版社,2001.

陈衍. 陈石遗集[M]. 福建人民出版社,2001.

柳诒徵. 中国文化史[M]. 上海:上海古籍出版社,2001.

孙诒让. 墨子闲诂[M]. 北京:中华书局,2001.

陈寅恪. 陈寅恪集·金明馆丛稿二编[M]. 北京:三联书店,2001.

郝斌,欧阳哲生. 五四运动与二十世纪的中国[M]. 北京:社会科学文献出版社,2001.

朱维铮. 中国经学史十讲[M]. 上海:复旦大学出版社,2002.

俞樟华. 史记艺术论[M]. 北京:华文出版社,2002.

钱锺书. 石语[M]. 北京:三联书店,2002.

徐复观. 徐复观文集[M]. 李维武编. 武汉:湖北人民出版社,2002.

徐复观. 中国知识分子精神[M]. 上海:华东师范大学出版社,2003.

赵建章. 桐城派文学思想研究[M]. 北京:北京图书馆出版社,2003.

袁行霈. 中国文学史[M]. 北京:高等教育出版社,2003.

孟华. 汉字:汉语和华夏文明的内在形式[M]. 北京:中国社会科学出版社,2004.

吴孟复,蒋立甫. 古文辞类纂评注[M]. 合肥:安徽教育出版社,2004.

陈平原. 从文人之文到学者之文[M]. 北京:三联书店,2004.

哈贝马斯. 现代性的哲学话语[M]. 曹卫东等译. 南京:译林出版社,2004.

海德格尔. 在通往语言的途中[M]. 北京:商务印书馆,2004.

徐复观. 中国思想史论集[M]. 上海:上海书店出版社,2004.

刘桂秋. 无锡时期的钱基博与钱锺书[M]. 上海:上海社会科学院出版社,2004.

钱基博. 现代中国文学史[M]. 北京:中国人民大学出版社,2007.

张新科,俞樟华等. 史记研究史及史记研究家[M]. 北京:华文出版社,2005.

张高评. 春秋书法与左传学史[M]. 上海:上海古籍出版,2005.

安平秋. 史记通论[M]. 北京:华文出版社,2005.

金景芳,吕绍纲. 周易全解(修订本)[M]. 上海:上海古籍出版,2005.

李欧梵. 未完成的现代性[M]. 北京:北京大学出版社,2005.

蒋寅. 中国古代文学通论·清代卷[M]. 沈阳:辽宁人民出版社,2005.

爱尔曼. 经学、政治和宗教:中华帝国晚期常州今文学派研究[M]. 南京:江苏人民出版社,2005.

鲁迅. 鲁迅全集[M]. 北京:人民文学出版社,2005.

王守雪. 人心与文学:徐复观文学思想研究[M]. 郑州:郑州大学出版社,2005.

汪原放. 亚东图书馆与陈独秀[M]. 上海:学林出版社,2006.

袁济喜. 承续与超越:20世纪中国美学与传统[M]. 北京:首都师范大学出版社,2006.

夏晓虹. 阅读梁启超[M]. 北京:三联书店,2006.

夏晓虹. 觉世与传世——梁启超的文学道路[M]. 北京:中华书局,2006.

徐复观. 中国文学精神[M]. 上海:上海书店出版社,2006.

李零. 丧家狗——我读《论语》[M]. 太原:山西人民出版社,2007.

庄子.庄子[M].孙通海译注.北京:中华书局,2007.

王葆心.古文辞通义[M].王水照.历代文话(8).上海:复旦大学出版社,2007.

刘咸炘.刘咸炘学术论集[M].桂林:广西师范大学出版社,2007.

尼采.尼采反对瓦格纳[M].卫茂平译.上海:华东师范大学出版社,2007.

傅宏星.钱基博年谱[M].武汉:华中师范大学出版社,2007.

王玉德.钱基博学术研究[M].武汉:华中师范大学出版社,2008.

郭绍虞.中国文学批评史[M].天津:百花文艺出版社,2008.

张法.美学的中国话语:中国美学研究中的三大主题[M].北京:北京师范大学出版社,2008.

贝京.归有光研究[M].北京:商务印书馆,2008.

庞朴.中国文化十一讲[M].北京:中华书局,2008.

桑兵.晚清民国的学人与学术[M].北京:中华书局,2008.

李泽厚.中国近代史学史论[M].北京:三联书店,2008.

贾文昭.桐城派文论选[M].北京:中华书局,2008。

周作人.周作人散文全集[M].桂林:广西师范大学出版社,2009.

朱自清.经典常谈[M].北京:中华书局,2009.

郭绍虞.照隅室杂著[M].上海:上海古籍出版社,2009.

钱基博.戊午暑期国文讲义汇刊[M].桂林:广西师范大学出版社,2010.

张少康.刘勰及其《文心雕龙》研究[M].北京:北京大学出版社,2010.

钱基博.中国文学史[M].上海:上海古籍出版社,2011.

夏中义.朱光潜美学十辨[M].北京:商务印书馆,2011.

陈祖武.清代学术源流[M].北京:北京师范大学出版社,2012.

桐城派研究[C].合肥:合肥工业大学出版社,2012。

钱基博.钱基博自述[M].文明国编.合肥:安徽文艺出版社,2013.

陈子展.中国近代文学之变迁[M].上海:上海古籍出版社,2013.

周作人.知堂回想录[M].止庵校订.北京:北京十月文艺出版社,2013.

杜书瀛.从“诗文评”到“文艺学”[M].北京:中国社会科学出版社,2013.

王德威.现当代文学新论[M].北京:三联书店,2014.

舒芜.舒芜口述自传[M].北京:人民文学出版社,2014.

张器友.桐城派与五四新文学[M].合肥:安徽大学出版社,2015.

三、学术论文

李详.论桐城派[J].国粹学报,1909,(12).

贺珏.戴名世及其思想的初步考察[J].安徽史学通讯,1959,(10).

舒芜.“文白之争”温故录[J].新文学史料,1979,(5).

吴孟复.试论桐城派的艺术特点[J].江淮论坛,1980,(5).

王凯符,漆绪邦.戴名世论[J].首都师范大学学报,1980,(3).

李逸津.略谈《文心雕龙》中“气”字的用法[J].天津师范大学学报,1981,(5).

唐弢.艺术风格与文学流派[J].社会科学战线,1983,(4).

任访秋.桐城派文论的渊源及其发展[J].商丘师范学院学报,1985,(5).

许结.方东树《汉学商兑》的通经致用思想[J].安徽师范大学学报,1986,(2).

王树民.《南山集》案的透视[J].江淮论坛,1986,(3).

王镇远.论桐城派与时代风尚——兼论桐城派之变[J].文学遗产,1986,(4).

马亚中.晚清两诗派之间的“桥”——论范当世的诗[J].南通师专学报,1987,(3).

周勋初.论黄侃《文心雕龙札记》的学术渊源[J].文学遗产,1987,(1).

纪念钱基博先生诞生百周年纪念专辑[J].华中师范大学学报,1987.

余秉颐.方苞与颜李学派[J].江淮论坛,1987,(3).

舒芜."桐城谬种"问题之回顾[J].读书,1989,(6).

王献永.戴名世与桐城派[J].安徽师范大学学报,1990,(3).

朱端强.戴名世新论[J].云南师范大学学报(哲社版),1991,(5).

刘世生.坎坷中追求者质平自然[J].阜阳师范学院学报,1993,(4).

周中明.应恢复戴名世桐城派鼻祖的地位[J].安徽大学学报,1994,(3).

刘孔伏,潘良炽.《南山集》案成因辨析[J].运城学院学报,1994,(1).

张健.含冤千古的戴名世[J].文史知识,1994,(7).

曹顺庆.21世纪中国文化发展战略与重建中国文论话语[J].东方丛刊,1995,(3).

韦维.徐复观思想与现代新儒学发展学术讨论会纪要[J].武汉大学学报,1996,(2).

周中明.关于桐城派及近百年来对它的评论[J].文学评论,1997,(4).

曹虹.清嘉道以来不拘骈散论的文学史意义[J].文学评论,1997,(3).

沈素珍,钱耕森.友情与诗情朱光潜与方东美[J].中华读书报,2009-4-15(7).

张玉.从新发现的档案谈戴名世《南山集》案[J].历史档案,2001,(2).

汪春泓.论刘师培、黄侃与姚永朴之《文选》派与桐城派的纷争[J].文学遗产,2002,(7).

郜元宝.音本位与字本位——在汉语中理解汉语[J].当代作家评论,2002,(2).

关爱和.《南山集》案与清代士人的心路历程[J].史学月刊,2003,(12).

高黛英.20世纪桐城派研究述评[J].郑州大学学报,2003,(3).

陈平原.文派、文选与讲学——姚鼐的为人与为学[J].学术界,2003,(5).

潘务正.《四库全书总目提要》论清代散文[J].古典文学知识,2003,(4).

关爱和.《南山集》案与清代士人的心路历程[J].史学月刊,2003,(12).

江小角,方宁胜.桐城派研究百年回顾[J].安徽史学,2004,(6).

谢永鑫."徐复观与20世纪儒学发展"海峡两岸学术研讨会综述[J].孔子研究,2004,(2).

冯耐君.桐城四祖与《史记》[D].浙江师范大学硕士论文,2004.

王守雪.心的文学——徐复观与中国文学思想经脉的疏通[D].华东师范大学博士论文,2004.

高黛英.《古文辞类纂》的文体学贡献[J].文学评论,2005,(5).

贺照田.徐复观的晚年定论及其思想意义[J].中国图书商报,2005-8-19.

高黛英,戴廷杰.法国汉学家戴廷杰访谈录[J].文学遗产,2005,(4).

张晨怡,曾光光.桐城派研究学术史回顾[J].船山学刊,2006,(1).

关爱和.梁启超与文学界革命[J].中国社会科学,2006,(5).

胡晓明.中国文论的乡愁[J].浙江大学学报(社科版),2006,(1).

涂耀威.钱基博文献学成就三论[J].华中师范大学研究生学报,2006,(1).

李洲良.春秋笔法的内涵外延与本质特征[J].文学评论,2006,(1).

李存山."气"概念几个层次意义的分殊[J].哲学研究,2006,(9).

汪祚民.《古文辞类纂》圈点系统初探[J].安庆师范学院学报,2007,(5).

王奇生.新文化是如何“运动”起来的[J].近代史研究,2007,(1).

程巍.为林琴南一辩——“方姚卒不之踣”析[J].中国图书评论,2007,(9).

王济民.林纾与桐城派[J].华中师范大学学报,2007,(5).

卢佑诚.方苞与颜李学派[J].铜陵学院学报,2007,(2).

张金梅.“《春秋》笔法”与中国文论[D].四川大学博士论文,2007.

姚爱斌.论徐复观《文心雕龙》文体论研究的学理缺失[J].文化与诗学,2008,(2).

赵国安.《归方评点史记合笔》研究[D].广西大学硕士论文,2008.

朱恒,何锡章.“五四”白话文运动的语言学考辨[J].文学评论,2008,(2).

曾光光.戴名世与桐城派关系辨析[J].安徽史学,2008,(5).

武海军.清代散文选本视野下的桐城三祖[J].江西社会科学,2009,(10).

张兵,张毓洲.《南山集》案与桐城戴氏家族的衰落[J].文史哲,2009,(3).

汪祚民.《古文辞类篹》李刻本校勘原委与学术价值[J].安庆师范学院学报,2009,(5).

刘佳.20世纪版本学史研究[D].河北大学硕士论文,2009.

吴伯雄.《古文辞通义》研究[D].复旦大学博士论文,2009.

李建军.《春秋》义法内涵新探[J].孔子研究,2009,(5).

李卫军.《左传》评点史述略[J].兰州学刊,2009,(12).

许结.姚永朴与《文学研究法》[J].古典文学知识,2010,(1).

陈晓红.方东树著述考略[J].古籍整理研究学刊,2010,(3).

戚学民.《汉学商兑》与《儒林传稿》[J].学术研究,2010,(7).

禹秀明.桐城派古文理论与《史记》[D].西南大学硕士论文,2010.

贺诗菁.《史记》文学评点研究[D].复旦大学硕士论文,2012.

张金梅.从“《春秋》义法”到“义法批评”[J].内蒙古社会科学,2012,(1).

萧湛.论朱光潜前期美学的“语言学转向”[J].厦门大学学报,2012,(6).

周仁成,曹顺庆.在学科与科学之间[J].求是学刊,2013,(1).

漆永祥.方东树《汉学商兑》新论[J].文史哲,2013,(2).

魏泉.1930年代桐城派的存在与转型——以《青鹤》为中心的考察[J].安徽大学学报,2013,(5).

常方舟.古井微澜:一九三零年代的桐城派[J].书屋,2014,(1).

童庆炳.《文心雕龙》“体有六义”说[J].湖南社会科学,2014,(4).

江小角,徐勇.方东树在广东施教与交游述考[J].合肥学院学报,2014,(5).

四、报刊

《东方杂志》、《每周评论》、《青鹤》、《新民丛报》、《新青年》、《新潮》、《学衡》、《语丝》

后记

思考是一切学问的开始，本书是我近年来对桐城派思考的结果。它是在博士论文的基础上修改而成，也是我的第一本理论著作。

此书的写作要从朱光潜先生说起。在安徽大学读硕士时，我才真正接触朱光潜的作品。在阅读朱先生全集的过程中，发现他经常提及或引用桐城派的观点。按理说，经常提及或引用应该很熟悉，是该领域的专家。但朱光潜没有一篇桐城派的专题研究论文或忆念文章。这是一个奇特的现象，引起我的注意。一介学人熟悉的东西，不是专业研究的对象，那就只可能是家学，自小耳濡目染，方能信手拈来。朱光潜和桐城派有渊源吗？带着疑问与好奇，我把朱光潜与桐城派的关系作为硕士论文的研究对象。通过研究发现，朱光潜虽然不是严格意义上的桐城派，但对桐城派很熟悉，与桐城派后学常有往来，且在理论上对桐城派有很大的继承和发展。基于此，文学史上有关桐城派在五四后就消亡的论断值得商榷。朱光潜就是一个特例。那么是否仅有这个特例，还有没有其他例证？于是我把思考范围扩大到整个近现代文史哲领域，并把它作为我的博士论文，也直接催生出本书。

书与博士论文的写作几乎是同步的，两者的构思与主体内容也基本一致，差别在于，书比博士论文多了第一章和第三章，第一章为桐城派文论概述，乃全书的论证基础。第三章与第二章本是一章，都是写梁启超论桐城派，因为篇幅较长，故分为两章。2015 年 5 月，我在南京大学文学院顺利通过文艺学博士论文的答辩。我要感谢我的导师周群先生，以及高建平、骆冬青、沈亚丹、赵宪章、高小康、汪正龙、周欣展、李昌舒等师长在学位论文开题、答辩过程中给予的宝贵指点。太老师卞孝萱先生的书和曹虹老师的课给我很大启发，武秀成老师的古典文献学课也对我帮助不小。同门湘铭兄多次为我看稿，在论文写作过程中古代文学、古典文献学、现当代文学、文艺学诸位同学也曾经提出不少意见或建议，让我受益匪浅。还要感谢刊发本书部分章节的学术期刊，感谢所有给本书写作提供直接或间接支持的各方朋友，感谢合肥学院的领导同事，感谢詹向红主任的关心与照顾，感谢家人的理解与支持。最要感谢安徽大学的吴家荣先生，为本书的写作出版提供机会和指导；感谢安徽大学出版社予以出版，感谢责编姜萍老师的认真与负责。没有你们的帮助与厚爱，就没有这本小书的问世。

桐城派是中国古代最大的散文流派，延续整个清代，直至民国，涉及人物众多，作品内容丰富，理论成果卓著。由于处于古文学到新文学的过渡时期，桐城派不仅呈现出中国古代文学的总结形态，也流露出中国现代文学发生的端倪。不了解桐城派，中国古代文学如何结束就难以得到完整说明；不了解桐城派，中国近现代文学如何发生也就得不到圆满解释。但是由于种种原因，桐城派研究一直处于不冷不热的境况，桐城派的诸多问题没有得到很好的解决。长路漫漫，艰难求索，本书只是个人桐城派研究的开始。开始总是稚嫩，甚至有点笨拙，我深知本论题之难，也不否认自己学识之浅。资料的积累虽尽力而为，仍有欠缺；理论的统贯虽冥思苦想，仍力不从心。但我还是努力完成，并希望这能够成为一个良好的开始。

2015 年 6 月于合肥